~東華隱仙堪

風水有真有假，你知道嗎？

看穿假風水！用對真風水！
學風水、用風水者不可不讀的一本書！
一本高專業的風水研究，一本講真話的風水書。

風水門派繁多，一般人不知如何何分辨，本書從“歷史沿革”、“易經學理”及“風水要素”、“實務操作”看風水門派的真僞，引經據典，說理印證，教您一眼看穿幻象，學到真正有用的風水，爲自己創造貴人與優勢。

作者：林明璽

◎目次

自序

因著不知何所謂的因緣，筆者自年少起就對種種的哲學、玄學有著超乎常人的興趣，還記得初入社會時，第一份工作發薪，薪水泰半就都拿去買了命相八字類的書籍，在無人指導的情形下，竟然還能一頁一頁的看完幾十本專業五術書籍，而且把內容記憶了下來。當時也沒有太多的想法，就只是因爲喜愛，也沒有企圖去從事這個工作。但近四十年的時間過去了，走著走著，今天的我也已經在這個專業領域從事了二十多年的時間。

在這麼長久的時光淬煉中，在不間斷的理論與實務印證之間，基於助人與求真求實的堅持，筆者走上了一條孤獨的研究道路，不停的吸收各種專業知識，也愈來愈深入這個光怪陸離人慾橫流的五術行業。

因爲專業，也因爲熟悉，因爲想把真正能助人救人的學術推廣出去，我開始了教學授徒的工作，這麼多年下來也稱得上桃李遍開了。但在其間筆者也愈來愈發現一個問題，就是這個行業裡有意無意的騙徒很多，因爲沒有具公信力的機構把關，消費者受害後也舉證困難。所以，膽子大的都敢跑到電視台上開設節目公然行騙了，其它更是不計其數，利之所在，良知泯滅。

在多年的教學歷練中，在風水術的這個領域裡，我察覺到一個可怕的現象，就是風水流派太多，學理差異很大，吉凶看法甚至完全不同，有心學習的人根本無能力去分辨，只能是碰到誰是誰。而廣大的消費者群找風水師服務，也大部份是道聽塗說，找來的風水老師到底是玩什麼門派的，命理？卦理？地理？正理？歪理？…………有用沒用？也是不明究裡，純粹都是靠運氣！因此而受害受騙冤枉花大錢的，不知有多少！

這是事實！而且存在久遠！

現今風水界的實況，不同的風水派別間存在有重大的差異，同一個宮位此者爲吉，而彼者論凶，同樣是安灶，而竟然吉凶不一，其餘的坑廁、書房、臥室等，也都是如此情況，使學者莫知何從，何者爲真？何者爲僞？皆以九宮宮位論吉凶，差異如此之大，要嘛一真一僞，要嘛兩者皆假，絕無可能兩者皆真的道理，這是不符合常理的。

現今的風水界現況就是如此的不堪，風水學人該如何應對呢？這本書拋磚引玉希望能喚起風水界中的良知同道，也讓想學風水術的新手在入手之時有個依歸與遵循的方向，消費者也能找到對的風水師，爲自己營造優勢與貴人。

近年來關於風水學的研究風氣逐漸興起，風水學理的相關著作亦推陳出新，但自說自話者多，僅限於一家一派，賣瓜自誇，視對手流派爲異端。有少數能談及不同流派的，也是和稀泥式的不管對錯。能不懷成見針對不同派別提出針砭，引經據典，以理說理，就事論事者，實不多見。由於風水學理抽象而且艱深，印證不易，再加以流派眾多，要能同時深入各派學理，洞悉風水的要素及歷史發展軌跡，真的難度很高，希望這本書的出版，能爲濁亂的風水術撥開烏雲，讓有心學與有心運用的有緣人，能因此受益。

既然風水學理脫胎於陰陽五行、八卦、干支等，就應該透過同樣的系統來檢視它應用的合理性，並配合常理的判斷，自然可以釐清何者爲是？何者爲非？的道理。這是阿璽老師研究並寫下此書的初衷，希望後學能不要再蹈覆轍，看清方向，能夠善用這個可以利人助人的學術，爲吾至願。

希望~~有心學習風水術，或運用風水術造福的人，都不要再受騙了！

這是一本以論文形式呈獻的書，爲的就是希望讓虛無縹渺的風水玄學，能以客觀的說理敍事的方式讓大家明瞭，也讓本書的內涵更有公信力與說服力，而不是又流於老王賣瓜或意氣攻訐的老舊套路，同時也讓讀者得到真實有用的學問，雖然因此筆者付出更巨大的考據心力，但能對廣大的群眾有所俾益，那麼，一切都是值得的。

這本書的完成，我要特別感謝已故的研究所指導教授宋光宇先生，因爲他親切的指導與鼓勵，才能讓我順利的走完學術論文的研究過程，爲此書的完成打下根基。還有我的風水恩師謝明瑞先生，由於他的引領，我才有機會走遍全台灣，走出自己的東華隱仙堪輿道。最後，還要感謝我的家人，因爲有你們的支持，我才能堅定的走向自己的目標，無限的感恩。

西元2021年4月18日，完稿於台灣台中

第一章

第一章　緒論

第一節 什麼是風水？祖師爺告訴你什麼是假風水！

假風水充斥的時代，你該怎麼辦？

風水學是中國傳統文化中一門深奧的學科，風水的思想千百年來深入中國人的生活，也左右著所有營建空間的形態。它綜合天文、地理、園林、建築、環境、天候、水文、動植物、預測、統計學…….等於一體，是中國人一種特殊的宇宙環境觀[1]。風水歷經千年歲月的檢驗、求證、實踐、應用，形成其獨立而完整的理論體系。

風水之名最早見諸於《葬經》，晉人郭璞所著《葬經》稱『氣乘風則散，界水則止，古人聚之使不散，行之使有止，故謂之風水。』風水還有其它的稱呼：堪輿、地理、形法、青囊、青烏或青鳥、卜宅、相宅、圖宅等。光瞭解這些名詞的起源，就已經可以推知，真正祖師級的風水原貌長什麼樣子，也能看出許多風水門派根本就是瞎掰，例如在祖師爺定義裡，根本沒有提到九宮格、游年星、淨陰淨陽、12長生水、零神正神、384爻、先後天…這種東西。釋義如下：

（1）堪輿，最早出自漢朝《淮南子》，即《淮南鴻烈》第三卷《天文訓》中：「十一月合子謀，太陰所居，辰為厭日，厭日不以舉百事。堪輿徐行，雄以音知雌，故為奇辰。數從甲子始，子母相求，所合之處為德合。」上下文涵義，是說天地運行之道，致月令有陰陽變化；

[1] 劉沛林，《風水·中國人的環境觀》，上海：三聯書店，1995，頁318~319。

有相沖剋之時，也有和合之時，前者凶，后者吉。堪輿之義，實爲天地時空之道。東漢許慎《說文解字》謂：『**堪，天道；輿，地道也。**』也是同樣的意思。

（2）地理，風水又叫地理，民間稱呼相宅地爲業者，爲風水師或地理師。『地理』一詞之使用最早可溯自三國時期以前，至遲宋代已出現。[2]

（3）形法，《漢書・藝文志》解釋說：「**形法者，大舉九州之勢以立城郭室舍形，人及六畜骨法之度數，器物之形容，以求其聲氣貴賤吉凶，猶律有長短，而各徵其聲…，數自然也，然形與氣相首尾，亦有有形而無氣，有其氣而無其形，此精微之獨異也。**』漢起風水術也稱『形法』，風水家自稱『形家』，與後來走偏的『理家』並列爲堪輿兩大流派。[3]但是現代有所謂「形家」門派者，只是借用形法的名義，與實際古法形家的內涵，相去太遠，又是另一種想當然耳自創的門派。

（4） 青囊，風水術又稱青囊術。青囊，典出《晉書· 郭璞傳》，謂郭璞：「**好古文奇字，妙於陰陽算曆，有郭公者，客居河東，精於卜筮，璞從之受業。公以青囊中**

[2] 風水學之『地理』一辭，最早見於偽託曹魏管輅所作之《管氏地理指蒙》，其書即以『地理』為名。另後人偽託唐卜則巍所著之巒頭派經典名著《雪心賦》第七章云：「豈知地理自有神，誰識桑田能變海。」金丞相兀欽仄註《青烏先生葬經》序曰：「先生漢時人，精地理陰陽之術，而史失其名。」又宋代趙彥衛《雲麓漫鈔・卷四》：「地理家不知起於何時，自黃帝令大撓甲子以干支相配而分五行，今地理家則有大五行之說。」是知『地理』一詞之使用最早可能溯自三國時期以前，至遲至宋代已出現。

[3] **古代的所謂「形法」，並不只是相宅相地的專名，還兼及相人與相物。故形法仍因「形」而「相」，有形象而有相形之「形法」。凡屬於用肉眼觀察的風水術，就是屬於「形法」。相對於風水術中之「形法」，凡是通過羅經測定方位的就是「理氣」。**

書九卷與之，由是遂洞五行、天文、卜筮之術，攘災轉禍，通致無方，雖京房、管輅不能過也。璞門人趙載嘗竊青囊書，未及讀，而為火所焚。」由前所述，《青囊》爲堪輿術中珍貴的祕傳著作，最早在尚未發明羅盤的東晉之前己存在(己失傳)，流傳影響甚廣，故後世將青囊作爲堪輿或風水的代名詞。《青囊》的內容什麼？看看郭璞的《葬經》就知道了，與現代言必稱《青囊》，但又離不開羅盤與九宮格的許多門派，顯然是不同的兩樣東西，硬要牽扯在一起，奉名人爲祖師，以訛傳訛流傳甚眾，無非是因爲現代人相關知識不足，無法正確判斷！

(5) 青烏或青鳥，得名於傳說中之風水名家青烏子，實際的來源已不可考，一些學者認爲烏與鳥概爲筆誤，或在古代爲同義詞，故混用[4]。歷史上有說青烏子爲黃帝時人，如晉代葛洪《抱朴子內篇· 極言》：「昔黃帝……相地理則書青烏之說。」宋代張君房《雲笈七籤》載《軒轅本紀》：「黃帝始畫野分州，有青烏子，能相地理，帝問之以制經。」也有說青烏子爲秦人，元代馬端臨《文獻通考》：「秦有青烏子，著《青烏經》。」亦有說青烏子爲商周時人。總之，烏煙障氣的，知道就好。

(6) 卜宅，夏商時期很愛卜卦，又有卜居、卜築、卜室、卜地等稱謂。“卜宅，最早見於《尚書· 周書召誥》。「太保（姬奭）朝至於洛，卜宅。厥既得卜，則經營。」

[4] 何曉晰，《中國風水史》，北京：九州出版社，2007，頁22~23。

是說周滅商後，擇地營建洛邑的事情。這個卜，是指占卜，爲商周時期擇地而居判斷吉凶的依據，與現代看風水必須親臨現場不同，後代人們借用爲風水的代名詞。

（7）相宅[5]，相乃勘察規度之義，所以看風水也稱相宅，或相地、相墓。

（8）圖宅，是在漢代以后，隨著圖讖、圖緯的盛行而逐漸的流傳。所謂圖，指河圖，讖即預言，緯與讖意思一樣，是解讀預言用的。由於讖、緯有圖、有書，所以名爲圖讖、圖緯，或總稱圖宅書。王充《論衡· 詰術篇》所批判的《圖宅術》和孟康《圖宅書》，就是當時堪輿家所使用的技術，圖宅一詞就漸漸流傳爲看風水的別稱之一。

綜前所述，風水，乃是古人在擇地營造居室時，對各種條件，如天文、地質、地形、園林、建築、環境、天候、水文、動植物、預測、統計學、景觀等因素的總合判斷，以及建築當中諸般禁忌的總稱。風水的主要目的在於考察評估陽宅場域影響人居的吉凶因素，協助擇居者作出客觀的選擇判斷，使住居能和諧地融入自然之中，居民得以安養生息及繁衍發展。例如《尙書 周書召誥》云：

惟二月既望，越六日乙未，王朝步自周，則至於豐。惟太保，先周公相宅。越若來，三月惟丙午朏。越三日戊申，太保朝至於洛。卜宅，厥既得卜，則經營。越三日庚戌，太

---

[5] 最早有關『相宅』的文獻記載是《尚書•周書召誥》：「惟二月既望，越六日，乙未，王朝步自周，則至於豐。

保乃以庶殷攻位於洛汭。

描述周成王決定建造洛邑的故事，成王於二月二十一日（乙未）早晨，自鎬京來到豐後，太保召公在周公之前，先行到洛，勘探了那裡的環境，至下個月初三（丙午）新月初現，又過三天（戊申），太保召公又於清晨來到洛，先占卜築城的具體位置，結果一卜得吉，於是立即開始了測量營建洛邑的工作，且選擇在河流彎曲的位置營建都城，此即是古人重視並實際應用風水術以爲國家生存發展、人民安居樂業的最佳例證。值得注意的是，所謂的理氣門派，大量運用九宮格、北斗七星來看風水的情況，在此時還是無影無踪的，要在兩千年之後才漸漸出現，並愈走愈歪。

風水理論本身並非獨立的體系，它包含了龐雜互異的各類學說，由歷代的地理家、思想家、術數家等補充累積而成。風水術的根大體上係以中國傳統的天人合一觀、中道思想以及陰陽五行學說爲建構基礎，輔以考察實際山水與自然界的變化特性，而歸納出營建規劃所需的一門學問。亦即風水術其實乃人類爲了適應生存環境所開創出來的原則，它是中國古代擇地定居的環境生態學，古人據以判斷居處環境是否適宜人類居住的法則。基本上，風水術在古代而言，是非常直觀的，沒有現在理氣門派的那些不可考的玄之又玄的理。

所謂玄學，有三個特性：1.無法證明他是錯的。2.也無法證明它是對的。3.它是凡人不能完全理解的。知道了嗎？這行業爲何亂，爲何騙徒橫行，因爲風水術被列入了玄學。

在人慾橫流的社會，這就是它整個走偏的原罪。

風水思想流傳中國千年，在世界文化中獨樹一幟，塑造了中華文化獨特而優雅的建築風格，其珍貴的價值理應予以保存、善用及發揮。但應注意，風水並不是萬能的，要不然歷代所有高明風水師的後裔及被這些名風水師服務過的業主都變成巨富或貴冑，並且後代興隆，焉有是理呢？這是風水學者乃至一般人必須具備的重要觀念與理解，也是阿璽老師身爲一個執業風水師的提醒。

第二節　本書的研究動機與目的

一、 你想過這些問題嗎？

在漢民族的住居文化當中，有一個顯著的特色，就是不論建築的型態爲何，大者由皇城、都邑、城市、村鎮，小至個人的屋室、庭園、穀倉、店舖，或至亡者的墳墓等，從擇地到規劃營造，都可以見到風水觀念所影響的深刻痕跡。因爲風水術是中國古人適應大自然環境的生活體驗與求生智能的總結，在長期的生活磨練中，遠古的先祖們把對天文地理、自然生態、空間、時間的觀察理解，直觀的1轉化爲實質的生活常識。並在發展的過程中，結合「易經八卦[6]」「陰陽五行[7]」及「天人合一」的宇宙觀，累積數千年的智慧，逐步發展而形成一套擁有完美哲學思維系統的風水術，可惜明朝末年後的理氣風水家把地理術窄化爲卦理，忽視實際山川大地的奧妙，傳統風水術被破壞殆盡，成爲九宮的卦理公式，套九宮格來相宅，忽視自然環境，成爲爲當今風水的歪流。

清初欽天監博士監正高大賓與他的同僚，都是當代名家，爲此曾群起而撰文試圖撥亂反正，後文中筆者會詳細介紹高氏的卓見給本書的讀者。這一脈相傳的思想體係，歷經數千年的應用與實證，價值無與倫比，極具有統計上的科學意義，深深影響著中國人的思考模式與生命價值觀。正如

---

[6] 分為陽卦：乾坎艮震，陰卦：巽離坤兌，八卦包含一個家庭中父母、長兄長女、次子次女、少男少女的家庭組成，並引申至人事萬物。（鄒明揚，《陽宅天數富貴與旺法》，台北：凱信，2002，頁29~30。）

[7] 五行分為木、火、土、金、水，五行之中又分為陰陽，彼此之間並能產生剋制、生扶、比助的關係，五行的關係亦即人事萬物的對應關係。（周建男，《陽宅科學論》，台北：國家出版社，2000，頁51~52。）

《易經繫辭上傳》中生動的描述：

易與天地準，故能彌綸天地之道。仰以觀於天文，俯以察於地理，故知幽明之故，………，與天地相似故不違，知周乎萬物而道濟天下，故不過[8]。

古者包羲氏王天下也，仰則觀象於天，俯則觀法於地，觀鳥獸之文，與地之宜，近取諸身，遠取諸物，………，以通神明之德，以類萬物之情[9]。

都說易經是風水之母，但在這一段文字當中，對風水術能運用的部份，看法其實非常的樸素。伏羲氏僅僅以肉眼的觀察與自身的感悟，不必羅盤(羅盤尚未出現)，就可以知曉「幽明之故」「天地之道」「萬物之情」，沒有後來風水家所謂命卦、三元九運、百二分金、三吉六秀、十二長生水、九宮挨星…等事。事實上，「風水」正是中國傳統文化對宇宙和自然環境直觀看法的展現，是中國人對環境的認識，中國人藉此來觀察環境、感知宇宙，並且投射在日常生活中，把人化爲自然的一份子來看待天地，人即屋宅。**風水對「時間」與「空間」的看法，就是中華民族特有的「天人合一」思維的落實，所以屋宅不善，人亦遭凶，這就叫「天人合一」。**

《淮南子・天文訓》注文曰：「上下四方謂之宇，往古來今謂之宙。」上下四方即是空間，古往今來即是時間，因此，「宇宙」者即「空間」「時間」的統合，時空的研究正是風水的主要內涵，並由此發展爲對宅地吉凶影

[8] 《易經繫辭上傳》，第四章。

[9] 《易經繫辭下傳》，第二章。

響個人一生窮通禍福的判斷，及對住居環境實務的處理指導程序，形成中國人看待「小我」與「大我」之間關係的特殊宇宙生命觀[10]。

何曉昕在其著作《風水探源》書中發表他對風水的研究心得，認爲風水的核心內容是人們對居住環境進行選擇和處理的一種學問，其範圍包含住宅、宮室、寺觀、陵墓、村落、城市諸方面，其中涉及陵墓的稱爲陰宅，涉及其他方面的稱爲陽宅。

風水施加於居住環境的影響主要表現在三個方面：第一，是對基址的選擇，即追求一種能在生理上和心理上都能滿足的地形條件；二，是對居處佈置形態的處理，包括自然環境的利用與改造，房屋的朝向、位置、高低、大小、出入口、道路、供水、排水等因素的安排；第三，是在上述基礎結合人事吉凶與時空因素的長期經驗統計 [11]。

這部份的價值，尤如中醫一樣，只是行醫的對象不同，一個是人另一個是宅。而這些結論，歷經新石器時代到唐宋時期，歷時近三萬年而形成的風水術，在明末清朝以迄於今，已被後輩風水師的私心私利破壞的體無完膚，尤其以現代爲嚴重。已故的台灣建築大師漢寶德教授亦認爲：「**風水是構成我們民族思想型態的一部份，在國人傳統行為模式與生活觀念裡佔有重要地位，是我們文化中不可分割的一部份…，風水實際上就是中國的建築原則**[12]。」

---

[10] 呂士濬，《風水景觀設計與人生突破》，台北：世界民俗出版，2006，頁27~29。

[11] 潘西谷《風水探源》序文，何曉昕，《風水探源》，台北：博遠出版社，1995。

[12] 漢寶德，〈風水---中國人環境的架構觀念〉，《台灣大學建築與城鄉研究學報》，1983，（第二卷第一期），頁125-129。

質是言之，風水術所涉及的乃是個人至邦國安身立命的基地，擇之吉則生活上諸多順遂，擇之不吉者則每因種種居家立國環境因素的影響，而招致破敗禍害。風水術實在是中華民族文化重要而且豐富的瑰寶，雖然在歷史的浪淘中無法避免的被混入諸般污濁的雜質，但風水術的意涵實在不應只淪陷在「迷信或科學」爭辯的死胡同中，而不見其宮廟之美與百官之富。

北大景觀規劃研究所俞孔堅教授在其研究中指出，儘管每個民族都有自己的理想居住模式，但還沒有一個民族像漢民族那樣形成了一整套關於理想居住模式和墓葬的吉凶意識的操作理論，亦即風水學說。在英語裡，也找不到對應“風水”的辭彙，可以說風水是中國人獨有的文化，是中國傳統文化中的瑰寶[13]。一整套風水術的內涵，就是數千年傳統文化具體而微的顯現，其形成的特殊環境背後所具有的文化根源，正是我們華人性格裏真正的「母親」。

由於清末以來中國積弱不振，知識份子及政府轉而重視及發展西方科學的系統，基於歐美文化重視發現律的科學，強調科學「可觀察性、可重覆性、可驗證性、可測量性」等特質，以邏輯思維與實證規範爲研究途逕，”一個原因產生一個結果”的機械因果律深入人心，把目前人類有限的科學視爲至高的真理。儘管近代統計物理學及量子力學等的發展已被學者所承認，宇宙中存在大量科學尚無法解釋的能量，但一般學者對此認識並不深。故凡不合此「科學」標準者，

[13] 俞孔堅，《理想景觀探源---風水的文化意義》，北京：北京商務印書館，1998，頁21~61。

多因「非我族類」而被打成「不科學」「不理性」「迷信」的污名。

用科學的態度及理性的思維來研究風水是一個正確的方向，可以使風水有益世人的內蘊精華彰顯出來，也可抽離諸多虛幻詭奇的迷思，加以摒棄。惟此一研究及實證的過程確是相當艱辛的，因爲西方科學的思維系統與中國傳統文化的思維系統有相當多的差異，不易以純科學的角度來解釋。

例如中醫學的系統，現今海內外皆已承認其在醫學上的價值，尤其針灸、經絡穴道、草藥、氣功，尤其受到歐美醫界的驚嘆與認同。而與中醫同源的風水，卻因爲雜質太多，迄今仍難得到廣泛的認同與肯定。其實，中醫也是源於易經陰陽五行，但因爲中醫直接關乎人命，醫家不敢胡搬亂套，但風水術抽象的特質，讓無良的風水家敢憑空創造各種門派，愈說愈玄，愈走愈偏，害死人不償命。理性思考一下，有多少比例是有人學了風水而變富貴的呢？但也不宜未經深究就率然以科學之名否定，因爲就此態度而言，已經是「不科學」了[14]。

現今多數人，自幼即開始全面的、徹底的接西方式教育，在學習成長的過程中，被訓練著去接受與使用歐美文化的思考模式及價值觀，然而，社會畢竟處處充滿著中華文化的元素，我們的社會結構、人際倫常、待人接物、語言文字、環境設計、宗教信仰、民俗習慣、傳承姓氏…，等等皆

[14] 周建男，《陽宅科學論》第一章風水的形成，台北：國家出版社頁，2000，頁 2-12。

是數千年來傳統文化綿延的結果[15]。

筆者總以爲世間萬事萬物不能失去根本，只有根本存在，自我的生命才有可能通向無限，使身體及心靈相應，成爲一個完整的人。因此，多年來筆者廣泛的接觸、研究、體會固有文化的許多部份，包括作爲本書主題的「風水」，希望借著對傳統「風水術」觀念及其理論的闡明，爲固有文化的傳承盡一份心力，讓更多思想受科學至上主義所綑綁的人士瞭解，在去除諸多迷信及不合理的部份之後(尤其明末之後迄今的理氣派)，風水觀念的確是協助我們身心與自然環境和諧的良方。

然而，風水學說流傳數千年，至今並沒有一套完整統合的學理(多達上百種理論互異的門派)。由於它的學理深奧難解，傳承又多以口訣的方式授徒，於理論部份常有不合理、過度擴張應用、毫無根據…的情事，即有書籍傳下，亦多藏訣漏字，語帶玄機，詞意不詳，甚至是惡意編造誤導後學，任後學者自行揣摸領悟，導致今日風水學發展的畸型、紛亂與受人詬病。

古今房屋結構變化甚大，有些傳統的風水理論已經失傳，有的已經與時代脫節。例如在立極（論陰陽宅坐向）上，多數以大門爲向，香港則有以窗、陽台爲向，台灣有以社區大門爲向，也有以路爲向，甚至以住宅門牌爲向者。何者爲是？何者爲非？會形成這種現象的最大原因，就是風水師本身的程度與專業低落導致。考諸現在台灣與香港社會的

---

[15]李亦園，《文化的圖像》上冊，<廿一世紀文化發展的方向>，台北：允晨文化，1982，頁125-131。

風水師培養實況，大多在黑白板學不到一年，就開始掛牌執業，甚至開始授徒，過個三兩年就號稱「資深」，這種現象再發展下去，以現今資訊的發達，風水術必將為人所唾棄，這正是筆者所最擔心的。

二、人生中大部份時間是在陽宅中渡過的

人一生中有大半的時間是在家宅中度過的，住宅本身及環境的好壞與人們日常生活關係極大，所以自古以來，陽宅倍受人們的重視。

對於陽宅的重要，於唐代的《黃帝宅經・序》[16]即明確指出：

『夫宅者，乃是陰陽之樞紐，人倫之軌模，非夫博物明賢，未能悟斯道也。就此五種，其最要者，唯有宅法為真秘術。』接著又說：『凡人所居，無不在宅，雖只大小不等，陰陽有殊，縱然客居一室之中，亦有善惡。大者大說，小者小論。犯者有災，鎮而禍止，猶藥病之效也。』並結論：『故宅者人之本，人以宅為家。若安，即家代吉昌；若不安，即門族衰微。』

故上至國都，次及州郡縣邑，下至民居，但凡人之所處，都是這些話的印證與說明。

---

[16] 《黃帝宅經》係後人託名黃帝之作，蓋黃帝時尚無文字焉有此經。又書中曾引用《宅極經》《三玄宅經》等書，又出現李淳風、呂才等人名諱，證明此書應為唐後之作品。近代敦煌出現的唐代文獻中有《宅經》，除少數字句與《黃帝宅經》不同外，內容基本相同，足證《黃帝宅經》在唐代已經盛於民間，依內容而言，這是理氣派的早期文獻。（本段內容引自王玉德，《風水術注評》，台北市：雲龍，1994，頁27~30。）

三、研究目的~~讓國粹發揚，造福人群，不再有人受騙上當。

自七十年代起，陽宅風水術開始流行歐美，且風靡至今。這股「風水熱」的興起，固然雜有獵奇的成份在內，但其中不乏神準的案例，而令洋人傾倒不已[17]。媒體也多次報導歐美各界開始重視中國風水術的相關新聞，當華人知識份子一面倒地痛批風水之際，想不到科技發達的歐美社會，除了學界積極研究甚至派人遠赴東方取經之外，也興起一股中國風水的熱潮，很多歐美大企業競相聘請風水名家幫他們佈局風水，並在媒體競相報導下，風起雲湧。

風水作為中華文化的一種獨特代表，已經由各層面影響到了歐美的政商學界，華人置產看風水的習俗固為歐美人士所知，華人的經濟活動中每多風水的影像與意涵，絕不容歐美政商及民間人士的忽視[18]。尤其，隨著華人經濟勢力在世界舞台的崛起，代表華人特殊居住文化的風水，促使歐美人士不得不以另一種全新的眼光來看待、接納及學習中國的風水。

正如2005年在美國聖地牙哥舉行的世界風水大會所揭櫫的事實：就像針灸師、推拿師一樣，風水師在美國已經逐步專業化，同時也受到洋人的推崇和尊敬，華人置產看風水的習俗也已經逐漸轉移到歐美人士的身上。而中華文化圈影響的國家如南韓，更是自2003年起積極的進行各項準備工作，向聯合國申請將風水列為韓國國家遺產名錄和申報世界遺

---

[17] 朱振藩，《看風水》，台北：時報文化，2001，序文。

[18] 詳見劉沛林，《風水---中國人的環境觀》第十章從本土到海外：中國風水文化的輻射與傳播，上海：三聯書店，1995，頁289~316。

產，目前正與中國大陸進行一場激烈的競逐[19]。

筆者做為一位執業的「風水師」，長期觀察風水產業的發展，一方面固然欣喜風水文化能獲得國內外的研究及重視，但由於此一系統龐大而複雜，迄目前的研究者而言，多是站在殊異的立場去看待風水，對於風水本身的學理與各派理論間的關係無深入的瞭解，大量的、實務的、考證的經驗尤其缺乏。所以許多研究的結果，雖能引起局部的重視及討論，但對於還原風水本身的面貌助益並不大。

考歷代堪輿先賢多能專攻一家，且精通他家之理，故能融會貫通旁徵博引，兼之有多年且大量的實證經驗為根底，故能為業主做有效的可大可久的風水佈局。但現代都會的建築景觀迥異以往三合院式、院落、庭園式的建築風格，集合式住宅、摩天大樓式的電梯建築、複雜多端的生產工廠，更是超出古法理論的應用範圍，連最基本的坐山立向問題都人語人殊，即使是經驗豐的老風水師都不免如入五里霧中，無所適從。現代風水愛好者，多是年齡稍長後基於對傳統文化的尋根及對複雜生命現象的反思，發現科學不足以解釋一切之後，方開始投入風水的研究，想深入堂奧，有其先天不足之處。

惜西化教育體制的影響，國人傳統文學的訓練不足，研讀古籍能力低落，所以只能擇一師一派技法口訣習而用之，知其然而不知其所以然，誤用風水的案例層出不窮，每見害人害己的荒謬之作，筆者實務所見事例可以用「血跡斑斑」來形容，絕不誇大。

[19]詳見楊文衡，《中國風水十講》第十講：走出國土的風水，北京：華夏出版，2007，頁243~249。

種種限制，若非具足毅力的聰明之士，實無能駕馭南轅北轍的諸派風水學理，故難竟風水學說的全貌，還原風水術的實益。而許多學院派研究者更是各持立場，以有限且多舛誤的古籍資料及文獻，去做歸納、分析或演繹，從而成為「一個風水，各自表述」，「是其所是，非其所非」的現象。而風水從業人員彼此之間更相互攻訐、黨同伐異，為遂名利之慾競相利用媒體影響力來鼓吹不正確的風水常識，藉以牟利營私。許多似是而非的風水觀念，令到有識之士也只能瞠目結舌，例如以小小山海鎮就能制化山川大地之煞，奇哉！

因此，本書希望能突破以往學者局限於一家一派的限制，提出合理且實務的分析與思考方式，針對目前社會上最通用的，最多風水師採用的「八宅明鏡[20]」及「紫白飛星[21]」

---

[20]八宅明鏡為陽宅風水流派的一支，亦為台灣目前應用最廣的陽宅流派，是相宅術中唯一兼顧個人命卦的風水術，主要應用在陽宅的內局。陽宅派別中不論是三合、三元、九星、玄空，其內局的佈置皆會參考或配合八宅法運用法則，其法主要依據「八宅明鏡」、「八宅周書」、「陽宅三要」、「陽宅十書」等流傳的經典為主，以大遊年歌訣為核心，舉凡宅卦或命卦的吉凶方位皆以之為論斷的依據。其法將人命及宅局分為東西四卦，東四命/東四宅為坎、離、震、巽，西四命/西四宅為乾、坤、艮、兌，斷驗吉凶則將此東四、西四共八卦，依命卦或宅卦區分八卦為生氣貪狼木星、延年武曲金星、天醫巨門土星、福位輔弼木星等四吉方，及五鬼廉貞火星、六煞文曲水星、禍害祿存土星、絕命破運金星等四凶方推論之。其法多應用在陽宅之大門、主臥室、廚灶、神位、辦公桌、坑廁、天井、井位等之佈置，而不涉及外局形煞及水法。

[21]紫白飛星為陽宅風水流派之一，亦為台灣目前應用最廣的陽宅派別，其法以《紫白賦》為主要經典，主要在說明紫白九星：一白貪狼星、二黑巨門星、三碧蚩尤星、四綠文昌星、五黃廉貞星、六白武曲星、七赤破運星、八白左輔星及九紫右弼星的弔替及九星五行生剋之吉凶變化。其法多應用在陽宅之大門、主臥室、廚灶、神位、辦公桌、坑廁、天井、井位等之佈置，但亦涉及外局形煞及水法之論。

理論，深入其學理之精蘊，以風水的「根本學理[22]」來檢視其風水理論的真僞與不足，針對其派別的理論進行深入的思辯與比較研究，而非毫無道理的照單全收，期以「風水之矛」攻「風水之盾」，使真者自彰，僞者現形。並旁及於其他流行的門派，例如玄空挨星、玄空大卦、三合派、輔卦九星派…，以學理及常識檢驗其真僞，藉以達成：

（一）指出不合風水學理與嚴重矛盾的「僞風水」部份，俾對風水學說的流傳及導正發揮正面積極的作用。

例如，電視派風水名嘴及多數風水師常鼓吹~~你是什麼命？或八字缺什麼五行？就應住什麼朝向的陽宅。試問：朝向對了，符合宅主的命或五行了，但如果陽宅前方路沖、大壁刀、懸崖呢？或是地基在沙漠、高山、沼澤、極地、…呢？就僅只是如此簡單的常識，就可以把假風水術者排除。實務上，一般宅主在市場上碰到這幾個門派風水師的機會是非常大的，大概90%以上，不會再低。若能因而起到實益，那麼就可以使很多人免於受騙、受害了。

（二）以此二風水門派爲例，融通各流派中可相輔相成的理論，重塑出合乎易學原理與自然環境原理的風水架構，爲後起的學者做抛磚引玉的工作，莫使一些荒誕不經的僞風水遺笑國際，危害世人。在積極面上更可以使精彩的中華文化發揚光大，大賺歐美的文化財。

（三）以傳統風水理論中的根本學理爲依據，重新建構適合

---

[22] 即氣、陰陽、五行、八卦、天干、地支等風水理論的基礎假設。

當前都會建築的風水應用技法，建立都市風水佈局的操作模型。

例如，以「元運」學說爲核心的「紫白派」「玄空派」「三元納氣」，流行於香港、星加坡與台灣，強調接收「元運」「流行之氣」的重要性，能得運的就旺就發，不得運或退運的就衰微招禍。這裡面產生了兩個常識性的大矛盾，連常識都不通。

其一，同前條所述，就算陽宅接到元運了，但前方是懸崖、高山、路沖、大樓屋角呢？地基在池塘上、垃圾場邊、養豬場旁、沙漠、極地、沼澤上呢？到最後會發現~~自然環境的重要性遠遠超過「元運」。而這，只是常識而已，不必牽扯易經來迷惑人。

其二，當前元運在八艮運，依「紫白法」、「玄空法」學理，朝向東北方者的住宅、公司、工廠、單位等會發達，但實際上觀察社會實況，各種朝向的陽宅都有人發達，而朝向東北方的各種住宅、公司、工廠，並沒有統計上的有效證明朝向東北的比較好。而這種觀察，也只是常識而已，但就是有人會被這些卦理、河洛、挨星、爻象…名稱所嚇所騙，花錢還招災的實務上真的多不勝數。

(四) 還原歷史的真相，從歷史的發展沿革中，找到風水技法的發展軌跡，找出諸多虛假風水門派的產生背景，以及其虛假的一面，棄僞從真。

例如，玄空法學者都相傳說~~該法門始至秦末漢初的黃石公《青囊經》三卷400多字，又唐代楊筠松闡註《青囊奧語》《天玉經》。但事實上，羅盤發明在宋，玄空法無羅盤根本無法操作，又怎會有漢、唐的祖師爺傳玄空法呢？

這一些風水門派能大行其道的原因，無非是風水師本身也不懂，找個師父學一期，老師教什麼你就信什麼，然後再加上消費者在這方面的常識嚴重不足，結果就是越來越亂，也越來越錯，害人也越來越多了。

玄空大卦法又更加離譜了，圓周分佈384爻，每爻不到一度，人身體本就略微不正，或站姿不佳、手抖、地磁偏角的變動，就會失準(手機都知道防手震呢！)，更何況地震與地球板塊運動了。稍有社會經驗者都知道，土地糾紛都會找測量局來測量，同一塊土地每年測量會得到不同結果，何也？土地是會伸縮的！地震是會移動的！所以說，如果有個門派連方位都很難量準，那還能用嗎？但就是有很多人用，唉！

以史觀來考論，玄空法最早出現的時間點，不會超過明朝。明初宰相劉伯溫以精擅風水術數傳頌千古，其風水之學所宗，即與玄空法大不相同，有興趣者可以去查找劉基的傳書來參閱，例如《三元地理黃金策》，就知阿璽老師所言不虛。

第三節 文獻回顧~~~近代學者的研究與貢獻

由於風水學與中華文化的關係悠久而淵深，歷代來不止盛行於廣大的民間，成爲其生活的指導而已。其深入各階層實際的生活層面，即使是皇室貴族、卿士大夫們亦多深信不疑，這個現象歷千年而不衰。近世有許多學者受此現象吸引，開始投入風水術的研究，已經有不少研究的成果及相關文獻發表。但大多數的研究面向偏重在對風水的歷史發展、環境建築及文化哲學的研究上。就局部而言，這些研究成果有益於風水學的彰明，亦相當程度去除了江湖術士爲謀生而編造的迷信技倆，對傳統文化的發揚有不可磨滅的貢獻。但多數的研究還是各持立場，少能以風水的角度來看風水，更缺乏實務的實際案例，所以呈現的研究成果總有幾許的不足，但這已經是跨出一大步了，可喜！筆者收集相關的風水研究文獻及古今風水經典著作約有上千種，經過初步的涉獵閱讀後，將其內容大體區分爲五類的研究面向，以下分別作重點的敘述。

一、近代的風水研究

（一）以風水發展的“歷史觀”與“易經學理”來看

王育武《中國風水文化源流》[23]，深入而系統地探討了中國風水思想的形成及千年來不同朝代的發展歷史，由遠古祖先崇拜觀念的形成切入，論及中國大地理的觀點、「天人合一」的天道觀與風水思維的密切關連、漢代象數易學的發

[23] 王育武，《中國風水文化源流》，湖北：湖北教育，2008，頁6~11、15~16。選自《中國建築文化研究文庫》第一輯。

展與堪輿術的鼎盛、宋明理學與風水的形法派和理氣派的興起、清代的風水文化特點，旁及游牧民族的薩滿地理觀，最後連結現代環境倫理學與風水思想的呼應。其主要研究主軸在呈現風水學在歷史與文化發展的洪流中所處的重要性、特殊位置及在各朝代所呈現的風貌。

閻亞寧《傳統建築的民俗觀念》[24]，認爲中國人用一種特有的思維方式與價值觀念，建構了人類生態、環境、人文與建築科學的融合及對話。其中以風水的觀念解釋傳統建築、地理環境與民俗文化相互調和的哲理，更是中國人體現天人合一的圓融精神。閻氏指出傳統建築在技術方面的表現只是外在形式的顯現，內中所藏的風水意涵才是傳統建築真正的靈魂，這份研究說明了傳統建築與風水學間千絲萬縷的關聯。

關華山《民居與社會、文化》[25]，書中主要研究觀點認爲住宅文化意涵呈現多重結構的交錯，住宅如何爲人所造就、如何爲人所用、以及如何爲人所認知，重點皆在於人、環境與文化的互動關係上。書中提出傳統民宅所表現的三種空間觀念：1.人界觀念。2.生氣觀念。3.位序觀念。文中以擬人的方式來說明此空間觀念的表現：「民居正身、護龍的配置方式，如同一個人的身體與雙手，二落、三落的民居形式，如同人與人搭肩而成，正背相對形成每一進落的正身，護龍則是面向中軸線的人體。」在這樣的關係中，說明風水觀念的實踐在空間環境中，是形而上的「天人合一」觀，而

[24] 閻亞寧、林慶元、李盛沐，《傳統建築的民俗觀念》，台北：文化資產維護協會，1995。

[25] 關華山，《民居與社會、文化》，台北：明文，1989。

此一特殊的文化思維深深影響了社會風俗、生活型態與居住行爲，並且成爲中國文化的一部份。

高友廉《中國風水文化》[26]，對風水現象進行全方位、多學科的分析，依詳實的考據資料分成十個面向：風水原型、風水流變、風水美學、風水建築、風水科學、風水巫術、風水政治、風水名流、風水諸俗、風水批判等，對風水現象做較深入且全面的探討。其書中主要的觀點在於分析風水現象產生的文化背景，闡述風水與古代中國人的精神世界的關係，評價風水在中國古代建築理論和建築文化中的地位與作用，爲全面認識風水現象提供大量信實的考據資料。

王復昆《風水理論的傳統哲學框架》[27]，著眼於風水理論與中國傳統哲學範疇如「道」、「氣」、「陰陽」、「五行」、「八卦」等的對應，以及中國傳統哲學與風水理論的特點，將二者作歸納分析，由此說明風水理論的思維模式與傳統哲學的密切關係。

（二）對風水學說做統合性的探析

漢寶德《風水宅法中禁忌的研究》[28]，以相當嚴謹的方

---

[26] 高友廉著，《中國風水文化》，北京：團結，2004。

[27] 王復昆，〈風水理論的傳統哲學框架〉。收錄於王其亨主編之《風水理論研究》，1993，台北：地景，頁1~29。

[28]漢寶德，〈風水宅法中禁忌的研究〉。《台灣大學建築與城鄉研究學報》，1969，（第三卷第一期），頁5~55。本論文為國內風水研究的先驅，尤其宅法的禁忌在風水學中是一個看似簡單但其實非常複雜的問題，漢氏將陽宅禁忌分為三類：輪廓形的吉凶、形狀意會的吉凶、與格局有關的吉凶。以整個風水學而言，這樣的分類當然略嫌簡化，事實上宅法禁忌牽涉到的部份包含到整個風水學的領域，涵蓋了陽宅外局之地形地物，內局隔間、器物的設計、營建前與營建中的忌例、鬼神及祖先的禁忌，方位的禁忌、時間的禁忌等，但本研究已經為陽宅禁忌此一課題的探討踏出了重要且關鍵的一步。

法，選取歷代流傳的重要陽宅風水著作《重校正地理新書》(金張謙集註)、《陽宅十書》(明王君榮輯)、《陽宅大全》(明周繼輯)、《八宅明鏡》(清箬冠道人輯)，對其中禁忌圖文加以整理與解釋。以《陽宅十書》清宮刻本的圖說爲綱領，捨棄了書中符錄及理氣的部份，分外形、內形、環境等項，分別列表說明宅法中禁忌的部份，其目的在於：

1. 了解風水在傳統建築中佔有的地位，風水的禁忌與住宅形式在社會條件下互相影響的因素，並了解大歷史推演的關係。
2. 找出有哪些建築形態象徵是受風水觀念的影響而塑造的。
3. 了解風水禁忌大致上包括的類別、數量、禁忌的普遍性及可能出現的矛盾。

最後的研究結論爲:

A. 宅法中的禁忌“早於”理氣理論的系統推演。漢寶德教授的研究結果，足以佐證筆者的觀點：後來的理氣門派，都是明末因爲旱羅盤的傳入與複雜化，而大量衍生出來的，與那些風水門派老師們口中的祖師爺無關。

B. 禁忌會隨時代而改變，但也有持續性的禁忌，逐漸影響傳統住宅的形態。

C. 早期的風水禁忌比較重視環境的吉凶，後期的則較重視建築的本身與四周，顯見其受都市化影響的現象。

D. 南方的住宅形式特別反映風水禁忌的影響力，至於風水與其它影響力量之間的推演關係，及與城市街道

模式的發展有無因果關係，並無明確的結論，僅可依常理上推知應有關連。

此一研究對於歷代幾無系統又紊亂複雜的陽宅禁忌，予以相當程度的釐清及破除迷思，爲陽宅禁忌研究的前導。從中，也看見了許多風水門派的虛僞矯飾。

漢寶德〈風水---中國人的環境觀念架構〉[29]，本研究分爲兩大主軸，一爲研究歷代中國士人對風水的看法，及自漢代以來堪輿理論演變的大要。作者從文獻研究中，提出理論轉變的關鍵時代-----宋明清之際，在此之前，相宅之法以「五音地理」與形家爲主流，在此以後，才有形家、理家的分別。

形家以郭璞的《葬經》爲理論依據，理家則源自漢代以來五行、八卦與陰陽的學說，但這時尚未將這些元素放到風水術中。到宋代得到諸多理學大家如朱熹、二程等的影響，理學家們多通達易經理、象、數，到了明朝，風水學人開始將這些元素放入風水之中，結合羅盤的複雜化，創造出諸多門派，理氣風水遂大昌盛，套八卦的公式來看風水，終至越走越偏。至明代未年，風水著作推陳出新，理論與實務愈見紛歧，派別眾多至於今日。

其二，則分別敘述形家、理家的風水基本理論。形家的觀念，乃古人對大自然山水組織形態的一種解釋，具有生態合理性。至於理法，則爲古人對宇宙的觀點，以五行與八卦運作而形成的一套理論體系。文中探討論了八卦、二十四山

[29]漢寶德，〈風水----中國人環境的架構觀念〉，《台灣大學建築與城鄉研究學報》，1983，（第二卷第一期）：頁123-150。

歸於五行系統的觀念，提出風水的系統，如何自純粹的靜態空間觀念，結合了動態的時間觀念，再進而與命相之學相融合，形成一種複雜的結合體，支配了兩千年來中國人對生命與自然環境的深刻認識。

王玉德《尋龍點穴-----中國古代堪輿術》[30]，以更多的文獻與考據將風水學的理論發源、歷代人物、著名經典等的脈絡清晰的呈現出來，文中主要針對風水組成的重要元素「氣」、「陰陽」、「五行」做更深入的研究，並歸納堪輿理論的總原則爲：系統、因地制宜、依山傍水、觀形察勢、地質檢驗、水質分析、坐北朝南、定量規定、適中居中、順乘生氣、普遍綠化、教化審美及改造風水等「堪輿十三原則」。本研究對形家法複雜與抽象的理論作出系統井然的整理，可算是一項突破，尤其以現代的觀點切入，有助闡明及掌握巒頭水法的精要原則，並去除風水學說中的迷信成份，尤其是屬理氣門派繁複不合理的地方。

王其亨《風水理論研究》[31]，書中收羅了六篇研究堪輿學者的論文，對風水理論作多元且系列性的釐清，研究內容涵蓋歷史文化、傳統哲學、景觀建築、生態環境等議題與風水理論的探討。例如書中糜丹宇、白智平的〈景觀建築學、生態建築學與風水理論辨析〉透過這些不同學術領域的基本取向、具體內涵及設計運用，指出了它們在自然觀、環境觀及審美意象方面的異同。宋昆、易林〈陽宅相法簡析〉認爲陽宅相法對古代建築有深刻的影響，作爲風水術的重要組成

---

[30] 王玉德，《尋龍點穴：中國古代堪輿術》，北京：中國電影，2006。

[31] 王其亨（主編），《風水理論研究》，台北：地景，1993。

部份，陽宅相法混雜了大量巫占、迷信、禁忌的內容，同時也含有很多經驗統計的古代「準科學」。

（三）採景觀設計、建築學、環境學的角度來看風水學理

施邦興《「葬書[32]」中的風水理論—環境規劃體系之研究》[33]，該研究主張《葬書》固爲重要的風水典籍，但亦是一本代表中國人環境規範體系的著作。施氏認爲環境規範理論的探討在方法上有三個重點：1.價值體系，即是理論基礎，爲環境好壞判斷的依據；2.描述體系，爲觀察事物的概念，可界定系統內的元素與關係；3.推論的邏輯形式，即系統具有推理的能力。施氏認爲《葬書》對於環境構成的價值體系內容描述分爲五類：

1. 「氣感理論」：即天地萬物皆感氣而生，氣行天下，萬物之吉凶亦因氣感而來。如葬書云：「**五氣行乎地中，發而生乎萬物。人受體于父母，本骸得氣遺體受蔭。經曰：氣感而應鬼福及人。是以銅山西崩，靈鐘東應。木華于春，栗芽於室。蓋生者氣之聚，凝結者成骨，死而**

[32]《葬書》作者郭璞（西元： 276 ~324 年），西晉末東晉初著名學者、文學家、術數學家，字景純，死後追贈弘農太守。河東聞喜人。東晉元帝時，歷任著作佐郎、尚書郎，曾與王隱共同撰寫《晉史》，博學多才，好經術，擅辭賦，精通天文、曆算、卜筮、相地之術。著有《爾雅注》、《方言注》、《穆天子傳注》、《楚辭注》以及《洞林》《新林》、《蔔韻》等十數種。郭璞《葬書》，始見於《宋史·藝文志》，只一卷。以後歷代術士爭相粉飾，增至二十篇。後被宋代蔡元定刪去十二篇存八篇，元代吳澄又加刪削，遂成中篇、外篇、雜篇共三篇。《四庫全書》子部術數類相宅相墓之屬所收《葬書》，即吳氏刪削本。

[33] 施邦興，《「葬書」中的風水理論—環境規劃體系之研究》，碩士論文，台南：成功大學建築及都市設計研究所，1988。

獨留。故葬者反氣入骨，以蔭所生之法也[34]。」即是氣感理論的明示。

2. 「氣運理論」：即氣的運行，山水皆有氣運行其間，地的吉凶應觀乎山川形勢，據以斷氣的行、止、聚，如陰陽調和生氣結聚之處即爲龍穴。如「夫土者氣之體，有土斯有氣。氣者水之母，有氣斯有水。經曰：土形氣形，物因以生。夫氣行乎地中，其行也因地之勢，其聚也因勢之止。葬者原其起，乘其止。」[35]「止」即生氣運行結聚的吉穴。這段文字可以說總結了龍穴能蔭人發旺的主要原因，沒有這個「氣」整個風水體系就不再有價值，風水術也就沒有存在的依託。

   所以，所以，請注意！**氣不在九宮格裡，不在游年星、紫白星上，不在卦爻裡，也不在元運、12長生…，而在大地的情勢，明白了嗎？**

3. 「賦情理論」：即藉由形象類比而視山川大地爲具感情的有機體，如「夫葬以左為青龍，右為白虎，前為朱雀，後為玄武。玄武垂頭。朱雀翔舞。青龍婉蜒。白虎馴俯。形勢反此，法當破死[36]。」可惜，有些風水門派已經不再重視或運用這種觀念，甚至反其道而行，例如「三合法」「八宅法」「紫白法」「玄空法」「龍門八局」「後天派」「三元納氣」「金鎖玉關」法中皆可見到，可笑還尊稱郭璞爲「祖師」呢！不知祖師爺的書看懂了沒有？

---

[34] 《葬書》內篇。

[35] 同上。

[36] 同上，外篇。

4.「氣質理論」：說明氣質爲墓葬環境諸般實體構成，與非實體氣象的綜合表現，可藉此判斷葬地的吉凶，如「山之不可葬者：五氣以生和，而童山不可葬也。氣因形來，而斷山不可葬也。氣因土行，而石山不可葬也。氣以勢止，而過山不可葬也。氣以龍會，而獨山不可葬也。」[37]現代的風水師，對這些法訣的運用，能得其精髓與運用要訣的已經寥寥無幾，難怪要另創一些奇招怪式的理氣流派了。

5.「禮德理論」：與喪葬儀節與社會倫理有關，雖與風水無涉，亦能影響所得的吉凶結果。如「僭上方庶人墳墓不得如大官司制度，貧家行喪不得效富室眩耀，及不得作無益華靡，亡者無益，存者招禍。逼下為儉不中禮，怪吝鄙澀，父母墳墓不肯即時盡作用之法，因循苟且，致生凶變。」[38]此段出自《葬書》雜篇，與風水術並無關聯，經前人考證乃後人僞託增加的內容，頗多已背離原意，參考即可，不可被其誤導。

另在描述邏輯體系時則敍及：

1. 如何「察穴形」？

「勢如萬馬，自天而下…，形如負扆，有壟中峙，法葬其止。經曰：勢止形昂，前澗後岡，龍首之藏。鼻顙吉昌，角目滅亡。耳致侯王，唇死兵傷。宛而中蓄，謂之龍腹。其臍深曲，必後世福。傷其胸脅，朝穴暮哭[39]。」

---

[37]《葬書》，內篇。

[38] 同上，雜篇。

[39] 同上，外篇。

2. 如何「點穴位」？

「夫葬乾者，勢欲起伏而長，形欲闊厚而方；葬坤者，勢欲連辰而不傾，形欲廣厚而長平；葬艮者，勢欲委蛇而順，形欲高峙而峻；葬巽者，勢欲峻而秀，形欲銳而雄葬震者，勢欲緩而起，形欲聳而峨；葬離者，勢欲馳而窮，形欲起而崇；葬兌者，勢欲天來而坡垂，形欲方廣而平夷；葬坎者，勢欲曲折而長，形欲秀直而昂。**此言八分之山，必欲合如是之形勢，然後為吉。**[40]」

作者引述這段如何「點穴位」文字，出自《葬經.雜篇》，乃後人偽作，大約是因爲缺乏實務經驗，若依本訣來操作，既不可行，也錯誤百出。簡單常識判斷~~八方的山龍結穴難道會因同八卦而長得相同？這與生活經驗相反。更何況八方山體各形各狀都有，那是地球造山運動形成，與八卦有何關係？不是假貨套上易經就會變真的。

學風水者想靠看書無師自通，幾乎是死路一條。所謂：「**風水是真的，風水師與風水書是假的。**」不得明師傳授，欲求風水登堂入室，渺不可得。

因爲這段文字與《葬經》內外篇內涵大相逕庭，行家比對即知。這整整一大段出自《葬書》的雜篇，看起來非常的深奧難解，高大威武，但其實含混不清，又與山川實情不符，當然更與實務上所見全然不同。只是這要解說到一般人明白，真的頗困難！像這種情形在風水界的門派典籍中，多如牛毛，不讀沒事，愈讀愈歪。希望更多有緣人理解！

---

[40]《葬書》，雜篇。

日本學者Chen B. X(Ryukyus Univ.,Okinawa)與 Nakama Y(Ryukyus Univ.,Okinawa)〈A summary of research history on Chinese Feng-shui andapplication of Feng-shui principles to environmental issues〉[41]《中國における風水研究史とその環境論的応用に関する総説》，指出日本的經濟發展迅速，導致土地利用和環境的破壞越來越嚴重，尤其在農村地區，土地侵蝕和森林砍伐造成的過度開發，使永續的自然資源日益耗減。Yuei Nakama總結過去日本學者對風水的研究，認為風水概念建築在中國特有的「陰陽平衡哲學」（Feng-shui concept highlights the Yin and Yang balance philosophy.）基礎之上，強調「天人合一」的人與自然協調共生的觀念（Feng-shui concept on basis of a philosophy of harmonizing man and nature），是一個有效的解決這種問題的辦法，而隨著工業發展對環境的破壞愈甚，風水的觀念會更加受到世人的重視。此報告側重於應用的風水概念，以風水概念的環境處理藝術做為日本國土計劃的依據，報告中亦檢討了日本對風水研究的不足，及應加強的幾個面向。

不過，這種的看法顯然是建立在中國的古形法的風水術上，如果以現今理氣門派的風水術，對自然環境不止沒有幫助，還有破壞。何因？理氣門派講究的是合乎易經九宮

---

[41] Chen B.X, Yuei Nakama，〈A summary of research history on Chinese Feng-shui and application of Feng-shui principles to environmental issues〉，Japan：Kyushu Journal of Forest Research，2004，VOL：NO.57，P297-301。

的**「公式型學理」**，少有會顧及自然環境的。這其中尤以香港、新加坡兩地的風水師尤然，爲什麼？這兩個地方都是高強度的都會型地區，沒有廣泛的大山大水，而繁複大局的山水條件正是培養出卓越風水師的必要條件，也就造成了星港兩地風水師一面倒的歪向理氣門派，尤其是玄空。

古人有所謂「**三年尋龍，十年點地**」，尋龍點穴是深奧困難的一門學問，歷朝歷代能掌握這門學問技術的人曲指可數，大都是一代宗師。沒有多年看巒頭水局實務經驗的歷練，是不可能培養出真正的風水師的，但硬要賺風水財的人會如何呢？既然沒有巒頭水局可看，那就只有大玩特玩因爲羅盤發達而過度運用五行卦理創造出的「理氣」門派了，感覺還更玄妙呢！

邱上嘉《**台灣傳統民宅的基本構成觀念**》[42]，以田野調查的研究方法，對民間建築匠師進行訪談及對現今猶存的古宅實例作深入的考察，探討台灣傳統民居在形體與配置格局上的構成概念，研究結果認爲一座中國的住宅，實際就是主人宇宙觀的實現，就是主人身體架構的影射，亦即台灣傳統民宅的建築概念是以人體形態作爲營建的基礎。該研究彰顯出民宅於實踐過程中，所反映的人爲與自然環境的調和關係，足以顯見風水理論的“第一原則”實在就是「天人合一」的宇宙觀，而非是那些過度運用卦理五行又各自差異的理氣家。

---

[42]《邱上嘉，〈台灣傳統民宅的基本構成觀念〉，亞太科學技術協會科技教育委員會：1998年《中日住宅空間計劃教育研討會論文集》，頁25~35。

胡肇台《中國風水在建築選址定向之應用》[43]論文中，認爲風水的最高指導原則來源於《易經》，《易經》中包含風水的根本學理，如陰陽五行、八卦理氣、哲學觀念等，其中「形」與「理」法的應用，在中國傳統建都選址、城鄉佈局、風景園林、陰陽宅營建等方面幾乎無所不在。此一事實，於現存的古城鎮、古建築、園林、民居及陵墓中皆可以得到印證。該論文以探討中國傳統風水理論於現代建築規劃上選址定向的應用爲主軸，針對主要的傳統風水理論，透過解讀分析，釐清風水理論中迷信、無理的概念，這其中尤指的是繁雜多端又互異不通的理氣門派，使中國風水學術能結合現代建築學的理論，制定現代風水學學術規範，進而達到古創今用的目的，以提供建築優化選址定向上的參考。

(▲就這點而言，筆者並不認同，因為易經不是風水書，反而是一本卜筮的書。易經有些原理可以用在風水，例如陰陽的觀念，但易經並不等於風水，例如，建築學、地質學、化學、物理學…也是風水的一部份，都要套易經來看嗎？現今之所以會有那麼多的理氣流派，就是因為太過盲目崇拜易經所導致，以為只要跟易經沾上邊就是對的，謬矣！)

亢亮、亢羽《風水與城市》[44]，認爲風水學既是一種民族傳統文化，也是一門嚴謹的科學。它有一定的規矩，有自己的儀器（魯班尺、門公尺、羅盤），有理論，有操作技術與程序。全書系統的闡述了城市用地的風水場評定（包含自

---

[43]胡肇台，《中國風水在建築選址定向之應用》，碩士論文，高雄：國立高雄第一科技大學，2003。

[44]亢亮、亢羽，《風水與城市》，天津：百花文藝出版社，1999。。

然環境的選擇、人文環境的選擇、城市中心的風水選址、城市居住區風水選址、城市祭祀性建築用地風水選址等）、城市總體規劃的風水佈局（包含城市道路系統的風水佈局、城市綠地系統的風水佈局、城市風貌特色的風水佈局等）、城市詳細規劃的風水佈局（包含道路系統、綠地系統、公共中心、美學考量、住宅區、工程管理等）、城市規劃建設的風水管理及風水改造（包含城市規劃建設的風水管理與城市規劃建設的風水改造）等，主要目地在將城市規劃理論與中國風水學理論有機的結合，讓城市建設工作步上新的境界，創造有中國特色的優美城市環境。

（四）將風水理論進行數理邏輯運算的設計

Chiou,Shang-Chia and Ramesh R Krishnamurti<Unraveling Feng-shui>[45]，本文是以數學運算的有關原則對風水的邏輯進行闡述和研究。研究的方法是以《八宅明鏡》和《魯班經》[46]這兩部流傳的陽宅古著作的內容爲對象，將風水的規

[45] Chiou,Shang-Chia and Ramesh R Krishnamurti（1997）<Unraveling Feng-shui>. Environment and Planning B：Planning and Design（Vol.24, No.4；July. 1997）：549-572。

[46]《魯班經》並非魯班撰述，而是中國民間工匠上千年的經驗結晶，歷經無數名師的增刪修正，于元末明初之際午榮編輯而成此書。魯班是中國古代建築技藝與建築文化的象徵，也是民間工匠的祖師，故以魯班為名。成書後，各代工匠多有增修，該書許多內容涉及陰陽、五行、吉凶推算，不易為人理解。《魯班經》為中國古代營造房屋和日常生活用具的實用指南通書，是一部以獨特風格論述建築與風水關係的集大成專著，書中重點論述古建築中所用的寸木尺地、片瓦只磚、尺長寸短（魯班真尺）以及建築物中的尺寸高低、左右前後與吉凶禍福的關係，並詳盡記錄自春秋以降，經戰國、秦漢、魏晉南北朝、隋唐及宋元，千年來歷代匠師關於建築營造法式、古代家具設計製作的經典形制和圖樣。書中提及的民間建築包括框架結構的「正三架式」、「正五架式」、「正七架式」，具體有宮殿式、鐘鼓樓式、祠堂式、廟宇道觀等；家具形式多達三十餘種，如桌椅式、大床式、箱櫃式、鏡架式等。本書不僅是一部稀世罕有的古代建築文化奠基之作，還是一部古代家具設計製造的實用經典。

範納入數學運算的範疇，用電腦以數學運算的方式依設計程序找出符合傳統建築之動工、方位的吉祥時點，避開尺寸的禁忌，以科學的思維來建構傳統風水的邏輯。

(▲筆者對此並不認同，其一，研究所選取的對象門派為八宅派，太過簡單與單一，無代表性。其二，八宅法本身就有許多缺失(後文會深入討論)，以之結合運用，只能產生錯誤的結果。其三，尺寸的禁忌在風水中是小道，看看《葬書》《雪心賦》的內容就知道了，把重點放在這裡是有點偏了。)

李楊勝《尋找失落的中國傳統模矩系統---從閩南傳統建築之度量單位與吉凶原則中找尋模矩系統之初探》[47]，研究者以模組化的觀念，將傳統工匠「魯班尺」[48]中的吉凶數值，以數學上立體幾何學的排列組合關係，針對五種閩南傳統建築的度量單位，建立一套共通的形狀文法來分析、描述及建構傳統建築的模矩格子系統，去呈現中國傳統建築的營建規則與設計的邏輯，利用現代電腦輔助的功能，達到古創今用的目的。

(▲筆者個人看法，這與風水的關係不大，《魯班經》並不能代表風水，應用的價值有多大值得思考。)

李琦華《利用運算觀念對風水宅法的初步研究---以《陽宅十書》為例》[49]，本研究將《陽宅十書》中的陽宅法，分爲

---

[47]李楊勝，<尋找失落的中國傳統模矩系統---從閩南傳統建築之度量單位與吉凶原則中找尋模矩系統之初探>，《墨拉法集》NO.4，台中：東海大學建築研究所建築型態研究室，1996。2003。

[48]即《魯班經》中論述古建築中所用的寸木尺地、片瓦只磚、尺長寸短以及建築物中的尺寸高低、左右前後與吉凶禍福關係的長度度量數值。

[49]李琦華，《利用運算觀念對風水宅法的初步研究—以《陽宅十書》為例》，碩士論文，斗六：國立雲林科技大學工業設計研究所，1998。

兩部份，一爲「形家法」[50]，一爲「理家法（理氣派）」[51]，試圖利用運算的技巧來討論及描述這兩大派別的內在意涵。在「形家法」部份，筆者將《**陽宅十書**》中「**宅內形**[52]」與「**宅外形**[53]」的元素，利用物件的概念，進行物件的建構、及物件的導向分析，配合形法的吉凶推演法則，建立規則去呈現風水宅法中的數值運算方法。在「理家法」部份，以數學方式建立運算公式的推演與步驟，進行吉凶法則與運算架構的解析，將相宅之術納入邏輯運算的程式，建立理氣風水的操作模型與標準程序，電腦輔助系統。

實在講，這些研究都有很大的限制，研究者對風水的認識都不足，缺乏實務經驗，而且代表性也嚴重不足，尤其風水術中有相當多的部份是很難量化的，否則也不會有「**三年尋龍，十年點地**」的古訓了。這樣的結果大多呈現的是爲研究而研究，把主觀的想法套入，得出結果而已，最後的吉凶交給宅主去承擔。至於可不可行，能否起到趨吉避凶的效果，真的是天知道。但好處是至少有人往這方面去思考了，也許在更久之後，在這個基礎之上，有英才俊秀之士因此更上一層樓，那也是功德無量了。

---

[50] 形家法者，指依山川的形態、走勢、距離、體積大小、高度、形狀、水流、海池湖塘……等外在條件判斷吉凶之法門。

[51] 理家法者，指河圖洛書理數、陰陽五行、八卦、二十四山方位設定宅局，據以推斷吉凶之法門。

[52] 即陽宅之屋形、門路、天井、灶座、碾磨等內局佈置。

[53] 即陽宅之外局如：山脈、流水、地形、地勢、樹木、塘池、巨石、道路、橋樑等環境形態。

（五）以科學實證主義對風水現象進行分析

呂應鐘《由風水源流發展批判後世風水術之迷信》[54]，認爲「風水」與「風水術」有區別，「風水」是客觀存在的宇宙現象，它是宇宙科學學說的一部份，但同時也是「時空力學」的一部份，宇宙的內在的本質即時空場，外在表象即力場，因此風水即在尋求宇宙氣場（天）、地球磁場（地）、以及人體磁場（人）三者最調合的環境地理學與環境心理學格局。「風水術」則是風水研究者個人主客觀宇宙現象的認知心得，呂氏引用大陸學者王玉德所言「**風水的本體是自然界，風水術的本體是人**」，以此來說明風水及風水術本質的差異。強調要洞悉各種風水術派別的偏頗及濫用陰陽五行術語的弊病，主張回歸西漢以前科學的「相地[55]」與「形法[56]」的地形學理論，並融入「心理學」，破除長久以來社會上的風水迷信，還原風水學的科學理論。研究者並極有創意的建議由政府召集目前各門各派的風水業者，進行一次「風水論證大整理」，以科學的方法將風水術去蕪存精、刪繁就簡，徹底進行一次風水術大改革。

不過，本篇論文在強調科學的同時，文中幾無任何科學的論述及學理闡明，使論點流於主觀與無力，只是空泛的說理，加以實務經驗缺乏，說服力及影響力均不足，是甚爲可惜之處。

---

[54] 呂應鐘，〈由風水源流發展批判後世風水術之迷信〉，中央研究院科技史委員會：《第五屆中國科技史研討會論文》，1999。

[55] 即堪察宅第所在之地理、地質環境之謂。

[56] 風水學上的形法係指宅地週圍之巒頭、水局、形勢等，即形家法。

林健強《玄空風水的科學鑑證》[57]，以氣論、太極、陰陽、八卦爲經，以天文、物理、哲學、醫學爲緯，闡述玄空學關於天地形態和天地生成的理論，探討多維時空與飛星格局的關係，主要觀點乃就宇宙宏觀能量系統和人體微觀能量系統的聯繫著手，揭示人體具有與玄空風水相關的潛質，如人體的生命能場、信息場、人體微輕粒子場、微波等能量場在風水學中具有的特性，鑑證玄空風水的科學性質，將傳統文化和自然科學融爲一爐，更進而探討到太空風水的理論。

類似這樣的看法，筆者已經看過許多，把玄空法與與太空科學主觀的拉在一起，說些自以爲的科學，把已經很玄的風水談的更加的玄之又玄，這是在開風水的倒車。更何況如阿璽師前文中曾提到的~~~把八個卦宅的公式都套對了，運也接到了，就都萬事如意了嗎？前方有路沖、壁刀，建築地基鬆軟、沼澤、高山、沙漠、極地、斷層帶、液化帶…，那又如何呢？誰敢住？

2018年台灣花蓮發生一場中型地震，雲門翠堤大樓因此而傾斜倒塌了，原因就是宅蓋在河岸邊，土質太過鬆軟所致，這樣的住宅在台灣還有不少；2004年前台中谷關因颱風大雨掏空了地基，3棟溫泉飯店被水沖走，當時的電視畫面令人驚心，這些跟什麼運、東四命西四命、生旺休囚、先後天位、三吉六秀、零正催照…沒關係，而是地基選址時犯了大錯。如果有中醫師用玄空九宮元運那一套來行醫抓藥下針，說得玄之又玄，有多少人敢去做白老鼠？

---

[57] 林健強，《玄空風水的科學鑑證》，香港：聚賢館，2002。

曹羅羿《風水：傳統環境論述與空間實踐的認識與批判—以相宅術中八宅法的論述分析為例》[58]，本篇論文主要目的在於對陽宅理論內容，做一批判性的解析。研究的方法乃是選取重要的陽宅著作：(1)《秦簡日書》(2)《八宅經》(3)《黃帝宅經》及其相關著作(4)《陽宅大全》(5)《陽宅十書》(6)《八宅明鏡》（7)《陽宅集成》(8)《重校正地理新書》(9)《金光斗臨經》等古代風水文獻，做爲論文的主要分析對象。本研究以鬥爭(symbolic struggle)的歷史概念來理解所謂理氣與巒頭的分野與論爭，釐清這些宅經與當時社會間的交互關係。發現除了在歷史的傳承之外，宅經存在著更多基本的歧異，而這些歧異正與當時的時代密切相關，由是認爲風水術乃“人爲建構”的特質。該研究對八宅法的文本加以分析，以符號學的觀點，研究相宅術中符號運作的模式，揭示宅法中的空間意識，以及風水術推斷吉凶的判斷語法，並試著以性別分析的角度來詮釋風水術，以突顯蘊涵於風水論述中的性別意識與父權思想。

主要的研究結果爲：1.不同的宅法書籍之間，不僅存在著延續的觀點，亦存在著衝突與不同。2.各個時代因其社會背景與知識領域的不同，會生產出不同的宅法，這突顯了陽宅風水與時俱進與通俗化特質。3.風水術的符號，籍由隱喻來完成符號連結與判斷，這些符號包含了社會價值的判斷，也是風水效度的主要來源。4.風水書中幾以男性的功名利祿

[58] 曹羅羿，《風水：傳統環境論述與空間實踐的認識與批判—以相宅術中八宅法的論述分析為例》，碩士論文，台北：台灣大學建築與城鄉研究所，1995。

為主要訴求，在意識型態、寫作方式、以及判斷法則等方面的分析中，處處可見世俗功利意識的蹤跡。

阿璽老師按：本研究很清楚的點出，理氣公式風水術是人創造的，不是神仙教的。但風水的自然環境是天地生成的，創造的人多有他的私心、圖利與目的，學風水的第一步就是要剔除這些虛偽的假貨，才能真正運用風水學為自己也為他人造福。這個觀念真的很重要，但在現時環境中，也顯得特別困難。

楊志堅《以遙測影像技術建立風水環境數位模型之研究》[59]，本研究選定風水環境理論中可量化的部分進行探討，利用遙測中衛星影像技術建置風水環境3D數位模型，跳脫以往斷驗風水形局囿於地面視野的限制，從大格局俯視的觀點，對整體風水環境架構進行研究分析。

本研究歸納中國風水環境模式主要由龍、穴、砂、水、向五要素所構成，藉由衛星影像技術與地理資訊系統的輔助，賦予不同要素計算數值，如巒頭高度、巒頭結聚情況（如順結、橫結等）、穴場平均坡度、水之流向及情勢（如彎抱、滙流、直去等）、穴場的坐標、水質清澈度、穴場及山形之面積與體積、砂水與穴場之距離、建構出風水環境的模擬數位模型，以「因素分析法」及「判別分析法」採數學上線性函數的計算方式，對風水環境進行判釋。而經由統計數據判別分析，完成風水環境理論判別方程式的建構，對中國風水環境模式之近似度判斷有顯著的鑑別能力。由權重分析

[59] 楊志堅，《以遙測影像技術建立風水環境數位模型之研究》，碩士論文，中國文化大學：建築及都市計畫研究所，2002。

結果更顯示出水局、穴場與主山是影響中國風水環境理論的最主要因子，證明風水環境理論的確可經由科學量化的論證獲得較客觀性的見解。

現在因爲科技的發展，加以衛星的商用化，google的衛星地圖是執業風水師會運用的參考，有時候的確解決部份問題，節省不少時間，有它的實質助益。但若說就能取代風水術那還距離遙遠，光用這個就想找出好地理，就目前而言，那還做不到。爲什麼呢？

其一，風水重在「氣」，風水術包含了八卦、五行、干支…等形上學理，硬套上科學外衣，能否行得通值得懷疑。但現代建築技術進步，土地重劃，地貌已有極大變化，衛星空照地圖並不能還原。因此光靠衛星空照圖，極易誤判。這種錯誤現在就常發生在執業風水師的個案中，實務上禍害不少矣！

其二，風水術的發展是由地面視角出發看待的，並已經形成完整的理論體系，風水功夫到家的老師，不假任何工具，一眼即知吉凶真僞，又何必倚賴衛星空照圖呢？但如果當成一種輔助工具以及學習的理解，那是很有助力的，但如果倚賴它來鑑定或佈局風水，那會是一種退化。

其三，衛星空照圖目前無法精細到與現場的視野完全相同，風水有許多細節部份，跟角度也有關係，人若不在現場，絕對是容易錯看或疏漏的。所謂三年尋龍十年點地，對深奧的風水術未能掌握精蘊之前，就要來設計這風水術的系統，可行性大值得懷疑。

二、近代風水研究的限制與反思

對於風水學的解讀，透過前述各種不同研究面向的詮釋，筆者發現迄目前所發表的風水研究論文中，學者多數持肯定的立場，肯定的理由主要基於三個方面：

1. 中國固有傳統文化與哲學思想博大精深，風水學說包含了其中極大部份的內涵，並將其轉化爲實質的處理程序，爲世界文明中極爲特殊及獨到者。風水不只是中國傳統的哲學觀與宇宙觀而已，更是深植在中國人心中的文化與日常生活的價值觀，應該尊重、肯定並予以發揚。
2. 風水學說歷經千年的發展，爲歷代各朝建都選址的重要參考依據，同時亦是庶民百姓日常居所營建的依循原則，其應用的學理與現代環境學、景觀學及建築學觀點有諸多契合之處，具備「準科學」[60]的性質，目的皆在追求人與自然的和諧，可以矯正歐美城市建築易對環境造成破壞的方式[61]。
3. 研究風水的學者之中，有較大部份來自於建築、環境、生態、文史哲學等領域的學者，對於風水學說有先天上易於接觸及不得不然的因素，其轉化爲研究取向，易於對風水學說採取認同的態度。

雖然多數的研究學者對風水學說採取肯定的立場，但風水學說龐雜艱難，欲理出一個頭緒實屬不易，更難的是這些

---

[60]英國近代生物化學家及科學技術史專家李約瑟，稱中國風水具「準科學」之性質。

[61]李約瑟認為：「世界上沒有其他地域文化，表現出如中國人這般熱衷於『人不可離開自然』之偉大思想原則。無論宮殿、寺廟，或是做為建築群體的城市、村鎮，或是分散於鄉野田園中的民居，這一東方民族群體常常體現出關於『宇宙圖景』的感覺，以及方位、時令、風向和星宿的象徵主義。」

風水學者沒實務經驗，所涉獵的門派也多止於一門一派，故而迄今對風水學說的研究猶處於瞎子摸象各說各話的階段。以科學研究為名的，以數學或科技的輔助來解讀風水，當然有助於風水科學性質的闡明，但風水所蘊藏的陰陽、五行、八卦及巒頭水局等形上的學理，卻非是硬套科學的邏輯所能完全解釋。

更恐研究者對風水術的涉獵修為未深，在未辨其真偽之前，即冒然以數理或電腦科技的邏輯運算來硬套，甚至推翻，而令風水的本質丕變或助長出一套「科學的偽風水」來，使風水學更趨複雜，反而不利真相的浮現。麻煩的是~~~目前這種現象已經出現，未來只會愈來愈混亂，科學玄學大混戰指日可期。但也期待出現學力超卓之士，具足各方面條件，開闢出寬濶的道路出來，為人造福，那又是另一翻美景了。

以傳統文化為重的學者，廣搜歷代古籍文獻予以深入考究，雖能釐清風水學說在歷代發展沿革的種種，對風水學說價值的肯定有其正面的效果，但對風水學說龐雜萬端的流派及其應用內容幾無能駕禦，此由筆者閱港、中、台諸多風水的研究報告及書籍，發現學者研究對象幾乎集中在風水學說中較簡易的「八宅派」技法及觀念較單純易學的「巒頭派」上可知[62]，此類研究不免產生見樹不見林之弊。

---

[62] 八宅法吉凶之判僅以生氣貪狼木星、延年武曲金星、天醫巨門土星、福位輔弼木星等四吉方，及五鬼廉貞火星、六煞文曲水星、禍害祿存土星、絕命破運金星等四凶方為斷，較為簡易。巒頭之法雖不易精，但形勢之描述不離左青龍、右白虎、前朱雀、後玄武的範圍，文獻的篇幅多不長，觀念的學習上亦較單純。

以景觀、生態、環境、建築觀點爲出發的研究者，對於風水學說的研究多基於執業的考量，如完全不懂風水恐怕無法設計出令業主滿意的個案，知曉風水的應用有利於商業上以廣招徠及增加說服力，故而對風水學說的鑽研乃屬「兼」學的性質，難以深入風水學說的堂奧，更不可能去下「三年尋龍，十年點地」的功夫。研究的結論常見「用其然而不知其所以然」的附和之言，研究領域亦幾乎集中在風水學說中較簡易的「八宅派」技法及觀念較單純的「巒頭派」上，這些研究者對風水的底蘊還談不上深入，多是半路和尙而已。

以風水學說所蘊涵中國傳統哲理爲研究對象者，固然在哲學學理的思辯上有深入的探討及見解，但以西方式的哲學理路來分析中國文化形上的宇宙觀、生命觀，是否全然合適，恐怕也是一個問題。

風水學的內涵除了形上哲理之外，更是落實在日常生活上的「實用之學」，沒有長期的實務驗證，如何得知各派風水學說的學理基礎是對是錯呢？這其實也是普遍學者型研究人員的難處。以上儘管如此，仍然値得鼓勵與讚佩，因爲對自己傳統文化的努力與付出，是給下一代的最好寶貝，是正確的方向。

第四節　研究方法

一、研究方法

對於目前學術界風水學說的研究成果及面向，已如前述，大多是從風水古籍中擇較爲人所知者，針對一書或一派的學理進行文字的判讀或理解，再由不同的學術立場轉化爲不同的觀點，提出對風水學說的見解。依阿璽師個人的淺見，如欲深入探討風水學說的深層底蘊，盡其堂奧，去除風水學派中諸多僞學及迷信的成份，首先應該就目前留傳下來不同的風水流派的學理，進行深入的比對，其次結合實務證驗及部份現代科學技術的輔助，則風水學的昭明當不在話下。可惜的是學術的研究者多局限於一隅，見樹不見林，而職業的風水師程度良窳不齊，門戶之見紛紜，是其所是，非其所非，有其名利上的考量，更不願公開得罪不同派別的同行以招罪。

阿璽師願拋磚引玉，先對目前港、中、台最流行的風水派別中的「八宅派」及「紫白飛星派」進行深入的學理比對，疑則存疑，信則昭信，去僞證真，做爲發揚祖學的一小步。並同時從宏觀的歷史與風水要素的角度著手，去論證其它流派的虛實真假，使風水術的真實面貌能完整的呈現出來。

在實質的做法上，本研究對風水的探討爲了避免陷入在“迷信與否?”與“符合科學與否?”的實證主義論戰困境，故而在此一方面不做探究。而是採取胡塞爾[63]（Husserl 1859--1938）「現象學」（Phenomenology）的概念，對既有的風水學說，只以結果面去深入探討研究。

將「八宅明鏡」及「紫白飛星」兩派風水學說中的學理內涵，回歸純粹的理解，藉由「現象學」「回到事物自身」的描述，以「八宅明鏡」及「紫白飛星」爲「客體」的風水學理著手，在比較及理解的研究過程中讓「客體」原本的面目自然呈現，將「客體」外爭議難解的部份「存而不論」，避開“迷信與否?”“對或者錯?”與“科不科學?”的爭議，從而去探求風水術學理本身的真僞性質及其合理性，爲日後風水的傳揚與助益世人踏出小小的一步。

本研究爲風水學理的質性研究，阿璽老師試圖經由架構風水學說的基本元素（即風水學說建立的根本核心）如氣、陰陽、河洛理數、五行、八卦、天人合一思想、二十四山方位、經驗常識等，做爲判讀風水學說合理性及真僞的參考，以此展開相關資料與古籍文獻的收集與整理，據以探討各門派風水學理是否合乎風水基礎要素，以呈現陽宅風水學的真質。爲風水門派真僞之辯踏出有益的第一步，有益於後起的學人，那麼阿璽老師的目的也就達成了。

二、研究範圍

風水理論體系上傳統分成「巒頭」與「理氣」兩大派

---

[63] 埃德蒙德·胡塞爾(Edmund Husserl1859—1938),是德國著名的哲學家和現象學的奠基人。他創立的現象學是20世紀最有影響力的哲學流派之一，也是西方學術界公認近代以來最重要的哲學思想。

別，其下又有諸多分支的門派，各派學理往往南轅北轍大異其趣，使學者無所適從。而在巒頭及理氣之外，「禁忌」與「水法」亦各有其獨立的理論體系或看法，在研究上亦應予以區分，因在實際的風水操作過程中，不管「理氣」或「巒頭」皆不可避免的受「禁忌」的影響，蓋因「禁忌」已經成為民間習俗的一部份，甚至上升到信仰的層次，例如：路沖、壁刀…，影響中國人對居住空間的選擇。而「水法」雖被歸類在「巒頭」派之中，但各派別之間的理論及操作法亦多大相逕庭，其理論有獨特的體系及看法，例如：「淨陰淨陽水法」「四大水口法」「12長生水法」「龍門八大局」「後天水法」「零正水法」…，應與巒頭分割而獨論。

大體而言，「巒頭」派依據山川和建物的「形」「勢」以分辨居住環境的吉凶，其理論似較為單純但其實更加困難，所謂「**三年尋龍，十年點地**」是也，風水師若無豐富的經驗與明師的指點，很難看出山川穴結何處？吉凶程度如何？再透過「剪裁」[64]的工夫去營造陰陽宅，即可為人造福。

「理氣」派則依據陰陽、五行、八卦、天干地支、方位等來定「局」，再依據「局」的內外條件推定該陰陽宅的吉凶悔吝。「理氣」派的分枝眾多，學理蕪雜，同一方位而此吉彼凶，很難相容。古來流傳下來的有：五姓五音相宅法、八宅明鏡（大游年法）、乾坤國寶（龍門八大局）、玄空挨星、些子法、玄空六法、玄空大卦、紫白飛星、三合派、星宿五行、輔卦納甲九星（小游年法，又分為輔星水法及九星

---

[64] 指風水師因應穴場環境進行人為的修整，使造作之陰陽發揮最大的福蔭效果，如造葬之深淺、墓形之塑造、方位之選擇、遮障之考量等。

砂法）、奇門風水、三元納氣…等。流傳至今，依大項概分可歸納爲三元、三合、八宅、九星四大流派，其下又有分支（表1-1）。

表1-1：主要陽宅風水流派區分表（本研究整理）

		大派	流派分支
主要陽宅風水流派區分表	巒頭	砂法	葬經、雪心賦、四獸法、倒杖十二法、十不葬…… 青烏經、疑龍經、憾龍經、博山篇、山洋指迷…
		水法	凶水六式：瀑、洄、濁、灘、瀨、沴。 局水七式：朝、橫、順、抱、聚、勾、旱。 流水八式：交、鎖、織、結、穿、割、箭、射。
	理氣	三元	玄空挨星（含玄空六法）
			玄空大卦（三元易卦法、玄空太易卦）
			紫白飛星（紫白九星）
			三元納氣(今人初發明的門派)
			乾坤國寶。該派的三元指三刦位而非元運。
			金鎖玉關(民初發明的門派，沒落，近年又炒作興起)
		三合	四大水口法
			黃泉水法
			12長生水法(向上、坐山、入水)
			賴公撥砂法
		八宅	八宅明鏡(東西四宅法）、後天派(今人發明的門派)
		九星	輔卦納甲九星法（小游年法，分爲輔星水法與九星砂法）
		奇門	奇門遁甲之應用
		星宿	二十八星宿五行
		其他	形家(今人發明的門派，非宋朝前之形家)

在運用上，某些流派屬陰陽二宅通用，某些僅適用於陰宅或陽宅，其中較常運用於陽宅的，據本研究的整理有：1、八宅明鏡。2、紫白飛星。3、玄空法。4、巒頭形法。5、乾坤國寶。6、三元納氣。7、後天派[65]8、金鎖玉關。此類派別適用陽宅的情況亦有所區別，有僅運用於陽宅外局（戶外空間）者，如「乾坤國寶」；僅運用於陽宅內局（室內空間）者如「八宅明鏡」；有陽宅內外局並用者如「紫白飛星法」、「玄空法」…等（表1-2、1-3），「輔卦九星法」雖可應用於陽宅內外局，但由於其法每每抵觸基本堪輿原理，且準驗度低，習者漸減已逐漸沒落。

表1-2：風水流派陰陽宅適用表（本研究整理）

流脈	陽宅	陰宅	主要典籍（僅列代表者）
巒頭形家法	☯	☯	葬經、博山篇、雪心賦、疑龍經、撼龍經、倒杖法…
紫白飛星	☯		三白寶海、陽宅全秘 紫白訣、陽宅集成
玄空挨星	☯	☯	玄空紫白訣、孔氏玄空寶鑑 沈氏玄空學、王派風水學、 中州派玄空學、鐘義明玄空學
玄空六法	☯	☯	玄空本義談養吾全集 新玄空紫白訣
玄空大卦	☯	☯	陰陽二宅錄驗。心眼指要 地理四秘全書。玄空地理叢譚

（接下一頁）

[65] 本段派別之名詞釋義，見下節之用語定義及第二章第二節之流派演變詳述之。

流脈	陽宅	陰宅	主要典籍（僅列代表者）
乾坤國寶	☯	☯	地理乾坤國寶
三合派	☯	☯	地理原真、地理五訣
賴公撥砂法		☯	催官篇
八宅明鏡	☯		陽宅十書、八宅明鏡 陽宅集成、陽宅三要 陽宅愛眾篇、八宅周書
輔星水法	☯	☯	山水發微、王德薰地理真傳
九星砂法		☯	山水發微、王德薰地理真傳
奇門風水	☯	☯	奇門遁甲~其實非風水
命理派	☯	☯	非風水，乃八字的應用
三元納氣	☯		新創門派
後天派	☯		新創門派
金鎖玉關	☯	☯	八宮砂水。新創門派

表1-3：風水流派陽宅內外局適用表（阿璽師整理）

流派 / 內外局	內局	外局	備註
形家	☯	☯	以外局爲主
紫白飛星	☯	☯	
玄空挨星	☯	☯	
玄空六法	☯	☯	
玄空大卦	☯	☯	

（接下一頁）

流派 內外局	內局	外局	備註
乾坤國寶		☯	亦有強用於內局者
三合派	☯	☯	
金鎖玉關	☯	☯	
八宅明鏡	☯		
納甲輔星九星		☯	
奇門風水	☯	☯	奇門遁甲學理之應用
命理派	☯	☯	
三元納氣	☯	☯	
後天派	☯	☯	

由上述風水主要流派的功能及適用性的分類，已可清楚的顯示出各派技法的特性，在本研究中陰宅部份非屬探討之範圍，故略而不顧，如九星砂法及賴公撥砂法，而在諸家風水學理中，爲求其陽宅學理比對的嚴謹性，凡一派學理而適用及陰陽二宅者亦概不涉入，如乾坤國寶（龍門八大局）、玄空法[66]、三合派、輔星水法等均可運用在陰陽二宅是。因風水學理所涉龐雜，又涵蓋諸多形上的哲理，爲求研究的過程條理嚴謹，故本研究專對風水學理中僅純粹涉及陽宅學理的派別爲比較研究的標的--------即「八宅明鏡」及「紫白飛星」二派，以此二派之代表性著作箬冠道人《八宅明鏡》及姚廷鑾《陽宅集成》之理論及其技法作一深入的比較研究，期能擦撞出不同火花，指出其中理論矛盾之處，並相互融通補強，重塑符合風水學理的陽宅理論，試著爲光怪陸離的理氣門派風水找一條路。

---

66 指玄空派中之玄空挨星、玄空六法、玄空大卦法等。

三、研究架構

本研究相關架構暨研究流程如下：圖1-1：

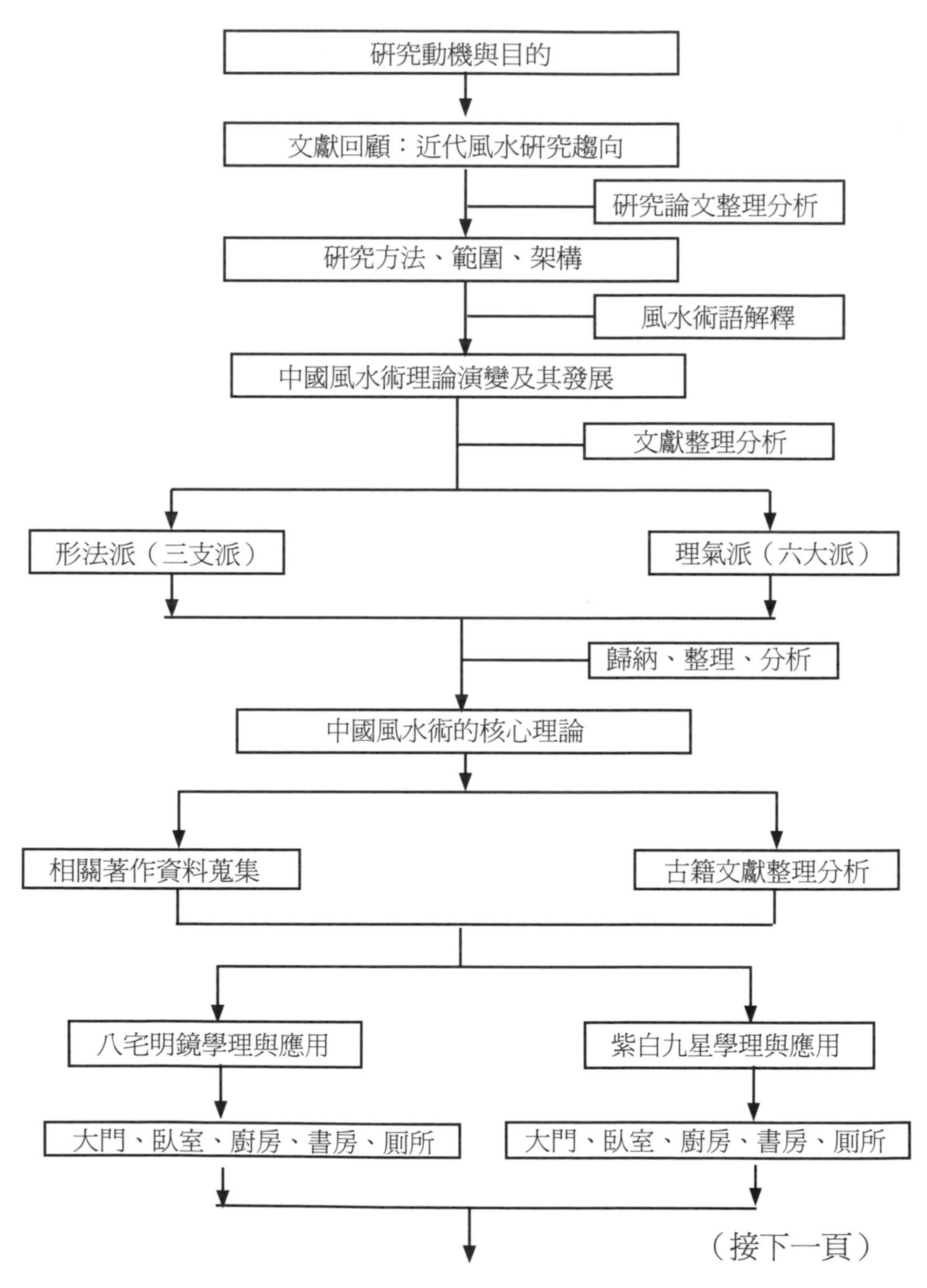

（接下一頁）

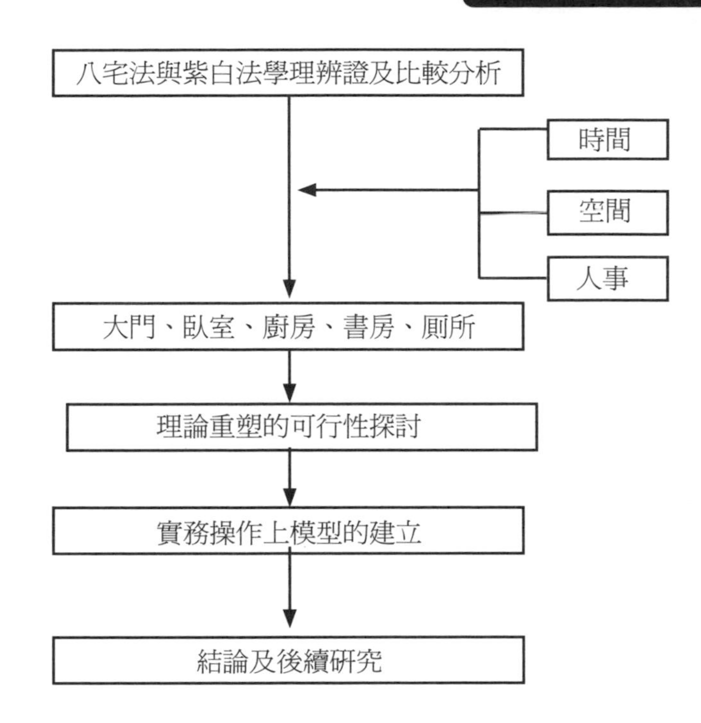

本文內容共分爲六章，第一章介紹阿璽老師的研究動機、目的、研究方法、範圍及流程架構，明確界定本研究的主題。

第二章前半段旨在探討風水學在中國演變的歷史，由風水的發展梗概去捕捉風水學理建構的基礎核心要素，藉以去除風水學理中無關的枝葉，爲下一節風水學共同核心理論的深入探討鋪路。此節內容由風水演變的歷史展開，旁涉各家陽宅理論中「理氣」的部份，探討其流派的發展歷史及理論依據。

後半段內容承前半段風水學的演變而來，由風水構成的基礎核心理論著手，探討傳統中國文化中「氣」、「陰陽」、「八卦」「五行」「河洛理數」及由天干、地支、四維卦[67]所組成的方位「二十四山」，其在風水學理及實務應用的實質意涵，以闡明各派風水學所運用的共同基礎知識體系的內容。

第三章內容以「八宅派」爲主要研究對象，同樣結合前述風水學所運用的共同基礎要素，探討八宅法理論技法的內涵，及《八宅明鏡》運用於陽宅大門、主臥室、灶位、坑廁、書房等的理論及操作規範。

第四章內容則深入探索「紫白法」理論的脈絡，以古籍《陽宅集成》之《陽宅全秘》、《三白寶海》中有關紫白九星的學理爲主要研究對象，結合前述風水學所運用的共同基礎要素，探討紫白九星理論的內涵，及應用於實際陽宅佈局如大門、主臥室、灶位、坑廁、書房的學理及操作規範。

第五章內容更進一步歸納前敍《八宅明鏡》及《陽宅集成》中「八宅法」與「紫白飛星」的學理及操作技法，以基礎的風水理論檢視該二法學理的真僞與合理性，並比較二法間根本的差異性及相似性，並根據二法之間的異同點予以調和折衷，在合乎風水學所運用的共同基礎理論之上，嘗試重塑更符合堪輿學理的陽宅理論，然後再據此新學理建立實務操作的新模型，架構居住空間中陽宅大門、主臥室、灶位、坑廁、書房等的規範模型，爲陽宅學術的闡明與發揚作一個釐清的工作。

第六章爲結論與後續研究，係根據本研究的目的及過程作一總結，於本研究中受限及不足之處檢討反省，並展望相關研究中未來應予繼續研究發揮的課題。

---

[67] 在後天八卦中坎、離、震、兌四卦居於東西南北四正位，而乾、艮、巽、坤四卦居於西北、東北、東南、西南四維。

第五節　從風水術語的定義，看風水學理的偏失

1. **風水**：亦稱「堪輿」、「地理」、「卜宅」、「青烏」、「青囊」、「相宅」、「相地」等，主要是指古代人們選擇建築地點時，對氣候、地質、地貌、生態、景觀、方位、陰陽五行等各建築環境因素的綜合評判，以及建築營造中的某些技術和種種禁忌的總概括。「風水」一辭源自郭璞《葬經》：「氣乘風則散，界水則止。古人聚之使不散，行之使有止，故謂之風水。風水之法得水為上，藏風次之。」

   這裡提出風水名詞，並闡述風水的原則，以「得水」爲最妙，「避風」次之。風水的觀念認爲，生氣會隨著風吹而四散，隨地形高低起伏流行滔滔而去，但遇到水就會停止，有水還得靠眾多的山嶺環抱，這樣才能藏風而不使生氣四散。「風水術」的精華就是在巧方設法使得生氣不流散，讓生氣的行進能夠凝止，氣定則凝、氣逐則散，這就是風水的真諦，堪與之法，純是「行」「止」、「聚」三字真言的發揮、應用及觀察。（在山間，有雨水雲霧時，可以看見白色水氣在山間升起、漂流、廻旋、浮沉，在這種情形下，就可以略微體會《葬經》的說法。

   由風水的定義，具一定理性思維者就可以明瞭，當今理氣風水大派，三元、三合、八宅、九星…大多是背道而行的，假風水術滿天下。

2. **陽宅**：乃相對亡者埋骨的陰宅而言，《說文》云：「宅，所託也。」陽宅者，即泛指活人居住、活動、使用之居所而言。《陽宅會心集》云：「一層街衢為一層水，一層墻屋為一層砂，門前街道即是明堂，對面屋宇即為案山。」《陽宅集成》亦云：「萬瓦鱗鱗市井中，高屋連脊是真龍，雖曰漢龍天上至，還須滴水界真宗。」足見風水上所謂的陽宅並不單單指一處居所而言，實亦是整體環境運用「天人合一」原理的評估。

3. **巒頭派**：又稱形勢派、形象派或形法派，指依據山脈形勢、形象與陽宅外局的實體景觀等判斷周圍環境對住宅吉凶影響的風水流派。

4. **理家**：又稱爲「理氣派」，該派判別風水吉凶的考慮因素爲：陰陽、五行、八卦、九星、元運、干支、生肖、方位、神煞、納音、河圖、洛書…等，少去理會自然環如何，就算配看也是層層設限，或點到爲止，完全脫離祖師爺們經驗累積所傳下的巒頭形法。**理氣派論吉凶，只要合乎各派八個宅局的局法公式則吉，反者爲凶。可以說所有理氣派都套公式看風水，初看有點難，適應一下後會發現很簡單。**

   理氣門派繁多，理論互異難容，都是人造假學，看看有幾個發達的地師子孫就知道，一般學者能否得到真學幾乎是要碰運氣，而且是很低很低的機率。

5. **三元**：所謂三元即上元（第一甲子）、中元（第二甲子）、下元（第三甲子），每元60年一甲子，三元共180年，再分配給九宮，各得20年，於是每一宮管20年。運行次序是：一坎（北方）、二坤（西南）、三震（東

方）、四巽（東南）、五中宮、六乾（西北）、七兌（西）、八艮（東北）、九離（南方），近代的三元九運劃分：上元：一運坎水1864年---1883年、二運坤土1884年---1903年、三運震木1904年---1923年；四運巽木1924年---1943年、五運中土1944年---1963年、六運乾金1964年---1983年；下元：七運兌金1984年---2003年、八運艮土2004年---2023年、九運離火2024年---2043年。南唐．何令通《靈城精義》：「**宇宙有大關合，氣運為主，……地運有推移，而天氣從之，天運有轉徙，而地氣應之……**」故三元即氣運說或元運說，以此規律測定地氣之於陰陽宅的吉凶休咎。玄空法與紫白法最喜談論得運與否，其中玄空法又有分支，對三元九運的區分不全然相同，甚至只有八運的，孰是孰非，一言難盡，真的是筆大爛帳。

6. **三元派：**爲派別的泛稱，目前盛行的三元派主要指：乾坤國寶、玄空大卦、玄空六法、紫白飛星、納甲九星、玄空挨星等是，雖同稱三元派但其學理有大同小異者，如玄空法之分支，亦有完全不同理路者，如乾坤國寶、輔卦九星。

7. **三元玄空挨星：**或稱大玄空飛星、三元玄空。三元的「元」是指元運，規定20年是一個地運；60甲子循環是一個元運，三元就是三個六十甲子元運180年。三元是一個時間循環週期，180年中包含三個元運及九個地運，分別是：上元：一運、二運、三運；中元：四運、五運、六運；下元：七運、八運、九運。玄空的「玄」：是指時間，玄秘而迂廻循環之意。玄空的「空」：是指空間。挨星係指自明末蔣大鴻後所傳下之三元玄空法中所使用之洛書挨星盤法，以地盤、運盤、向盤、山盤四種飛星交互結合，推論吉凶的方法。**蔣氏一生失意，遷母墳三次，真假還看不出來嗎？**

玄空法爲目前華人風水界盛行流派，但存在很大缺失，堪稱是假風水的大宗門，光玄空自身的分支就高達百餘派，一筆爛帳，後文詳敍。

8. **玄空六法**：爲玄空挨星旁支，又稱「李虔虛玄空派」，乃民初李虔虛道長傳談養吾後流傳出來之三元玄空法門，其法棄用三元九運山向飛星組合，而講求「先天卦運」，與三元玄空的主要分別在於玄空六法將元運分爲「兩元八運」，每運以當運卦的卦爻計年，陽爻九年，陰爻六年，每卦卦運年數就是三爻加起來的總數，上下兩元合計亦共１８０年。談氏在玄空法的轉折改變，當真是兒戲。

9. **玄空大卦**：爲三元派玄空飛星旁支，又稱「易卦派」或「玄空六十四卦法」由浙江海鹽張心言著《地理辨正疏》揭櫫於世。其法的基礎本於蔣大鴻三元玄空挨星法，後另結合北宋邵雍的伏羲六十四卦方位圖（六十四卦方圓圖）遂成是派法門。本法講究384爻的抽爻換象，接流行之氣，樣子很唬人，圓周每爻不足一度，純是卦理的運用，應用有其困難。

10.**三合派**：三合者，即五行依「十二長生訣」之長生、帝旺、墓庫三方吊合，寅午戌合火局，巳酉丑合金局，申子辰合水局，亥卯未合木局，生旺墓三方吊合名曰「三合五行」。三合派法依向、坐山、收水、四大水口，分四大支派論水局，配合此五行局起「十二長生訣」：長生、沐浴、冠帶、臨官、帝旺、衰、病、死、墓、絕、胎、養。再依清代趙九峰《地理五訣・卷五》：「**陽從左邊轉，陰從右路通，有人識得陰陽局，何愁大地不相逢。**」陽干順旋，陰干逆旋立局。在實務上此風水法用於外局，強調依水立向的重要，要收長生、冠帶、臨官、帝旺水，出衰、病、死、墓、絶、胎水爲吉，並配合龍、穴、砂、水形勢，吉凶即依此十二長生之方位推定之。根本上，這是八字命理學的擴充運用，現今也有後學將紫微斗數做風水，都是風水的誤區與過度運用。

11.**三合四大局法**：三合者如10.所述，依出水口，木、火、金、水四大局，起「**五行十二長生**」歷程。《地理五訣》：火局以「**乙丙交而趨戌**」、水局以「**辛壬會而聚辰**」、金局以「**斗牛納丁庚之氣**」、木局以「**金羊收癸甲之靈**」之訣，強調「**龍水配合**」、「**滿局生旺**」、「**元關通竅**」的配局， 以論斷宅局的吉凶，在實務上，此風水法用於外局的配合。

12.**三合四大水口法**：三合水法中，用四大水口來分辨係何局，再以該局12長生論水之吉凶，爲三合水法之大宗派。清代趙九峰《地理五訣・卷一》地理總論：「**水口**

為生旺死絕之綱，水口者，辰戌丑未四墓庫也。」蓋三合四大水口法以爲局的生旺死絕，以出水口而定，如火局水口在戌則生在寅、旺在午、死在酉、絕在乾，此即爲「乙丙交而趨戌」，水口應在死、墓、絕、胎之位而消[68]，即辛戌、乾亥、壬子六山之內爲出水口消之，餘木、水、金三局仿此。

13. **九星：**風水上九星之名，係以洛書九宮義理及天文學名詞而定名，計有九星：貪狼（一白、天樞）、巨門（二黑、天璇）、祿存（三碧、天璣、）、文曲（四綠、天權）、廉貞（五黃、玉衡）、武曲（六白、開陽）、破軍（七赤、瑤光）、左輔（八白、洞明）、右弼（九紫、隱光）等，其九星吉凶之性依各派法門而有不同。九星運用於八宅明鏡及輔卦九星時，另將左輔星及右弼星合爲輔弼星，則又變爲八星以斷吉凶，是爲九星之變。

14. **輔卦納甲九星法：**九星法分爲「九星水法」及「九星砂法」，多用於陰宅，水法又稱「淨陰淨陽法」，亦可應用於陽宅。輔卦納甲九星水法以地盤正針立坐向，天盤縫針消納水，依向山納甲卦爲主起輔弼、武曲、破軍、廉貞、貪狼、巨門、祿存、文曲等星的順序，向陰來水要陰，去水要陰；向陽來水要陽，去水要陽，以此論斷陰陽宅的吉凶旺衰。九星砂法亦以地盤正針立坐向，以入首來龍納甲卦依「對宮起貪」：貪狼、巨門、祿存、文曲、廉貞、武曲、破軍、輔弼之順序，以二十四山干支定位宅體週遭形

---

[68] 堪輿水法所謂消者即出水之意也。

勢的方位，吊三吉六秀，以貪狼、巨門、武曲、輔弼為吉，餘為凶，據以論斷陰陽宅吉凶。總之，就是套公式看風水。

15. **納甲**：是風水理論中的重要概念，「納甲」之說始於漢代，全稱為「渾天甲子納甲」其法即將天干地支納入卦爻間，以震兌乾巽艮坤六卦表示一月中陰陽的消長（坎納戊、離納已屬中央不出卦故不論），以甲、乙、丙、丁、庚、辛、壬、癸表示一月中日月的地位（戊己居中不論方位），配出乾納甲壬、坤納乙癸、離納戊、坎納已、震納庚、兌納丁、艮納丙、巽納辛。另為風水之用又結合十二地支配出「二十四山納甲」：乾納甲、坤納乙、離納壬寅戌、坎納癸申辰、震納庚亥未、兌納丁巳丑、艮納丙、巽納辛，此為風水法的納甲，此法主要為輔卦九星派論巒頭與水局時所用，實務應用不靈驗，已漸漸衰退。納甲理論有很大破綻，後文詳細說明之。

16. **紫白飛星**：又稱“紫白法”“玄空飛星”“紫白飛星”，以洛書九宮後天八卦的學說，結合值年九星一白坎貪狼、二黑坤巨門、三碧震祿存、四綠巽文曲、五黃中廉貞、六白乾武曲、七赤兌破軍、八白艮左輔、九紫離右弼等紫白九星，將陽宅坐山或值年、月、日、時的飛星入中宮飛佈其餘八宮，以此九星在九宮八卦上位置產生的五行生剋變化或特殊組合而斷陽宅吉凶。此法純是卦理的運用，自然環境如何不在考慮之內，本法亦是三元玄空挨星法的初始根本。最早見於《陽宅集成》的紫白訣。

17.**八宅明鏡**：此一陽宅風水法，堪輿界俗稱“八宅法”“大游年法”“游年八宅法”。基本理論論述及操作，係依陽宅坐山的不同將陽宅根據八卦方位分成八類，並應用「大游年歌訣」排定伏位輔弼木星、生氣貪狼木星、天醫巨門土星、延年武曲金星、絕命破軍金星、禍害祿存土星、五鬼廉貞火星、六煞文曲水星等八個游年星，其中伏位輔弼木星、生氣貪狼木星、天醫巨門土星、延年武曲金星爲四吉星，絕命破軍金星、禍害祿存土星、五鬼廉貞火星、六煞文曲水星爲四凶星，八宅派風水主張宅、命相配爲吉，即東四命應住東四宅，西四命應住西四宅，宅命相配則家運興旺人口平安，倘宅命不相配則爲凶象，吉凶現象皆以此八游年星表示。

本法的最大弊病與紫白、玄空法同，以卦理論地理，結合部份「環境與民俗禁忌」，不重視自然環境如何，這也是理氣法門的通病，也是大部份理氣法門不得不的選擇，蓋因兩者難以兼顧也。但此種法門卻最適合香港、新加坡或其他大城市風水師的使用，因爲不需要看山看水，巒頭水法的部份可以不必細究。看官們書讀至此，理應對風水的真僞有所體會了。

18.**龍門八大局法**：即乾坤國寶，本法以地盤正針爲用，依陰陽宅坐山決定陰陽宅的先天卦、後天卦、賓位、客位、輔卦、天劫、案劫、地刑所在，再依卦位所在的形勢、水局，論斷陰陽宅財丁吉凶的法訣。**該派學理設計破綻重重，充滿性別歧視，八曜煞學理不合邏輯，不同**

五行夾纏不清，三刼位設計不合理，水法的應用界定不易，且有兩種分支見解，是非難明。這個創於清初的流派，創派人功底不強，實際應用上吉凶含糊難精，實務佈局後發達機會不大，出事機會不小。

19. **外六事**：清王汝元《陽宅集成．卷四》第八看外六事法：「餐霞道人曰：外六事者，是屋外之物，如橋樑、殿塔、亭台、之屬。凡望見照者皆是，雖曰六事而實不止于六也。皆從局上論生旺退殺，亦當在宅上並看，庶無差誤。」即泛指宅外一切人爲或自然之地形、建物、街道、水塘……等。

20. **內六事**：《宅法舉隅．內六事總論》云：「凡宅內之事如門、戶、房、床、灶、井等類，總稱六事。其實不止於六也。」《八宅明鏡．六事》云：「六事者，乃門路、灶、井、坑廁、碓磨、居家必須之物。安放得所，取用便宜。人每忽其方道，一犯凶方，利用之物反為致害之由，暗地生災受禍不知，良可浩歎。」今人鐘義明《玄空現代住宅學》則將內六事分列爲門戶、臥房、床位、餐廳與廚房、起居室、客廳、神明廳、書房、浴廁、水井、樓梯、天井、水溝、冷暖氣空調、池塘、假山、車庫、陽台、玄關、走廊。頗合乎現代人的使用實情，可爲參考。但也說明，風水術是變來變去的。

21. **立極**：又稱爲立極點、太極點、太極中心、陰陽動靜排龍訣。係指理氣派在風水操作時借以界定宅局坐山立向及八卦、二十四山方位的依據。其判斷的標準依宅局「陰陽動靜」而定。「陰」：靜態的、陰暗的、雌的、凸的、高的、山、出氣的。「陽」：動態的、光亮的、凹的、平坦的、水、入氣的。如一般透天住宅，大門臨馬路採光入氣，即以大門為向，後為坐山。古法院落式建築外局24山方位由宅前滴水處為中心界定之，而內局方位則由全宅中心點量測出。但現代建築型態變異極大，立極法各派不同，爭論極大。但有一些是鐵定有問題的，例如：某電視風水命理名師，以宅的門牌位置論立極，只能說好笑！

22. **選擇**：即擇日或稱擇吉，用來配合日常生活的時間訂定，與居住建築相關的活動，如建築物之動土、謝土、修造，居住行為之移徙、入宅，奉祀神明祖先、安香、婚嫁、喪葬等；常用之擇日法有三合法、董公擇日法、天元烏兔九星擇日法（三元法）、易經擇日法、紫白擇日法、玄空擇日法、天星擇日法等。其中以三合法的擇日法最為流傳，亦即民俗通書所用之法。

第二章

第二章　從歷史演進看陽宅理論的變遷，與通俗化、名利化的過程

★看風水術的歷史演進，讓假風水~~~~~現形！

中國風水觀念及理論技法源遠流長，可以追溯到距今18000前山頂洞人的「陽宅」和「陰宅」[69]，我們祖先在生存和發展過程中，面對自然環境的威懾力，產生了敬畏環境、敬畏風水的意識。**為了生存和發展的須要，選擇「避風」和「靠水」的地方居住，這就是中華祖先所遺留的古城、村落大多位於近水且和暖的地方，位置亦多在向陽的洞穴或房子裡的原因。而這樣選擇的智慧，在歷史長河裡也證明了是正確的，有利於族群的發展，也有利於人居的生活憑靠。**

在中國風水術理論的長期發展演變中，逐漸形成了最基本的兩大派別：「理氣派」和「形勢派」。「形勢派」又稱為「巒頭派」、「形法派」或「形家」(按：與近年來在台灣創新發明的”形家”派不同，同名而已，內涵頗有出入。**巒頭派風水注重大地山川、砂水、穴場情勢等的天地人和諧狀態。即陰陽宅要得到龍脈的生氣，宅後“玄武”要有靠山，宅前“朱雀”要寬敞，左右“青龍””白虎”方要交織圍合，再加水流曲緩圍繞，形成一個「藏風聚氣」的寶地，這些原則也就是歷代京城、皇陵、古墓、村落選址的風水標準。**

---

[69] 毛上文&溫芳，《陰陽宅風水文化談》，北京：團結出版社，2008，頁1~3。

乍看之下，好像是不困難，但實際上山川形勢極為複雜，絕無重複或完全相同的地理宅局，古人謂「**三年尋龍，十年點地**」，內行人深知絕非誇大，此種絕學歷朝歷代能掌握者，都只有寥寥數人而已，其難度之高可見一斑。但也因為如此，給了理氣派興起的空間，理氣派初起僅結合陰陽五行，用以更精確的斷驗風水宅局的吉凶，是頗能相得益彰的，但明末後，過度濫用卦理、命理、元運、神煞、奇門…等來運用地理時，不僅時見違背自然環境與地質原理的造作，例如只顧接元運而造宅在不適合人居的斷層帶、液化帶、淤積地…的地層上。而且流派紛雜互相抵觸，風水學就進入劣幣驅逐良幣的"大亂鬥"時代。

在市場行走多年的阿璽老師，看過被這些門派禍害家破人傷亡的實際案例，可謂數不勝數，絕不虛誇，只是不便指名道姓點出諸多個案實例而已。此所以筆者要振筆疾書，期待能透過這一本書的發行，起到些許作用，為有心學習風水的學人指出一條正確的道路。

風水的「理氣派」又稱「理家」或「理法」，理氣派的分支眾多，理論分歧矛盾的情形十分嚴重，加上「理氣派」理論遠比「形勢派」風水抽象，所以「理氣派」風水比「形勢派」在開始之初會感到較難學習，但熟練之後(稍認真些，學習時間不用超過半年)，其實只是八個宅卦公式的應用而已。兩派在發展過程中不可避免的相互批判，但也逐漸交互匯通。

第一節　陽宅風水術的源流及演進

一、新石器時代：風水觀念的孕育

人生天地間片刻也不能脫離周圍的生活環境，人和環境總是不斷的進行著各式各樣的交流，如物質、能量、意識、感情等。而**周圍環境的條件有種種的不同，於人類的生存發展有利者、有不利者。先民早就發現此點，故而在趨吉避凶的本能引導下，發展出選擇環境的學問，這「趨吉避凶的本能」其實就是風水的起端。**

（一）仰韶半坡村的風水考據

現在全世界都公認風水起源於中國，紐西蘭奧克蘭大學的國際知名風水學者尹弘基教授提出風水起源於中國黃土高原窯洞、半窯洞的選址與佈局[70]。事實上，六千多年前黃土高原陝西西安半坡村的仰韶文化，已經是一個風水的例證，這就是圍繞西安半坡村原始村落遺址的大壕溝及貫穿遺址中心的一條東西溝道。

環繞村落的大濠溝是一條爲保護居住區和全體成員安全而作的防禦工程，有如古代的城牆或城濠的作用。濠溝規模相當大，平面呈現不規則的圓形，全長三百餘公尺， 6~8公尺，深5~6公尺，上 下窄，像現在的水渠一樣。穿過村落中心的一條溝道，把居住區分成南北兩半，溝道中間偏東處有一缺口，缺口中間是一個家畜圈欄。溝的長度除去已破壞的，現長53米，深及寬平均約各1.8米。其用途可能是區分兩個不同的氏族的界線。半圓形的濠溝和其下的流水在居民

[70] 尹弘基，《風水地理透視》，The image of Nature in Geomancy, Geojournal /4，1980。

區的東南組成一個兩水交匯的「合口」，這正是風水形局的雛型。[71]（如圖2-1）（摘自于希賢，《中國古代風水理論與實踐》）

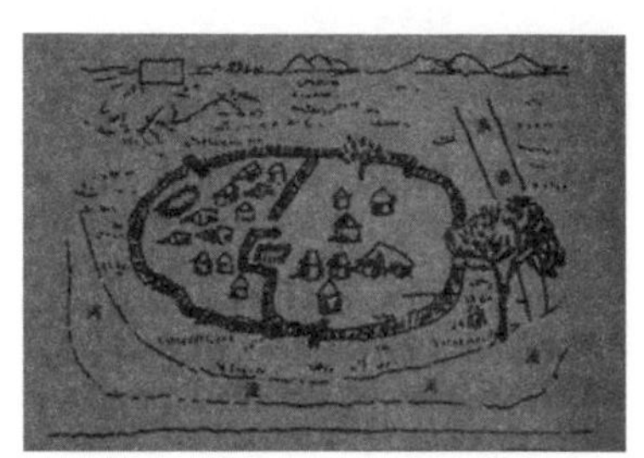
圖2-1：半坡村村落佈置圖

在原始社會的早期，先民多逐水草而居，生活以漁獵、採集食物爲主，過著動蕩不定的生活。到距今約六七千年前的仰韶文化時期，此時的母系氏族社會已進入了以農耕爲主的經濟，於是開始了穩定的生活，由此而導致擇地的需求。

在選址的過程中，先民們逐步體認到選址得當會將給生活帶來吉祥，選址不當則帶來禍殃。仰韶文化的村落都分布在河流兩岸的黃土台地、河流轉彎或兩河交匯的地方，這不僅可以避免洪水的侵襲和方便汲水，而且還適於農業、畜牧、狩獵和捕魚等生產活動。著名的西安半坡村仰韶文化村落遺址，就是坐落在一塊面臨滻河凸地，南依白鹿，原坐靠著橫亙的秦嶺山脈。（如圖2-2）

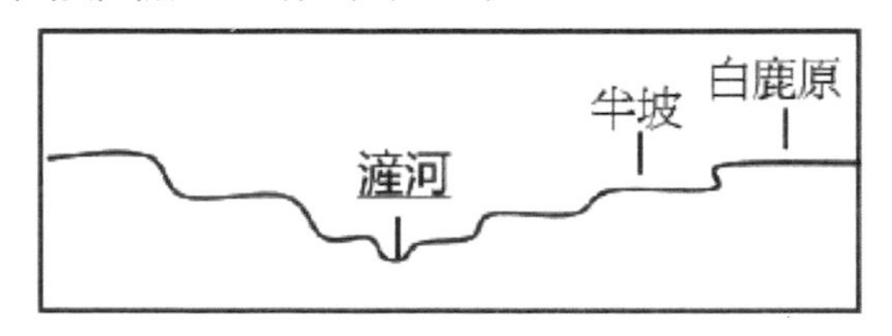

圖2-2：半坡村坐落於滻河二級階地示意圖
（參考于希賢，《中國古代風水理論與實踐》）

[71] 本段見解引自于希賢，《中國古代風水理論與實踐》上冊，北京：光明日報，2005，頁43~45。論考古發現的風水起源。

由此即可發現先民在選址上注意「藏風得水」，布局上注意風、水、氣、土、向、畜牧、農耕、安全、交通等方面的精細考量與選擇。[72]

（二）河南濮陽西水坡「仰韶文化」遺址的龍虎圖象

在中國古代，天象、地理、氣侯的觀念是相通的。在風水地理中東蒼龍、西白虎、南朱雀、北玄武是廣泛應用的術語，古人稱之為「四神獸」。如能找到與之有關的圖象和文獻記載，便可進一步推定古人運用風水進行選址的起源證據。「四神獸」在中國文化中最早出現的紀錄在究在何時呢？迄今為止，最早的龍虎圖案是出土於仰韶文化時代的墓葬中。（如圖2-3）

該墓葬位於仰韶文化遺址的第五層，說明它是仰韶文化的早期，「墓主人為一壯年男性，身長1.84米，仰身直肢葬，頭南足北，埋於墓室正中。」「左右兩側，用蚌殼精心擺塑龍、虎圖案。蚌殼龍圖案擺放於人骨架的右側……….，虎圖案位於人骨架的左側…。」[73]

在中國傳統文化觀念中，把天空分為四宮，把大地分為四方（即東蒼龍、西白虎、南朱雀、北玄武），用它與四季和天空的二十八星宿相對應。在天象上

東宮蒼龍，對應角、亢、氐、房、心、尾、箕七宿；

西宮白虎，對應奎、婁、胃、昴、畢、觜、參七宿；

---

[72] 同上註，頁45~46。

[73]《文物》1988年第3期：<河南濮陽西水坡遺址發掘演示文稿>，頁1~6。

南宮朱雀，對應井、鬼、柳、星、張、翼、軫七宿；

北宮玄武，對應斗、牛、女、虛、危、室、壁七宿。

王健民（1979）等認爲「二十八星宿的創立與四象是緊密地聯繫的」[74]，古人據春分前後初昏之時的天象測定四象，此時東方七宿的中心房宿正當東方地平線附近；西方七宿的中心昴宿正當西方地平線附近；南方七宿的心星宿正當上中天正南的位置；北方七宿的中心虛宿正處在下中天，即地平線以下與星宿相對應的位置。而春分這一天是劃分一年四季的關鍵。由是，**四象實際就是天文學知識的展現，二者關係密切不可分。[75]而四象所代表的「四神獸」意義，正是風水上「時間」與「空間」的連結。**

二、先秦：商周時期的風水意識

先秦時期還沒有產生如現今所運用的風水術，但是與風水術有關的相地行爲已經發生。這個時期的風水以實際生活體驗爲主，人們具有較正確的環境選擇意識，然尚未能建立系統化的學問。春秋戰國時期百家爭鳴局面，可能爲風水思想產生的溫床，但此時之風水思想也僅處在孕育狀態[76]。

（一）殷商擇居的「凸岸」思想

早在原始社會先民即知擇地而居，《墨子·辭過》云：「古之民未知為宮室，就陵阜而居穴而處。」所謂陵阜就是

---

74 王健民等，<曾侯乙墓出土的二十八宿青龍白虎圖>，《文物》：1979年第7期。

75 一丁、雨露、洪涌編著，《中國風水與建築選址》，台北市：藝術家，1999，頁18-28。

76 劉沛林，《風水---中國人的環境觀》，上海：三聯，1999，頁33-40。

河流的台階地帶。許多考古遺址都是在靠近水邊的土坡上發現。先民生活在這樣的地帶，容易取水和捕魚，也不會受到洪水的淹沒。從考古發現的住宅看，位於滻河「右岸」台階地帶的新石器時代半坡遺址，幾乎所的房屋都是坐北朝南，這樣可以取得冬暖夏涼的效果。**歸納考古發現的遺址，發現先民對住宅的要求是：地勢要取坡度台階地、地形要選在河床邊右岸、土質要乾燥、地基要堅實、水源要充足、水質要純淨、交通要方便、四周要有林木、環境要幽雅，這些條件都要通過相地才能夠達到，這也是風水系統產生的發端[77]。**

以商朝爲例，從公元前十七世紀到公元前十一世紀，商朝統治的六百多年期間，曾七次遷都。**商朝時期的風水法則最有名者莫過於在河流環抱『凸岸』處建立居處。**考古學家在安陽小屯村一帶發現了商朝後期都城遺址，史稱爲「殷墟」，剛好位於河南省安陽市西北郊洹河凸岸。據戰國時魏國史書《竹書》記載：

自盤庚遷殷，至紂之滅，二百七十三年更不徙都。

期間歷經八代十二個帝王，商朝後期皆以此爲國都，所商朝又稱作殷朝或殷商。商朝擇都於「凸岸」的原因，以今日科學的眼光來看是有其深奧之處的。蓋**任何一條河條，流水除了因爲重力而向下流動以外，即使它兩岸組合的物質相對勻稱，但是在地球"自轉力"的長期作用之下，會向與河道相垂直的橫向流動，水流出現北半球向左，南半球向右偏轉的自然力道，使河道自然彎曲起來。**這時在彎曲河流的內

[77] 王玉德，《神祕的風水：傳統相地術研究》，南寧：廣西人民出版社，2003，頁25~27。

環處，古書稱爲「汭位」，即「凸岸」，而外環部位則稱爲「凹岸」，現代人則稱之爲「反弓」。**風水上爲陰陽宅擇地時，如考慮水局時會參考「河右爲吉」的口訣，源由在此。**

「凸岸」自古以來就是建都、安宅的風水寶地，爲什麼呢？一方面當河流在轉彎時，由於水流的物理慣性和向心力，靠近內環區的「凸岸」河水流速變慢，造成流水搬運泥的力量減弱，於是大量泥沙逐沉積形成了土壤肥沃的大片平地，「凸岸」和「沖積扇平原」一樣含有豐富的礦物質元素，爲人類及動植物所必須。生活於此處，較易爲人類的繁榮昌盛帶來助力，使人們易於得到財富、健康和人丁的繁衍。

另一方面，中國風水的「龍脈觀念」深入人心，而因爲山脈界水而斷的自然界事實，遂產生了「龍界水則止」的結論。故而認爲在河流環抱處龍氣止息結穴，聚集了大量的吉氣與生氣，在古書中皆有相當多的讚譽。如《水龍經》云：

之元屈曲應門前，富貴兩兼全……一水彎環抱，此地多財寶。

《雪心賦》亦云：

發福悠長，水纏玄武。[78]

又《管氏地理指蒙》云：

抱如玉帶圍腰，悠楊而停憩……水之妙，無過此者。

再論河流「凹岸」不吉的原因，爲什麼呢？在河流彎曲地段，水流的橫向流動極爲明顯，當水流從較直的一段轉向彎曲一段時，水流依原來慣性向前流去，在轉彎離心力的作用力，水流將沿著凹岸陡坡向河底流動，又從河底流到

[78] 此處所謂水纏玄武指水流曲屈由前繞過之意，並非水流由後方流過。

凸岸，水流上升到水面形成橫向環流。凹岸是受水流沖刷最力的地方，這裡的水流是下降的，河床極深，促使水流速度加快，有較大挾帶泥沙的能力，使泥沙不易沉積。而且流水還會侵蝕凹岸，使凹岸土地面積逐漸縮小，河岸變得更加峭陡。在這種情形下，**住在凹岸的居民，由於水流速度快取用水源不便，河道深易發生危險，而且所建的房屋或墳墓地基因遭河水侵蝕呈現不穩固現象。若在乾旱時節由對岸看來，彷如立於危崖之下，令人心生不安**。特別在雨季水量多時，常常會有被沖毀的危險。許多考古學家根據此原則，再結合諸多史料，就能推測出那一區域可能存在古代遺址或陵寢[79]。

（二）周朝的「土宜法」相地術

由古文獻的記載亦可以窺見風水學說孕育的身影。從甲骨文和《詩經》中的記載看，商周時代已經對地形及水文有了明確的劃分，陸地分成山、阜、丘、原、陵、岡，河床地帶分爲兆、渚、滸、淡，水域類型有川、泉、澗、沼、澤、江、汜、沱等。《尚書·禹貢》是中國第一部區域地理專著，它以天然的山川、河流、海岸爲界，將疆域劃分爲九個大的自然區，稱爲九州。

又按照我國地勢西高東低的特點，記載了黃河、淮河、長江三大流域間的二十多座山嶺，爲後世風水的「龍脈說」提供了依據。《山海經》是中國第一部上古地理文獻，它由《山經》《海經》《大荒經》三部分組合而成。《山經》依東西南北中的方位記述了四十四座山嶽，爲「形勢派」風水

[79] 毛上文&溫芳，《陰陽宅風水文化談》，北京：團結出版社，2008，頁5~13。

理論進一步提供了素材。[80]《管子》一書中《地員》《地度》《地數》篇目是傑出的地學文獻[81]，《地員篇》論述了地勢、地形、土壤、水，並以「五土配五音」的觀念，後來發展爲「五音五行」的風水觀念。《地數》篇記述了土地表層與裡層的相應關係，指出：

> 山上有赭者，其下有鐵；上有鉛者，其下有銀；上有丹沙者，其下有注金；上有慈石者，其下有銅金。

而這正是風水理論中必須探討到的龍穴「太極暈」的地層表裡關係。以周朝爲例，《史記· 周本紀》記載：

> 公劉立……務耕種，行志宜，自漆、沮渡渭，取材用，行者有資，居者有蓄積，民賴其慶，百姓懷之，多徙而歸焉，周道自此興矣。

文獻中公劉是周人始祖后稷的後代，是一位善於利用地理環境的智者，他深知好的地理環境會使族群興盛起來，於是帶領周族人安家於邰（今陝西省武功縣內），在那裡生產

[80] 洪丕謨、姜玉珍，《中國古代風水術》，上海：上海古籍出版社，2008，頁1~23。《山海經》一書的作者和成書時間都還未確定。過去認為為大禹、伯益所作。現代中國學者一般認為《山海經》成書非一時，作者亦非一人，時間大約是從戰國初年到漢代初年楚、巴蜀、山東及齊地方的人所作，到西漢校書時才合編在一起。其中許多可能來自口頭傳說。《山海經》現在最早的版本是經西漢劉向、劉歆父子校刊而成。《山海經》全書十八卷，其中“山經”五卷，“海經”八卷，“大荒經”四卷，“海內經”一卷，共約31000字。記載了100多個邦國，550山，300水道以及邦國山水的地理、風土物產等訊息。

[81]《管子》是中國古代的學術典籍之一，先秦諸子時代百科全書式的巨著，內容涵蓋政治、軍事、哲學、經濟、地理等。 齊相管仲（約前723--前645）的繼承者、學生，收編、記錄管仲生前思想、言論的總集。 於戰國初年齊都臨淄（今山東淄博）稷下學宮，由管仲學派所編撰成書。 原書564篇，除去重複的478篇，實為86篇。 漢劉向編定八十六篇，後亡佚十篇，故今本《管子》僅七十六篇。 全書十六萬言，為最宏偉的中國先秦單本學術論著。 今本《管子》為西漢劉向所校定，著錄86篇，《漢書·藝文志》列入道家類，《隋書·經籍志》改列法家類，現存76篇。

和發展。後來公劉爲尋找更利於發展的地理環境，又率領族人離開了邰，相中渭水流域的豳（今陝西省旬邑縣內），爲周朝的日益興盛奠立基礎。《詩經》中記載此段：

篤公劉！于胥斯原，既庶既繁……陟則在巘，復降在原。篤公劉，逝彼百泉，瞻彼溥原，乃陟南岡，乃覯于京……篤公劉，既溥既長，既景乃岡，相其陰陽。觀其流泉，其軍三單，度其濕原。徹田為糧，度其夕陽，豳居允荒。[82]

這首詩歌描繪了公劉觀察山川，相其陰陽，率領族人遷居到豳建設家園的過程。吾人還可以由此過程中發現公劉所使用的相地法即爲後世所稱「形勢派」的法門：尋龍、察砂、觀水、點穴。其後周民族日益繁榮昌盛，後世爲因應不同時期之需求又經過三次遷都：古公亶父卜“周原”、周武王卜“鎬京”、召公與周公卜“洛邑”，由文獻上的記載可以看出周朝興建城邑的程序必定是先「相宅」而後再「卜宅」，這個過程是固定不變的。**《周禮》中記載的「土宜法」就是最早期的「形勢派」風水術，**《司徒篇》云：

以土宜之法，辨十有二之名物，以相民宅而知其利害，以阜人民，以蕃鳥獸，以毓草木。

不僅《周禮》有此記載，《逸周書·度訓》亦云：

土宜天時，百物行治。

可見「形勢派」的「土宜法」在先秦時期是通行的術語和方法，亦爲後世相地知識體系的形成建立了初機。

---

[82]《詩經·大雅》生民之什，公劉章。

（三）秦國的風水觀念

秦國時的擇居活動基本上與春秋、戰國時代諸國重視宮室、墳墓地點與營建時日的選擇，以及各種建築選址的禁忌風俗相似，並且更加地繁瑣。這些禁忌的規定,不但在建築選址活動中爲人們所奉行遵守，並且有條理化的傾向，例如考古發掘的秦國時期的《睡虎地秦墓竹簡·日書》，便是最好的說明。如：

凡宇最邦之高，貴貧。宇最邦之下，富而。宇四旁高，中央下，富。宇四旁下，中央高，貧。宇北方高，南方下，毋寵。宇南方高，北方下，利市賈。宇東方高，西方下，女子為正。

宇有要（腰），不窮必刑。宇中有谷，不吉。宇右長左短，吉。宇左長，女子為正，宇多於西南之西，富。宇多於西北之北，絕後。宇多於東北之北，安。宇多於東北，出逐。宇多於東南，富，女子為正。道路環宇，不吉。祠木臨宇，不吉。垣東方高西方之垣，君子不得志。[83]

這是敍述住宅在整個城市中的高低形勢，以及住宅本身的地勢、形狀與周邊環境的關係所產生的吉凶禍福。而這樣的觀念與後世陽宅風水書籍中的理論已是相當的接近，所呈現的相地術，完全是巒頭形勢派的作法，理氣派無厘頭的繁複學理此時還無影無踪。如：

直（置）室門：寡門，興，興毋定歲，凶。倉門，富……高門，宜豕，五歲弗更，其主且為巫。大吉門，

[83] 此睡虎地秦墓竹簡整理小組編，《睡虎地秦墓竹簡·日書》，北京：文物出版社，1990，頁210。

宜錢金而入易虛，其主為巫，二十歲更。[84]

後世風水書中，對住宅內部之設施，最重視的爲門、路、灶、井、廁、碓磨等六種，稱爲「六事」[85]。清朝時期的風水經典《八宅明鏡》即云：

六事者，乃門、路、灶、井、坑廁、碓磨，居家必需之物。安放得所，取用便宜。人每忽其方道，一犯凶方，利用之物，反為致害之由。暗地生災，受禍不知，良可浩歎。

而《睡虎地秦墓竹簡·日書》中已經包含了路、井、門、廁等四種。

三、秦漢：結合時間、陰陽五行、八卦的風水術

秦漢時期由於風水已經逐漸深入人心，促使風水在秦漢漸漸流行起來。但**因爲整個城村居住集中，家家比鄰而居，使得外在環境的差異變小，秦漢之前累積的古老風水經驗，比如：背山面水、擇高而居、坐北向南、凸岸擇居、避風得水等已不能完全解決百姓擇居文化的風水須求，而是須要更具體的風水知識來處理，這也是「五音圖宅術[86]」興起的背**

[84] 同上，頁198~199。

[85] 陳澤真，《八宅明鏡詳解》第二十九節 六事，台北：武陵，2003，頁153。此處所謂之六事係屬陽宅內局之佈置而言，故亦稱「內六事」，又「六」者，實取其眾多之義，非僅只六事而已，蓋內局所牽涉者皆是也。

[86] 詳見何曉昕，《中國風水史》，北京：九州出版社，2007，頁77~19。「五音圖宅術」為一種相宅風水術，亦稱「五音姓利風水」，該術盛行在漢朝。五音指宮、商、角、徵、羽等五種音樂調式，古人針對漢語聲母發音部位而言，分為喉、牙、舌、齒、唇五音，兩者互相對應起來呈現如下關係：唇為羽、舌為徵、齒為商、牙為角、喉為宮。五音圖宅術即以此法將姓氏照五音分類，五音又與五行關係密切：宮音五行屬土、徵音五行屬火、商音五行屬金、羽音五行屬水、角音五行屬木，由此再進一步配出姓氏所的五行，據此定出住宅門向，或者把住宅門向所屬五行與姓氏五行比較，以定出吉凶。

景。[87]此時期的風水思想受到陰陽、五行、八卦、干支等說法的薰染，迴異形法的「理氣派」風水術開始逐漸建立基礎。

此時的風水已經與五行、八卦做了初步的結合。只是結合的對象搞錯了，把五行與姓氏結合一起來看宅的吉凶，這當中矛盾與不合理之處甚多，稍微思考一下就知不對。例如同住的族人，雖然同姓但各自發展吉凶必然不同，如何能夠全部概括。後來也因爲不準驗與不合理，而被識者批判而被摒棄歷史洪流中，沒有留傳下來。

這也啓示了我們，風水術的應用即使提出了全套理論，五行、八卦、九宮、384爻也說得通，但不一定就是對的，有些離常識太遠的，一眼就知真僞，「五音圖宅術」就是很好的例證。風水師又稱地理師，相地應該以「地理」爲先，「卦理」爲輔，如果把它顛倒過來，就成爲斂財的騙局把戲。

（一）秦朝的風水思想與風水大師~嚴君疾

史書記載秦始皇登位初期，當時已有「王氣」、「地脈」的觀念，認爲要統一天下爲萬世王，一定要有王氣與地脈的庇護，才能得天時、地利與人和，否則無以爲之。《晉書·元帝紀》中記載：

> 始皇時，有望氣者稱，五百年後金陵有天子氣！
>
> 故始皇東游以壓之，改其地日秣陵，塹北山以絕其勢。

又據《太平寰宇記》卷95記載，秦代的長水縣有座山（今浙江省嘉興縣南），秦始皇聽術士說山上有王氣，便派

[87] 同註71，頁13~17。。

遣一批死囚去挖山，囚徒們因受不了勞苦，而逃離四散。又如，秦始皇因擔心嶺南有吉氣被人利用，所以派特使鑿地脈，斷一方之風水。清朝屈大均在《廣東新語》說：

> 廣東治背山面，地勢開陽，風雲之所蒸變，日月之所摩蕩，往往有雄霸之氣。城北馬鞍山，秦時常有紫雲黃氣之異，占者以為天子氣。始皇遣人鑿破是岡。

這是關於地脈風水的最早記載。

此外，在《史記》中有關「地脈」的記載，更是可以看出風水至秦朝時已經深入人心。《史記》記載蒙恬被矯詔賜死之事云：

> 蒙恬喟然太息曰：「我何罪於天，無過而死乎？」良久，徐曰：「恬罪固當死矣！起臨洮，屬之遼東，城塹萬餘里，此其中不能無絕地脈哉，此乃恬之罪也！」乃吞藥自殺。

蒙恬因修築長城絕地脈而招罪，蒙恬亦自認爲絕地脈有罪，則「地脈」之風水思想深入人心，固不待言矣。

樗里子（大約西元前300年），名疾，又稱嚴君疾，戰國中期秦國宗室、將領，秦孝公庶子，秦惠文王異母弟。因足智多謀，綽號「智囊」，被後世堪輿家尊之爲「樗里先師」。曾輔佐秦惠王、秦武王、秦昭王等秦國君主。臨終前預言：「**後百歲，是當有天子之宮夾我墓。**」後果然靈驗，後世的堪輿家皆奉他爲相地術正宗，尊之爲神。而這時的相地術，其實還停留在形巒派的初始發展階段而已。理氣派的地師找“祖師爺”可別找這位，嚴氏絕對是百分百的形勢派。不然又要編一個神話出來攀緣附會，小心鼻子變長！哈！

（二）漢朝的風水思想

漢代已頗盛行堪輿術，而且在當時已有「堪輿家」這個專詞，可見堪輿二字由來甚古。「堪輿」一詞最早見自於《史記‧日者列傳》：

> 孝武帝時，聚會占家問之，某日可取婦乎？五行家曰可，堪輿家曰不可。

這裡記載了漢武帝議論國策時，堪輿家亦列席於座上，可見於當時堪輿家地位之尊崇。根據此段記載，亦可知堪輿家亦負擇日之責，具有選擇日辰的專業，此時期的風水已經與時間要素相結合，王充《論衡‧難歲篇》云：

> 《移徙法》曰：徙抵太歲山，負太歲亦凶。抵太歲名曰歲下，負太歲名曰歲破，故皆凶也。假令太歲在子，天下之人皆不得南北徙，起宅嫁娶亦皆避之；其移東西，若徙四維，相之如者皆吉，何者？不與太歲相觸，亦不抵太歲之沖也。

這裡「歲下」即是太歲所處的方位，「歲破」即太歲相對相沖的方位。《遷徙法》包含的範圍很廣，「起宅嫁娶」皆在考慮之內。例如把營建宮室、動土、造墓、遷徙、婚嫁同「太歲」、「月建」聯繫在一起，認爲人事的活動所選的方位不能與太歲、月建沖犯，如使用與太歲相同的方位則不吉，如果使用與太歲相反的方位，則因相沖而「歲破」亦不吉。

相關學者與著作如雨後春筍般地冒出，《漢書‧藝文志》（第十）中，見載堪輿理論的專著“《堪輿金匱》十四卷”，與言陰陽五行，時令日辰，災應諸書同列“五行家”類，爲當時“數術”六種之一。另外提到的有關風水書籍還有：《地典》、《宮宅地形》二十卷、《神農教田相土耕

種》等，而民間野史與傳說的書籍則不只四種，其中《宮宅地形》被歸類為「形法」類的風水術。班固在《數術略》末總論云：「數術者，皆明堂義和史卜之職也。」足見**堪輿術在漢時已有專門職業的從事人員，且風水學說已相當的發展。**

此外，「五音圖宅術」的流行，亦說明了漢代對五行的看法已經更加廣泛的應用在相宅術上。王充《論衡．詰術篇》云：

> 宅有八術，以六甲之名，數而第之。第定名立，宮商殊別。宅有五音，姓有五聲，宅不宜其姓，姓與宅相賊，疾病死亡犯罪遇禍。[88]

又云：商家門不宜南向，徵家門不宜北向。[89]

又云：商金，南方火也；徵火，北方水也；水勝火，火賊金，五行之氣不相得。故五姓之宅，門有宜嚮。嚮得其宜，富貴吉昌；嚮失其宜，貧賤衰耗。[90]

在《論衡．譏日篇》亦云：

> 《歷葬》曰：「葬避九空、地臽，及日之剛柔、月之奇偶。」日吉無害、剛柔相得、奇偶相應，乃為吉良；不合此歷，轉為凶惡。[91]

由上述可知漢時期的風水術，已經結合天干地支、時間、方位、陰陽五行的內容而漸趨複雜神秘。這些有關風水術的古籍雖均已亡佚，但從文獻中零星的記載，亦可以明確看出漢代的風水觀念已經發生重大改變，朝著「風水術」完

---

[88] 東漢王充著、黃暉校譯，《論衡校譯》：四諱篇，北京：中華書局，《新編諸子集成　第一輯》，1990年2月，頁964。

[89] 同註89，《論衡·詰術篇》，頁1012~103

[90] 同上。

[91] 見《論衡·譏日篇》。

備理論的形式發展，且爲多數民眾所遵守。

相傳漢朝時期另有一部風水奇書《青烏經》，主要講風水堪輿尋龍之術，影響巨大，「青烏術」也成了風水學的代稱。這一段文字在網路很多人引用，考據相當詳實，但已查不出原作，以下提供參考。

傳說「青烏」原本是古代堪輿家的名字，叫「青烏子」，商周時期人。《列仙全傳》載：「有青烏公者，彭祖之弟子也。身受明師之教，精審仙妙之理，乃入華陰山中學道，積四百七十一歲，十二試之，有三不過。後服金液而升天。」青烏子後來創立了風水之術，認爲祖先墳墓位置的選擇會影響子孫後代的命運。因此，**青烏子被認爲是中國第一個風水先生，堪輿中人也把青烏公奉爲祖師，堪輿術也由此稱作「青烏之術」**，但這整個傳說是不可信的，除非腦袋壞掉。

有說青烏子是秦國的樗里子，據《史記· 索隱》甘茂居渭南陰鄉之樗里，號樗里子。又有說甘茂是戰國中期秦國名將，下蔡(今安徽鳳台)人。曾就學於史舉，學百家之說，經張儀、樗里疾引薦於秦惠文王。僅一字之差，其中「樗里疾」是否就是「樗里子」之誤呢？此說存疑。也有說青烏子或爲漢時人的。在《青烏序》中，就認爲青烏子是漢時人。古代風水史話很多，很難考證哪個說法更準確，甚至全無一個對的。考究無結果，最後只能疑者存疑了。

今傳《青烏經》是以四言歌訣的形式寫作，很可能就是《宋史· 藝文志》著錄的《青烏子歌訣》。它是古人對環境認識的經驗總結，反映了古人對宇宙自然規律的一種認識。

《青烏經》上篇

盤古渾淪，氣萌太朴；分陰分陽、為清為濁。
生老病死、誰實主之？無其始也，無其議焉。
不能無也，吉凶形焉。曷如其無，何惡於有？
藏於杳冥，實關休咎。以言諭之，似若非是。
其於末也，一無外此。其若可忽，何假於予？
辭之痝矣，理無越斯。山川融結，峙流不絕；
雙眸若無，烏乎其別？福厚之地，雍容不迫。
四合週顧，辨其主客。山欲其凝，水欲其澄。
山來水迴，逼貴豐財；山止水流，虜王囚侯。
山頓水曲，子孫千億；山走水直，從人寄食。
水過東西，財寶無窮；三橫四直，官職彌崇。
九曲委蛇，準擬沙堤；重重交鎖，極品官資。
氣乘風散，脈遇水止；藏隱蜿蜒，富貴之地。
知其所散，故官不出；就其所止，裁穴有定。
不蓄之穴，是謂腐骨，不及之穴，主人絕滅。
騰漏之穴，翻棺敗槨，背囚之穴，寒泉滴瀝。
其為可畏，可不慎乎？百年幻化，離形歸真；
精神入門，骨骸反根；吉氣感應，鬼神及人。
東山起焰，西山起雲；穴吉而溫，富貴綿延；
其或反是，子孫孤貧。童斷與石，過獨偪側；
能生新凶，能消已福。貴氣相資，本源不脫。
前後區衛，有主有客。水流不行，外狹內闊。
大地平洋，杳茫莫測；沼沚池湖，真龍憩息；
情當內求，慎勿外覓。形勢彎趨，生享用福。
勢止形昂，前澗後岡，位至侯王。形止勢縮，
前案回曲，金穀碧玉。山隨水著，迢迢來路，
挹而注之，穴須回顧。天光下臨，百川同歸，
真龍所泊，孰辨玄微？蝦蟆老蚌，市井人煙，
隱隱隆隆，孰探其源？

《青烏經》下篇

若乃斷而復續，去而復留，奇形異相，千金難求；
折藕貫絲，真機莫落。臨穴坦然，形難捫度，
障空補缺，天造地設；留與至人，前賢難說。
草木鬱茂，吉氣相隨；內外表裡，或然或為。
三岡全氣，八方會勢，前遮後擁，諸祥畢至。
地貴平夷，土貴有支，穴取安止，水取迢遞。
向定陰陽，切莫乖戾，差之毫釐，謬以千里。
擇術之善，建都立縣，一或非宜，立主貧賤。
公侯之地，龍馬騰起；面對玉圭，小而首銳；
更過本方，不學而至。宰相之地，繡敦伊邇，
大水洋朝，無極之貴。空闊平夷，生氣秀麗。
外臺之地，捍門高峙；屯軍排迎，周迴數里；
筆大橫椽，足判生死。此昂彼低，誠難推擬。
官貴之地，文章插耳，魚袋雙連。庚金之位，
南火東木，北水鄙技。地有佳氣，隨土所生；
山有吉氣，因方而止。文士之地，筆尖而細；
諸水不隨，虛馳名譽。大富之地，圓峰金櫃；
貝寶沓來，如川之至；小秀清貴，圓重富厚。
貧賤之地，亂如散錢；達人大觀，如示諸指。
幽陰之宮，神靈所主。葬不斬草，名曰盜葬。
葬及祖墳，殃及子孫。一墳榮盛，十墳孤貧。
穴吉葬凶，與棄屍同。陰陽合符，天地交通。
內氣萌生，外氣成形；內外相乘，風水自成。
察以眼界，會以情性；若能悟此，天下橫行。

《青烏經》不管成書在那一個年代，它的價值不可抹殺，所以也被各朝的風水大家交相推讚，習風水者不讀該書，只求大玩命理、卦理的，那是走進了風水的誤區。**以它的行文及內容來看，而且有些文句被東晉的《葬書》所引**

用，內容不少，推測乃漢朝之前的形巒經典名著，應該是正確的。

四、魏晉：風水大宗師的出現

學術思想體系的建立拓展，大抵有二個因素：時代背景與思想。兩者常常互相結合與影響。魏晉時期是中國歷史上政治上最混亂，社會最痛苦的一個朝代。然而卻是精神上極自由、極放任、最富於智慧與熱情的時期，因此在藝術、文學、玄學的成就上可謂光芒萬丈。魏晉時期的的重大特徵就是好談仙道異術，哲學上重清談玄學。學者儒林及隱士們多喜談「氣論」、「陰陽」、「五行」、「八卦」、「天人合一」等思想與佛、道諸學，如阮籍《達莊論》云：

> 天地生於自然，萬物生於天地。自然者無外，故天地名焉。天地者有內，故萬物生焉。當其無外，誰謂異乎？當其有內，誰謂殊乎？地流其燥，天抗其濕。月東出，日西入。隨以相從，解而後合。昇為之陽，降謂之陰。在地謂之理，在天謂之文。蒸謂之雨，散謂之風。炎謂之火，凝謂之冰。形謂之石，象謂之星。朔謂之朝，晦謂之冥。通謂之川，迴謂之淵。平謂之土，積謂之山。男女同位，山澤通氣。雷風不相射，水火不相薄。天地合其德，日月順其光。自然一體，則萬物經其常。入謂之幽，出謂之章。一氣盛衰，變化而不傷。是以重陰雷電，非異出也；天地日月，非殊物也。故曰，自其亦者視之，則肝膽楚越也；自其同者視之，則萬物一體也。[92]

---

[92] 註71，頁13~17。

又云：

人生天地之中，體自然之形。身者，陰陽之精氣也。性者，五行之正性也。情者，遊魂之變欲也。神也，天地之所以馭者也。以生言之，則物無不壽，推之以死，則物無不夭。自小視之，則萬物莫不小；由大觀之，則萬物莫不大。殤子為壽，彭祖為夭；秋毫為大，太山為小，故以死生為一貫，是非為一條也。別而言之，則鬚眉異名；合而說之，則體之一毛也。彼六經之言，分處之教也；莊周之云，致意之辭也。大而臨之，則至極無外，小而理之，則物有其制。夫守什五之數，審左右之名，一曲之說也；循自然、推天地者，寥廓之談也。[93]

又如晉張華《博物志·第一》：

地以名山為輔佐，石為之骨，川為之脈，草木為之毛，土為之肉，三尺以上為糞，三尺以下為地…地性含水，土山樂者引為地氣也。[94]

說明魏晉時期對山川地理的考察與想像發揮，對先秦哲學的理解，已臻至相當成熟的境界。尤其對「氣論」「陰陽五行」「八卦」等的深入探討，對此時期的風水大家管輅與郭璞有著直接啓示的作用，奠立了後世風水理論的原型，其見解至今仍深深的影響著現代的風水師。

（一）風水宗師------管輅

管輅，字公明，平原人（今江蘇省徐州）三國魏人，爲當時有名之術士，亦被奉爲風水宗師，精通《周易》與占相

---

[93] 同上註。

[94] 誌怪小說集。【西晉】張華編撰。分類記載異境奇物、古代瑣聞雜事及神仙方木等。內容多取材於古籍，包羅很雜，有山川地理的知識，有歷史人物的傳說，有奇異的草木魚虫、飛禽走獸的描述，也有怪誕不經的神仙方技的故事，其中還保存了不少古代神話材料。《隋書·經籍志》雜家類著錄本書為10卷。

之法。因善於卜筮、天文、地理、陰陽之術，故有後人假冒管氏之名僞造《管氏地理指蒙》一書流傳後世。該書共計十卷，內容以「陰陽交感、五行說、望氣尋龍」爲思想依據。可見其對「葬地」的認識，已由「形」推展至「形、氣」兼具。晉· 陳壽《三國志· 魏書· 方技傳》記載管輅其人：

> 及成人，果明周易，仰觀、風角、占、相之道，無不精微。[95]

又云：

> 輅隨軍西行，過毌丘儉墓下，倚樹哀吟，精神不樂。人問其故，輅曰："林木雖茂，無形可久；碑誄雖美，無後可守。玄武藏頭，蒼龍無足，白虎銜屍，朱雀悲哭，四危以備，法當滅族。不過二載，其應至矣。"卒如其言。[96]

其對三國魏時名將毌丘儉墓的評價，後來成爲《葬經》裡尋龍點穴的標準，「左青龍、右白虎、前朱雀、後玄武」的觀念，遂深入後世華族子孫心中。在這段記載裡，管貉已可稱得上一代風水大師，並由所使用的文辭可知，全然是形巒法的精蘊，足見在三國時期的當代風水宗師是以形巒爲依歸的。在此之前，幾千年的時間裡，不曾見到理氣法的風水宗師，此時節對風水的看法是直觀的，沒有那些玄之又玄，無法印證的理氣學理。

---

[95] 見《三國志·魏書·方技傳》

[96] 同上。毌丘儉，字仲恭，複姓毌丘，河東聞喜（今山西聞喜縣）人，三國時期曹魏將領。繼承父親毌丘興的爵位—高陽鄉侯，任平原侯文學，後因討伐公孫淵有功封安邑侯。正元二年在兒子毌丘甸鼓勵下於壽春舉兵討伐司馬師，但不幸戰敗，遂乘夜逃遁，至慎縣，侍從皆逃，毌丘儉藏匿在草叢中被平民張屬射殺，梟首送入洛陽，後誅滅三族。

（二）風水理論的奠定---郭璞與《葬經》[97]

「風水」一詞首見於晉代郭璞《葬經》，代表了風水與葬術間的關係。從現存的郭璞古本《葬經》看來，這是一本以形法為主的地理術書，所以風水與地理術、葬術以及形法相關。依據《晉書．郭璞傳》的記載：

> 郭璞，字景純，河東聞喜人也。父瑗，尚書都令史。時尚書杜預有所增損，瑗多駁正之，以公方著稱。終於建平太守。璞好經術，博學有高才，而訥於言論，詞賦為中興之冠。好古文奇字，妙於陰陽算曆。有郭公者，客居河東，精於蓍筮，璞從之受業。公以《青囊中書》九卷與之，由是遂洞五行、天文、蓍筮之術，攘災轉禍，通致無方，雖京房、管輅不能過也。[98]

這段史料對於郭璞家世的記載顯得頗為簡略，由其中文字可窺知《青囊中書》九卷內容是五行、天文、蓍筮之術，並不限於風水。玩玄空法的人總喜攀推其祖師爺為秦末的黃石公及其傳下的《青囊經》，這郭璞的《青囊中書》也被玄空法的學人推為佚失的經典，但詳考郭璞《葬經》的內容，及書中經常引用的"經曰"內容，真看不出郭璞所學的《青囊中書》與《葬經》跟「玄空法」有那裡搭上線了，根本是全然不同的兩套東西。到處亂認祖師爺這大約是風水界的通病了，尤其以玄空法為最離譜，借此提高身價有益於名利。

郭璞，父郭瑗、子郭驁，正史並無立傳，然可知郭璞出自名門，且從史料中可以推測其父性方正不阿，這對於郭璞是有一定影響的。根據《晉書．郭璞傳》的記載，可知郭璞術業的養成得自於郭公，並與學習《青囊中書》有關。郭璞

---

[97] 據《宋志》載《葬經》本名《葬書》，後來術家尊其說者，改名《葬經》。

[98] 《晉書·列傳第四十二·郭璞 葛洪》

既精通經術、詞賦，又善術數，流傳民間之《葬經》有說是郭璞所著。根據該書的記載《葬經》正式確定了風水的哲學基礎，爲風水下了定義，爲後代的風水術下了基本的價值觀念，建立了哲學與形相之間的關係---「**葬者，乘生氣也**」，於是選擇陰陽宅的一切活動便圍繞著如何「**乘生氣**」而進行，《葬經》的「氣說」構成了爾後風水理論的總綱領。風水的定義：

> **氣乘風則散，界水則止，故謂之「風水」。風水之法，得水為上，藏風次之。**

這段話的重要性，就是把很抽象的「生氣」的觀念，落實到可以觀察，可以捉摸的「風」與「水」，而好的乘生氣的方法就是「藏風、得水」。「風」與「水」都是自然界的事物，要藏風、得水就要有良好的山川形勢與地理環境。風水原本是地理術中形法理論中的核心概念，後來被作爲這種理論的代稱。因此，風水理論是把山、水的關係透過「氣」來解釋，以「氣」作爲居處吉凶的依據。這是一種地理環境模式的理論，其用途在於擇葬，因此，風水就從一個具體的概念演變成爲擇居術的總稱[99]。這裡要注意的是郭氏所說的“氣”是自然界普遍存在的能量，不是九宮格裡扭來扭去的飛星軌跡公式。

考察《葬經》的內容，全文不足2000字，言簡意賅，爲形勢派的經典，不似一般俗鄙術士之作，其作爲風水理論的經典和基石是當之無愧的。在此阿璽老師特別提醒該書雖名

---

[99] 林敏勝，《風水與環境--郭璞《葬書》的理論與傳承》清華大學歷史研究所：博士論文，2007，頁8。

《葬經》，但實則通用於陰陽宅，不要被書名給誤導了。在現分別依〈內篇〉、〈外篇〉、〈雜篇〉將《葬經》的主要內容論述如下：

1、《葬經》內篇

從《葬經》的第一句話「葬者，乘生氣也」開始，一直到「十一不具，是謂其次」，是〈內篇〉的範圍。文中多次提到「經曰」一語，乃為《葬經》引用另一部經典的引文[100]。現將這些文字整理如下：

經曰：「氣感而應，鬼福及人。」
經曰：「氣乘風則散，界水則止。」
經曰：「外氣橫行，內氣止生。」
經曰：「淺深得乘，風水自成。」
經曰：「土形氣形，物因以生。」
經曰：「形止氣蓄，化生萬物，為上地也。」
經曰：「地有吉氣，土隨而起；支有止氣，水隨而比。」
經曰：「葬山之法，若呼吸中。」
經曰：「童、斷、石、過、獨，生新凶而消已福。」……

從這幾段文字來看，〈內篇〉推斷的法則明顯屬於「形巒法」的體系。全文以「氣」貫穿其中、一氣呵成。「氣」是一個抽象的概念，形法就用這個概念來表述和評價「形」，不同的形有不同的氣。《易經》有「同聲相應，同氣相求」的觀點，形法講究生氣感應，更講究「氣」與「形」的感應。

其中，「經曰」部分的文字純係原理的闡述，基本上不

---

[100] 漢寶德，《風水與環境》：〈風水的古與今〉，台北：聯經圖書，1998，頁37~39 。另王振復，《風水聖經：宅經‧葬書》，台北：恩楷公司，2003 ，頁81~145 。亦提及《葬經》引用前人經典之論述。

涉及葬的內容，只有「經曰」以外的文字才涉及葬的內容。這種行文的格式似乎說明了《葬經》是引用了某部地書的話語來申論其葬術的原理，亦即在葬經之前的漢代應該還有佚失的重要地學經典，極有可郭璞師父傳授的經典。

此外，〈內篇〉部分還涉及了土葬內容的施行細則，各種可葬與不可葬的地形都是根據「氣」與「形」來判斷。例如，「**斷山不可葬**」，就是氣因形來，斷山氣不可連貫的緣故；「**氣因土行**」，所以石山不可葬。總結地說，〈內篇〉的內容極完整的保留了郭璞的風水思想，而這種思維純粹是形法巒頭的技法，與其它的門派無干。[101]所以，喜歡亂認祖師爺的理氣師們，就不要再貽笑大方了。

2、《葬經》外篇

〈外篇〉則較爲詳細地論述了各種不同地形的宜忌規則，從「**夫重岡疊阜，群壟眾支，當擇其特**」開始，到「**山囚水流，虜王滅侯**」爲止，是爲〈外篇〉的部分。這部分當中涉及了土葬法則，各種可葬或不可葬的地形，也是以「氣」與「形」來比對判斷葬地之吉凶。故〈外篇〉也是一種「地理形勢」的理論。例如：

> 夫重岡疊阜，群壟衆支，當擇其特。大則特小，小則特大。參形雜勢，主客同情，所不葬也。夫支欲伏於地中，壟欲峙於地上。支壟之止，平夷如掌。故支葬其巔，壟葬其麓。卜支如首，卜壟如足。形氣不經，氣脫如逐。
>
> 夫人之葬，蓋亦難矣！支壟之辨，眩目惑心，禍福之差，候虜有間。……夫外氣所以聚內氣，過水所以止來龍。千

[101] 同註100。

尺之勢，宛委頓息。外無以聚，內氣散於地中。經曰：不蓄之穴，腐骨之藏也。夫噫氣能散生氣，龍虎所以衛區穴。疊疊中阜，左空右缺，前曠後折，生氣散於飄風。經曰：「騰陋之穴，敗槨之藏也。」

夫土欲細而堅，潤而不澤，裁肪切玉，備具五色。夫乾如聚粟。濕如刲肉。水泉砂礫。皆爲凶宅。夫葬以左爲青龍，右爲白虎，前爲朱雀，後爲玄武。玄武垂頭。朱雀翔舞。青龍蜿蜒。白虎馴俯。形勢反此，法當破死。

本段清楚說明了擇地及入葬的法則及要求：

（1）「夫重岡疊阜，群壟衆支，當擇其特。大則特小，小則特大。參形雜勢，主客同情，所不葬也。」

風水觀念主張要藏風聚氣，所以太過突出高大的皆以爲凶，道理很簡單，太高太突出就八方風吹，陽宅吸熱散熱太快，人體易不適也不能藏風聚氣，如此而已。現代都會喜買大樓的集合式建築，愈高視野好所以價格也愈貴，但以風水而言，恰好是犯了山高則陰的陰煞，不利健康也不利宅運。

（2）「故支葬其巔，壟葬其麓。卜支如首，卜壟如足。」

擇地時若龍虎砂手地勢較高，落脈要葬在山頂；壟脈高大氣強，要葬在山腳；選擇的支脈要像頭部一樣取五官之位點穴，選擇的壟脈要像腳部一樣，取平緩的趾部點穴。但這也只是概說，實際點穴相當複雜，不易判斷，因地形地勢變化極大，乃活法也。

（3）「夫外氣所以聚內氣，過水所以止來龍。千尺之勢，宛委頓息。外無以聚，內氣散於地中。經曰：不蓄之穴，腐骨之藏也。」

這段是講「聚氣」，外氣者，横過之水；內氣者，來龍之氣。此即“外氣横形，內氣止生”的意思。當然了，聚氣還要有其它條件的配合，不是光只看來龍與水流而已，其中精要相當複雜與專業，沒有明師指點僅憑看書，學一輩子也摸不著頭緒。

（4）「夫噫氣能散生氣，龍虎所以衛區穴。疊疊中阜，左空右缺，前曠後折，生氣散於飄風。經曰：『騰陋之穴，敗槨之藏也。』」

這是講「藏風」。噫氣指風大吹穴，宅體之所在如果不能藏風，則必不能聚氣而且散氣，不利住居的人與子孫。住在高高的大樓上，最容易犯到此種的風煞。

（5）「夫土欲細而堅，潤而不澤，裁肪切玉，備具五色。夫乾如聚粟。濕如刲肉。水泉砂礫。皆爲凶宅。」

這是以土的色質來辨穴真僞的輔助方法，因爲葬經講究穴場要有氣，而氣隨土行，有氣的土有它的特徵，不但利於人居住，動植物在此也能生生不息繁衍茂盛。所以類似沙漠、極地、高山、沼澤、太低濕、乾燥堅硬、鬆軟⋯..，都不利於宅居。風水門派中凡不重視此者，而只圖接運、合命的，必非真學，習地者當察明以爲重要參考，免得花錢受災又浪費時間。

（6）「夫葬以左爲青龍，右爲白虎，前爲朱雀，後爲玄武。玄武垂頭。朱雀翔舞。青龍婉蜒。白虎馴俯。形勢反此，法當破死。」

此言前後左右穴場的四獸形勢，以斷吉凶，皆自立穴處言之。能符合以上條件的即為「真龍穴」，缺一不可。值得一提的，本篇關於「青龍、白虎、朱雀、玄武」數句，已成為當今風水師奉為圭臬且朗朗上口的堪穴經典名言，足見葬經對後世風水理論影響的深遠。

3、《葬經》雜篇

〈雜篇〉是《葬經》的最後一部分，依內容而論，經考據應為後世方技之士增飾，故內容較為駁雜不純。這部分主要亦是在講「形」與「勢」的原則，內容有很多地方只是〈內篇〉與〈外篇〉的引伸與延展而已，例如：

> 占山之法，以勢為難，而形次之，方又次之。千尺為勢，百尺為形，勢言闊遠，形言淺近。然有大山大勢，大勢大形，則當大作規模，高抬望眼，而後可以求之也。勢有隱顯，或去山勢，從東趨形，從西結勢，由左來穴，自右出勢。又有佯詐穴，亦有花假，此所以為最難也。其次莫如形，有一二里為一形，此形之大者；也有只就局內結為蜂蝶蛙蛤之類，此形之小者也。

〈雜篇〉雖然非郭璞親作，但觀其內容也有可取之處。且依其見解而推論，也是大行家，而且在形法困難的基礎上，又加上了五行、八卦的理解，試圖更細緻與精準的解讀風水對人類吉凶的影響，包含何人？何事？何時？輕重？…，已經展現出現代風水的概廓。〈雜篇〉的內容中另有以干支、八卦方位論來龍之吉凶者，此觀念已漸漸向理氣派靠近，有理氣與巒頭結合之象，可見在立向格龍時其技法已愈趨複雜。例如：

> 經曰：地有四勢，氣從八方。寅申巳亥，四勢也；震離坎兌乾坤艮巽，八方也。若但言地有四勢，只有朱雀、

玄武、青龍、白虎而已；氣從八方，只有四正、四隅而已。……

寅申巳亥震離坎兌乾坤艮巽之說，則當以方位解之。四勢為四長生，如火生寅、水生申、金木生於巳亥是也，八方為八勢，東方震艮、南巽離、西方坤兌，北乾坎是也。

文中的風水觀念既論山川形勢亦論二十四山方位，已揭示了後世「理氣」與「巒頭」終將合流，並相互滲透的徵兆，影響了後世風水門派的發展至深至遠。依據中國長沙馬王堆的考古發現，羅盤廿四山出現在南宋之時，而〈雜篇〉竟已寫出廿四山的應用觀念。當知方位廿四山的使用，若無羅盤是無法應用的，人類的對方位的感知，配合日月星宿，最多只能概略感知八方而已。由是可以推知，〈雜篇〉的內容最有可能是在明朝以後爲人託名增潤。

五、唐宋：風水理論的成熟期

（一）形勢派與理氣派的分野及代表人物

秦漢以前爲風水思想的孕育時期，魏晉至南北朝爲傳統風水思想體系的形成時期，迨至唐宋風水理論體系已臻圓熟。此時期思想發展之特徵爲：理論建樹的人物日漸增多，流派思想空前發達。其中主要之思想流派與人物如下：唐代風水大師有袁天罡、李淳風、楊筠松，宋代有蔡元定、賴文俊、王伋等。其頗具影響者爲楊筠松與賴文俊二人，並從此成爲「形勢派」與「理氣派」的分野與代表人物。[102]《青岩

[102] 劉沛林，《風水---中國人的環境觀》，上海：三聯書店，1995，頁49~51。

叢錄》[103]和《陔餘叢考》[104]等書均對這兩大派的風水活動及理論有同樣的概述：

> 一曰江西之法，肇於贛州楊筠松、曾文迪、賴大有、謝子逸輩，甚為主於形勢，原其所起，即其所止，以定向位，專指龍穴砂水之相配；一曰屋宇之法，始於閩中，至宋王伋乃大行，其為說主於星卦，陰山陰向，陽山陽向，純居五星八卦，以定生剋之理。

江西派的始祖爲楊筠松，屋宇之法爲福建派。從其名稱及原理即可知該派的理論淵源可追溯至唐代的《宅經》[105]。

1、楊筠松

楊筠松，號救貧仙師，其生平事蹟見於《南安府志》《地理正宗》與《江西通誌》中。因爲玄學五術紛亂無方，連帶的楊氏也有很大的爭議。根據《江西通誌》的記載：

---

[103] 《青岩叢錄》【明】王禕著，明初歷史學家。

[104] 《陔餘叢考》是清代學者趙翼所撰的一部學術筆記。趙翼號甌北，江蘇陽湖（今常州市）人，生于清雍正五年（1727年），卒于嘉慶十九年（1814年），正當清代所謂的乾嘉盛世。中乾隆二十六年（1761年）辛巳科進士。作過廣西鎮安府（治所在今德保縣）、廣東廣州府知府、貴州貴西道兵備道等職。乾隆三十七年（1772年），以奉母侍養為辭，退歸鄉里，其後未再出仕，以詩文著述終其身。《陔餘叢考》全書四十三卷，其中經學四卷（卷1—4），廿四史十卷（卷5—14）， 通鑒鋼目一卷（卷15），重要史事五卷（卷16—20）， 詩文雜事四卷（卷21 —24），一般史事與制度八卷（卷25—32），雜俎十一卷（卷33—43）。書前有小引，自稱：“以其為循陔時所輯，故名曰《陔餘叢考》。”即謂為奉母家居時所作者。

[105] 又名《黃帝宅經》是我國現存最早的住宅風水書。認為宅是陰陽之樞紐，強調修建宅屋要先選擇好方位、方向、破土動工的時間，以求陰陽相得。此書有多種版本，如《道藏洞真部眾術類》《小十三經》、《夷門廣牘雜佔》、《津逮秘書》第四集、《崇文書局匯刻書》、《道藏舉要》第九類、《四庫全書·子部·術數類》、《學津討原》第九集。《居家必備·趨避》、《說郛》都載有此書，說明它是一部相地術要籍，一部流傳很廣的文獻。此書的作者向來缺考。有人以為是黃帝，殊不知黃帝時代文字還沒完全創造出來，怎麼會有書籍。其實，此書的內容中已露出破綻，列出了李淳風、呂才等人的宅經，這就不打自招地道出了它是唐代或唐以後的作品。

楊筠松竊祕府之書，避地江南，傳其術者，如萬伯詔、范越風輩是也。今考萬范所傳之術，與此書相表裏，信或然矣。」據《南安府志》記載：「楊筠松，竇州人，僖宗朝，掌靈臺地理事，官至金紫光祿大夫，黃巢破京城，乃斷髮入昆侖山，步龍後至虔州，以地理術傳曾文辿、劉江東，世稱救貧仙人是也，卒於虔，葬雩中藥口。

此說明黃巢之亂時，楊筠松自長安偷竊祕府的相地書，避亂江西，然後在此授徒。關於楊筠松著作問題，到目前爲止，有相當多的爭議。風水學上的幾部經典如《天玉經》、《青囊奧語》、《都天寶照經》等，學玄空法的人都攀推楊氏是該法祖師爺，都認爲是楊筠松所著。然而，從筆觸風格與內容理路，與楊的另外兩部著作《撼龍經》、《疑龍經》相比較，有很大的出入。以正常而言，不可能是出自同一作者之手。

因爲不符的事實太明顯，玄空法的學者，遂又編說《天玉經》、《青囊奧語》、《都天寶照經》等原本爲皇宮寶貝，從不外洩。當楊氏離開宮廷時，將典籍一併帶走，到傳授給弟子時，因原經典沒有註明作者(所以是沒有作者的宮廷寶貝？)，後人也就將典籍託爲楊筠松所著作，(就算是如此，楊氏功夫也與這些書籍無關！)甚至連維基百科都如此記述。總之呢，就是關係拉定了，管它事實如何，就認定他是祖師爺爺了，一皮天下無難事呀！明楊氏是形巒法的專家，卻硬被套上理氣的祖師，不知楊氏地下有知會不會搖頭嘆息。

輔卦納甲九星、三合派也有類似認亂祖師的情況。靜心想想，各派的祖師都同一位，但理論卻都不同，楊氏是人格分裂嗎？唐代還沒羅盤呢，現代風水師少了羅盤就沒戲，但那時的祖師爺爺還不知道羅盤長啥樣呢！能憑肉眼勉強辨別八方，就已經了不起了，還能光憑肉眼來玩轉玄空384爻、紫白、九星、三合，那真的是神了！

楊氏風水理論主要表現於《撼龍經》《疑龍經》《葬法》的著作中，此三書中《撼龍經》專言「山龍落脈」形勢，分貪狼、巨門、祿存、文曲、廉貞、武曲、破軍、左輔、右弼九星，各爲之解說。《疑龍經》上篇言千中尋枝以「關局水口」爲主；中篇論尋龍到頭，看「面背朝迎」之法；下篇論結穴形勢，附以疑龍十問，以闡明其義。[106]《葬法》則專論點穴，分倒杖十六法以論穴場。可知楊筠松風水思想以山法形勢爲主，故後世習者，以「形勢派」稱之。且因其傳播地以江西爲先，所以又稱爲「江西派」，與強調理氣的「福建派」有所區別。

2、賴文俊(賴布衣)

賴文俊，宋處州人。生於北宋徽宗年間，曾在福建建陽做過官，好相地之術。後棄官浪跡江湖，自號「布衣子」，世人稱爲「賴布衣」。著有《催官篇》二卷，現收於《四庫全書》中。據《四庫全書總目提要》之說明，賴氏以「方位八卦」與「陰陽望氣」的論述，構成風水的理論，故以「理氣派」名之。「形勢派」與「理氣派」的理論內容大異其趣，但由楊筠松與賴文俊所代表的內涵，可以初觀傳統陽宅風水學理的核心內涵。著實言之，「形」與「氣」是不可分的，兩者不會單獨

[106] 黃榮泰，《撼龍經.疑龍經發揮》，台北：進源，2006。

存在，否則便違反了陰陽理論與天人合一的哲學觀點。

(按：《催官篇》為託名所作，非賴氏所作，清國師高大賓已評之矣。但已積非成是，而為理氣發達之濫觴。)

相傳賴布衣曾擔任南宋的國師，但後來遭秦檜奸黨的陷害，辭官離去，四處飄泊流浪，兼看天下之龍局情勢，並留下許多濟世救人的神奇傳說。在傳說中賴布衣曾手著《青烏序》，但被南華帝君派一隻白猿盜走，再經過百餘年傳給了劉基(伯溫)助朱元璋成就了霸業。又有傳說孫中山先生的祖墳也是賴布衣堪定的，香港、廣州、英德等城市都是由賴布衣堪定選址。當然，這些全都是虛構的，目的無非是造神氏，神化三合、九星偽風水術。

風水流派每當攀附到那位祖師爺時，編造的傳說，往往怪誕離奇，時代人事完全兜不上了，還是可以自說自話，反正現代人玄學的程度差很好騙。這些編造的故事或背景，低能離譜到可怕的程度，筆者都懶得去批判了，智商要整個降下來才有辦法。而現在的風水師們大都學了一年半載就掛牌營生，於風水一道實在講連半桶水都談不上，但為了搶客戶、搶學生，利之所在，臉面也就不甚重要了。這在目前港台的風水市場上，已經形成一種近似詐騙的現象。在這一場認祖師爺的遊戲中，楊筠松、賴布衣就是最好的例子。就筆者所見，楊、賴二人風水的根基全在形巒派的功夫，賴在其上添加了五行八卦，但若沒有形巒的功夫，與古來傳承脫節，必無所成就。其中的緣由阿璽老師在前面也已經提到許多了，自行參看。

有清一代，對歷朝歷代的古籍作了完整的編輯，例如《四庫全書》即爲人人耳熟能詳的巨著。另外《協紀辨方書》也是官方撥亂反正的一部巨作，給後學之人一個參考比較現行《通書》的參考。另外，**清朝欽天監的高大賓與其同僚，皆爲當時公認的一代風水大師，功力精湛，手著《地理醒世切要辨論》，在書中明白指出賴布衣《催官篇》乃僞風水，叫後人不可讀之，筆者對此也甚表認同。**

例如賴氏的羅盤中針撥砂法，在正體五行之外，別創中針五行，定生旺奴洩殺吉凶，各房吉凶盡在地師手中，問題是用之不驗，成功案例難覓，理論再神也沒有用；另一方面在古學之外畫蛇添足，其實倒退，反而不如《葬書》《青烏經》《雪心賦》的清楚明快。風水術真僞難辨，沒有深厚功底的理論實務，很難分辨真假。大都是在毫無基礎的情形之下，找了一位風水先生學習，老師教什麼就是什麼，至於真相如何？連教學的老師都難得清楚，當世能分得清楚的風水師，寥寥無幾。

如果以高大賓《地理醒世切要辨論》的內容要旨看，當今大陸、台灣、香港、新加坡等華人地的風水師，九成所學所做的都錯了。根據筆者多年的實務與理論研究，對高氏的結論，我是非常同意而且佩服的，他說了真話！

（二）風水著作的大量湧現

風水理論的發展在唐宋時期出現明顯的高潮，除建立了「形法派」與「理氣派」的分支體系外，還出現了大量的風水書籍。《舊唐書· 經籍志》和《新唐書· 藝文志》中就羅列了１５種不同的相地書名稱，有相陰宅的，如《葬經》等，有相陽宅的如《陰陽書》等。還有用五音五姓相宅相墓的，也有論地脈和六甲相墓的。

《宋史·藝文志》則列出了５１種相地的著作。在風水的發展歷史來看，這樣爆發性的快速成長實在是空前的，因爲玄學五術不受主流重視與監督，而大家一窩蜂發揮創意想像，排列組合閉門造車的結果，把理氣卦爻、元運、九宮那一套都套入風水術中，結果變一場災難，遺禍後代。當然這也是宋室南遷後，南方的靈山秀水爲風水的發展提供了良好的舞台有關。在《宋史·藝文志》５１種相地風水書中多數都能留存下來，特別是作爲後世陰陽宅兩大經典的《葬經》和《黃帝宅經》，據《四庫全書總目提要》記載，就是當時所留傳下來的。

因此唐宋風水理論對後世的影響可謂巨大，觀乎現在通行於世的風水術中的流派所應用的理論與技巧，如「形家」、「輔卦九星法」、「玄空法」、「八宅法」等，皆可明顯的由唐宋遺留的典籍中看到理論的身影。但斯時因爲羅盤工具還沒有發明，也可以看出此時的風水理論的理氣部份，都還停留在陰陽、五行、八卦的應用之上，那些細微至要看度數、廿四山的門派、如抽爻換象、玄空大卦、分金、三元九運、輔卦九星、三合派十二長生水法…等的的理論，肯定在此時是還沒有出現的，就算不提這些門派間的理論打架，細思這些流派邏輯既不合學理也不合常理，風水術的誰真誰僞由此也可知了。

六、元朝：風水的低潮期

元朝是中國歷史上第一個非漢族統治的朝代，風水學在元代受到抑制，有關的風水傳說與記載遠比宋代爲少。官方甚至還下令禁止風水，據《新元史· 禮志》記載，元泰定二年（西元1325年）官方即下令禁用陰陽宅相地邪說：

> **泰定二年，山東道廉訪使許師敬，請頒族葬制，禁用陰陽相地術邪說，時同知密州事楊仲益撰用周制國民族葬昭穆圖，師敬題其言，奏請頒行天下焉。**[107]

因爲朝廷明令禁止的緣故，元朝一代風水的發展幾乎是處在停滯的狀態。目前我們所能查到的有關元代的風水書目，較知名者僅有如下幾種：朱震亨的《風水問答》[108]、還有有關於營建的《魯班營造正式》[109]以及傳說爲元代劉秉忠所著作的《新刻石函平砂玉尺經》。以書籍內容來看，元代風水是以營建修造爲主，另外附有一些禁忌、解除等內容。

---

[107] 見柯劭忞（1848-1933）著，《新元史·禮志》。柯劭忞，字風蓀，號蓼園，山東膠州人，近代著名學者，他獨力編著《新元史》，學術成就為人們肯定。《元史》成書以後，當時就有許多人不滿意，陸續有許多學者紛紛著書對《元史》作增補考證，但仍有許多遺漏。直到清末民初柯劭忞撰成了《新元史》，才有了一部差強人意的元代史書。柯劭忞以《元史》為底本，利用明清有關元史的研究，，又吸收了西方有關元史的文獻，斟酌損益，重加編撰，歷經三十年，於1920年修成《新元史》。第二年，北洋軍閥政府總統徐世昌，明令把《新元史》列入正史，1922年刊行於世，遂有“二十五史”之名。

[108] 朱震亨（1281—1358），字彥修，義烏赤岸人，因居所臨丹溪，後自稱朱丹溪，元代四大名醫之一。著**《風水問答》一書，據宋濂《故丹溪先生朱公石表辭》和戴良的《丹溪翁傳》，本書應成於朱丹溪晚年。風水與中國醫學乃同源之異支，二者皆以「陰陽五行」「天干地支」「時空節令」「八卦」「天人合一」「氣論」等為技法的核心，故歷來每多見兼通中醫與命理風水之學者，蓋因二者之學理基礎實有共通之處。風水理論中有疾病斷驗的方法，其論病灶、發病時間、發病部位多與方位與時間干支有關，更可以證明此論。**

[109] 本書作者佚名，依雲林科技大學視傳設計研究所論文《魯班經源流與文化意涵初探》考據（2005，頁24），成書年代約在元末明初之際，為一本木工匠師的職業用書。

其中，劉秉忠所著作的《新刻石函平砂玉尺經》加入吉凶八字，財、病、離、義、官、劫、害、本，用文公尺來看風水吉凶，對後世風水的發展影響甚大，只可惜用文公尺看風水是倒退的發展。

由此也可以知曉，說得通的東西，說得頭頭是道條條有理的東西，也可能是錯的，尤其在玄學領域中更是如此。唯一能檢驗的是倒果爲因，風水師爲人陰陽宅佈局後發達的到底有多高比率？風水師自己本身的子孫妻財到底有多大成就？能如此看，風水師的真僞也就可以看出大概了。從2017到2019這三年內，在台灣中部的台中、彰化、草屯、霧峰，總共有四位資深風水師死於回祿，台北一位電視名風水師繼承衣缽的子女自殺，以上用網路查一下不難得知。可見，風水師也不是萬能的，可惜這些例子沒有給使用這些風水門派技法的其他風水師教訓，該錯的照樣錯下去，根本原因就在於~~~即使是風水師也沒有足夠的學術涵養去分辨所學的真僞，更遑論一般人，而且利之所在，道義放兩邊，也就無足怪了。

再看《平砂玉尺經》對後世風水的重大影響，魯班尺相傳爲春秋魯國魯班所作，後經風水界加入八個字：財、病、離、義、官、劫、害、本，以丈量房宅吉凶，陽宅吉凶如何全看一把尺，風水發展至此，郭璞、楊筠松都可以下台一鞠躬了。蓋房子造陰宅的泥水師父都會看風水了，只可惜少見泥水師父及其後代能發福發貴的，相反的還多見坎坷漂零的泥水師父家族，這還談什麼風水呢？可惜，到目前爲止，積非成是，魯班尺應用在陽宅風水上，已經深入百姓民俗，積重難返，改也改不過來了。

魯班尺在建築上被廣爲應用，並且在香港、台灣、大陸…華人社會以及中國沿海地區廣爲採納。魯班尺分爲上下兩層，上面叫做「門公尺」，下面叫做「丁蘭尺」。門公尺是用來陽宅建築用的，上面有財、病、離、義、官、劫、害、本八個字。用魯班尺測量時，儘量選擇尺寸吉利的。八個字爲一個循環，一個循環長度按照現在的尺寸是一尺二寸八分半，大約43厘米。丁蘭尺用於量陰宅、祖先牌位之用。(以下相關網路資料參考：壹讀、風水寶地論壇、張志睿~魯班尺原則與設計構成關係之研究、木漆學堂、kknews.cc)

魯班尺上有八個字，分別是：財、病、離、義、官、劫、害、本。

財：代表吉，指錢財、才能。以下有四個星，各字皆同。

財德：指在財、德善、功德方面有表現。

寶庫：比喻可得或儲藏珍貴物品。

六合：合和美滿。六合爲天地四方。

迎福：迎接福緣。福爲幸福、利益。

病：代表凶。指傷災病患及不利等。

退財：損財、破財之意。

公事：多指因公家的事，如貪污受賄及案件官司等。

牢執：指牢獄之災。

孤寡：指有孤獨寡居的行爲。

離：代表凶，指六親離散分開。

長庫：古有監獄之說。

劫財：破耗及損財。

官鬼：指有陰煞引起之事。

失脫：物品失落、人離散之意。

義：代表吉。指符合正義及道德規範，或有募捐行善等行爲。

添丁：古時生男孩叫添丁。

益利：增加了財資利祿。

貴子：日後能顯貴的子嗣。

大吉：吉祥吉利。

官：代表吉，指有官運。

順科：順利通過考試而獲中。

横財：意外之財。

進益：收益進益。

富貴：有財有勢。

劫：代表凶，意指遭搶奪、脅迫。

死別：即永別。

退口：指有孝服之事。

離鄉：背井離鄉。

財失：財物損失或丟失。

害：代表凶，禍患之意。

災至：災殃禍患到。

死絕：死得乾乾凈凈。

病臨：疾病來臨。

口舌：爭執爭吵。

本：代表吉，事物的本位或本體。

財至：即財到。

登科：考試被錄取。

進寶：招財進寶。

興旺：興盛旺盛。

魯班尺在陽宅的吉凶用法，一般丈量時都要選擇吉祥的字。使用技巧上要注意「**財頭、本尾，抓內不抓外**」的要訣。「**抓內不抓外**」的意思則是門框尺寸以門坎內層爲主，稱爲「實內」。惟須留意紅字里有些字不能亂用。 要注意的是住宅的大門只裝“本門”與“財門”，“義門”是寺院、道觀、學校等聚義的地方用，住宅大門用義字反會有災禍臨門，比如家裡面人不和氣等，“官門”是政府部門用的，住宅的大門用的話會有官司訴訟甚至牢獄。神位和佛具也是用門公尺丈量，多取財、義或本字。

做生意一般取財字，不能用義字，太講義氣，無利可圖。只適用於道上兄弟或宗教廟宇。一般陽宅取用如能陰陽兩利（門公尺、丁蘭尺）當然最好，但大體取財與本之間的紅字爲準。財指財庫，本指本源，也意味源源不斷，通常取用尺法有如下規矩：

百姓居家：取【大吉】字最好。

生意場合：取【財】字最佳。

廟宇、神明：取【義】字。

公家單位、警察機關：取【官】字。

祖先牌位：取【添丁】最佳。

魚缸大小、高低：取【財庫】最佳。

魯班尺下面一層叫丁蘭尺，多用在陰宅、神主牌位丈量。丁蘭尺上面也有幾個字：丁、害、旺、苦、義、官、死、興、失、才。分別代表的意思是：

丁：福星及第　財旺　登科　　　害：口舌　病臨　死絕　災至
旺：天德　喜事　進寶　納福　　苦：失脫　官鬼　劫財　無嗣
義：大吉　財旺　益利　天庫　　官：富貴　進寶　橫財　順科
死：離鄉　死別　退丁　失財　　興：登科　貴子　添丁　興旺
失：孤寡　牢執　公事　退財　　財：迎福　六合　進寶　財德

丈量的尺寸遇上吉祥的字，就是吉利的風水，所以呢，自己拿一把尺子就可以當風水師了。無論是門公尺還是丁蘭尺，當一個循環的長度不夠時，可以按照此理不斷的循環加長下去。在家居裝修中，魯班尺主要用於以下幾個地方：

✧ 用於進戶門、臥室門、廚房門及幾個主要門口的尺寸的測量。進戶門的尺寸最好是：迎福、橫財、財至、大吉。
  主臥室門的尺寸最好是：財至、進寶、興旺、六合。
  兒童房門的尺寸最好是：登科、貴子、大吉、益利。
✧ 用於辦公桌的尺寸。
✧ 家具、床、柜子的尺寸。

一般而言，現代門的高度都不超過283cm，對於普遍的住宅，大門寬度（即見光度，是門框內壁的水平距離，不包括門框的厚度）多爲108cm，高度多爲212cm左右，而房門的寬度多爲81cm，高度多爲198cm，這樣的尺度是大眾皆宜的。當然，**魯班尺只是古代房屋門戶家具的尺度標準，對於現代住宅來說，魯班尺的尺寸只可以作爲一種參考。門戶和家具的**

尺寸歸根結底是由人的活動需要和住宅的實際情況決定的，只要大小適中，方便實用就可以，沒有必要墨守成規。

如果細心一點的讀者，不難推知，**現代住宅不管是建商、室內裝潢業者、神明佛具業者，執行工作時，人人手上一支魯班尺，陰陽宅也都是根據魯班尺蓋出來的。不信的話，可以拿一支魯班尺到任一間現代陽宅或者陰宅量量看，絕對都符合魯班尺的，只是都發了嗎？或者大家都很平順嗎？那些家裡出了大事的，不也都符合魯班尺嗎？**在現代的風水術技法門派中，常見有兩三個派別的風水師，勘宅時一手羅盤一手魯班尺，看了一輩子風水，出了那麼多問題，不知私下自己懷疑過沒有？

七、明清時期：風水的興盛、混亂與傳承

傳統風水術發展到明清時期更爲興盛與繁衍，不僅理論著述增多，而且各分支體系的理論也更爲發達與完整。此時學者盛行「新理學」，雖以繼承孔孟的道統自居，但其哲學體系却建立在佛教禪宗和道教學說的基礎之上，儒爲其表而釋道爲其裡，融合三教於一爐。此時陰陽五行、太極、八卦、氣等的理論已經十分的豐富完備，成爲中國思想文化的核心。當時的社會，不儘下層民眾崇信神仙、菩薩，即使是仕宦人家也樂於拜奉佛寺道觀，於是風水學不僅如魚得水般的浮游於民間，並同時受到某些士丈夫的青睞。此由明代文人的筆記、史料中含有大量涉及風水地師內容的記載可以窺見。如《五雜組· 人部一》記載：

一日，至余齋中，坐客不期而集者二十餘人，或文學、

或布衣、或椽史、貲郎、丹青、地師。[110]

從中可見當時地師的社會地位與文學、丹青者同流。此時期風水的具體表現如下：

（一）風水古籍研究、驗證、著作與編纂之風盛行

明清以前的風水書籍種類及內容已經頗爲繁多，其理論架構基本上也已經定型，無論形法派或理氣派的理論皆已經過長久歲月的累積和發展。明清學者面臨的任務是對已有的著作作進一步的解釋，爲前代風水著作做一個學理的總結。**問題是做這些學理總結的學者雖然通曉易經理象數、陰陽五行、干支八卦、星象元運，但實務的風水經驗卻是菜鳥一隻，雖然閉門造車把理論完備了，說通了，也照做了，但實務上的應用往往適得其反，害人不淺。**

如同高深的數學理論一樣，道理很美，但是上市場買菜，根本不適合，加減法就夠了。筆者在前面曾經提到「**道理講的通的事，實務上不一定行得通**」，正是此意。當然，也正因爲完備這理論的前賢實務經驗不足，他們也不曉得自己創出來的理論竟然可以遺害數百年，甚至更久，這些前輩地下有知，不知作何感想！會否良心不安？而現今使用這些風水技法的地師又該如何跳出這個套路，真正爲人造福。希望筆者這一本書能夠起到一些作用，把中華文化中的這個瑰寶正確的發揚。

---

[110]《五雜組》，俗本訛作五雜俎，明人筆記，長樂謝肇淛撰，十六卷。《五雜組》有天部2卷、地部2卷、人部4卷、物部4卷、事部4卷。大多記錄作者本人的讀書心得，亦有國事、史事之考證。有萬曆四十四年潘膺祉如韋館刻本。由於謝肇淛極有預見性地在書中提出了遼東女真日後當為朝廷大患的看法，清朝軍機處奏請銷毀，故此書在清代不見鏤刻，極罕見，直至民國才得以重新刊行。

由於這些都是"純理論"的推敲，不必負擔實務實證的責任，也沒有任何機構加以監督，因此，明清兩代對原有風水著作的創新、研究和注釋的風氣，特別興盛。其中清代學人因顧慮文字獄的結果，考據之風盛行，更推動了風水學研究的開展。**這時期許多著作都是以「闢謬」、「疏」、「校補」、「翼」、「箋注」等名稱出現。**

如明代謝廷柱《堪輿管見》二卷、徐勃《堪輿辯惑》一卷；清代吳元音《葬經箋注》一卷、楊明勛《疑龍經校補》三卷、汪沅《青囊解惑》四卷、梅漪老人《陽宅闢謬》一卷、工芮樸《風水袪惑》一卷等等，名目繁多，不及備載。又如權威性的《四庫全書總目提要》幾乎對每篇著作都要作一番考證研究的工夫，故對當時較爲流行的風水著作如《葬經》、《宅經》、《天機素書》、《地理玉函纂要》、《天王經外傳》、《玉尺經》、《九星穴法》、《披肝露膽集》、《地理大全》、《地理總括》、《山法全書》等書的作者和成書年代及大體內容，均作了較詳細的論述及考證，成爲現代學者研究歷代風水文獻的重要參考資料。

明清時對風水理論的發展還有一個貢獻，就是編纂和積累了相當多的風水文獻，如官方編纂的《永樂大典》、《四庫全書·術數類》、《古今圖書集成·博物彙編藝術典·堪輿部》等大型叢書，收錄了幾乎所有流傳下來的風水著作。同時，民間也收集與編纂大量的風水經典，其時許多的風水著作亦多喜冠以「大成」、「全書」、「大全」之類的名稱，如明代陳夢和《陽宅集成》九卷、佚名的《陽宅大全》十卷、王君

榮《陽宅十書》四卷，皆是傳世的名作；清代葉泰《山法全書》十九卷、葉九升《地理大成》三十六卷、魏青江《陽宅大成十五卷》、李國木《地理大全》五十五卷等等，對後世風水學理的研究提供了最完整與大量的文獻資料。

但另外一面，這些書籍文獻的內容嚴重格格不入，理論都說得通，但各門各派吉凶差異頗大，同一卦位而此吉彼凶。這些學者前輩們實務經驗又多不足，或者各自受限，不能去蕪存菁。那麼，留給後代子孫的其實就是一筆大爛帳，而且只會愈來愈亂，看看現今港中台三地華人地區的風水發展可見一斑，例如近幾年來新創的理氣風水門派愈來愈多，後天派、形家(非古代的形家，借名而已，內涵過度擴張運用)、玄空六法、紫微風水學、三元納氣、金鎖玉關、電視派風水學…，搞出這些門派的同行，有些都還活蹦亂跳呢，就可以自稱祖師爺或某公第幾代傳人大撈特撈了。**這也是阿璽老師願意追隨前賢　高大賓、劉伯溫，說真實事，啓發後學之人，也嘉惠未來有緣人，能夠真正得風水的益處，而非被僞風水術所害。**

（二）影響範圍更爲廣泛與深入

清代時風水的另一突出現象就是著名小說中也多談風水的情節，如《金瓶梅》第六十二回情節描述李瓶兒死後，西門慶便請陰陽先生來選擇葬日：

> 這徐先生向灯下打開青囊，取出萬年曆通書來觀看，問了姓氏並生時八字，批將下來：
>
> 「已故錦衣西門夫人李氏之喪，生於元祐辛未正月十五日午時，卒於政和丁酉九月十七日丑時。今日丙子，月

令戊戌，犯天地往亡日，重喪之時，煞高一丈，向西南方而去，遇太歲煞沖迎斬之局，避本家，忌哭聲，成服後無妨，入殮之時，忌龍、虎、雞、蛇四生人外，親人不避。」…………

西門慶教徐先生看破土安葬日期，徐先生請問：「老爹！停放幾時？」

西門慶哭道：「熱突突怎麼就打發出去的，須放過五七才好。」

徐先生道：「五七裡沒有安葬日期，倒是四七裡，宜擇十月初八日丁酉時破土，十二日辛丑巳時安葬，合家六位本命都不犯。」

說明風水在當時已成爲一種普遍的民俗，深入人心。另外清代舉人李綠園著《歧路燈》108回長篇小說中，尤其突出了風水現象的生動描寫，風水先生、江湖術士皆躍然紙上，亦可爲當時風水之盛做一佐證。但也不難觀知，原來早在清朝時期這些風水數術就已經歪得不成樣了，難怪前賢要大力闢謬了。

（三）風水理論更加分歧、矛盾和流於江湖化

如唐宋時期風水發展狀況所述，自唐宋開始風水學出現了形勢派和理氣派兩個主要分支，兩者各有側重。前者著重於山川大地的形勢與環境的選擇，認爲風水重在巒頭形勢，即周圍的地形環境中龍、穴、砂、水的型態要符合「藏風聚氣」、「環抱有情」…等趨吉避凶原則，主要有形勢派、形象派、形法派。而後者偏重於方位座向與陰陽五行的應用：主要有八宅派、命理派、三合派、輔卦九星派、玄空挨星派、玄空大卦派、八宅派、紫白飛星派、奇門派、廿四山頭

派、星宿派…………等等，各人一把號各吹各的調，又兼老王賣瓜自賣自誇，偶有兼學而成的，又含糊籠統的說「**但看適用何法，用之皆驗。**」總之，就是一個“亂”字了得。其中又分有側重陰宅與陽宅的分別。

上述學說都是建立於古代中國人對「氣」的概念上，只是各門派的解釋與運用方式大不相同。古人認爲整個宇宙是由「氣」生成，天地未形成前是一個「無」，天地乃由「無」中的元氣生成，輕的氣上升爲天，濁的氣下降爲地，這輕與濁的氣就是陰陽二氣。而傳統風水的看法，都是以此種陰陽二氣所講的「聚氣」原理推演而來的。下節將針對此一重要的「氣論」作深入的探究，俾能深入風水學的內蘊。以下針對形勢派與理氣派做簡要的描述：

1、形勢派

一提起形勢派，人們就會想到以形勢論吉凶的風水祖師管輅和郭璞。形勢派偏重地理形勢，主要是以龍、穴、砂、水來論吉凶。形勢派雖然分巒頭派、形象派、形法派這三個小門派，但實際上這三個小門派是互相關聯的，並沒有完全分離。看形象的，離不開山體（巒頭）；看山體的，也脫離不了形象和形法。在中國境內各地方的風土民情，由於受山勢的影響極大，自古以來大多數的風水師都重視山勢形象與巒頭的問題。

（1） 巒頭派：

巒頭表示自然界的山川形勢，自然地理的巒頭包括龍脈、砂手、案山；水。龍是指遠處伸展而來的山脈；砂，是指穴場左右青龍、白虎方的枝龍；山，即案山，指穴場明堂前方遠處的山峰。就是巒頭派最喜歡提到的「**玄武要垂首，朱雀要翔舞，青龍要蜿蜒，白虎要馴伏。**」「**窩、鉗、乳、凸**」「**藏風聚氣，正穩平衡**」等的風水形勢理論。

（2） 形象派：

形象實際上是風水中一門高深的學問，因為它是把山的形勢生動地看做某一種動物或其他物體。例如某個山的形狀象一隻獅子、一尾蛇、一隻蜈蚣…………等等名目繁多。有關形象的名稱很多，如回龍顧祖、美人照鏡、青蛙穴、猛虎跳牆、葫蘆穴、龜穴、漁翁撒網……等等不勝枚舉。之所以會有這麼多的形象看法，有它的時空背景因素，怎麼說呢？古來風水師的傳承困難，習者多學問不高或者未受過教育，要把這些抽象的地理玄學教授給徒弟，或說明給客戶瞭解，這是最淺白簡便的方法。但其實這些所謂的形象寶穴都也不能離開巒頭派的龍、砂、案、水。這種方式時至今日，其實已無必要，在地球科學昌明的現代，加以有衛星科技的輔助，以地球科學與山體力學、河流力學等，就足以解釋龍穴形成的原因了，不必繼續談玄說怪了。

例如巒頭派學理喜歡河流彎抱陰陽宅的穴場，稱作“玉帶環腰”“抱腰水”，也就是“凸岸”的思想，何也？依河流科里奧力原理，凹岸容易因河流的下切作用，水流的流速較快，形成深水區，浮游生物與昆蟲不易繁衍，無法聚集生態，且河岸土坡易崩塌，取水不便，危險性高。所以古人擇居都會選在“凸岸”，阿璽老師碩士論文指導教授 宋光宇先

生，就是考古與歷史學學者，他曾提說：要找到古代村落的遺址，一定要到“凸岸”去找才有可能。

再如陰陽宅要座落在龍脈落脈之處，何因？龍脈落脈的所在，地勢略高，不怕淹水不怕風吹，尤其在黃河流域一帶，也不怕潮濕滋生細菌與破壞房屋，影響人體的健康；而且一旦有外敵侵擾時，背山面河更有利與防禦。

（3） 形法派：

形法指的是在形象派基礎上展開的巒頭法則，主要是論述形象與穴場配合的法則。例如一條道路與穴場對沖，在形法派中稱爲「一箭穿心」，穴場在水流或道路弧形的外側，稱之爲「反弓煞」等等。（參第一章第五節風水術語解釋）唐朝時期楊筠松著《撼龍經》《疑龍經》，依北斗七星的原理將山體分成：貪狼、巨門、祿存、文曲、廉貞、武曲、破軍、左輔、古弼等九星山體，再依這個九星的山體分門別類的說明龍脈結穴的特徵，這其實就是在巒頭派的基礎上再多發揮而已，可惜語多抽象形容，又沒有實例或圖案說明，愈講愈不容易明白，愈形容讓人混亂。例如：

北辰一星中天尊，上相上將居四垣，天乙太乙明堂照，華蓋三台相後先。」「祿存正形如頓鼓，下生有腳如瓜瓠，瓜瓠頭前有小峰，此是祿存帶祿處。大如螃蟹小蜘蛛，此是祿存帶煞處，殺中若有橫磨劍，此是權星先出武。

這種東西莫說不懂風水的人看不來，就算是風水師又有幾人了解，而後學的人或搞科學的學者強加理解、整理與解釋的結果，就出來一堆自說自話的奇怪觀念，大抵明清一代狀況如此，也難怪「理氣怪獸」狂鬧人間了。

因為理氣的運用是可以不必理會巒頭，或以巒頭為次要的，這樣就簡單多了，套八個卦的公式而已。例如三合派有「**冬季造葬北山頭，夏季造葬南山頭，春季造葬東山頭，秋季造葬西山頭**」的技法，那裡管你龍脈不龍脈的，看季節辦事就對了。或者紫白飛星與玄空派也是，八個卦的飛星在跑而已，接到運就吉，不接運就凶，說來也是簡單，只是一般人不了解又覺得神秘，結果就多次出現大學教授被國小程度的神棍給騙了這樣的奇事。

2、理氣派（又稱福建派、宗廟之法）

由於理氣派將陰陽五行、八卦、河圖、洛書、先後天、星象、神煞、納音、奇門、六壬……等，幾乎所有五術的理論觀點都納入其立論原理，形成了十分駁雜的風水流派學說。正因為理氣派過於駁雜不合理，才分出許多小門派，也正是因為這一點，學習風水學的人要特別注意選擇，否則徒費時間金錢與心力，還可能做出凶禍的佈局來。（參第一章第五節風水術語解釋）

（1）東西四命八宅派

八宅派綜合起來只有兩點：一是將坐山宅卦配游星論吉凶。所謂游星就是：伏位、天醫、生氣、延年四吉星和五鬼、絕命、禍害、六煞四凶星。以此八星根據住宅的坐山八卦起伏位，分別將此游星配在八卦方位，配吉則吉，配凶則凶。二是根據住宅八卦坐山，分為東四宅與西四宅，然後與人命結合，即東四命配東四宅，西四命配西四宅而論吉凶（參第一章第五節）。

八宅是理氣門派中較為簡單的一支，所以學習的人很

多，教授此法的風水老師也很多，總共就是八個宅卦的吉凶公式而已。在許多媒體與報章雜誌中常見風水老師們以此在爲人解說及佈局建議，知其然不知其所以然，生搬硬套，受害者眾。但一般人也無能力辨別好壞，只能任這些媒體電視上的所謂「專家老師」們投觀眾所好，胡言亂語一番，反正收視率衝起來就好了。

此法門在應用上，存在很大的邏輯及常識上的錯誤，後文中阿璽老師會詳細說明。漢寶德教授在他所著的《風水與環境》中提到《八宅明鏡》一書：

「基本上是自八卦五行的原理，推而為九宮八宅的演算方法，以滿足迷信的需要，……與一切風水著作一樣，沒有經過嚴謹的編輯。」筆者對此深表認同。

一般來說，八宅派計算命卦都是以年支爲準。換句話說，在同一年出生的人，如果性別相同他們的命卦都是相同的，對他們的風水佈局也是相同的。就此點而言，全世界同命卦的人約有十億，按照八宅派風水觀點來論，他們都在一個共同點上論吉凶，這是八宅法最大常識性的錯誤。

舉例而言，先不談大家族，僅以一家四口的小康之家來作例，絕大部份的家庭成員組成，概皆涵蓋了東西命的人在內，但東西命卦不同的人吉凶有不同的佈局要求，八宅法自以爲合理的簡略成「**以宅主為主，宅主吉則一家皆吉**」的觀念，其他家庭的成員如果與宅主命卦不同，只能認命，誰叫不是一家之主呢！其他成員只能微調其個人臥室方位。這樣粗糙的五行八卦理論，但凡稍作思考即可知其矛盾與不可行，可偏偏學習者眾，外行騙外行，死成一片，真乃這個行業的奇觀。

基於想學習這個門派的人還是很多，在後文中阿璽老師會詳加介紹該門派的應用技法，以較符合實務與其八卦九宮學理的方式做說明，了解它的面貌。具體學理及用法阿璽老師在第三章再做論述。

（2）命理派

這個門派的風水老師大多懂得八字命理學。該門派是以八字命理學的陰陽五行喜用神理論，套進風水的五行時間空間觀念，以宅主命局中的五行喜忌，配合廿四山方位的五行、河圖洛書數、神煞、生肖、玄空飛星…進行風水佈局。再配合裝飾用品、顏色、形狀…等，對各類陽宅的室內裝璜以及風水調整提出指導的原則。

例如，八字喜火，那麼選宅就選朝東方或南方的，因爲可以旺起火氣；宅內佈局就可以在廿四山方位中的寅午戌方位，擺放木彫的虎、馬、狗彫像，可以旺起宅氣；在離卦南方掛上紅色的擺設或開紅花的植物；在東方種上一些木本植物的盆栽，或者木彫的傢俱、藝術品…，門口再放個五帝錢、風水陣，風水老師會告訴您，這樣您就會發了！實際呢？真發了？整個是一齣騙子玩弄傻子的荒唐劇，可是卻一再的上演，唉~~。

用這種技法的風水師可以賺得比較多，因爲有不少東西可以賣，再套上個老師“加持過”的光環，那簡直是賺得不要不要的。這是社會的實際狀況，也許您就曾經是這其中的冤大頭，當學個經驗就好。只是萬一家中人口，八字喜用神

喜歡木、火、土、金、水的統統都有…………，那這個家裡一定很熱鬧，風水老師賺多多！

可惜一般人不明瞭的是，把八字學五行的原理套進風水的理論當中，本身就是一種過度的應用。好比某人每次頭痛就吃甲藥痊癒了，下次腳痛他是否也可以拿甲藥來吃呢？又如小明是個科學家，天天用微積分、幾何、方程式…來計算解決他工作上的問題，那天老婆叫他上街買菜，是否也要運用微積分、幾何、方程式來買菜呢？說得通的，不一定行得通，筆者如果要運用陰陽五行、八卦、64卦…來創個派，過個開宗祖師爺的癮，也不會太難，三天足夠。

之所以阿璽師要在此提出這個觀點，是因爲現代有不少的命理風水老師，真的很有創意，也不怕遺害後學，精於紫微的創了紫微風水，精於奇門遁甲的創了奇門風水，精於八字的創了八字風水，知曉八卦學理的創了後天、玄空、八宅、紫白、三合、九星…，知曉青龍、白虎、朱雀、玄武四勢的創了現代形家……，我想很快就會有西洋的「星座風水學」、「塔羅風水學」「數字風水學」了，喔！抱歉！這些門派已經有了。

（4） 三合派與廿四山頭派：

三合法以天地人三盤的應用爲技，以地盤格龍與立向，天盤納12長生水，地盤中針辨“生、旺、奴、洩、殺”砂，採雙山五行、三合五行，龍分四式，水分四局，配合「十二長生水法」理論，一般以向上配12長生水，看水的來去論吉凶，主要是用於陰宅。三合法的學理根據主要來自兩本書，都是清朝時期的著作，趙九峰的《**地理五訣**》，徹瑩和尙的《**地理原真**》，理論有不少差異，搞得三合派的學者，自己互相攻訐，吵成一片。因三合法技法瑣碎，分支又多，其細部學理，阿璽老師留待下一本書專門介紹。有興趣瞭解的可以去網上搜尋購買阿璽老師的著作，會有深入的介紹。

三合法的陰宅技法還有常見的「**月令造葬法**」，前已介紹，簡略粗糙錯誤到難以想像的地步，在台灣的公墓滿山遍野都是這種案例，生凶無數。

三合派中向上配水與十二長生水法，存在不合古賢的風水觀念，而且至少有四種以上的分支流派，吉凶看法也不同，問題不小。

怎麼說呢？例如，三合派「水法四形」中的“順水局”與“朝水局”，收12長生水時，水不一定要過堂。但唐宋之前的祖師爺可都是強調水要過堂的，只不知三合法的創始人，是否讀過《葬書》《雪心賦》《撼龍經》《青烏經》…等祖師的經典著作，否則怎會犯這種錯誤。這是很嚴重的問題，光只這點，三合法就可以淘汰出局了。是故，以十二長生論水法來去吉凶者，不可生搬硬套，一定要分辨清楚真僞，才能去爲人造福，否則造福不成反而造孽，那應非學習風水術者的本意。

因爲歷史發展的原因，台灣地區的風水師八九成是三合法的傳承，所以在實務市場個案上，很容易碰到三合法風水老師的個案，不論陰宅或陽宅皆是。理性去思考，也就是說台灣人的陰宅大約有八九成是三合法老師的造作，陽宅佈局

上也有大半以上是出自三合法老師的手，但整體上來推論，台灣人陰宅不佳而撿骨的比例很高，陽宅被鑑定出問題的比例也很高，也就是說三合法出問題的機會不小。而且更好笑的是，許多業主因爲也不懂，加上三合師佔大多數，這個三合師錯了又找另一個三合師來看，錯來錯去還是錯！

五術界真的是混水好摸魚，只是既然走的是玄學路線，對鬼神因果理應更瞭解，實務上也會碰到不少無形鬼神的案例，阿璽老師就碰見不少，怎能不想想因果的可畏可怖呢？阿璽老師曰：「**人生如朝露，走過一生之後，現實是您想帶走的都帶不走，您努力半生的，最後都不是您的。生命最後只看兩件事：1. 我為這個世界付出多少？ 2. 我的靈性提昇了多少？金錢如果是萬能的，那麼王永慶還會活著；權勢如果是萬能的，那麼秦始皇可能還在。**」

（4） 納甲輔卦九星派

以八卦翻出九星爲主，然後再配合山水論吉凶。翻卦派有幾種翻法，如「輔星翻卦」，又名「黃石公翻卦法」，它是「向上起貪法」，根據納甲起貪狼、巨門、祿存、文曲、廉貞、武曲、破軍、左輔、右弼九星，吊「三吉六秀」，貪狼、巨門、武曲爲三吉，破運、祿存、文曲、廉貞爲四凶，三吉卦再論納甲的天干字爲六秀，來推斷吉凶。（參第一章第五節）

用法其實很簡單，套公式而已。以下爲輔卦九星的基礎學理假設：

九星陰陽：以先天理數爲準。(先天卦位配後天的洛書數而成)

洛書之數以九一三七爲奇陽：乾坤局九一，爲天地定位。

離坎局三七，爲水火不相射。

洛書之數以六四八二爲偶陰：艮兌局六四，爲山澤通氣。

震巽局八二，爲雷風相薄。

水法立向的用法，配奇配偶而已。四陽卦當洛書之四奇，四陰卦當洛書之四偶。奇與奇配，偶與偶配，故要水法陰陽純淨爲主，九星派水法即稱爲淨陰淨陽水法，凡來水陰去水也要陰，來水陽去水也要陽，理論其實是簡單的，只是實務行不太通，成功的案例太少，又不符現代都市風水趨勢，學習輔卦派的人就少了。

✧ 輔卦九星派的淨陰淨陽水法：

1. 依向山干支的納甲卦起輔（單卦）：輔、武、破、廉、貪、巨、祿、文。

   由納甲卦之中爻起翻：中、下、中、上、中、下、中。

2. 向陰來去水要陰，向陽來去水要陽。

3. 9427、 6813；先走上下，再內往外，外往內，後對斜角走。

作法：坐山立向以地盤正針爲主，水法以天盤縫針爲主。

以向納甲卦爲主起輔弼(向上起輔)，必須符合淨陰淨陽法。

1. 水陽來陽去，則立陽向，房房皆發。陽山水流陰，家中大不興。

2. 水陰來陰去，則立陰向，房房皆發。陰山水流陽，疾病不離床。

3. 立陽向，而陽水來陰水去則陰來破陽局，必房房大敗或滅絕。反之亦同。

看似有道理，但水流婉轉24山，河面寬者可橫跨數山，如何界定陰陽。每個老師認定不同，標準模糊，實務運用也難，所以成功個案少見，當然也就看出了理論與實務都出了問題。

✧ 以下再談輔卦九星派的重要理論~~~渾天甲子納甲法。更大的問題在這裡~

乾納甲，逢甲字，以乾卦論。

坤納乙，乙即坤卦。

坎納癸申辰，逢子癸申辰字，以坎卦論。

離納壬寅戌，逢午壬寅戌字，以離卦論。

震納庚亥未，逢卯庚亥未字，以震卦論。

巽納辛，逢辛字，以巽卦論。

艮納丙，逢丙字，以艮卦論。

兌納丁巳丑，酉丁巳丑字，以兌卦論。

乾坤離坎四卦及支字為陽，震兌艮巽四卦及支字為陰，故12陽山，12陰山。

如以下示意圖：

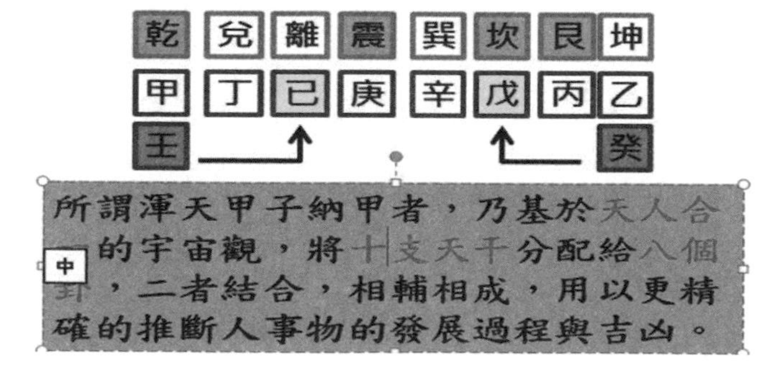

渾天甲子納甲法，在學理上存在很大的破綻，五行的相配完全不合邏輯。例如乾納甲，乾是金，甲是木，兩者相剋如何能在一起；震納庚，震是木，庚是金，怎會納一個剋自己的五行；巽納辛、兌納丁、坎納戊、坤納乙，都是同樣的狀況。更不合理的是，風水上因爲土在中央，故沒有方位之說，羅盤上所以沒有戊己的天干，洛書數也是土居中，五十同途土。但爲了配合風水的應用，把戊己拿掉，改配成離納壬，坎納癸，結果又變成離火納到剋它的壬水，全完是硬湊在一起。

而原本的配法中，因爲天干多出兩支，導致乾納甲、壬，坤納乙、癸，也就是說乾、坤各納了兩個，比其它的卦多納了一個天干，這完全沒道理，離譜之極。所以會有如此的離譜現象，出於八卦配合十支天干，八卦的順序是乾、兌、離、震、巽、坎、艮、坤，而天干的順序是甲、乙、丙、丁、戊、己、庚、辛、壬、癸，又要陽卦配陽天干，又要處理多出的兩支天干的問題，結果就出現這渾天甲子納甲法這種怪物。

渾天甲子學理出於東漢時期，以月亮、天穹方位與十天干歸納得出此結論，若此法可行，也僅能適用於中原地區，到赤道與南半球就必然失靈，稍有常識的人就能看出這是僞理。

可嘆一大堆的風水師不細思原由，這麼顯而易見的錯失，被延用了這麼久，九星派還曾經流行在台灣，學的人不少。由此也可探知，風水師這個行業存在多麼大的誤區，而絕大部份的從業者是根本沒有能力去分辨，只要碰到跟易經

相關的，習慣性的倒頭就拜，不辨真僞，這也今日五術界愈來愈混亂的根本原因之一。

但偏偏陰陽、五行、天干地支、八卦、九宮、64卦、百二分金、河洛……，是可以不斷重組與重新定義的，要創一個門派，自封爲祖師爺，也不是太難，問題是遺誤後學，因果可畏。現在還有許多風水師不斷在創新，說得越神秘越神奇，收價越高，更多人想學。玄空法、玄空六法、玄空大卦法、後天派、形家、金瑣玉關、三元納氣……等即是最好的例證，也難怪風水門派愈來愈多。

在此基礎之上該派別所運用的山法與水法，其可行性就大值存疑了。以下介紹輔卦九星派的格龍技法，以及淨陰淨陽水法給大家參考。

搞這麼一大套，全是烏龍一場。但可悲的是，這也只是風水門派黑暗內幕的冰山一角而已。在華人界，眾多想要學習風水術的人多如過江之鯽，但能覓得明師，見得真學，真的是難度極大。

✧ 輔卦九星派的格龍山法：

1、格坐山來龍的干支起納甲卦（單卦），對宮起貪：貪巨祿文廉武破輔。(法同八宅尋年命卦，但八宅法爲：生、五、延、六、禍、天；絶、伏。)

2、地支山不論。

3、先走裡面，對角上下。

4、以來龍納甲吊三吉六秀(口訣：9427、6813；先走裡面，對角上下)。三吉指貪狼、巨門、武曲；六秀~加上三吉卦的納甲天干。

如以下輔卦九星山法的口訣圖：

翻卦掌：對宮起貪

◆對宮起貪口訣：先走裡面，對角上下。
◆起翻順序：　貪巨祿文廉武破輔。

除了學理出包之外，該法實際運用的最大問題在於來龍面積廣濶，廿四山方位難以確定，案朝只顧著吊三吉六秀，至於有沒有交鎖織結，藏風聚氣，不犯風煞，卻不在考慮之列，只問三吉六秀方有無山頭。而且巒頭山法，古來所謂的龍指的是連綿的山脈，而非單一的山頭，《葬經》有提到：**童、斷、石、過、獨，而獨山不可葬也**。輔卦派以單一山頭去配四維天干字，以卦理取代地理，而且只論四維天干，而不論地支，與其它理氣門派明顯有別，特立獨行，顯非合理。　當然了，成功個案太少，就成了這個門派的硬傷，也就沒落了。

筆者有一位好友，富甲百億，是有名的財主。找了一位很有名氣的輔卦九星老師，把母墳從台中遷到南投，以九星法吊三吉六秀，配合淨陰陽水法，許其將大發特發，隔年這位好友的弟弟因事賠大錢又鎯鐺入獄，爲此好友過意不去，補償了弟弟兩千萬元，也是怕了，隨即又迅速把母墳遷到他方。

（5） 三元玄空挨星派：

是將陰陽宅坐山向配合元運挨排山、向飛星，從而看山水配合佈局論旺衰吉凶。所謂玄空九星指的是：一白在坎爲貪狼，二黑在坤爲巨門，三碧在震爲祿存，四綠在巽爲文曲，五黃中央爲廉貞，六白在乾爲武曲，七赤在兌爲破軍，八白在艮爲左輔，九紫在離爲右弼。

玄空學的實質就是注重元運的旺與衰，以及一至九雙星配數的生剋制化與局中喜忌配合、只要能把握住這一點，玄空學即已入門。一般來說就可以爲人調整室內風水。（參第一章第五節風水術語解釋）

學玄空學的人有一個硬傷，也或者說是一個固執不通的觀念，就是以爲"元運"就是至高無上的一切！而把自然環境中的強大影響放到不重要的位置，這是本末倒置，一個週遭自然環不對的陰陽宅，接到運又能如何？筆者一位住南投的朋友請玄空法名師佈局屋宅接"旺山旺向"，但陽宅卻蓋在河流之上，河由宅下方穿過，房子建好後沒幾年就破產公司倒閉。

網路上有一篇好文章，叫做「**三元九運是非談**」，內容精彩出自行家之手，經過多個網站轉貼，作者已難查考，筆者引用的這篇，發表於2015年8月11日，作者來源立名爲：星座123。當然這是化名，但內容非常值得參考，有助於讀者深入瞭解玄空法的內容與問題所在。此外，筆者還會補充其它重要觀點、解說與理論穿插在其間，較難理解部份會略作解釋，讓讀者能深入去體會與理解。以下節錄部份內容，並作增刪。

理氣必備的工具~~~羅盤。宋之後，隨著羅盤問世，風水術才逐漸增加了愈來愈多的理氣內容，羅盤上的理氣層次也由宋朝開始的一層兩層，變成了三十六層乃至四十八層不等，越複雜也越偏。最早比較有系統的理氣方法，是以北宋中期風水名家厲伯韶創立的「三合派」理氣法。該派以七十二龍爲中心，以父母三般卦（即坎離震兌四大局）爲重點，要求龍合向，向合水，水合三吉位。而且龍和水必須來自生旺之方，水流須歸墓庫休囚之地。此後，一般地師便紛紛以三合派爲宗，「**專以三合水口隨地可以定向，於是談地學者捨形法而言理氣（《四庫總目提要》語）**」。

本來，楊公風水只講巒頭，不講理氣。點穴立向也只是尋其自然之穴，順其自然之向，一切砂水朝案均就其自然之勢，不假絲毫的人爲裝點。但自三合派興起後，愈來愈多的地師爲了達到龍、向、水三合的目的，便不顧龍穴的天然朝向，人爲的用羅盤來裝點龍穴砂水與朝向。這樣做，讓地師擁有了很大的主動權，龍穴砂水向都成了他們眼中可以隨意取捨的東西，一丘一壑，一灣一泡，隨處都可以裝點，正如《四庫總目提要》所說的「**隨地可以定向**」了。固然，這種做派迎合了地師們「**想要發誰就發誰，想要何時發就何時發**」的權力慾望，使他們趨之若鶩，愛之若寶。但是結果呢，卻破壞了龍穴的天然朝向，犯了楊公所說的「**穴吉葬凶，形同棄屍**」的大錯。

於是，一種全新的理氣派別——三元玄空派，便應運

而生。明初的風水名師幕講僧著《玉鏡正經》一書，將邵雍的三元九運之說，配之以九氣流行之法，以洛書九宮順逆挨飛，而將二十四位分配紫白九星，以定山水的旺衰。首創三元地運訣、三元旺氣訣與三元龍運訣。故《四庫全書總目提要》云：「**大抵因皇極經世而推演之，其法出自明初寧波幕講僧。**」

及至清初蔣大鴻氏出，在《玉鏡正經》的基礎上，他又將《易經》的卦爻也納入風水理氣，並以順逆四十八局替換了三合派的金、木、水、火四大局，以六十四卦三百八十四爻替換了三合派的七十二龍、百廿分金，廢除了天盤和人盤，單用地盤格龍立向消砂納水（世稱蔣盤），捨去了三合派僅以方位論吉凶的舊法，而以龍穴砂水之得運、失運來論吉凶。

故蔣氏在其《地理辨正》序言裡說：「**深信地理不外易理方圓兩圖，邵子皇極經世由此而推也。**」由於該派理氣引進了國人敬若神明的《易經》卦爻，以及邵雍的元運之說，顯得比三合派理論更加合理，更加完善，更加高大上。因此它很快贏得了廣大地師們的青睞，大家又紛紛捨三合而從三元，使三合派走向衰微，瀕臨湮滅。但三合派早早傳到了台灣，使得台灣風水形成以三合派地師爲主的現象，現在台灣地方上掛名“擇日館”的，幾乎都是三合派一脈，但因爲應用者廣，大家漸漸發現葬後出事者多，近幾十年來已經漸漸爲人所棄，新一代學人大多改學適合都會型態的八宅、紫白與玄空，只是三合派還是佔大多數。

其實，任何學問再怎麼玄妙也不可能套用到所有的事情上，這是常識。世上沒有一種藥可治萬病，就算這藥再好再昂貴也一樣，又好比數學微積分、幾何、函數…等也是，拿去市場買菜，那是根本用錯工具。易經64卦384爻固然玄妙神奇，但卦理是否全等同於地理，稍有理智的人思考一下不難得到真相，否則大家都學易經好了，世間其它學問都不用再學了，合理嗎？

華人世界有一種現象，就是對易經太過崇拜，將它蒙上一層神秘又崇高神聖的面紗，隨後任何學問只要儘量與易經拉上一絲關係，就再也不容去質疑，神秘崇高而不可侵犯，結果就是由易經衍生出各樣各式“吉凶斷法相互打架”的風水流派，用卦理取代地理，這就是現今風水界最大的流弊與盲點所在。可笑都各自稱易學的運用，易經文化的宏揚，騙慘一大堆消費者，因此而肇生凶象傷及人命家財的，罄竹難書，阿璽老師在實務上所見罄竹難書，絕非誇言。

蔣氏在其《平砂玉尺辨偽》一書中狠批了三合派和天星派等以方位論吉凶的做法，說：

「周天二十八宿分布十二宮，皆能為福，皆能為災。地之二十四干支，上應列宿，亦猶是也。何以在此為吉，在彼為凶，此與天星之理全乎不合」；「又以龍脈之左旋旋右，而分五行之陰陽，曰亥龍自甲卯乙丑艮寅壬子癸方來者為陽木龍，亥龍自未坤申庚酉辛戌乾方來者為陰木龍，其餘無不皆然，謬之又謬者也。又以龍之所屬而起長生、沐浴、冠帶、臨官……舉世若狂，以為定理，真可哀痛！」「更有謂

龍之生旺墓若不合，別有立向消納之法，或以坐山起五行，或以向上論五行，不知山龍平壤皆有一定之穴，生成之向，豈容拘牽某字以意推移朝向論五行，固為乖謬……至於方位五行，不特小元空生克出入，宗廟、洪範、雙山、三合，斷不可信！」

意即：無論是山龍還是平陽龍，龍穴都是自然生成的，有生成之穴，就有生成之朝向，既然穴向都是天造地設不可推移的，也就用不著地師拿羅盤消砂撥水，使砂水符合羅盤上的吉字吉位。所以，什麼三合、雙山、天星之類的立向消納之法，均不可信。**只是這樣的說法，其實也是罵到了自己，以“接元運”至上的玄空法，沒有羅盤就玩不動，與自然生成的龍脈也不配合，跟蔣氏所批判的那些門派，五十步笑百步而已。**

此外，蔣氏還多次引用無名氏《天玉經》的話說：「顛顛倒，二十四山有珠寶；逆順行，二十四山有火坑。」意謂羅盤上的二十四個方位，位位都是珠寶位，位位也都是火坑位，區別珠寶與火坑的唯一法子，便是按三元九運而論。得運之位即是珠寶位，失運之位即是火坑位。蔣氏還對其弟子姜垚說：「楊聖倒杖之法，並無第二法門，不過知元運旺於何宮，在何宮葬之，則自然之陰陽已得，何必再用羅盤。」（姜垚《從師隨筆》）意思很清楚，使用羅盤的目的不過是爲了知道元運旺於何宮何位，如果知道了元運旺於何宮何位，也就能使砂水合於自然的陰陽，那也就用不著使用羅盤了。

哈哈！此語有疏略現實自抬身價的嫌疑，老王賣瓜吧！不用羅盤，玄空法玩得動嗎？楊公祖師時期沒有羅盤他又是如何知道24山元運的呢？實際上各坐山向的陰陽宅、店面等，都有不接運而發富發貴的，基本上是呈常態分配的，讀者何不想想，在你認識的人家裡，與生意很好的旺店，是否各種坐向都有，而非只發少數那幾坐向，有沒有不接運而旺的呢？還有，現代社會，父子同住一宅，同在八運之中，父親事業平穩，兒子卻是個啃老族，這還是接不接運的問題嗎？宅接運了就全家都好嗎？不接運了就全家都不好嗎？這種淺顯易懂的道理事實上是經不起考究的，又與運何干？就是看大眾不懂好騙吧！

其實，這些老師們自己也不懂，反正他也是學來的，初學者先入爲主那有能力辨別，最後一整個就是自欺欺人。再反推之，既然龍穴本天成，那就好好學習觀龍點穴之法，又何必玄空多此一舉呢？既然祖師爺爺楊筠松不用玄空不用羅盤就那麼厲害，那就好好學習老人家真學，三年尋龍十年點地，找個明師好好幫忙師父提行李，不要以爲在黑板上學個一期幾個月的，就認爲通曉風水術，開始以大師自居指點江山了，這種風水師遍地都是，消費大眾小心慎選。

郭、楊之法，點穴立向只要順其天然生成之向，便能暗合自然陰陽之理，講理氣不是爲了「**正神正位裝，撥水入零堂**」，使砂水爲我所用，而僅僅只是爲了推斷「**何時才能發富發貴**」的應期，並不是用來定位立向、消砂撥水的。簡單點說，就是三元玄空派摒棄了各種方位理氣說，只以元運論

山水的旺衰，並以之推斷吉凶應期。無論何宮何位，得運則論吉，失運則論凶，元運至高無上。

說它是易經嗎？我研究易經多年，可從來不曾看孔夫子在《繫辭傳》裡提到過半句挨星、元運的，易經原文裡也沒有過敍述。邵雍創《皇極經世》書，易理何等深精，他也沒講過方圓圖就是風水地理，都是後世這些半吊學人硬拗牽扯而來。**飛星法由幕講僧發源，蔣大鴻接棒，拿普羅大眾不懂易經的軟肋，大玩他們的易經卦理，把卦理凌駕地理，房子只要接運即可，管它蓋在那裡，叫這些老師去住在喜瑪拉雅山上接元運，不知他們肯不肯去？**

其元運說的具體規定如下：

每20年為一運，三運60年為一元，三元九運共180年。

如此周而復始，循環無端。每運皆從六甲起，

一白坎卦運起自　甲子、甲戌年；

二黑坤卦運起自　甲申、甲午年；

三碧震卦運起自　甲辰、甲寅年；

四綠巽卦運起自　甲子、甲戌年；

五黃中　運起自　甲申、甲午年；

六白乾卦運起自　甲辰、甲寅年；

七赤兌卦運起自　甲子、甲戌年；

八白艮卦運起自　甲申、甲午年；

九紫離卦運起自　甲辰、甲寅年。

其中當運者謂之「正神」，失運者謂之「零神」。玄空法中以二分法分「正神」和「零神」，「正神」相對的位

置爲「零神」，由於正神與零神是陰陽對峙的，故謂陰陽零正。正神爲陽，零神爲陰，陰陽相對，一生一成。

▲上元起自1864甲子年，止於1923癸亥年。
1864甲子—1883癸未年爲一白坎卦運，正神一白坎宮，零神九紫離宮；
1884甲申—1903癸卯年爲二黑坤卦運，正神二黑坤宮，零神八白艮宮；
1904甲辰—1923癸亥年爲三碧震卦運，正神三碧震宮，零神七赤兌宮。

▲中元起自1924甲子年，止於1983癸亥年。
1924甲子—1943癸未年爲四綠巽卦運，正神四綠巽宮，零神六白乾宮；
1944甲申—1963癸卯年爲五黃中運；正神前十年寄巽宮，零神前十年寄乾宮。
五黃中運；正神後十年寄乾宮，零神後十年寄巽宮。
1964甲辰—1983癸亥年爲六白乾卦運，正神六白乾宮，零神四綠巽宮。

▲下元起自1984甲子年，止於2043癸亥年。
1984甲子—2003癸未年爲七赤兌卦運，正神七赤兌宮，零神三碧震宮；
2004甲申—2023癸卯年爲八白艮卦運，正神八白艮宮，零神九紫離宮。
2024甲辰—2043癸亥年爲九紫離卦運，正神九紫離宮，零神一白坎宮。

此派要求「**山上龍神莫下水，水裡龍神莫上山**」，即正神要裝在來龍、入首、秀峰及高處；零神要裝在水口、水交匯處、低洼空虛處。如此則必丁貴兩旺，吉利順遂。如果相反，將正神裝在水口、水交匯處，即爲山上龍神下了水，或將零神裝在來龍、入首、秀峰及高處時，則爲水裡龍神上了山，如此則必丁貴兩損，刑傷破耗。

這方法看起來很簡單，聽起來也很有道理，但有幾個致命的問題，即：

1、自然界裡山水的曲直轉向千變萬化，360度皆有，山水的旺衰真的就是按蔣氏所說的元運循環運轉嗎？不接元運的山

向就不會旺嗎？事實呢？筆者所見陰陽宅多矣，地理發不發皆應驗郭、楊祖師的巒形法理，而不是接運的才發！

台灣這幾十年來流行陽宅蓋同坐向相對的兩排透天住宅，由北而南而東，這種個案作品多不勝數， 同坐向的一排陽宅少則數戶，多則數十戶，要接運就統統都有，不接運也是全部沒有，但實情是什麼？全部都是同衰或同旺嗎？還是衰旺都有呢？這麼簡單的常識，那些玄空師也心知肚明，只是在名利之下回不了頭了。

2、水流是帶狀的，有來有去，單認定零神、正神那一卦？合理嗎？又水流來與去的方位就沒有影響嗎？左邊流過來或右邊流過來，或前面流過來，或後面流過來，都沒差嗎？如果水流是反弓呢？或者水流湍急逼近住宅，這樣也要嗎？如果零神方見湖泊池塘了，依玄空法就是發大財的局，但陽宅恰巧在湖岸淤積的軟土上，你敢住嗎？還是只要零神宮位見水就好，管它前後左右什麼都沒關係？

3、如果水流非帶狀的池湖，大小可能從一山到數卦，可能是死水、池塘、湖泊、水庫、海洋，人工水？自然水？影響與作用都沒有不同嗎？只要零神水就好，都沒有差別嗎？反正見零神水就會發財，什麼水都一樣，是這樣嗎？

4、再來看巒頭的問題，山脈有大有小、有寬有窄，從數公里到數十米都有，如何認定落脈在那一點？土質有粗石有細土，坡度有陡有緩，土質有堅硬有鬆軟，甚至整個地層都是堅硬的石層，或是火山，也都沒差別嗎？反正接運就好，有零神水就好，那麼住斷層帶上，挖個水池，接個運，玄空法

老師您去嗎？現代有超高樓層，二三十樓層以上就可以聽見窗外風切的聲音，好似鬼哭神號，四季風大呼呼，尤其冬季時牆壁、地板冰冷無比，整個房子有如冰箱，小孩老人時常呼吸道病變、筋骨酸痛、睡不安穩，這種常識問題，接運可以解決嗎？

以上都是常識性問題，留給讀者自己來思考！

阿璽老師有一青島企業客戶，經知名風水師推薦，全家住在一望無際的三十三層的高樓上，所謂雄視天下收盡四方水財也。但自住進之後男孫每夜號哭不停，並且事業開始走下坡，最後資金週轉不靈，連發員工薪資都有問題，不得已遣散了大部份員工。後來，經多方打聽介紹，前後找了二十幾個港中台知名風水師及奇人異士來診斷，大動干戈，花了上百萬人民幣，結果依然如故，孩子還是夜夜啼哭，公司依然不振。以致於與我初見時的寒暄竟是：「林老師我是不信風水的，風水我也懂一點，找過廿幾個海內外風水師了，我認為風水是騙人的，是因為某某介紹，才找你來看看。」

該如何是好呢？林老師只指點幾個小地方，問題就都解決了，管它運不運的。當時該企業主還質疑我：「人家別的老師都改這改那、擺這擺那，怎麼林老師您都沒什麼動？」

我只回了一句：「看結果就好。」

現在該企業主問題都解決了，企業賺了大把大把銀子，年節還會跟我問候，也算有緣又有福了。

我們不妨看看以下幾個實例：

1、毛澤東祖父墓：位於韶山滴水沖虎歇坪。墓立辛山戌向，火山旅卦。戌龍入首，水口位於乙辰位，左有艮寅水，右有丁未水朝堂，朝應峰有壬丑艮乙巽丙午丁未諸峰，其中以壬丙二峰最高。時值1904年上元三碧震運，正神甲癸申巽，零神艮丙辛戌。辛山戌龍均下水。1944年——1963年爲五黃中運，正神坤壬乙辰，零神寅午戌酉。然而，毛主席及其所領導的軍隊正是在這步運中迅速壯大，並最終打敗了國民政府，建立了中共政權的。可是，無論是辛山還是戌龍，都犯了山上龍神下水、水裡龍神上山的大忌！

2、蔣介石父墓：位於溪口鎮錦溪村北桃坑山。墓立丙山壬向，雷天大壯卦。庚方來龍。蔣父於1895年去世，時蔣介石9歲，孤兒寡母無力安葬。直至1913年才將其父與原配徐氏、繼配孫氏合葬於此。時值三運，正神甲癸申巽，零神艮丙辛戌。丙山庚龍均下水。

3、蔣介石母墓：位於溪口白岩山魚鱗　。墓坐午向子，乾卦。午龍入首，西起少祖山戌峰。左水倒右，左爲庚酉水，右爲卯甲，朝應高峰爲坤庚酉辛乾峰，亥壬子癸諸峰秀麗低聳。水出卯乙方。蔣母逝於1921年6月，時值三運末，正神甲癸申巽，零神艮丙辛戌。午山午龍失運，甲水上山。其父母墓之龍向水均不當令。然而就此墓葬後，次年蔣介石即大得際遇，升任第二軍參謀長，隨後則一躍成爲國民革命軍總司令。三年後交四綠巽運，正神庚丁寅乾，零神申子辰卯。山龍仍然失運，可就這山龍下水的糗運里，蔣介石蕩平了各路軍閥，完成了統一大業。

4、朱鎔基曾祖父朱玉堂墳：位於長沙縣安沙鎮和平村。穴立壬山丙向兼亥巳，風地觀卦。亥龍入首，申寅水上堂，水口爲巽巳。有甲坤壬秀峰朝應。時值上元一白運。1991年和1998年，時值下元七赤兌運，正神艮丙辛戌，零神甲癸申巽。壬山失運，丙水上山。然而，正是在這失運的七運的兩年之中，先是升任國務院副總理，最後升任國務院總理。

5、王永慶祖父墓，位於台北觀音山獅子頭。墳坐戌乾向辰巽，艮爲山卦。辰巽方爲淡水河、基隆河等五水聚會之處。1957年遷。時值五黃中運，1964年後進入六白乾運，正神申子辰卯，零神庚丁寅乾。辰水上山，可是命主正是從1964年起才開始進入發財的快車道，四年後的1968年就成了「台灣第一大企業」。

以上幾個眾人皆知的實例，如果用玄空學的元運說去套，就與現實不符。這說明自然界龍穴砂水的旺衰並不是按蔣氏的元運說循環運轉的。

當然，玄空學如果被這樣簡單一套就沒了遁詞，那它是玩不到現在的。實際上，玄空學有不少遁詞，足以應付各種詰難。分析如下~

1、遁詞之一「玩卦爻」。

玄空學有三十二大卦，六十四小卦，三百八十四爻。先以大卦的旺衰推斷吉凶，若大卦不當運，則看當運之卦是否與之相合，若相合，也以得旺氣論。倘若大卦不當運，又與當運之卦不合，便可用小卦的旺衰來推斷吉凶。倘若大卦小卦都與實際情況不符，還可以再用卦爻變動這招殺手鐧即神秘的「些子法」來應付。而一旦涉及到三百八十四爻分金，

一爻都不到一度…，手端羅盤都量不準爻位，砂水是旺是衰便永遠也分不清了。

因爲龍穴砂水的位置一般都比較遠，近者數十米，遠者數千米，甚至數公里，而且其形狀多不規則，很難確定其中心點，以肉眼拿羅盤定位只能定個大概位置，不可能精確定位到一度以內。而且，一般的羅盤都會有一度兩度的誤差，何況還有地球磁偏角的幾度誤差，實務上如何可靠呢。

(維基百科：地磁偏角是指地球上任一處的磁北方向和正北方向之間的夾角。當地磁北向實際偏東時，地磁偏角爲正，反之爲負。)

地磁偏角在歷史上最早由中國北宋科學家沈括記錄在著作《夢溪筆談》中：「**方家以磁石磨針鋒，則能指南，然常微偏東，不全南也。**」西方最早的記錄則在此之後約400年左右。

更值得注意的是，在地球上不同的地方，地磁偏角一般也不相同。即使在同一個地方，地磁偏角隨著時間的推移也在不斷變化。每年平均太陽磁暴40次，每次長達數天或更多，在磁力異常地區，如磁鐵礦和高壓線附近，地磁偏角將會產生急劇變化。在中國大陸的大部分地區，地磁偏角在-10°～+2°之間。在臺灣則是-4°左右。由這個事實即可以得知，風水門派中的三合派百廿分金，乾坤國寶的變卦理論、玄空大卦派的卦爻分金、及玄空派的些子法、抽爻換象…，根本行不通，連學理對錯都沒有討論的必要。

2、遁詞之二「玩卦理」。

如果用「些子法」這樣的狠招還不能做出合理解釋，

玄空學還可以用諸如「顛倒挨星訣」等奇招怪式來應付。所謂「顛倒挨星」就是「爻反」與「卦反」的方法。「爻反」就是把整個卦顛倒，初爻變爲上爻，上爻變爲初爻，如需變訟，鼎變革等。「卦反」就是上卦易下，下卦易上，如損變咸，困變節等。如此將每運八卦顛之倒之，則陽之一片，一運卦可變成三運卦，三運卦可變成一運卦，七運可變成九運，九運可變成七運；陰之一片，二運可變成四運，四運可變成二運，六運可變成八運，八運可變成六運…等等。這樣的學理不知根據何在？有何事實證明或統計資料？如果這樣也行的話，那麼阿璽老師還可以列出更多的變化，大家玩到嗨爲止，反正在易經的神主牌下，也不怕被質疑，不是嗎？

3、遁詞之三是「玩替星」。

玄空法規定，若立兼向，則須用坤壬乙訣，即替星秘訣。蔣氏說：「**坤壬一訣，經人妄改已數十種……知此訣非大聖大賢、大智大慧者不可。然此等人，又非得有真傳不可。**」瞧，一旦要立兼向，就要排替卦圖，其替星秘訣就不是凡夫俗子所能學會的了。只有大聖大賢、大智大慧的天才，方能玩這替星秘訣。言下之意是，兼向秘訣，除了他大聖大賢兼大智大慧的蔣地仙，這世上恐怕是沒有第二人會使用的。也就是說，遇到兼向之墳，一般人推斷不準就是正常的了。所以，一個簡單的坤壬乙訣，玄空有多少分派就有多少種解釋，個個都說別人是假的。**最後玄空法的霸氣結論是~~~玄空法絕對是不會錯的，有錯一定是別人搞錯，一定是你沒搞懂。而且你必然搞不懂，因爲我等都不是大聖大賢兼大**

智大慧。哈！

4、遁詞之四是「玩七星打劫」。

玄空學通過七星打劫的方法，可以使不旺者旺，不合者合，法外施恩，達到三元不敗的目的。這是一種什麼奇妙法子呢？姜垚的《從師隨筆》云：「吾師（蔣大鴻）在魏相國家中得秘籍諸法，皆能有了了，獨於北門打劫未載，故注《天玉經》不敢明白載明。一日告余，北門打劫即坎離二卦是也……予窮思深究，知用坎者與巽兌成三般卦，用離者與乾震成三般卦，再問之，先生微笑，僅謂子可與言道矣，思過其半矣。」

意即蔣大鴻對此法也不甚了了，所以他在註解《天玉經》時講話模稜兩可，不敢道明，生怕穿幫。對於姜垚的理解，蔣大鴻也不予確認，只說他思過半矣，可以和他論道了。到底打劫法是怎麼回事呢？由於蔣大鴻至死也沒有明確交待出來，結論便任由弟子們去猜測了，這其實就是最不合理的地方，破綻重重。不過，碰到有些龍穴砂水雖不當運但卻大發富貴的墳墓，當用別的方法都無法解釋時，就可以用這種祖師爺尚無定論的方法，至少能立馬唬住人家，說那是你們不懂。哈！關於七星打劫等的技法，日後阿璽老師會在下一書：《易經不等於風水》中詳細介紹給有興趣的同好參考，在此就不另費篇幅了。

5、遁詞之五「玩飛星」。

這是玄空學推斷流年吉凶的方法，說是統形氣、卦氣、時氣、時令的全用秘法。此法說起來簡單，就是用紫白九星在九宮格按洛書軌跡順逆飛佈。旺星到山到向則論吉，上山下水則論凶。但在實際運用時，卻牽扯到很多方面的內容，判斷起來非常困難。所以，吉凶的結論常常會因不同風水師而異，雖然他們使用的是同一派別技法。

如《關鳳翔風水筆記》載：「今之談玄空者，動輒喜旺星到山到向，忌上山下水。而不知到山到向未必吉，上山下水未必凶之秘訣，亦即是未明白進氣與退氣之關鍵。茲特進一步，深一層說之，二黑，五黃，今之談玄空者所忌也，一白，六白，八白，今之談玄空者所喜也。其實，二黑，五黃，有時而凶，亦有時而吉，有時而凶者，退氣是也，例如三運逢二黑，六運遇五黃，凶矣。但一運逢二黑，四運遇五黃，則又為進氣而吉矣。推之一白，六白，八白之有時而吉，有時而凶，亦以進氣與退氣分別權衡而已。」

這是所謂「退氣進氣」的不同（都是他自己想的，進退氣是八字學的理論，蔣氏沒有說過），還有一些論斷方法上的差異。如有所謂「八卦飛爻大法」，以入首一節之龍爲本卦，看前後左右生旺之砂，以定發福之年命。如坎龍則以坎爲本卦，初爻飛出兌，逢丁干；二爻飛出震，逢庚干皆發福。三爻飛出離，逢己壬二干，也發福等。此外，還有所謂「年命吊沖之法」，即用年命吊沖暗生拱泄之法。吊如申子與辰，沖如巳亥寅申，拱如子辰拱申，泄如艮丙暗泄等。一句話，玄空不是僅憑飛星一法推斷流年吉凶的。因爲有多種論斷方法，自然就能應付各種實際情況。

如果玄空地師們不相互詆毀，而是將各種矛盾方法統一使用，從理論上說，玄空學就沒有不能解釋的現實問題了。

但這種見人說人話見鬼說鬼話的拉雜技法，同流派的人都自己打成一團，自己流派理論都打架，怎可能相互統合呢？之所以會創出一堆原則，又創出一堆例外，實則也就說明了這一整套的玄空法術就是人為創造的大雜滙。何以如此？自然環境山山水水變化太大，陰陽宅建築與墓式也是如此，為了自圓其說，最後就變成了一頭疊床架屋的大怪獸。唬倒了不懂的外行人，也唬住了自已。

請記住！**~~~卦理是卦理，地理是地理，卦理不等於地理。**

其次，玄空法只論元運，不論五行，這是完全不合理的，因為河圖洛書的根本就是時空的正體五行，五行統合了天人合一的時空，人事物皆在五行之中，古有明訓。玄空法與紫白飛星既源自於洛書，如何能捨正體五行之理，而只看元運呢？

6、遁詞之五「玩歪解」。

據姜垚《從師隨筆》載：某次姜垚考察一座趙姓祖墳，是二運造的，為乾山巽向。按玄空理論是「**向首天盤一字入中，謂之囚。囚則為禍甚烈，勝於上山下水**」。然而，墓主的後人卻已經出了兩個尚書，其他考取了科甲功名的人還在延綿不絕。這讓姜垚百思不得其解，只有詢問師父。蔣氏到實地勘測一遍後，知姜垚所言不虛，但卻不能給出合理解釋。然而他突發奇想，說原因是「**前面有水放光，此囚不住也，反作悠久論**」。

尊師重道的姜垚，不敢反問他不苟言笑的嚴師：天底下還有被太陽照射而不放光的水嗎？可憐的姜垚只能理解為：

凡是有水的地方，均不以囚論。但我們想想，有水的地方就都是「悠久」不衰的嗎？不如大家都住水邊好了，可也不見水上人發富貴啊！爲何被太陽照射的山峰就能囚得住呢？山峰上的石壁也能反射太陽而放光啊。另外蔣氏一定沒想到後世出現了玻璃帷幕大樓，反光可厲害了，現代人發現這其實是光害，帶煞氣的，實務上見者多生災殃，沒有富貴之說的。

7、限於篇幅，其餘什麼「城門訣」、「奇門訣」等遁詞在此就姑且不論了。

就憑上述幾條遁詞，我相信，玄空地師們便能對幾乎所有的案例給出「合理」的解釋了。但是，我們不能滿足於他們似是而非牽強附會的理論解釋，我們還要看玄空學的實用效果。

首先，我們看蔣大鴻自己。無論蔣氏的名氣有多大，無論其追隨者把他吹得有多神，一個不爭的事實是：蔣氏終其一生也沒有做成一處旺族發家的名墳。還有，蔣氏爲了改善自己的命運，將母親的墳墓先後遷葬了三次，但他到老也沒能發達，連第三次遷葬母墳的費用都還是其弟子姜垚資助的。而且從有關資料中發現，蔣氏還是個沒有子女的絕戶。有些蔣氏追隨者辯解說，蔣仙師是勘破紅塵之人，三遷母墳不是爲了追求富貴，而是爲了求道修仙。然而，他既沒有練成不壞金身，也沒有見他飛升成仙。試想，如果我們千辛萬苦地學習玄空，就算學成了第二個蔣大鴻，既不能爲自己作福，更不能爲他人發貴，那我們還學它幹什麼呢？又有什麼

理由讓我們能採信其學呢？

蔣氏曾不止一次誇言道：「我葬出王侯，人葬出盜賊。」可是，終其一生他也沒有給誰家葬出一個半個王侯出來。不出王侯也罷了，但至少應該不會使人家敗家絕後吧？然而，與蔣氏同爲紹興人的宣元仁先生在其《地理簡能集》中云：

◎康熙雲間蔣大鴻挾術，主定庵先生（龔自珍？）以鳴越，定庵為之延譽。聲名大起。而扦葬者，不四十年皆禍敗無遺，有至絕嗣者。

◎其為定庵先生岳翁朱氏，扦在九曲坤局坎向。坎水九曲上堂繞玄武而去。乾上掘一小漊。扦後退敗不振，多無子嗣。

◎東郭李氏地在犁塘，乾局坤向，前對低田千餘畝，倉板朝堂，歸至穴下，落於左漊，繞後而去，葬後財丁兩敗，所存僅一二人。

◎會稽王氏地在鮑之西，乾局子向，背坐漊水，與面前一漊合於右。首出於北方，坎上外洋大水頗遠，乃於穴前接漊，掘作橫案，以取坎水，葬後大敗不振。其為姜氏所扦五六地，無不致敗亡。近年扦葬，有其法而即得禍敗者。

◎如蕭邑南門外兌局卯向，丙水大朝，丁亥年扦，已丑年回祿蕩然。

◎龕山北兌龍卯向卯水，丁亥年扦，丁酉年舉家被焚，畢命七口。

◎安昌之東，兌局卯向，案外漊水過右，接巽巳水上堂歸北。己丑年扦至乙未年十一口，止存一人，千金盡廢。

◎木柵之內，兌局卯向，巽巳水朝，歸於丑癸，庚寅年扦，歷辛卯、癸巳、乙未，連喪得力壯丁，懼而啟視。一郭已葬者，水竟滿棺，一郭未葬，水深半尺。

◎婁公埠內，巽龍酉向，酉水開陽，壬辰年扦，卯年卯月卯日被火焚。

◎古城之內，震局酉向，巳丙水流丁朝酉，子申辰寅年，損丁退財。如此類者，難以枚舉，乃明驗也。」

以上九例，宣氏言之鑿鑿，《紹興府志》和《浙江通志》均載有《地理簡能集》名目，其可信度應無庸置疑。宣氏在該文最後還說「**如此類者，難以枚舉**」，這也不是虛誑之言。因爲除了宣氏外，還有紀大奎、壽紹海、林鶴亭、王及等多人都說過類似的話。即如紀大奎在其《地理末學》中就引用《桐城章氏地理全書解》中的話說：「**凡蔣氏所葬地，及後人用蔣氏法所葬之地，均未有不速敗者，語其害，至比洪水猛獸。益足以證余言之不謬。因記諸卷首，誤宗蔣氏者，庶有所考雲。**」

還有，蔣氏弟子姜垚的後人寫過一本《讀楊筆記》，裡面記載蔣大鴻爲姜垚所做祖墳皆不發。玄空巨擘、無常派宗師章仲山的子孫，也只是承襲其祖業的普通風水先生。玄空廣東派宗師蔡岷山，沉潛於玄空學三十年，弟子一大堆，但自己的四個兒子卻並無功名富貴，最終還落了個三代絕後的淒涼下場。因此，說蔣大鴻做了很多使人斷子絕孫、家敗人亡的風水案例，是完全可以採信的。

爲什麼玄空派的祖師及其主要傳人，總其一生實務，都沒能使自己的子孫富貴，也沒有給人家做出旺族發家的名墳呢？主要原因是他們盲信三元九運之說。其實，邵子所創的元運說，是用於預測天運時運的，實不實用還是兩說。幕講僧與蔣大鴻把這尚未經過驗證的“元運說”直接搬到地理上使用，再創新以洛書九宮格九星飛佈作結合，這也已經脫離

邵子的學說，以之論地運旺衰，這能行嗎？就算真有什麼地運，它與天運的運轉周期就一定完全相同嗎？因此，元運說一旦在地理上付諸實踐，便顯得捉襟見肘，漏洞百出。

這使蔣氏不得不一邊玩保密，打啞謎，邊不斷打補丁，創新訣，不惜偷換邵子元運說的骨髓和血液。實際上，元運說早已被蔣氏變成了虛有其表的東西，因爲他可以通過「挨星訣」、「替星訣」、「城門訣」、「七星打刼」、「卦」「爻反」…等多種秘法，不管自然環境地勢地質如何，像玩魔術似的將任何失運的宮位變得旺相起來，只要他想這樣做就一定可以創設出例外技巧，並美名爲「秘法」，給學生追逐，以符合及解決玄空法原則斷不準的狀況。

因爲玩卦理，其實都是紙上文章推演，玄空元運說具備了很大的可變性與隨意性。這樣雖然可以應付各種詰難，但也導致玄空派內部無法形成統一的法則，從而便不可避免的出現了各立山頭，相互攻訐，窩裡鬥成一團的可悲結局。無常派斥滇南派有假，蘇州派罵上虞派失真，湘楚派與廣東派各行其道，後來的沈氏玄空派還說蔣大鴻這裡不對那裡不對，有些分支甚至都不認蔣氏爲祖師了。玄空法破綻還有許多，例如廿四山陰陽的區分、順逆挨的理論…，就留給讀者思考了。

更有談養吾這位玄空名家，竟然反戈一擊，公開宣稱自己從前所學所傳的章氏（蔣氏親傳弟子、無常派宗師章仲山）玄空全是假的，重重打了蔣氏一巴掌，然後跟著李虔虛道人另玩一套「玄空六法」去了。

阿璽老師所引用的本文作者的家鄉中，清末時期有一位楊姓地師，他看風水時從不拿羅盤，而且雙腳還從不沾地。誰家請他看地，不僅得用轎子迎送他，就是尋龍、點穴、立向時，也都得用轎子抬著他滿山轉悠。所以，許多人都稱他為「轎轎先生」。就是這位手無羅盤、腳不沾地的老先生，凡是經他看過的地，基本上都收到了發人發家的好效果。其中的「公牛上山」、「母牛奶子」、「黃狗戀窩」、「竹篙打蛇」、「蝴蝶過崗」、「飛鳳上山」等地，還出過太傅、將軍、武進士、縣長、副州長、副市長等一類人物呢。楊先生他自己的子孫也多為小富小貴者。

在我看來，就是這位名不見經傳的「轎轎先生」，他雖然不懂什麼三元九運，變卦飛星，但論起實際功夫來，也比蔣大鴻、蔡岷山、沈竹礽、談養吾等一干玄空大師高出了太多。

(6) 玄空六法

明清二代幾乎是「三合派」的天下，清末流行「三元玄空」，三元玄空盛極一時，民初後出現簡單的「八宅派」，八宅法於是紅極一時。　　後來又出現了「玄空六法」和「玄空大卦」，八九零年代出現了「金鎖玉關」，也都被吹上了天。2000年代出現了「三元納氣」，所以三元納氣法最近也十分火紅。當這些大師被人問這些風水何以之前沒廣傳，皆曰：「**此乃古代不輕易外傳之密，汝得之乃萬幸也！交錢來！！**」

這一種假造風水流派學理技法的把戲，其實並不困難，

很多執業數十年的老師傅，雖然對真正的風水沒有體會，但對這些天干、地支、八卦、五行…等等，可熟悉的很，要重新組合編排出一個新的門派，是毫不困難的。更何況還有不肖前賢的作品可以參考，組合三家理論再加上自己一點變化，就又一個新的流派了，林老師若要自創一個門派也不難，問題是因果承受的住嗎？爲了短短幾年的享受，帶不走的名利而造業害人，愚不可及也。

「金鎖玉關」後來逐漸沒落，聽說最近又有人以稀爲貴再次炒作。其實整個亞洲還是以「三元玄空風水」爲主，這主要是因爲商業都市需求的關係。「玄空六法」是把近代三元玄空的元運，配以「先天八卦」「抽爻 象」配二十四山，再配「洛書九星」對當元元運山水零正做佈局，順逆不根據三元龍而根據卦理陰陽，還要排出當元旺位的九星，再轉變「先天卦」，又從先天尋後天位，真的有些像「乾坤國寶龍門八局」，說是獨特的挨星秘訣。

據說原理來自《地理辯證》的玄空、雌雄、金龍、挨星、城門、太歲這六點加以挪用。雖說引用三元元運，但卻又分成「上下二元卦論」，但它的二元又和「玄空大卦」的「二元八運」氣運長短不同，那何以不乾脆沿用玄空大卦地運分零正納黃白二氣則不得而知。

「三元九運」其實是天運，用於「三元玄空飛星派」。六法將之硬生生拆成了「二元八運」。而真正的二元八運是地運，用於玄空大卦派。「十字四應黃白二氣法」經過更動後，數理的操作便完全不同。

玄空六法這一搞，混淆了以往的三元九運，民初第一位開課教學的「談氏玄空」創辦人談養吾因爲接觸了六法，以爲自己畢生所學的玄空飛星學錯教錯，甚至還登報道歉，還大費周章重新開課糾正。但大馬玄空風水的鼻祖演本大師和容柏雲師徒二人，就沒有被雜說動搖過，他們繼續用三元九運勘察，這才有了後來在中、馬、港、台轟動一時的《宅運新案》和《二宅錄驗》。站在玄空學的高度看，很多大師都可以說自己的玄空才是正統，但卻沒人敢說他們倆是錯誤的。

玄空法的元運後來形成一個大問題，就是各派開始有些混淆，有些師父用了改良版的二元八運說很棒，然後把它配置到《玄空飛星》教學，最後到底要用三元九運還是改良版，還是地運的兩元八運，這元運一不同理氣就亂套了！其次，六法裡面的東西因爲“**楊公養老看雌雄**”託名得自楊公真傳，但問題是這是理氣派用的東西，楊公那個年代那來這些？當無知笑話聽！

六法之所以在玄空一脈沒真正廣傳，就是兩者間有矛盾，這一打亂，連演本大師、沈竹礽、章仲山，甚至連玄空祖師老蔣的臉都打腫了！也證明元運那一套不是只有老蔣會掰會造，李道長高明一出手就把玄空法的根基「三元九運」打散了。只能說除非你能完全跳脫它的框架，否則不管怎樣變來變去，仍然換湯不換藥，不過是在標榜自己才是玄空最正宗，海撈利益罷了。

(7) 較少人知道與應用的流派「乾坤國寶」

「乾坤國寶」這個流派，在整個風水界來說，應用與學

習的人是較小眾的一群人。但其學理的應用有它的特點，與其它的流派有明顯的不同。茲介紹如下：

1、陰陽八煞。

乾坤國寶的技法主要在論斷外局的吉凶，外局的煞氣來源大致與前面介紹的「外六事」頗多雷同，與其它門派看法差不多。它的口訣是：「**坎龍坤兔震山猴，巽酉乾馬兌蛇頭；艮虎離豬是曜煞，宅墳逢之使人愁。**」對地支生肖與八卦熟悉的同好而言，大概很快就會發現，這個口訣完全脫胎於「正體五行的生剋」。舉例而言，坎爲陽水，陽水怕陽土，辰爲戊土，陽土剋陽水爲「七殺」，故這個方位忌犯煞，其它的七個卦宅也是同此理，因此在斷驗及佈局上是較有所本的。<u>但此處也有一點問題，卦的五行系統與廿四山的五行系統是不相同的，兩者論生剋，並不全然合理，應該略作調整。</u>

2、先後天水法「龍門八大局」。

乾坤國寶的水法稱作「龍門八大局」。即依先後天八卦的方位差異，而定出先天與後天方位，先天主丁、財，後天主妻、財。各個宅卦的先天、後天方位各不相同，如下述~~~

乾宅，先天在離卦，後天在艮卦。

兌宅，先天在巽卦，後天在坎卦。

離宅，先天在震卦，後天在乾卦。

震宅，先天在艮卦，後天在離卦。

巽宅，先天在坤卦，後天在兌卦。

坎宅，先天在兌卦，後天在坤卦。

艮宅，先天在乾卦，後天在震卦。

坤宅，先天在坎卦，後天在巽卦。

本法陰陽宅一體適用，當收先後天水過堂，即代表了旺丁財或旺妻財，乾坤國寶的水法論斷，必要水過明堂，且忌穿、割、箭、射等，而且不可以流出先後天方位。依實務應驗而言，有頗多的應驗，如果能再與巒頭形家的理論結合，當更爲週延與應驗。

另外，乾坤國寶的水法，還講究三刼位、賓客位、輔卦位、反局水…等論法，各有應驗與所主，除了水流必要過堂外，也注重水來的卦位，以及水去的卦位。以目前風水界各派的論水技法而言，的確是較爲週延的。東晉郭璞祖師在他的葬經裡說：「**風水之法，得水為上，藏風次之。**」以水法應用而言，乾坤國寶的水局技法，可說獨樹一格，學者有興趣的可以深入研究。但是以阿璽老師研究，乾坤國寶水法的界定要訣並不容易，沒有得明師傳授，恐怕也難登堂入室。

3、乾坤國寶水法的不合理之處。

乾坤國寶的水法已經是較爲週延的了，但它還有另一套水法的變局應用，口訣應用如下：

「論甲庚兼寅申局者，乃與震山同卦，宜水出辛口、乾山及庚。

論寅申兼甲庚局者，亦與震山同卦，宜水出辛口或出庚方。

論乙辛兼辰戌、辰戌兼乙辛，此二字皆是屬巽卦山乾卦向，宜收先後天水到堂，庭水宜放出乾，外局宜放癸口及壬口。

論丙壬兼巳亥、巳亥兼丙壬，此二字皆是屬離卦山坎卦向，宜收先後天水到堂，宜放水出辛口或庚口亦妙。

論丁癸兼未丑、未丑兼丁癸，此二字皆是屬坤卦山艮卦向，宜收先

後天水到堂，水宜出甲口或出庚口。

論辛乙兼戌辰、戌辰兼辛乙，此二字皆是屬乾卦山巽卦向，宜收先後天水到堂，水宜出辛口或乙口皆妙也。

論壬丙兼亥巳、亥巳兼壬丙，此二字皆是屬坎卦山離卦向，宜收先後天水到堂，出水放出巽口或乙口。

論癸丁兼丑未、丑未兼癸丁，此二字皆是屬艮卦山坤卦向，宜收先後天水到堂，出口宜從坤口或出丁口也。

論庚申兼申寅、申寅兼庚甲，此二字皆是屬兌卦山震卦向，宜收先後天水到堂，出口宜從甲口或出艮口也。

此等之局者，謂之變局法也，而立向雖是變局，而水法皆是正局之水法也。」

亦即人元龍兼到地元龍的7.5度內，為變局。外局以變局為正局論先後天，但仍不可流破原局之先後天。如此這般的論述，乍看之下似乎合理，但放到實務上根本不可行，也不合乎科學，前文提過的地磁偏角現象即是，目前有許多執古不化的地師，強以為真，並以此教眾，實在害人不淺，於學理及歷史認識不清。

舉例而言，如其口訣中陽宅坐寅山申向兼甲庚，人元龍兼到地元龍，適合變局之法。坐寅山，原屬艮宅，不可流破艮卦的先後天位及輔卦位，即乾卦先天、震卦後天、兌輔卦；又因為變局之故，同時也不可以流破震局的先後天位及輔卦位，即艮卦先天、離卦後天、坤輔卦。總合起來，坐寅山申向兼甲庚的陽宅，計六個卦乾、震、兌、艮、離、坤等不可以見水流出破局，那麼就只剩巽、坎兩個卦位可以出水，那麼凡是變局的陰陽宅，要成局的可能性很低，這是不合理的，實務上也行不通。龍穴天地生成，豈是人爲可以規範，更何況以水法凌駕山法，本身就已經犯了原則性的大錯。

龍脈的落脈走向，是天造地設生成的，如果這條龍脈的落脈走向由後蜿蜒而來，就是坐寅申兼甲庚，難不成還因爲要符合變局，水只能出後方的巽、坎卦位，難道要水倒流回去嗎？不知水往低處流嗎！另外，口訣中卻提到可以出庚、辛口，即艮宅的輔卦位的天干字，如艮宅輔卦位可以，那麼何以震宅變局的輔卦位坤山不可出？其它的八個卦宅變局，情況大略都如此，由這個地方推論可知，乾坤國寶變局水法大約是障眼法，直接去掉就好了。

也或者前賢已經注意到地球磁偏角、地球板塊運動及地震會改變卦位的問題，所以創了這個這麼麻煩的變局理論來搞大家，使得該派的風水師因爲怕麻煩而少去用人元龍兼地元龍的坐山，自然也就會減少因爲前述原因而改變坐山卦位的可能，若如此，該派祖師爺真的是太厲害了。

(8)近年興起的「三元納氣」流派

「三元納氣」則是把六法的元運完全套用，但操作原理則比六法更爲簡單，它直接用元運「零正二神」分上下二組作衰旺山水佈局，再取巒頭配合，言形氣並用，收內外二氣。 它沒有複雜的「九星陰陽挨排」和「先後天卦數」的配對，配合形勢做成一套簡單的應用法。設計者把它說成是“氣流”之作用，而實際其操作關鍵仍然不出“理氣”範疇。另外，嶠星迴風返氣的論點在實際操作上有很大弊病。

唯一可取處是斷事方面頗準。原因何在？皆因《玄空、

六法、大卦、八宅、金鎖、三元納氣》等其斷宅之法不出「八大原卦」意象範疇，這就是萬變不離其宗，本質不變。另外，人生不如意事十之八九，要嘛錢財事業，要嘛身體，要嘛婚姻感情，沒問題的不會找你來看，所以說要論斷正確根本不難，離不開這幾件事兒，真正的決勝點在於~~~幫自己、幫別人佈局，是否真的發達了？是否興旺了？比例多高？否則學理再完美無非是一場自嗨，自說自話而已。蔣氏一生的個案，幾乎全軍覆沒，我想足以打醒一大群人了。

三元納氣方法雖然簡單許多，有人問及何以“簡單爲用”，都對曰：“大道至簡”啊！其實《八宅派》也很簡單不是？哎！說穿了其實都是把戲，元運、河洛、先後天卦、陰陽五行…配合下的把戲，估計不久後，還有更好玩吹的更神奇的把戲，給喜歡風水的學者玩，反正名利之所在，殺頭的生意也會有人湊上去，千年來的風水歷史發展，早就充份說明了這種必然。

何以故？阿璽老師執教風水多年，累積實際案例數千，任何門派的技法，把它的操作往舊案例套下去，再回看原局實務對比，就知道出入差距有多少，騙不了人的。問題是這些被炒作得如同神奇寶貝的風水門派，實不實際只有老鳥和上天知道，一般的學者無從何得知真相，遇到誰是誰，此後就一錯千里，回不了頭，想學到真正的地學那真要很有福氣才行。

再說，就算人家把理論攤開來放上網，你也是只知其一不知其二，加上文案上故意對某些課題隱匿不談不答，對一些稍有基礎知識的學者是有致命吸引力的，錢錢就會如同飛蛾般向那位老師投去。

另外一點，三元納氣教學開價不便宜，接近5位數港紙，而且標明三個月就可以做大師，還可以馬上出來教風水呢。據友人告知，還真有一位大師是學了不久就出來教課的，照搬他老師的宣說與案例，三元納氣是不是點金之術，等學者付了錢就知道了。呵呵！

(以上六法、三元納氣的資料部份採自網路，作者立名：龍爺，發表於2019/6/6 ；內容部份經筆者修改增潤。)

(9) 紫白飛星派

該法將陽宅劃分成洛書九宮，以宅星及值年星或月星入中飛佈，以陽宅坐山九星與年、月值星九星之雙星加會論陽宅吉凶，此法目前在華人風水界為大宗派，習者頗多，理論完整，推斷吉凶亦較為精細。但真正的問題還是在於，論斷也許是準的，但為人佈局起來，就是沒有發富發貴的效果。而事實是，看看電視上那幾位常常在胡說八道的風水命理師們的後代，就統統都知道了，自己都搞不定了，消費者們還敢指望他來指點你富貴之路嗎？現代人真的太忙了，也太盲了。本派技法為本書的研究示範內容，後文會詳加介紹。

其他理氣派還有奇門派、五行派、玄空大卦派以及金鎖玉關和紫微大數派等等，因屬小派別，理論也沒有什麼特色，故不贅述。綜合以上，有關風水派別嚴格地說起來就是「形勢派」和「理氣派」，它們的理論有彼此滲透、互相融通之處，但也有完全乖背不容的地方，其對錯之間，非真正

行家難以言明。

由於風水學門派繁多，有用和無用的理法口訣駁雜相間，學習者一定要去僞存真，去粗取精，不要走入風水學的誤區。所以，學習風水學既要精通理氣，也要吸收形勢派的精髓，深入風水學理的基礎底蘊，以形巒爲主，理氣爲輔，多參古格實例，累積數年功力，才能去爲人造福，否則恐適得其反，生禍殃人。

這一段話，是阿璽老師的肺腑之言，願習地者能得成所願。

到了清代，形家與理家兩個分支理論均有長足的發展，學者們在大量研究前代理論的基礎上及更多的實際經驗上，又有了新的發揮和闡述，於是產生眾多新的枝派（如表1-3及前述），其理論每見互矛盾違背之處，而學者間相互攻訐誹謗，爲了利益不擇手段，甚至僞創風水法訣，導致流傳千年的風水術質的損壞與低落，此流毒至今依然不能解決[111]。當代網路及媒體時代資訊流通量大而快速，國家對此傳統文化的瑰寶毫無規範，現代人又多講究創意，風水學發展至今日可說已至推車碰壁、是非難分的境地。例如三元與三合派之爭，玄空大卦、玄空挨星、玄空六法、玄空飛星間正統與真僞之爭，八宅與紫白陽宅法的對立，龍門八大局、三合水法、零正水法、九星淨陰淨陽水法間的矛盾……等等，皆是至今無解的難題，學者們各持立場各擁山頭，也連帶使風水

[111]詳見李定信，《四庫全書堪輿類典籍研究》，上海：古籍研究，2007，頁32~38。李氏指出明清以降，中國風水的傳佈是量多而質愈損，風水師的素質更加的低落。

學更加流於迷信與低俗化。

本書以其中「八宅」與「紫白」的風水理論爲主要研究對象，期能抛磚引玉，吸引更多有心的研究者，以紮實的學理研究，打破門戶間的成見，使彼此之間的學理能夠交流融合，去其糟粕存其精粹，提升風水文化的內涵以因應未來風水理論國際化的必然趨勢。

(四) 欽天監醒世良言——給風水理氣者的當頭棒喝

隨宋朝時期理氣工具——羅盤的問世，到明清兩代愈來愈講究理氣了。先有重方位的三合派、八宅派，繼而有重元運和卦例的三元派、玄空派，再繼而又分出什麼奇門派、六法派、後天、乾坤國寶、金鎖玉關、三元納氣…等等，理氣內容愈來愈複雜，到了清末民初的沈氏玄空那裡，幾乎都不講巒頭，只講理氣了。風水師們開口閉口都是分金、卦爻、九星、遊年星…，早已不知什麼是來龍去脈，不知何謂尋龍點地了。

面對風水術發展的混亂與僞造局面，對民間百姓影響太大，自元朝起官方正式對風水市場的管理。《元史· 選舉志一》記載：「世祖至元二十八年夏六月始置諸路陰陽學……延祐初，令陰陽人依儒醫例，於路、府、州設教授員，凡陰陽人皆管轄之，而上屬於太史焉。」意即從元代起，官方就開始在全國各個地設立陰陽學課程及陰陽學教授員，培養與管轄地方五術人員。自此，我國的陰陽術士，跟儒生和醫生一樣，被納入了官方的管理體統。

風水的門派那麼多，唬弄人的技法令人眼花撩亂，我們

該信誰的呢？有沒有這方面最權威、最具公信力的人物或機構呢？有嗎？----------當然有！在堪輿界當中最權威、最具公信力的機構，那就是~~~朝廷「欽天監」。

在明清兩代，各省府設有「陰陽學正術」，各州設有「陰陽學典術」，各縣設有「陰陽學訓術」等官職。風水師從地方上被層層選拔出來後，最後都要送到欽天監考試。《大明會典》規定：「凡天下府州縣舉到陰陽人堪任正術等官者，俱從吏部送欽天監，考中，送回選用；不中者發回原籍為民，原保官吏治罪。」

朝廷不僅廣泛搜羅堪輿精英和風水秘籍，而且把欽天監變成了堪輿學的最高機關，針對全國地方性的官員豪富、重要建設，都要有欽天監所屬的官員參與，提供專業意見。

對從事該項工作的人員，從學習、考試、選拔、定期考核等，均設有嚴格的監管制度和相應的律法。《大清律例》對陰陽術士不準確的推斷「妄言禍福」是要予以治罪的。這與現在無人把關的風水命理五術界，魚龍混雜、良窳不齊又騙術滿天飛的狀況是完全不同的。所以說，欽天監風水師的水平當屬頂尖的一群，他們的意見看法是值得信 的，因爲如果他亂搞的話，也有可能被殺頭的，皇帝、大臣、豪富那伙人不好惹的。畢竟這是官方機構，而且是全國專家集結的中心樞紐所在。

《欽天監地理醒世切要辯論》爲清乾隆時期欽天監博士高大賓著作，他有感於「近世為其術者恆秘，淺者執所得以自是，陋者執羅經以誤人⋯⋯」於是組織了其他諸位欽天監、副監博士齊克昌、右監博士李廷耀、右監博士副劉毓、博士劉毓圻等人，共同撰寫了《欽天監地理醒世切要辯論》。針對風水師執羅經講理氣的現象進行了客觀的分析和嚴厲的駁斥，大聲疾呼：「**後之君子，當惕然猛醒，專心致志熟審巒頭，毋惑乎方位之天星理氣，執定羅經，非份追求，反失真地之吉，而受假地之凶也！**」目的是為了辨正當時流行的堪輿及選擇術繆誤，正其原理及應用，使官方陰陽學及民間地師有所遵循。

關於這一篇珍貴的良文，在網路上也見到許多有識的風水名家大力推薦，值得每一位習地者研究，也有有心人將之翻譯並作了許多考據，但作者已難查考，筆者以下引即為網路流傳的佳文，內容有部份調整或改寫，在此特別註明。

這些欽天監的大師們是如何看待風水理氣的呢？該書反覆闡釋《葬經》葬乘生氣之旨，力辟三合、三元術中有關淨陰淨陽、星卦方位等理氣之法，認為：「**陰陽五行之理氣，即寓於巒頭之中。非巒頭之外，又有理氣之說也。**」

其意為：郭璞祖師所說「**葬乘生氣**」的「生氣」，蘊藏於巒頭之中，不在羅盤方位上。龍祖頓起高拔為有氣，低矮散亂為無氣；龍行起伏轉折為有氣，懶散臃腫為無氣；山水曲動為有氣，坦蕩呆板為無氣；平地隆起處有氣，開裂塌陷為無氣；草木茂盛為有氣，淤泥臭水為無氣…等等，理氣要理的就是這種種之「氣」，並非是巒頭砂水之外的什麼「卦氣」、「星氣」、「時氣」、「運氣」。這樣的見解出自高氏眾專家之口，同時也呼應了祖師郭璞、楊筠松等的典籍精

神，的確是一針見血的提出正解，筆者執業多年見到的被諸多理氣門派所害的案例真的不知凡幾，後學者想要以風水造福，何者爲主？何者爲次？一定要建定正確觀念。

（筆者按：博士，古爲官名。秦漢時是掌管書籍文典、通曉史事的官職，後成爲學術上專通一經或精通一藝、從事教授生徒的官職。欽天監是我國明清兩代，掌管天文、曆法推算，以及頒布、漏刻授時、陰陽風水術數等的官方機構。『掌測候推步之政令，以協天紀，以授人時。凡觀象占驗，選擇時候之事，皆掌之。』

高大賓在其《催官切要辯論》一文中指出：

「今術家為人尋地，動言催官蔭人，至究其催官之說，便籍口於賴公《催官篇》。殊不知賴公既著有《披肝露膽篇》內云：『切不可聽信詐偽之徒，妄言星卦，自取其禍。』何又有天星之說耶？既有天星之說，則《披肝露膽》之內又何以斥詐偽之徒而自相矛盾耶？

昔稱楊曾廖賴四名師，楊曾廖三公並無星卦之說，豈賴公肯著此《催官篇》而與三公相反也……予想賴公既為名師，斷斷無此不通之說，但不知此篇出於何人所作，冒名賴公欺世誣民，為害不淺，惟高明之士留心詳之，再以先哲之言證之，莫不瞭然明白，而知其心為大謬也。」

高大師在這裡明確指出：「楊、曾、廖三公並無星卦之說」，故一切星卦之說均爲「欺世誣民，為害不淺」的僞楊公學說，都是不可採信的。

劉毓圻則在其《淨陰淨陽辯論》一文中說：

「今術家不察此理，誤信淨陰淨陽之說，登山步龍，不識龍之真偽，只以羅經格之，節節屬陰便謂之純陰，節節屬陽便謂之純陽，若陰中間一陽，陽中間一陰，便謂陰陽駁雜。殊不知真龍行度，變幻莫測，逶迤東西或為南北，二十四方位，無位不到，豈可以方位陰陽定其貴賤吉凶耶？若使可以定之，又豈得謂之龍耶？⋯⋯⋯⋯⋯⋯⋯⋯

即以方位陰陽論之，針盤之制，始於黃帝周公，至漢張子房只用十二支，至唐一行禪師，因十二支年神方位不甚空利，列干於十二支隔界之間，以為太歲所不建年方，便於擇日也。於陰陽之分，不過按先天納甲之說，分為十二陰十二陽之理，術家用此，為其利於辨方識向，選擇趨避而已，而龍穴砂水之貴賤，原不在此論。

且二十四方位始於唐時，使執此可以尋地，則唐以前如周秦漢晉六朝許多富貴大地，將何所憑據而尋之乎？」

瞧，說得多好！龍穴砂水的貴賤不在於羅盤上的吉位吉向，如果看風水都非要拿羅盤理氣不可，那周秦漢晉唐時代尚無羅盤，但卻有很多富貴大地，這些龍穴吉地又是根據什麼找到的呢？

別以爲不講星卦理氣就看不好地，正是這位大聲疾呼反對一切星卦之說的高大賓，都察院.左副都御史.管欽天監.監正事.何國宗說他：

「金溪高君爾父（大賓）、新城齊君東野（克昌）學識，此通監所交推者。即予家相度陰陽，亦嘗賴以諏吉舉事，靡不響應。」

工部右侍郎.徐逢震說他：

「金溪高君，執秩欽天監有年，其卓見特識，持論皆有根底。凡所相度與諏擇，各有神驗。其名傾動公卿間⋯⋯即

予也年逾四十，尚艱於嗣，賴君改卜邸舍，許以孕毓，比歲果驗。」

由此可知，《欽天監風水正論》的主要作者高大賓，是一位被欽天監高手交相推重的大師。他名動公卿之間，凡是他看過、做過的風水都「靡不響應」、「各有神驗」。徐逢震年過四十尙無子，高氏爲其另卜陽宅，預言遷居後一年即生子，果然也應驗了。

由上可知，本書的主要作者高大賓，是當時公認的堪輿高手。而負責編著此書的其他人，多爲欽天監的左右監副。由當代的大行家著述的本書是乾隆時期風水術的精華力作，相當於高等教育出版的教科書，斷不可以輕忽。

本書序云：『近世為其術者恆秘，淺者執所得以自是。陋者執羅經以悞人，亦一卮也。茲因本監刻漏科，專司相度，於是出其秘典，搜輯群書，列為一切要辨論，四科咸備，體用兼全。頒刻中外，俾孝子慈孫之欲葬其親者，藉是以無患。……』

可見編著本書的目的並非是教授風水堪輿之術，而是對當時市面上流傳的堪輿僞謬加以辨正，正其體用，使官方和民間風水師有所遵循。其目的與同是清乾隆時期官修頒行的《欽定協紀辨方書》是相類似的。

書中對民間風水師重羅經理氣而輕形勢巒頭的做法給與了駁斥，『龍穴果用格而不用察，則真龍正穴，人皆易得而知之，又何古雲「三年尋龍，十年定穴」哉！倘格龍須三季，格穴須十年，則是羅盤必一怪物，而用羅盤者必一憨人矣！山靈有知，自當為之恥笑！』

《欽天監地理醒世切要辯論》一書，內容觀點十分的清晰正確，一針見血的切中時弊，給後學之人提出方向，對後世的學者有著莫大的貢獻，但因為風水文言艱深難懂，經譯成白話說明後，相信可以對有緣有福的人有些幫助。

✧地理辯，原文：

易曰：「俯以察以地理。」察，則詳於觀視，謂非目力乎？彼道眼、法眼之稱，都從察中生出耳。地理者，條理也，即文理脈絡之理也。山脈細分縷析，莫不各有條理之可察。自羅盤之製成，方位之說立，以地理之理混為方位陰陽之理，故有格龍、格穴之語。使龍穴果用格而不用察，則真龍正穴，人皆易得而知之，又何古雲「三年尋龍，十年定穴」哉！倘格龍須三季，格穴須十年，則是羅盤必一怪物，而用羅盤者必一憨人矣！山靈有知，自當為之恥笑。……。可知地理之理，則用察而不用格。非察則脈絡之貫穿，龍穴之真情，無由見矣。觀卜氏云：「留心四顧，相山也似相人。」其用察而不用格也可知。噫，倘覺此辯者，猶昧而弗覺，烏得謂之高明也哉！

說明：

孔子《易經繫辭傳》上說「俯以察地理」，這「察」字的意思，就是要用眼力去觀察，因為那個年代羅盤還沒出現呢！所謂「道眼」、「法眼」的稱呼，都是從觀察中得來的。風水地理是山川的文理脈絡之理。山川分支散葉，都是有條理可察看的。但是，自從有了羅盤做為工具，附會易經學理加以複雜化，就將這「地理之理」、「元運納氣之理」和「方位陰陽五行之理」混淆，風水師們捨難就易，投機取巧，開始用羅盤來「格龍」、「格穴」，在書房內就可以學地理成為風水師，不用大江南北跑了。如果龍穴用羅盤就能找到，找龍穴就太簡單了，風水師其子孫們不就個個大發特發了，但事實上根本沒有。

爲什麼古人說「**三年尋龍，十年定穴**」呢？如果用羅盤尋龍要三年，點穴要十年，那這羅盤就是個怪物，用羅盤的的人也就是個傻子了！山靈如果有知，也會恥笑這種人的……所以說，地理是要用眼力觀察而不是用羅盤格的。如果不用眼力觀察，那麼，地脈的行龍走度，龍穴砂水的真假變化，就都無法知道了。《雪心賦》：「**留心四顧，相山也似相人**」，就是明示說看風水要用眼力觀察而不是用羅盤格。唉，倘若有風水師看見我這番見解還不能醒悟，又怎能稱得上高明呢！

✧ 地書正邪辨，原文：

地理經書，有可讀者，有不可讀者。可讀者，惟青烏經、葬書、雪心賦、倒杖篇、疑龍經、撼龍經、發微論、穴情賦、九星篇、八式歌、堪輿寶鏡、趨庭經、堪輿管見，此皆地理正宗，不可不讀也。

不可讀者，如天機，金篆，催官，玉尺，海角，青囊，天玉，玄珠等書。一系假名偽造，一系以偽傳偽，此皆地理之邪說，斷斷不可讀也。

推而論之，凡言形勢性情者，皆可讀。凡言天星卦列者，皆不可讀也。

此讀書又其次者也。欲習斯道者，先要明師登山，指點龍穴砂水，口傳脈理真訣。次要熟識巒頭，多看仙跡。稍有確見，然後讀書，方為有益。否則是亦屋裡先生，開卷了了，登山茫茫，焉能識山川之妙哉！

所以，徒讀地書，自作聰明，而反受假地之害者，舉世皆然，曷可勝嘆！昔人謂讀書不如按圖，按圖不如登山，洵確論也。

說明：

風水地理書籍，有的可讀，有的不可讀。可以讀的書籍，只有古代青烏子的《青烏經》，東晉郭璞的《葬書》，唐卜則巍的《雪心賦》，唐楊筠松的《倒杖篇》、《疑龍經》、《撼龍經》，宋蔡神與的《發微論》、《穴情賦》，唐廖金精的《九星篇》、《八式歌》，明劉伯溫的《堪輿寶鏡》，漢張子房的《趨庭經》，謝雙湖的《堪輿管見》，這些都是地理正宗書籍，是不可不讀的。

不可讀的風水書籍呢，則如託名丘延翰的《天機素書》、託名九天玄女傳於軒轅黃帝的《金篆玉函》，託名賴布衣的《催官篇》，託名劉秉忠的《玉尺經》，託名九天玄女的《青囊海角經》，託名黃石公的《青囊經》，託名楊筠松的《天玉經》，以及夏世隆的《地理玄珠》等，及以此延伸而傳下來的書，這些書都是託名偽造，一代代流傳下來的，都是地理邪說，是千萬不能讀的。

總體來講，凡是一切講巒頭砂水形勢的名著，都是可以讀的；凡是講天星、卦爻、元運……等理氣的書，都是錯誤而不可以讀的。

想學習風水地理的人，先要有名師帶領，登山指點龍穴砂水，口傳認脈認穴真訣。還要跋山涉水，識得龍脈巒頭，並多看前賢實例。等有了正確認知再去廣讀典籍，才能從書中獲益。否則的話，就只是「屋裡先生」「黑板派老師」，

看書似懂非懂，登上山又無從下手，徒然害人害己而已，那能了解山水的真機呢！所以啊，那種死讀風水地理書籍，自作聰明，而反受假地之害的人，舉世都是，真令人感嘆！古人說讀書不如有圖有例爲證，有圖有例爲證不如實地登山考察，這話是非常正確的。

因爲一般的風水學者對學術學理的認識不多，看了這麼多的不可讀之書，大概以爲那這些書就不讀也罷，但深一層推敲才知，實則這些書所代表的理氣派別也在批判之列，這些僞書學理所代表的流派，正是欽天監諸位監正博正們所不遺餘力摒除與唾棄的，這些流派也正是目前港中台流行的。託名賴布衣的《催官篇》是「納甲九星法」的傳世僞訣，託名劉秉忠的《玉尺經》則是研究「三合派」僞法的傳世僞法，託名九天玄女的《青囊海角經》也是「輔卦九星法」的傳世僞訣，託名黃石公的《青囊經》目前華人風水大宗「玄空挨星」的傳世僞訣，託名楊筠松的《天玉經》也是屬於「玄空挨星派」……等。

✧ 巒頭天星理氣辯，原文：

巒頭者，山形也。形者，氣之著。氣者，形之微。氣隱而難知，形顯而易見。葬書雲「地有吉氣，土隨而起」，此形之著於外者也。蓋氣吉則形必秀麗，端莊圓淨；氣凶則形必粗頑，欹斜破碎。以此驗氣，氣何能逃？

以此推理，理自可測，奚必泥方位之理氣以為吉凶也！今術家咸謂「巒頭為體，天星理氣為用」，總由惑於方位之天心與方位陰陽五行之理氣，故以體用分之耳。殊不知陰陽五行之理氣，即寓於巒頭之中，非巒頭之外又有理氣之說也。

謝雙湖云：「陰陽五行之理氣，不可見而見於巒頭之形，形即理氣之著也。」故觀巒頭而理氣可知。……。使天星地理果如方位之說，則天文可以不仰觀而知，地理可以不俯察而曉，雖今三尺之童，記紙上之陳言，據盤中之遺蹟，亦可按圖而索驥。嗚呼，天文地理，豈若其易識哉！

後之君子，當惕然猛醒，專心致志熟審巒頭，毋惑乎方位之天星理氣，執定羅經，非份追求，反失真地之吉，而受假地之凶也！

王鶴泉云：「嘗覆人家舊墳，見有亥龍入首扦丙向，艮龍入首扦丁向，天星理氣卻合而子孫大敗者，只因巒頭不好也。」

朱文公「第一要緊看巒頭，有了巒頭穴可求，若是巒頭不齊整，縱合天星也是浮」，誠有鑒於斯也。

說明：

所謂「巒頭」，就是山水的形體，而形體就是氣的表顯。所謂「氣」，巒頭表現出來的形體。氣是隱秘難察的，形是顯而易見的。郭璞的《葬書》說「地若有吉氣，地表就會隨之隆起」，這就是由形體顯示氣的作用。若是吉氣，形體就必然秀麗，端莊圓淨；若是凶氣，形體就必然粗頑，偏斜破碎。就以這巒頭形體來觀察氣的吉凶，氣也就不難察知了。

通過觀察巒頭形體來論氣，吉凶自然可推測而知，爲何還要拘泥於方位卦例的理氣而論吉凶呢？現在的地師都說「巒頭為體，天星理氣為用」，這都是因爲他們沒搞淸楚方位的天心與方位陰陽五行這二者之間的區別，所以才有體用之分。殊不知陰陽五行的理氣，就隱藏在砂水巒頭之中，不是在巒頭之外另有什麼理氣方法的。謝雙湖先生說：「陰陽五行的理與氣，是不可察看的，它就隱藏在沙水巒頭之中，

沙水巒頭的形體就是理與氣的顯示。」因此，通過看巒頭就能知道理氣。…………

假如天星地理就如同方位理氣家所說的，那麼，天文就不用仰觀就能了解，地理也不用俯察便可知曉。就是現在的小孩子，也能憑書上說的與羅盤上的文字，按圖尋踪而得到天星地理了。唉，天文地理，豈是這樣容易知道的嗎？學習風水地理的人們啊，應當猛醒過來了，要專心的熟識巒頭不要被天星理氣迷惑了，按羅盤上的方位理氣來消砂納水，那樣反而會破壞吉地，且招來凶禍！王鶴泉先生說：

「曾經勘驗過人家的老祖墳，就碰見有亥龍入首扦丙向、艮龍入首扦丁向的，都符合天星理氣的要求，但其家的子孫卻大敗不起，只因為其祖墳巒頭不好啊。」朱熹說：「看風水第一緊的就是看巒頭，巒頭好了才有真穴可求，若是巒頭不好，縱然處處都合天星卦位，那也是虛假的。」

這番話就是他有感於現實情況而發的。

形勢辯，原文：

觀龍以勢，察穴以形。勢者，神之顯也。形者，情之著也。非勢無以見龍之神，非形無以察穴之情。故祖宗要有聳拔之勢，落脈要有降下之勢，出身要有屏障之勢，過峽要有頓跌之勢，行度要有起伏曲折之勢，轉身要有後撐前趨之勢。或踴躍奔騰，若馬之馳；或層級平鋪，若水之波；有此勢則為真龍，無此勢則為假龍，雖有山脈行來，不過死梗荒崗，縱有穴形，必是花假，此一定之理也。審勢之法，先要登高望之，次從龍身步之，再從左右觀之，對面相之，則其真神顯露之處，與其奔來止聚之所，自可得而知之矣。

至於察形之法，當辨其圓、扁、曲、直、方、凹之六體，究其窩、鉗、乳、突之四格，再以“乘金、相水、穴土、印木、暖火”之法證之，則穴情自難逃矣。

何為「乘金」？蓋五行中以圓為金，以曲為水，以直為木，凡有真穴，必有圓動處。窩鉗之圓在頂，乳之圓在下，突之圓在中。若窩鉗之中，更有乳突，乳突之上，復有窩靨，名曰「羅紋土宿」，即少陰少陽之穴也。若坐乘於圓暈動氣之中也。

何謂「相水」？蓋有圓動可乘，左右必有微茫曲抱之水交揖於穴前小明堂內，即蝦須蟹眼是也。相者，相定二水交合處而向之也。

何謂「印木」？蓋微茫水外，必有微微兩股真沙“直夾過穴前”，方逼得微茫水合於小明堂水內，即蟬翼牛角是也。印者，有此水必印證於此沙，方為氣止水交。若無此沙，則水泄氣散，非真穴也。

何謂「穴土」？蓋有此三者，又須有五土四備裁脂切玉之土，方有生氣。否則，外形與內氣不相符合，亦非真穴也。

穴者，如人身針灸之穴，一定於此而不可以易也。苟四征既具，中間必有暖氣，即火也。此察穴之要法也。故地理之要，不外乎形勢而已矣。今業此術者，多以方位星卦之虛談視為精義，而於形勢之實理反目為淺說，以致地理混淆，真偽莫辨，欲不誤人而不可得，故辨明形勢之理，以裨後學者得以趨向於正而無邪路之惑也。

說明：

審龍主要是看其勢，察穴主要是觀其形。勢是龍(稜)的顯露，形是穴情的展現。沒有勢，就無法觀察龍的氣；沒有形，就難以體現穴的情勢。因此，太祖山要有高聳挺拔之勢，分支劈脈要有蜿蜒下降之勢，少祖山要有開屏展翅之

勢，過峽處要有束氣、上下頓跌之勢，龍行要有起伏左右曲折之勢，轉身結穴時要有後擋前趨之勢，整個龍勢要如群馬自天而下，踴躍奔騰，或如江海的波浪，一層層而起。有了這樣的態勢就是真龍，否則就是假龍，哪怕是有明顯的山脈行來，那也不過是些死丘荒崗，縱然有龍虎拱抱等結穴之狀，必然是虛花假穴，這是確定不移的道理。

審查龍勢的方法，先要登上祖山的最高峰頂四下觀望，看龍起五行何星，脈下呈現何形，分清幹龍枝龍，認明來龍去脈；其次則隨龍身而行，看何處剝換，何處傳變，何處分支，何處起頂，何處過峽等；再從龍的左右側察看龍身的行與止，迎送如何，侍從如何，官鬼如何，水口如何等，最後再於穴場對面審視，看穴結何形，脈止何處等，這樣的話，龍神的顯露之處，與其行來停住之所，自然就可以知道了。

至於察看穴形的方法，應當分辨其圓、扁、曲、直、方、凹這六種體形，考究其窩、鉗、乳、突這四格，最後再以乘金、相水、穴土、印木、暖火這四法來印證，如此就能準確把握穴情了。

什麼叫「乘金」呢？五行以圓形爲金，曲形爲水，直形爲木，方形爲土，尖形爲火，凡是真龍穴，穴場必然會形成一種隱約的“太極圓動”的龍穴砂水(即窩鉗孔突)。窩、鉗二穴的圓形在頂部，乳穴的圓形在下部，突穴的圓形在中間部位。若是窩、鉗二穴之中又有乳突，而乳突之上還有窩靨，這時圓形就在這窩靨之中，這就是所謂的「羅紋土宿」，也即「少陰少陽穴」。

說「乘金」的意思，就是如乘坐在圓形動氣之中。什麼叫「相水」呢？既然有圓形動氣之處可乘，那麼，左右微茫之水就必然會隨圓形的兩弦流下，交匯於小明堂之內，這就是所謂的「蝦須蟹眼」。說「相水」的意思，就是看清左右兩股水的交合之處而定坐向。什麼叫「印木」呢？在左右微茫兩股水之外，必然會有兩股微茫砂手夾逼橫過穴前，這樣才能逼得兩股微茫水交匯於小明堂內廻風反氣。這兩股微茫沙就是「印木」，也即所謂的「蟬翼牛角」了。

說「印木」的意思，就是有此微茫水，必有此微茫砂，也方能印證氣止水交。若是穴場沒有這種蟬翼牛角沙，那就會水泄氣散，也就不是真穴了。什麼叫「穴土」呢？僅有乘金、相水、印木這三個印證是不夠的，穴中還須有裁脂切玉般的五色土才顯得有生氣。否則，外形與內氣不相符合，也不是真穴。龍穴，猶如人身針灸之穴，是天然生就而不可改移的。倘若穴場具有上述四樣印證，那穴場內就會產生一種暖氣，此即為火。

上述就是察看穴情的重要方法呀。所以，地理的要點不外乎就是巒頭形勢而已。**現在以看風水為職業的地師們，很多人都把方位、天星、卦例等虛而不實的東西視為地理精義，反而將巒頭形勢的實用理法看成是粗淺的東西，這樣做的結果是混淆了古人正確的風水理論，使後學真假難辨，想不誤人害人都不行了。**故而我要在此辨明巒頭形勢的道理，以利於後學者步入正途而不被歪理邪說所迷惑啊。(以上部份內容參酌網文，作者：黃大陸，並增添阿璽師的心得見解。)

第二節 中國風水術的基礎元素與邏輯

由對風水史實的探討，讓吾等可以較容易的去掌握風水的精髓，見識到構成風水學說的主要成份，而在學習與研究的途徑上不會誤入歧途，並能對當前敗壞的風水現象與扭曲的風水理論作一合乎風水學理的釐清。**構成風水核心要素如陰陽、五行、八卦、氣、形等，雖然是屬於形上的抽象觀念，是看不見摸不著的存在，但這並不代表風水理論可任由創意去發揮虛構，而不必講求其合理的邏輯與實務操作上的可行性。**例如五行學說既然是風水術的核心內涵，那麼在諸多風水流派的理論中，就不可以違背五行相生相剋的原則，包括五行運用範圍內的「方位」、「時間」…等，本研究即是以此觀點去檢視各主要流派、「八宅法」與「紫白飛星」理論的正確與否？以此方法篩選，即可初步過濾出諸多流派風水理論不合理或誤傳之處。

在前述的探討中，我們已經明瞭風水學的梗概，其中形勢派的理論毋寧是較爲單純直觀的，歷代來也較沒有爭議，這當然是得力於郭璞祖師《葬經》中開宗明義便說明：

> **氣乘風則散，界水則止**，古人聚之使不散，行之使有止，故謂之風水。**風水之法，得水為上，藏風次之。**…………地有吉氣，土隨而起。支有止氣，水隨而比。勢順形動，回復始終。法葬其中，永吉無凶。[112]

又云：

> 夫土者氣之體，**有土斯有氣。氣者水之母，有氣斯有水。**經曰：土形氣形物因以生。**夫氣行乎地中，其行也因地之**

[112]《葬經·內篇》。

勢，其聚也小因勢之止。葬者原其起，乘其止。[113]

將風水學中「藏風聚氣」的總綱領樹立下來，是故形勢派的學理爲各派所宗，並爲理氣派所吸納與融會。形勢派學理歷代來雖然屢有發揮與闡釋，但總不離「龍、穴、砂、水、向」的範圍與「藏風聚氣」的原則。既然較無爭議，故本研究的重點就放在理氣派的理論上，以陽宅內局應用最爲普遍的「八宅法」與「紫白飛星」作爲研究探討的對象，讓讀者對理氣派的應用有更深入的體會，也看出理氣派的諸多不合理的地方，以卦理或元運來取代地理的謬誤。

由歷史的脈絡來看風水學理發展的主軸，可以明顯發現：氣、陰陽、五行、八卦、天干地支、天人合一、中道觀念等爲風水學學理的建構骨幹，亦即捨此則風水學即無以成立，本研究之前根據前述歷史傳承發展的記載，萃取出風水學說的核心元素，針對這核心骨幹部份作深入的研討。

一、風水術的精髓－－氣

（一）氣的性質、運動與在風水術中的應用

氣是中國傳統文化中的一個抽象而複雜的哲學範疇，氣是什麼？從古到今，有各種各樣的解釋，莫衷一是。氣，不是一句話所能解釋清楚的，它包含多種意義。但可以肯定的是氣在有無之間，氣是貫通天地、造化萬般、生生不滅的客觀存在。宋代哲學家呂祖謙《東萊集‧祭滕文卿》說：

大化流形，浩浩不已。人秀物靈，動游植止。別而觀之，各有終始；統而觀之，聚前同體。

113《葬經‧內篇》。

明代學者劉宗周《聖學宗要》亦云：

太極之妙，生生不息而已矣。生陰生陽而生水火木金土，而生萬物，皆一氣自然之變化。

明末科學家宋應星在《論氣》亦云：

其為物也，虛空靜息，凝然不動，遍體透明，映徹千里。

氣是看不見，但卻普遍且客觀存在的一種事實。氣貫通天地，宇宙間無時無處無氣的流動與存在，氣構成了人、萬物與天地。

宋代哲學朱熹在《朱子語類· 卷三》也說：

屈伸往來者，氣也。天地間無非氣。人之氣與天地之氣常相接，無間斷，人自不見。

明末思想家黃宗羲《宋元學案・濂溪學案》中也說：

通天地，亙古今，無非一氣而已。氣本一也，而有往來、闔辟、升降之殊。

《管子・內業》說得更加具體：

凡物之精，此則為生，下生五谷，上為列星。流於天地之間，謂之鬼神，藏於胸中，謂之聖人。

綜述之，氣有幾個特質：1.氣是乾坤中唯一的本源。2.氣充斥於無限的時空中，與時間空間同存。3.氣恒常是運動的狀態，在運動中創造功能，升降磨蕩、聚散屈伸，交通變化。4.氣生萬物，爲萬物之母，日月金木水火土，無一不是氣的造化。5.氣生生不滅，循環變換無端。6.氣是無形無質，看不見摸不著的，超乎人類感官知能的。7.氣又是與具體的人事物結合在一起的。[114]

---

[114]這些特質必須同時存在，風水術中的理論才能成立。

由於氣的重要性，故導出『**氣聚爲生，氣散爲死，氣爲吉凶之本**』的結論，而此論用之於風水理論之中，則不論理氣派或巒頭派，皆不能違反氣的要求，必要生氣之聚以爲吉，懼散氣、穢氣以爲凶。但也因爲氣的抽象性質，看不見摸不著，這就給了許多無良風水師及無聊文人自由發揮想像的空間，閉門造車，創作出了一個又一個的風水術流派，禍害後人至今。

阿璽師可以很負責任的說，現今所存的風水流派95%以上是虛假的、是不可用的。有緣讀者記得此言，不要隨意的跳入任何一個風水流派，浪費時間浪費錢，還會害人害己，千萬謹慎。

中國堪輿術以氣爲核心，幾乎每一本堪輿書都要談氣，以氣爲根本。《管氏地理指蒙》卷一云：

> 一氣積而兩儀分，一生三而五行具，吉凶悔吝有機而可測，盛衰消長有度而不渝。

明示出氣決定了風水的好壞。《管氏地理指蒙》上卷七十七再云：

> 穴有洼隆兮均欲貴其得氣。勢降不續兮，氣絕於來歷。成形不界腳兮，氣過前行。四劫不會集兮，氣之孤寂。杞柏不植兮，氣殘於禿童。左右芒辯兮，氣鑱於尖射。水城不禁兮，氣竭於枯槁。明堂不淨兮，氣翳於橫逆。茫茫無應兮，氣散而不停。潺潺而隘兮，氣沉於凌逼。如搖旌反弓兮，氣之背脫。

更明明白白指出風水的每一種現象都可以用氣來解釋。蔣大鴻《水龍經》的描述最爲露骨：

太始唯一氣，莫先於水。水中積濁，遂成山川。經云：**氣者水之母，水者氣之子**，氣行則水隨，而水止則氣止，子母同情，水氣相逐也。

夫溢於地外有跡者為水，行於地中而無形者為氣，表裡同運，此造化之妙用。

氣是無形之氣，但又與水同體，可以上行亦可以下潛，這是對氣的客觀描述，由此也就明瞭風水術中所謂的『高一寸是山，低一寸是水』、『五氣行乎地中，發乎萬物』的道理。

氣在風水術中的應用可謂徹底而全面，如《陽宅集成・辨宅氣色》云：

禎祥妖孽，先見乎氣色，屋宇雖舊，氣色光明，精彩潤澤，其家必定興發。屋宇雖新，氣色黯淡，灰頹寂寞，其家必當退落。[115]

經驗老到的風水師都可以感覺得到，陽宅有一種無形的氣，可以反映宅之吉凶與否。因此**風水師每到一陽宅，必先察其氣色**。凡屋宇雖舊，氣色光明精彩，其家必定興發。屋宇雖新，氣色暗淡，其家必敗落。又步入廳內，廳內雖無人，但有哄鬧氣象，其家必大發旺。若步入廳內，雖然有人，但陰森特甚，若無人聚立其間，其家必漸敗絕。入門，似覺有紅光閃爍，其家必成巨富。倘黑氣瀰漫，白氣刺眼，是爲不祥之兆。如果在夜靜天朗時，望見其家屋上有紫氣紅光，必生貴子。夜分子時，月明星稀，望見五彩之氣，其下必有大貴。如果天上有一大片紫氣，預兆有大人物出生。[116]

115【清】姚廷鑾，《陽宅集成》卷二：第七看宅法・辨宅氣色，台北：武陵，頁159~160。

116 同上。

其實，早在秦朝就有堪輿家以氣爲相地應用的記載：方士們告訴秦始皇，說東南有天子氣，於是秦始皇東游，改今南京名爲秣陵，塹北山以絕其勢。[117]

陽宅除了氣色說，還有納氣說。納氣說包括兩方面，一爲地氣，一爲門氣。地氣與門氣都旺，就可以得福貴。如果地氣衰而門氣旺，地氣旺而門氣衰，半吉半凶。按五行相生相尅的觀點，凡氣從尅方來，則宅受尅，宅內之人染凶氣。凡氣從生方來，則宅受生，宅內之人易受吉氣。宅外的道路直接對著房門，納氣受沖，不吉。宅外沒有道路，爲滯氣，也是不吉。陽宅如果得到天之旺氣，地之貴氣，必然富貴。凡宅納白氣，家財不保；納黑氣，家人伏法。

除了地氣和門氣，有人認爲還有「衢氣」，就是宅外道路之氣。還有「嶠氣」，即高屋遮擋的回返之氣。所謂「空缺之氣」就是宅外空間滲透之氣。

《歸厚祿· 十八陽基章》云：

> **陽宅氣在地上，不專以地氣為用，兼取門氣。**蓋清虛之上，氣本橫行，無途入宅，門戶一啟，氣即從門而入，其力與地氣相敵。地衰門旺、地旺門衰吉凶參半，須門、地並旺，然後可以招諸福也。
>
> **門地之外又看道路，道路局勢朝歸者，作來氣斷，如乾方有路來朝，則宅受乾氣也，橫截者，作止氣斷；如坤方有橫街去，則宅宅受艮氣也。朝路比來龍，橫路比界水，**所謂三衢、橋樑同斷。
>
> **嶠者，鄰居高峻處。如艮方有高屋，則氣被障斷，反從**

[117]《晋書·元帝紀》：始皇時，有望氣稱，五百年後金陵有天子氣！故始皇東游以壓之，改其地日秣陵，塹北山以絕其勢。

> **艮方還轉氣來，回向我宅。**所謂回風反氣，自高及下者，高屋多則氣厚，少則氣淺。**若遠方高屋迢遞而來，漸近漸低，歸結到宅，則又作來氣論，其氣尤百倍矣。隅空者，方隅孔竅，或在宅外，或在宅內，能引八風從空而入，最關利害，不可不知。** [118]

此節氣的敍述與應用，把氣在風水術中的重要性做了最深刻的描述，可以說風水理論只是氣的一個註腳而已。但阿璽老師提醒，這段文章不合理不合常識的破綻多有，看看就好，例如「三元納氣」採用嶠氣佈局，那是違反物理學的好嗎！

（二）陽氣與陰氣

氣分為陰陽。早在周朝就開始用陽氣和陰氣解釋自然現象。陰陽二氣決定了四季的變化和萬物的收藏。《管子·形勢解》云：

> 春者，陽氣始上，故萬物生。夏者，陽氣畢上，故萬物長。秋者，陰氣始下，故萬物收。冬者，陰氣畢下，故萬物藏。

季節不同，陰陽二氣的狀態就不同。堪輿術建造宅物，注重季節的變化，即著於陰陽二氣的消長。人體也是陰陽二氣所化成，《黃帝內經· 陰陽應象大論》認為人的結構：

> 天地者，萬物之上下也，陰陽者，血氣之男女也；左右者，陰陽之道路也；水火者，陰陽之徵兆也；陰陽者，萬物之能始也。故陰在內，陽之守也，陽在外，陰之使也。

陰陽二氣共處於一個統一體中，陰陽離絕，氣乃絕。善診者，先別陰陽。《道德經》云：萬物負陰而抱陽，沖氣

---

[118]【明末】蔣大鴻著，徐芹庭編著《中國堪輿學》第二冊十五章，頁703。

以為和。『和』是普遍規律，天氣感乎下，地氣應乎上，有感而和。氣化而形，形復返於氣。陰化陽，陽化陰，陰陽互化，感化而通。宋代哲學家程頤云：

陰陽之交相摩軋，八方之氣相推盪，雷霆以動之，風雨以潤之，日月運行，寒暑相推，而成造化之功。

孤陰不生，孤陽不成，陰陽相配，和生萬物，此乃天地間普遍之規律。

綜前述是知『陰陽之氣』有如下之特質：

1.陰陽是對立又統一的，統一是對立的結果。

2.陰陽消長變動的性質，二者相互制約、互相消長平衡。[119]

3.陰陽是互根互用的，孤陰不生，孤陽不長，每一方皆以另一方之存在為己方存在的條件。

4.陰陽可以互相轉化，通常是從「量變」到「質變」或「物極必反」的過程，如日夜、四時的推移。

5.陰陽是萬物存在的基礎，陰陽交感而生萬物，亦即萬物的形態乃陰陽性質的展現。

風水術吸收了陰陽學說為底蘊，以陰陽二氣為吉凶判斷之應用，這樣的記載幾乎遍及所有風水典籍及著作。如《管氏地理指蒙》卷七十七云：

二氣判兮，五土為清。二氣淫兮，五土為刑。

所謂判者，得淨陰淨陽二氣。所謂淫者，陰陽二氣駁雜。《黃帝宅經》云：凡之陽宅，即有陽氣抱陰，陰宅即有

---

[119]所謂消長平衡，即是指陰和陽之間的平衡，不是靜止的和絕對的平衡，而是在一定時間、一定限度內的陰消陽長、陽消陰長的過程。亦即事物的運動是絕對的，靜止是相對的，消長是絕的，平衡是相對的規律。

陰氣抱陽。陰陽之宅者，即龍也。又云：經云：『陰者，生化物情之母也；陽者，生化物情之父也。』作天地之祖，為孕育之尊。

由此段文字之記載可知《宅經》全書以「陰陽」爲立論之基礎，從而凸顯「陰陽」於陽宅理論之重要。清江慎修《河洛精蘊、淨陰淨陽說》云：

> 地理家淨陰淨陽，以先天八卦配洛書而定。九、一、三、七為陽，乾、坤、離、坎當之；四卦所納之甲、乙、壬、癸，坎、離所合之申、辰、寅、戌，皆為陽。六、四、八、二為陰，艮、兌、震、巽當之；四卦所納之丙、丁、庚、辛，震、兌所合之亥、未、巳、丑，皆為陰。八卦方位之分明如此，丹家雖密之，地理家未嘗密之。[120]

此段文字，以伏羲先天八卦，配《洛書》之數，將八卦分成陽四卦與陰四卦。乾、坤、坎、離爲陽；艮、震、巽、兌爲陰。亦是依據陰陽之理，所形成的輔卦九星派之風水理氣學說。其它風水流派亦然，無不是以陰陽學說爲其學理的根底。<u>但這陰陽學說依附卦理、五行而存在，又反客爲主，以命理、卦理取代了地理，卻又失之過度運用了。</u>(按：宅經是託名的僞作，學理似是而非。)

（三）五行之氣

五行理論是所有中華數術的根基，捨此則無以立。五行氣的主要功用在於其生尅制化、進退循環的平衡規律。秦

---

[120]見《河洛精蘊》，【清】婺源江慎修先生，搜擇古今參以己見，撰《河洛精蘊》，凡九卷，分內外二篇。內篇論圖書、卦畫之原，先天後天之理，變占之法，為河洛之精；外篇論圖書、卦畫所包涵，旁推交通，為河洛之蘊。

漢時代即盛行五行學說，認爲萬物含五行之氣。王充在《論衡・物勢篇》論云：

一人之身，含五之氣，故一人之行，有五常之操。五，五常之道也。五臟在內，五行氣俱。

氣是怎樣分成五行的呢？北宋王安石《洪範傳》認爲：

道立於兩，成於三，變於五。

故萬物一氣，氣分爲陰陽，陰陽交合生成五行之氣：陽氣初而散風生木，動之極則發熱生火；陽氣凝止，陰氣初生而氣燥生金，陽氣止之極則天寒生水。五行之氣有剛有柔，有晦有明，各具陰陽，這即是五行生成之理。

堪輿術注重識別五行之盛衰，辨認二氣之清濁，順天行氣，以五行生尅關係理解人之吉凶。《管氏地理指蒙》多次以五行之氣論堪輿吉凶。其序云：

人由五土而生，氣之用也，氣息而死，必歸藏於五土，返本還元之道也。贄於五祀，格於五配，五配命之，五祀司之，此子孫福禍所由也。

在《五行五獸篇》又云：

五行之五位，五方之五色，五性之五神，五正之五德，五象之五獸，此皆不可差而不可易。

認爲萬物都是五氣化生的結果，其實五行乃陰陽之質，陰陽亦爲五行之氣，所謂『行』，即所以行陰陽之氣，也可以說五行即是陰陽的更具體呈現。關於五行之氣於本章「五行學說與風水理論」中再予詳論，因五行與五行氣二者實一，無分無別。

二、陰陽學說與風水理論

（一）陰陽學說

「陰陽」一語典出，最早見於《詩經》之《公劉》章[121]，說商朝時公劉率周民族由邰遷豳，相度山川形勢與水土之宜，進而規劃營造，使周先民得以安居生息之事。這一美麗的史詩，歷歷如繪地描述了部落領袖公劉勤勉勘察、規劃部落聚居地的種種活動細節，如其『於胥斯原』，『陟則在巘，復降在原』，『逝彼百泉，瞻彼溥原，乃陟南崗，乃覯於京』，『觀其流泉』，『度其隰原』，『度其夕陽』等等。其中，更有『既景乃崗，相其陰陽』之句，爲歷代風水家所注重，引爲經旨。此句亦是古代用木桿圭表測日影（『景』），以定方向及時令的最早記載。就詩句本義言，是說公劉立表於山岡上，測日影以定向計時，並考察山川陰陽向背及寒暖等，這一辨方正位的職業活動爲歷代風水家傳承，也引出了指南針的偉大發明及磁偏角的發現。

自遠古以來，陰陽概念體現了中國人對宇宙的基本看法。中國人的這種宇宙觀影響了中國文化的各個層面，包括醫學、哲學、政治思想、法學思想、占卜、宗教、音樂、風水……等等。

中國古人用陰陽學說來認識和解釋自然現象，在古人對自然現象的長期觀察中，看到日來月往、晝夜更替、四季變換、寒暖晴雨、男女老幼、生物結構等種種現象，於是產生了陰陽觀念，這是中國早期自然哲學中最基本的部份。秦

---

[121]同註83。

之際，已經發展成為解釋萬事萬物的普遍原理，根據《淮南子・天文訓》的記載：

天地之襲精者為陰陽，陰陽之專精者為四時，四時之散精者為萬物；積陽之熱氣久者生火，火氣之精者為日；積陰之寒氣久者為水，水氣之精者為月。

說明天地萬物皆為陰陽二氣所化，萬物之變化為陰陽二氣消長的結果，陰陽學說對於風水思想的醞釀有其結構性的指導作用，為後世風水說的結構原理。

《周易・繫辭傳》上篇第五章『一陰一陽謂之道』。意思是說，宇宙內只有兩種原動力，陽代表那些與男性、父親、正面、強壯、堅硬、明亮、建設、積極、進取、剛強等特性和具有這些特性的事物和現象有關的事物；陰則代表與大地、女性、母親、反面、虛弱、柔軟、黑暗、濕潤、破壞、消極、退守、柔弱的特性和具有這些特性的事物和現象有關的事物（如表2-1）。這兩種彼此對立的力量互相作用而生成五氣，五氣的本質即是陰陽。

表2-1：陰陽屬性之事物類化表

陽	天	光	熱	乾	剛	南	上	左	圓	男	太陽	奇	主動
陰	地	暗	冷	濕	柔	北	下	右	方	女	月亮	偶	被動

《素問・金匱真言論》舉一晝夜的時間為例進行劃分：

平旦至日中，天之陽，陽中之陽也；日中至黃昏，天之陽，陽中之陰也；合夜至雞鳴，天之陰，陰中之陰也；雞鳴至平旦，天之陰，陰中之陽也。

這種陰中有陰，陰中有陽，陽中有陽，陽中有陰的現象，說明天地萬物的陰陽，並不是絕對割裂的，而是分中有

合，合中有分。《素問・陰陽離合論》云：

> **陰陽者，數之可十，推之可百。數之可千，推之可萬，萬之大，不可勝數，然其要一也。**

世間萬物的變化雖然多得不可勝數，然而它的要領卻只有一個，就是陰陽對立統一的宇宙規律。陰盛則陽衰，陽盛則陰衰，就是這種盛衰消長的對壘，構成客觀世界的動態平衡。如以一年四季的天時變化爲例，從冬至到夏至，白晝一天天的變長，氣温也一天天地升高，說明這段時期處在一個陽長陰消的過程。反之，從夏至到冬至，黑夜開始一天天的變長，氣温也一天天地下降。這又說明，這一時期正處在陰長陽消的階段。

陰陽變化規律還極大程度體現「相互依存」和「相互轉化」上，陽根於陰，陰根於陽；孤陰不生，獨陽不長；任何一方如果失掉對另一方的依存，就沒有什麼陰陽可言。比如沒有明就無所謂暗，沒有熱就無所謂冷，沒有上就無所謂下，沒有右就無所謂左……。又如從體和用來說，物體是陰，作用是陽。陰是陽的物質基礎，陽是陰的作用體現。這種關係，也可用質和能的關係來闡明，沒有陰的質量，就無所謂陽的能量，這就是「陰陽互根」，「對立統一」的道理。[122]

陰陽學說表現在《周易》尤其顯著。《周易》全書是以陰（-　-）、陽（—）兩種符號構成的。《莊子・天下》篇說：『易以道陰陽。』完全符合《周易》的實際，即天地、日月、晝夜、晴雨、温涼、水火等運動變化，都是由構成世界萬物的陰陽二氣在運動過程中合二爲一的結果，自然

[122] 印會河主編，《中醫基礎理論》，台北市：知音，2004，頁15~26。

界的一切事物都存在著陰陽兩個方面，並由於陰陽的結合變化，推動著事物的發展變化。由此可見，陰陽論成了自然界的根本規律之一，所以《素問・陰陽應象大論》說：

> 陰陽者，天地之道也，萬物之綱紀，變化之父母，生殺之本始，神明之府也。

綜合前述可知，陰陽學說的基本原理極其簡單：世界上的萬事萬物都是陰陽兩『氣』的產物。宋代學者周敦頤在《太極圖說》一書中曾以最精練的文字對此以概括和總結：

> **無極而太極，太極動而生陽，動極而靜，靜而生陰，靜極復動，一動一靜，互為基根，分陰陽，兩儀立焉。**陰陽諧合，而生水、火、木、金、土。五氣順布，四時行焉。**五行一陰陽也。陰陽一太極也，太極本無極也。**五氣之生也，各一其性。無極之真，二五之精，妙合而凝。乾道成男，坤道成女，二氣交感，化生萬物，萬物生生，而變化無窮焉。

是故，陰陽五氣化生萬事萬物，萬事萬物按性質分屬陰陽及水、火、木、金、土五行，這就是陰陽理論的核心。

（二）風水的陰陽

風水家多深悉陰陽理論，將其用之於風水學，把山稱爲陰，水稱爲陽；山南稱爲陽，山北稱爲陰，於是地形要『負陰而抱陽』，背山而面水（利於生活取水及軍事防衛）；把溫度高、日照多、地勢平等統稱爲陽，而溫度低、日照少、地勢高等統稱爲陰。從生活的經驗中人們體會到『陰盛則陽病，陽盛則陰病』（《素問・陰陽應象大論》），因而風水師擇地必『相其陰陽』，尋找陰陽平衡的風水寶地，只有這

些地方才具備人們繁衍生息，安居樂業的環境條件。可見，風水學中的陰陽相地，是一種直觀生活體驗的總結和一個整體思辨的結果，它包含了選擇的地形、地質水文、氣候、植被、生態、景觀等諸要素，並以傳統哲學的『氣』、『陰陽』等概念來闡釋其好壞吉凶，確定是否適合人類居住生息。此原理也可以印證於《黃帝宅經》的兩段記載：

> 夫宅者，乃陰陽之樞紐，人倫之軌模。[123]………………
>
> 蓋厥初太極生兩儀，兩儀生四象，四象生八卦。**故生人分東位西位，乃兩儀之說。分東四位西四位。乃四象之說。分乾、坎、艮、震、巽、離、坤、兌，乃八卦之說。是皆天地大道，造化自然之理。**[124]

又郭璞《葬經》說風水的選擇標準：

> 來積止聚，沖陽和陰，土厚水深，郁草茂林，貴若千乘，富如萬金。

都是基於這種陰陽哲學的豐富內涵及生活實踐，才促成中國傳統建築達到極高藝術境界的獨特風格。同時，從這些文獻的記載中，也可以很清楚的看到陰陽在風水的應用原貌到底應該如何？固然萬物不離陰陽，這是哲學上的理解，但不表示隨便什麼東西都可以套進風水裡面，並代表風水。在明清之後因爲羅盤的應用，突然出現一大堆理氣的流派，理論各各不同，吉凶差異極大，有的即使同一流派也自相打架，無非都是因爲玄學的“玄”，讓這些騙徒可以不須要負責任的瞎編亂創，遺誤後人也不怕，反正倒楣是別人家。

---

[123]《黃帝宅經·序》。

[124] 同上，《黃帝宅經·上卷》論福元第二。

三、五行學說與風水理論

（一）五行學說的結構

「五行」分爲金、木、水、火、土五類，傳統上中國人將「五行」視爲宇宙萬事萬物構成的基本元素。「五行」的源起迄今最早從甲骨文中見到木火水土四個字，在金文中雖有金木水火土五字，但並無「五行」之名。[125]而最早出現「五行」之名，並且爲「五行」屬性定義是《尚書・洪範》[126]：

> 天乃錫禹洪範九疇，彝倫攸敘。初一日五行，次二日敬用五事，次三日農用八政，次四日協用五紀，次五日建用皇極，次六日乂用三德，次七日明用稽疑，次八日念用庶徵，次九日嚮用五福，威用六極。

又云：

> 五行，一日水，二日火，三日木，四日金，五日土。水日潤下，火日炎上，木日曲直，金日從革，土爰稼穡。潤下作鹹，炎上作苦，曲直作酸，從革作辛，稼穡作甘。

文中將五行與各種自然界的事物和現象歸納爲五大類，使人們更簡單、更有規律的認識世界，這種歸納法，基本上已經不是木、火、土、金、水本身，而是按其特點，抽象概括出不同事物的五種屬性。

具有發散、生發、柔和、延伸之性者，稱之爲“木”；

---

[125] 一丁、雨露、洪涌合著，《中國風水與建築選址》，台北市：藝術家，1999，頁24~30。

[126] 最早記載「五行」這個名詞是《尚書・甘誓》，相傳是夏啟討伐有扈氏的一篇誓詞。之後，在《尚書・洪範》：中，才有系統的闡述五行的內容。而且從《洪範》開始，五行開始脫離神學的認識形態，成為說明外界事物存在的哲學範疇。《洪範》中的五行思想主要在說明事物的屬性及相互關係，

具有炎上、發熱、陽動、能量之性者，稱之爲“火”；
具有長養、變化、包容、承載之性者，稱之爲“土”；
具有清肅、肅降、堅勁、內斂之性者，稱之爲“金”；
具有流動、向下、滋潤、陰寒之性者，稱之爲“水”。[127]

其原始意涵在於以五種不同的屬性概括詮釋世間萬物，以其相生相剋解釋萬物的衍生。後來風水學中引用五行表徵五方、五土、四時、四象，又由於董仲舒「天人感應」與齊人鄒衍「五行終始說」的影響，五行又具有人文意涵，於是風水自然景觀如何影響人類生活之思考，由是展開。[128]

值得注意者，五行並非單指五種基本物質而已，如考古學者陳夢家所說，**「五行」是五種力量的循環運動，而不是五種消極靜態性的基本物質，是一種普遍系統論，『行』是指運動不息的意思，五行就是五種物質的關係和運動變化，五行論是對物質世界觀察所總結出來的五種不同屬性的抽象概括。**由此進一步認爲宇宙間的一切事物都是由金、木、水、火、土所構成，自然界各種事物和現象和發展變化，都是這五種「行」不斷運動和相互作用的結果。[129]

關於這方面的記載在文獻中所在多有，如《左傳》昭公元年醫和曰：

天有六氣，降生五味，發為五色，徵為五聲，淫生六疾。

《左傳》昭公二十五年子太叔曰：

天地之經，民實則之。則天之明，因地之性，生其六

---

[127] 李山玉、李建民著，《中國八卦象數療法》，北京：學苑，1994，頁19。
[128] 韓金英，《住宅健康場》，北京：團結，2005，頁5~10。
[129] 陳夢家，《五行之起源》，燕京學報：第二十四期，1938。

氣，用其五行。氣為五味，發為五色，章為五聲。淫則昏亂，民失其性，是故為禮以奉之。

五行學說將自然界各種人事物的現象作了廣泛聯繫，按照事物的不同性質、作用與形態，分別歸屬於五行之中（如表2-2）。

表2-2：事物的五行屬性（本研究整理）

五行	五方	五季	五色	五音	五氣	五數	五味	五臟	五官	形體	情志
木	東	春	青	角	風	三	酸	肝	目	筋	怒
火	南	夏	赤	徵	暑	二	苦	心	舌	脈	喜
土	中	長夏	黃	宮	濕	五	甘	脾	口	肉	思
金	西	秋	白	商	燥	四	辛	肺	鼻	皮毛	悲
水	北	冬	黑	羽	寒	一	鹹	腎	耳	骨	恐

五行學說的主要內涵其實並不複雜，主要就是以五行生剋規律，來說明事物之間相互滋生和相互制約關係而已（見圖2-4）。

五行學說正是運用這種相生相剋的關係來闡釋自然現象和人體現象以及兩者間的關係。其基本生剋原理是：五行相生的順序爲木生火、火生土、土生金、金生水、水生木（實線部份）。五行相剋的順序爲木剋土、土剋水、水剋火、火剋金、金剋木（虛線部份）。如五行相同（水與水、火與火、木與木、金與金、土與土），稱爲相比或比旺，有加強的意思。

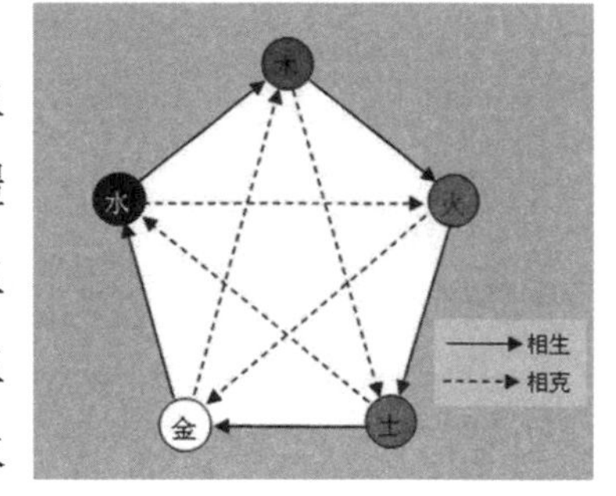

圖2－4：五行相生相剋表

然而關係不是絕對的，五行之間還存在一種「反侮」的聯繫。若木盛而金微，則金不能剋木；若火旺而水少，則水

爲火消；若土旺而木弱，則木爲土折；若金旺而火衰，則火爲金熄；若水旺而土虛，則土被水沖。此五行生剋的原則，結合陰陽家的陰陽說便構成了風水術最重要的理論基礎，也成爲後世判定風水吉凶最基本的準則。

行文至此，有的讀者或具備一定功力的學人，應該已經意會到了，是的！陰陽五行統攝了宇宙的一切現象，正是風水術中最初始、最基礎、最直觀的根本，風水術正是架構在它的基礎之上建立起來的。不止於此，中華文化中的一切玄學根本也在於五行，易經八卦也是五行，甚至食衣住行等等生活一切，也都是以五行爲指導原則，發展出來的一整套的中華文化。

五行學說對於風水術而言，它是不可以違背的，那些背棄五行學理，混淆五行學理，或另創不合正體五行的“假五行”，例如：渾天甲子法、九宮挨星法、大小游年星法、抽爻換象、百廿分金、透地七十二龍、三元九運、二元八運、文公尺………等等，都是根本上違背五行學理，以牽強的易經卦理脫離五行而爲用，也無怪乎華人世界普信風水，認爲風水可以使人富貴。但實際上，因爲風水而富貴的案例，有那麼普遍嗎？理性想想，不難得知。事實是~~~大部份的風水門派是有問題的，是錯的！是有人利用玄學不著邊際的特質刻意僞造的！！

（二）五行學說的功能及應用

五行學說應用在風水術上較有系統者，可追溯到漢朝的「五音圖宅術」王充的《論衡》云：

> 宅有五音，姓有五聲，宅不宜其姓，姓與宅相賊，疾病死亡，犯罪遇禍。
>
> 商家門不宜南向，徵家門不宜北向，則商金，南方火也；徵火，北方，水也。水勝火，火賊金，五行之氣不相得，故五姓之宅，門有宜向，向得其宜，富貴吉昌；向失其宜，貧賤衰耗。

這就是五行應用於風行術上的典型。當然，很快的就會有人發現商家門向南也有好的；徵家門向北也有發達的；商家門向西也有敗的……，因爲學理太過簡單，吉凶一見瞭然，流行不久就被看破手腳，被人棄用了。

這也證明了阿璽老師所言，道理講得通的，實務上常常行不通。後世理氣風水家後來學乖了，例如玄空挨星法的宗師蔣某，把玄空法一不說清楚，二是學理運用原則上有例外，例外之外還有例外…，學生永遠搞不清楚老師理論爲何總是一變再變，不同時期的學生學到的東西都不同，最後玄空法衍生出的分支多達百餘種，也算奇蹟一件，這都要歸功於蔣氏的搞神秘，但也遺誤後學至深至大。其它的理氣門派也差不了好多，想學風水者自己要功課作足才好，別一頭栽進去，就回不了頭了。

風水術將五行並與八卦、天干、地支、月律形成相對應的關係，此一關係的互動是風水理論最基本的格式，也是羅盤結合時間、空間的設計基礎。（如圖2-5：羅盤時空圖）

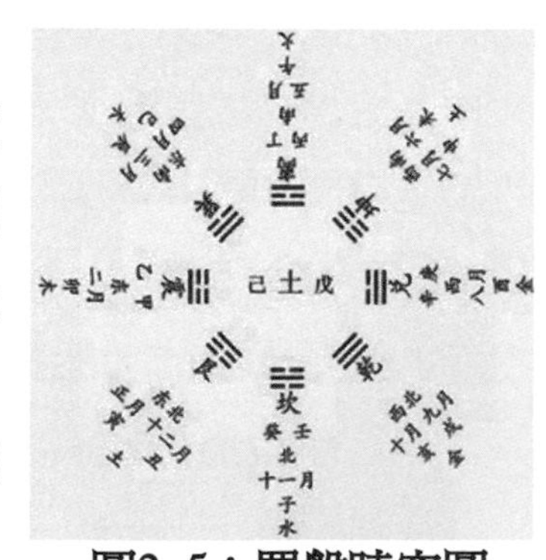

圖2-5：羅盤時空圖

風水術五行相剋受疾學說，即是以羅盤確定「方位二十四山」及「宮卦」五行屬性，假設五行相剋時，因臟腑、親屬亦和五行相屬，故可據以判定　。

症候與家中親屬何者會受疾。茲分別說明如下：

1.金剋木：「金來剋木多凶死，自縊刀傷并肺肝，咳嗽結痰胸臆滿，怯癆結舌又咽乾，更加腰疼筋骨痛，揆理皆因木受殘。」親屬應在長男、長女或長婦。木受病則四肢不利，瘋氣，膽肝，左癱右瘓，或口眼歪斜。

2.木剋土：「木來剋土瘋癲病，胃氣充心發笑歌，體弱面黃並眼澀，失音氣血欠安和，腿酸腳軟風邪作，肚腹膨脝咳嗽多。」親屬應在老母、少男。土受病則脾胃軟弱，發脹黃腫虛浮，瘟疫，時氣等症。

3.土剋水：「土來剋水生聾啞，失音小子主疲癃，瘋狂無定多思慮，眼底昏花氣不通，多生子女仍多死，逃走淫邪醜更凶。」親屬應在中男小口。水受病，則沉涸冷疾，遺精白濁，腰腎淋瀝，吐瀉嘔逆，癆蟲雜症。

4.水剋火：「水來剋火心頭痛，噎食邪淫病作癆，水盛傷心與泄痢，蓋因水火不能交，婦人胎病兼崩漏，寒熱難均胃不調。」親屬應在中女。火受病則頭痛腦熱，三焦口渴，狂言譫語，傷寒，心腹疼痛，惡瘡，眼疾。

5.火剋金：「火來剋金多咳嗽，胃寒食少面皮黃，酒色虛癆成吐血，肺金痰火見刑傷，投河自縊兼非盜，手足難伸應老陽，更有瘋癲及癱症，老陽少女各身當。」親屬則應在老父、少女。金受病，則咳嗽氣喘，虛怯瘦瘠或膿瘡血瘡，筋骨疼痛。[130]

以上五種情況，就是五行相剋傷疾學說的分析要點，風水上吉凶推斷邏輯皆仿此理。不過此處雖明示出看傷病之法，卻未點出如何去操作應用。（這是風水古書普遍的現象，高明之處在於讓人懂而不讓人用，真正關鍵之處掩而不露，讀者又自以爲作者已詳細披漏，而自己也看懂了，實則猶在門外也。）

一般習者如非明師指點恐怕無法領悟真正「傷病論斷」的技巧，所謂五行者，真實的訣竅主要在八卦五行百象的時空配合。學習者自以爲懂了，但實際上手了又不太會，錯誤百出，接下來很容易就開始胡思亂想自創怪招，一代又一代，於是演變成了今日的風水面貌。

四、河圖洛書、八卦學說與風水理論

（一）河圖之五行數理

《周易・繫辭》上傳說：河出圖、洛出書，聖人則之；孔穎達疏：**河圖則八卦是也，洛書則九疇是也。**

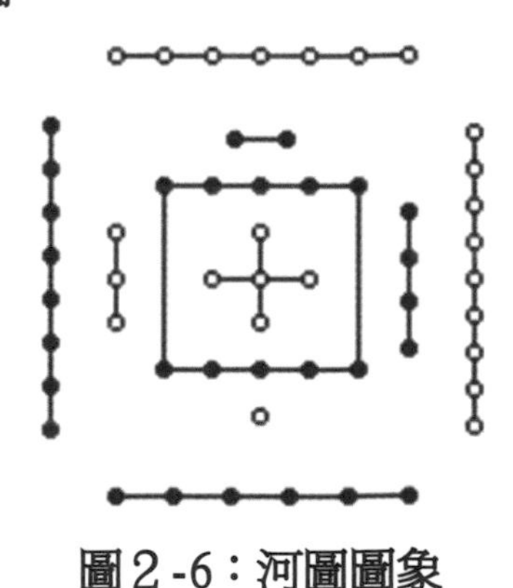

圖2-6：河圖圖象

河圖洛書出現的文字記載爲時甚早，並且幾近神話，而其內容爲

[130] 轉引自林瓊婉，《陽宅天醫方與人體之互動關係》，南華大學：環境與藝術研究所，碩士論文，2002，頁27。本段敘述見之於【清】姚廷鑾著《陽宅集成·卷六·第十六看》應犯病症法中《碎金賦》之記載及姚氏之註釋，為看陽宅疾病剋應之論斷要訣。

何，從古至今眾說紛紜，實無可考，不過宋朝以前只有河洛之名，尚未有圖，至宋代以後方有圖書出現，故圖書始自宋人殆無疑慮。[131]

《繫辭‧上傳》第九章：

天一、地二、天三、地四、天五、地六、天七、地八、天九、地十。天數五，地數五，五位相得而各有合。

此爲河圖之象（如圖2-6）。文中天爲奇數，爲陽，地爲偶數，爲陰，天數有一、三、五、七、九，五個數字分布於五方，其和爲二十五；而地數有二、四、六、八、十，五個數字其和爲三十，因此天地之數總和爲五十五。

傳說上古伏羲氏據以畫八卦，《揚子太玄經》云：**一與六共宗，二與七共朋，三與八為友，四與九同道，五與十相守。**[132]

說明河圖的生成數，經宋儒推排定出河圖的數與四象方

---

131 《繫辭傳》文及鄭注，雖有太極圖書之說，但無圖象。至宋代，始有圖象出現。宋朱震在他所著的《漢上易集傳》裡，將圖書傳授的原委說得很詳細，《宋史‧儒林傳》記載朱氏此說：「陳摶以先天圖傳種放，放傳穆修，穆修傳李之才，之才傳邵雍。放以河圖、洛書傳李溉，溉傳許堅，許堅傳范諤昌，諤昌傳劉牧。穆修以太極圖傳周敦頤，敦頤傳程顥、程頤。是時張載講學於二程、邵雍之間，故雍著皇極經世書，牧陳天地五十有五之數，敦頤作通書，程頤作易傳，載造、太和、參兩篇。」圖象始於宋代應無疑義。相傳圖書之學，始於華山道士陳摶，盛於劉牧與邵雍，但劉氏以為，河圖之數為四十五，洛書之數為五十五，邵子則以五十五數為河圖，四十五數為洛書。劉學在宋仁宗時頗為盛行，後來朱子從蔡元定的意見，取邵子的河圖洛書，與先天大小方圓各圖，以及文王八卦次序方位圖等，加上他自己改訂的卦變圖，共有九圖，列在他的《周易本義》卷首，同時他又著《易學啟蒙》，闡明邵子之學，邵學於是興起，後世理氣風水所用之學理亦多宗邵學之易經原理。

132 《揚子太玄經》亦稱《太玄經》，【漢】揚雄撰，該書模仿周易，分八十一首，以擬六十四卦，以天地人三才為本，著重闡發宇宙生成、天地運行及人事變化之哲理。

位五行的關係。河圖十個數字，依順序分列於中央及四方，象徵五行。一六居北屬水，二七居南屬火，三八居東屬木，四九居西屬金，五十居中屬土，每一方位皆由一陰一陽兩數組成，象徵陰陽兩氣。

這種數象五行的關係，也被風水術所引用。例如將六十甲子干支依十二地支循環分為五組，配合河圖五行數形成的「河圖五運」，是推斷宅氣旺衰的重要理論之一；常被風水師採用的魚缸養魚制煞招財法，在缸內養一隻黑魚或六隻魚，即是利用河圖一六數為水之理；或選車牌號碼、手機號碼、電話號碼的五行數理應用；或以房宅的層間數訂定其五行，如一層及六層、一間及六間屬水，二層及七層、二間及七間屬火，三層及八層、三間及八間屬木，四層及九層、四間及九間屬金，五層及十層、五間及十間屬土等等，再與宅主的本命五行論其生剋的吉凶。由是知河圖用於風水術，多結合陰陽五行及數而應用。只是這樣的運用也是犯了同樣的毛病~~~忽略了自然環境的影響力。例如，這棟大樓若蓋在斷層帶上，或蓋在鬆軟的河床邊，不管你是第幾層，地震一來都是一樣的危險。

（二）洛書的九星飛泊與五行數理

「洛書」，其實是一幅三階縱橫圖，即用1到9這九個數字組成一幅數字圖，使它橫的每行相加、豎的每列相加以及對角線相加，其和都等於15（如圖2-7）。縱橫圖就是今天所說的“幻方”，是指把從1到10的自然數排成縱

4	9	2
3	5	7
8	1	6

圖2-7：三階幻方圖

橫各有m個數，並且使同行、同列及同一對角線上的數的和都相等的一種方陣，其中涉及的是組合數學的問題。所謂的「洛書」，就是我國最早的一個三階幻方。[133]當然，還有多階的幻方。

《大戴禮記．明堂篇》裡記載有：

二、九、四、七、五、三、六、一、八。

是最早記載「九宮圖」內容的文獻，將之排列成方陣，便是北周甄鸞注《數術記遺》中，提及的：

九宮者：二、四為肩，六、八為足，左三右七，戴九履一，五居中央。

後來爲宋儒演爲「洛書」。「河圖」之數列於五方，而「洛書」則平列九位，五居其中，其餘分布八方，分四正四維縱橫及斜對角相加，其和皆爲十五。（如圖2-8）

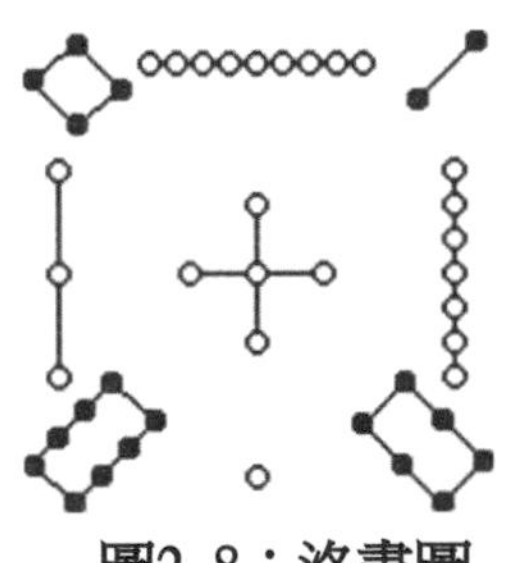

圖2-8：洛書圖

然而“洛書”在運用上並非呆板不變的，東漢學者鄭玄注《易緯．乾鑿度》中記載了：

太一取其數以行九宮，四正四維皆合於十五。

太一爲古天文紫微垣中的一顆星，它的意思是太一之神根據一定的順序巡行於九宮，而九個位置裡所顯示的數字代表了太一神所巡行的次第，因此，古人稱三階縱橫圖爲「九宮數」或「九宮圖」。

---

[133] 將從1至的自然數排列成縱橫各有個數的正方形，使每行、每列、有時還包括每條主對角線上的個數的和都相等，這樣的排列為階的縱橫圖，，亦稱階幻方。

隋蕭吉《五行大義・卷一》第五論九宮數：

> 九宮者，上分於天，下別於地，各以九位。天則二十八宿，北斗九星。地則四方四維，及中央，分配九有，謂之宮者。皆神所遊處，故以名宮也。鄭司農云：太一行八卦之宮，每四乃入中央。中央云者，地神之所居，故謂之九宮。易緯乾鑿度云：易，一陰一陽之謂道也。故太一取其數，以行九宮。

是以星為神，巡遊九宮，感應天下萬事萬物。宋王溥《唐會要》[134]進一步說明九星：**初，九宮神位，四時改位，呼為飛位。**指出九星神是會隨時間而變動，這種"飛位"說法與風水術中相似；清朝初年的蔣大鴻就利用這種洛書的數字順序，創造了「三元九運」的時間氣運理論與九宮格空間元素結合成為風水術的技法。這也是「紫白飛星」及「玄空挨星」流派的起源所在，用這樣的結合來論風水，以元運為至高無上的一切，認為就能以此決定陰陽宅吉凶，衡諸事實、歷史發展與學理都有它淺薄與不合理的地方，用正體五行、風水歷史、祖師理論來檢驗，很輕易就能看出問題所在，真的不難。

（四）八卦學說結構

所謂的八卦指的是「坎、離、震、兌、乾、坤、艮、巽」等八個卦位。中國人的思想認為，宇宙內有兩個基本的原理或力量，就是「陰」與「陽」。這個觀念，開啓了中國人數千年來的哲學思考傳承，由陰陽至於六十四卦的演變。八卦一詞最早見於《周易・繫辭下傳》：

---

[134]《唐會要》，北宋王溥(922～982)撰，記載唐代典章制度的專書，一百卷。

古者包犧氏之王天下也，仰則觀象於天，俯則觀法於地，近取諸身，遠取諸物，於是始作八卦。

由這一段簡單的記述，就已經很明白的告訴了我們~~~**八卦是長期觀察自然現象得來的結論。**八卦本無圖《易經・說卦傳》曰：「天地定位，山澤通氣，雷風相薄，水火不相射。」宋朝邵雍因之推畫先天八卦，先天八卦的次序是依照太極生兩儀（陰儀、陽儀），兩儀生四象（太陽、太陰、少陽、少陰），四象生八卦之陰陽生成原理排列（如圖2-9）。

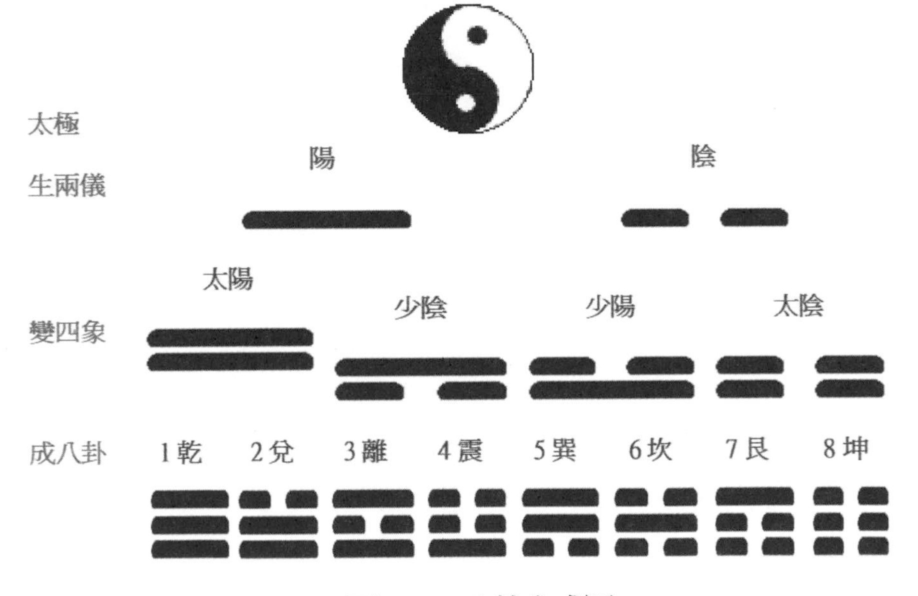

圖2-9：八卦生成圖

乾居南爲一，兌居東南爲二，離居東爲三，震居東北爲四，巽居西南爲五，坎居西爲六，艮居西北爲七，坤居北爲八，分列成圓圖布於八方。（圖2-10）

觀其數則陽儀一至四由右至左順行，陰儀五至八由左至右逆行，合於太極，而乾一坤八，兌二艮七，離三坎六，震四巽五，兩兩相對，卦畫相錯，數和而為九。

圖2-10：先天八卦卦序圖

邵雍以此為據，排列得出六十四卦方圓圖（如圖2-11），為「玄空大卦法」（又稱玄空太易卦或三元易卦法）的風水術所藉而加以運用，成為「龍、水、坐、向」之立論基礎。

《易經‧說卦傳》云：

帝出乎震，齊乎巽，相見乎離，致役乎坤，說言乎兌，戰乎乾，勞乎坎，成言乎艮。萬物出乎震，震東方也，齊乎巽，巽東南也，…　。

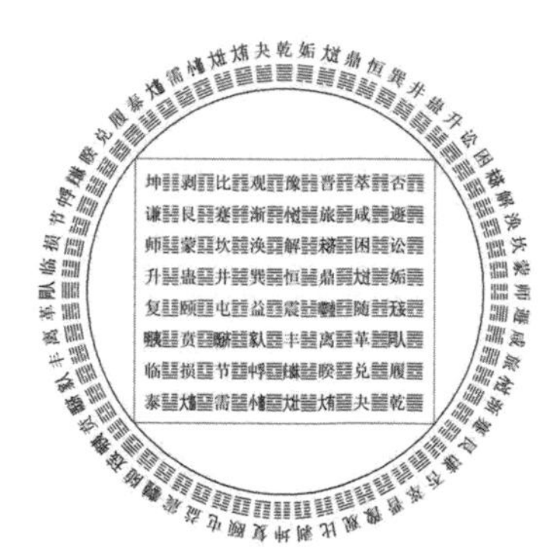

圖2-11：六十四卦方圓圖

如果說先天八卦是說明相對待之理，則後天八卦就是在闡述時空合一之道；震居東方，於時為春，春雷發動生機之始；巽居東南，於時為春夏之交，萬物繁茂；離居正南，於時為夏，天地大明，萬物之跡遂顯，故相見乎離；坤居西南，於時為夏秋，萬物至此皆已成熟，為農忙時期，故致役乎坤；繼之為兌，於時為秋，是為收成時，故得喜悅之象；乾居西北，於時為秋冬之交，萬物蔽歇，有陰陽交戰之象；坎居正北，於時為冬，萬物歸根陷溺休息之象；繼

之爲艮，艮居東北，於時爲春冬之交，萬物終而成始。所以**後天八卦以此說明“時空的天地人合一”**。[135]

八卦學說於風水術的運用上，常藉「先天爲體，後天爲用」說明先天八卦與後天八卦的相互關係，事實上除了在方位的選擇，引用後天八卦外，這兩者往往在風水運用實務上混和爲用，如“龍門八局法”。其用於斷事之剋應上則取用《說卦傳》中八卦百象的敍述與學理爲應用[136]。（如表2-3）

---

[135]【明】來知德著，《來註易經圖解》，台北：武陵，1997，頁485。

[136]《易・說卦傳》中，對於八卦的感知與聯想的歸納與推衍應用如下：

乾，健也；坤，順也；震，動也；巽，入也；坎，陷也；離，麗也；艮，止也；兌，說也。

乾為馬，坤為牛，震為龍，巽為雞，坎為豕，離為雉，艮為狗，兌為羊。乾為首，坤為腹，震為足，巽為股，坎為耳，離為目，艮為手，兌為口。

乾天也，故稱父，坤地也，故稱母；震一索而得男，故謂之長男；巽一索而得女，故謂之長女；坎再索而得男，故謂之中男；離再索而得女，故謂之中女；艮三索而得男，故謂之少男；兌三索而得女，故謂之少女。

乾為天、為圜、為君、為父、為玉、為金、為寒、為冰、為大赤、為良馬、為瘠馬、為駁馬、為木果。

坤為地、為母、為布、為釜、為吝嗇、為均、為子母牛、為大輿、為文、為眾、為柄、其於地也為黑。

震為雷、為龍、為玄黃、為敷、為大涂、為長子、為決躁、為蒼筤竹、為萑葦。其於馬也，為善鳴、為馵足，為的顙。其於稼也，為反生。其究為健，為蕃鮮。

巽為木、為風、為長女、為繩直、為工、為白、為長、為高、為進退、為不果、為臭。其於人也，為寡發、為廣顙、為多白眼、為近利市三倍。其究為躁卦。

坎為水、為溝瀆、為隱伏、為矯輮、為弓輪。其於人也，為加憂、為心病、為耳痛、為血卦、為赤。其於馬也，為美脊、為亟心、為下首、為薄蹄、為曳。其於輿也，為丁蹟。為通、為月、為盜。其於木也，為堅多心。

離為火、為日、為電、為中女、為甲冑、為戈兵。其於人也，為大腹，為乾卦。為鱉、為蟹、為蠃、為蚌、為龜。其於木也，為科上槁。

艮為山、為徑路、為小石、為門闕、為果蓏、為閽寺、為指、為狗、為鼠、為黔喙之屬。其於木也，為堅多節。

兌為澤、為少女、為巫、為口舌、為毀折、為附決。其於地也，剛鹵。為妾、為羊。

▲表2-3：八卦百象圖（本研究整理）

坤	艮	坎	巽	震	離	兌	乾	卦名
地	地	水	風	雷	火	澤	天	象名
8	7	6	5	4	3	2	1	卦序
1	6	7	2	8	3	4	9	先天卦數
洛			書			數		
2	8	1	4	3	9	7	5	後天卦數
土	土	水	木	木	火	金	金	五行
己	戊	壬癸	乙	甲	丙丁	辛	庚	天干
西南	東北	北	東南	東	南	西	西北	方位
夏未	冬未	冬	春未	春	夏	秋	秋未	季節
6~7	12~1	11~12	3~4	1~2	4~5	7~8	9~10	月份
母	少男	中男	長女	長男	中女	少女	父	人物
陰	陽	陽	陰	陽	陰	陰	陽	陰陽
柔陰	止	陷險	和入	驚動	附麗	喜悅	剛健	屬性
腹/皮	鼻	耳	股	四肢	眼	口	頭	身體
胃部	脾膽	生殖 泌尿	腸、 神經	肝、膽	心、血	口、肺	腦	內臟
死門	生門	休門	杜門	傷門	景門	驚門	開門	八門方位
二黑	八白	一白	四祿	三碧	九紫	七刺	六白	紫白九星
病符	財帛	文曲	文昌	蚩尤	右弼	破軍	武曲	天運九星
祿存	巨門	文曲	輔弼	貪狼	廉貞	破軍	武曲	宅局九星
未坤申	丑艮寅	壬子癸	辰巽巳	甲卯乙	丙午丁	庚酉辛	戌乾亥	合24山

現代人很難了解八卦百象所具有的意義，以乾卦爲例，乾可以代表天，又可以代表馬，天與馬是抽象的連結，**簡單來說，天、圜、君、父、玉、金、寒、冰、大赤、良馬、瘠馬、駁馬、木果這些都是符徵（signifier），它所要陳述的都是「乾」所要表達的符旨（signified）**，符號所具有的意識很難被單一的文字所涵蓋的，有很多最原始的感覺是文字語言所不能表達出具體的意涵，這種很重要又說不清楚、解

釋不明白的東西古人就稱之爲「道」。《老子》：

道可道，非常道，名可名。非常名。

《易‧繫辭傳》：

形而上者謂之道，形而下者謂之器。

中國的「道」一直是模糊不清的語言，幾千年來不知有多少人在裡面打轉。透過符碼的解構，「道」可以定義爲原型典範，原型典範不可以文字呈現，最多容忍比較模糊的符號表達。因此佛家曰：「不可說」，「道」是不能被文字語言化，因文字語言不能百分百的詮釋。[137]

風水家把住宅環境以此八卦方位區分，認爲居住的人與住宅會產生互動影響，而其影響與八個方位所屬內涵有直接關係。但理氣流派風水卻將原本直觀的八卦內涵，利用玄學不著邊際的特性，予以扭曲、變造、擴張，結果成了如今模樣。如餐霞道人（姚廷鑾）云：

住宅應何人得病，從八卦方位而斷亦驗。如乾方有殺，流年凶曜疊加，則主老翁得病。坎主中男，艮主幼男，震主長子，巽主長女、長媳，離主中女、中媳，坤主老母，兌主右女、幼媳。陽卦應陽人，陰卦應陰人，天地自然之理也。[138]

又如《地理乾坤國寶》云：

乾坤艮巽、子午卯酉長房位；辰戌丑未、甲庚丙壬次房當；寅申巳亥、乙辛丁癸三房地。[139]…………坎宅，坤卦為後天之位，內局流破主婦人經水之症，若外局流破

[137] 黃仲淇，《風水場域之意象性研究-----以三元理氣為例》，南華大學：環境與藝術研究所，碩士論文，2001，頁49~50。

[138]【清】姚廷鑾輯，《陽宅集成‧卷六》看應犯病症法，台北：武陵，頁453~454。

[139]楊藏華著，《地理乾坤國寶》論二十四山分房位，台北：武陵，1998，頁70~72。此論主旨在說明凡陰陽之二十四山方位上若犯煞氣者，因各方位之不同，其所對應之房份亦不同。

坤宮，一名走後天，主婦人產厄見血光也，而水流入西兌，一名走先天，主損幼丁伶仃退敗，而酉為水口長房伶敗絕，餘仿此推。[140]

八卦作爲風水術的理論基礎，理氣派在這方面，傳承了更多《周易》八卦中"原始巫卜"內容作爲風水術的應用。歷代風水學者，經長期觀察研究，領悟八卦可以代表時間與空間的組合，由八卦對應足以斷驗人事吉凶，因此，八卦觀念遂被應用於風水之中，但這種應用是非常直觀而且固定的，例方東方爲震卦、爲五行木、爲長男、爲時序春天…，而不是變來變去的各種不同派別的星，同一宮位五行也是變來變去，這就是筆者所稱做的「假五行」。[141]

五、天人合一思想與風水理論

「天人合一」是《易經》乃至整個中國傳統文化的核心概念，它不僅是一種人與自然關係的學說，也是一種關於人生理想、人生價值的學說。從建築形式上來講，幾千年來中國傳統建築緊緊圍繞著「天人合一」的人文理念，強調人與人、人與自然的和諧統一，認爲人是自然界的一部分，而自然界具有普遍規律，人類當然受到這種規律的左右。

在中華民族漫長的歷史中，強調天人合一、天人感應的空間思想，得到充分的肯定和發展。風水術所追求的建築空間乃是在自然中找到自己適宜的姿態，而不是與自然相抗衡。所以中國建築體現著深奧的哲理，在天人合一思維的指

[140]同上註，《地理乾坤國寶》二十四山精論訣，台北：武陵，頁103。此則更進一步精論不同坐山之陰陽宅，其犯各方位之煞氣者，所對應之時間及人事的細論，為乾坤國寶派的重要斷訣。

[141]亢亮、亢羽著，1999，《風水與建築》，天津：百花文藝，頁52~61。

導下，依照八卦、陰陽、五行生剋及中道的原理建構空間的聯繫，使人與自然，群體與個體融會交通，達到氣韻生動的最高建築空間藝術。

風水學說是中國建築文化的重要組成，它特別關注“人—建築—自然”的關係，就字面而言，“風水”包含了氣候因子及水流條件，是一種生態環境的總稱。它回應並實踐了「天人合一」的思想，而不只是空談哲理。雖然起初樸實的相地術後來演變成功利取向，以神秘玄奇的術數流傳於庶民社會，但實質上它是對地質、水文、日照、風向、氣候、景觀及無形的宇宙氣場等自然環境評價和選擇的準繩，以及因地制宜所需採取的相應措施，藉以達到避凶納福和繁衍人口的目的。[142]在風水古籍上這類相關的記載多有所見，如《黃帝宅經》云：

> 宅以形勢為身體，以泉水為血脈，以土地為皮肉，以草木為毛髮，以舍屋為衣服，以門戶為冠帶，若得如斯，是事儼雅，乃為上吉。

《管子·水地篇》云：

> 水者，地之血氣，如筋脈之通流者也，故曰：水，具俱材也。

皆是明顯地把宅舍作爲大地有機體的一部分，強調建築與周圍環境的和諧。古人仰觀天文、俯察地理，近取諸身、遠取諸物，通過實踐思考和感悟來設計自己的住宅，追求一個適宜的大地氣場，講究山水相配，按照一定的空間結構進

[142] 申小紅：《宋代宗族風水觀念與現代環境保護芻議》，《綏化師專學報》2004年第4期。

行組合，給居住其間者一種開濶舒適、心曠神怡的感覺，這即所謂“地靈人傑”的道理。

中國風水術作爲一種思維方式，在很大程度上規範和指導著中國古代的建築規劃，進而成爲一種設計理論和構圖依據，而貫穿於中國古代建築發展的時空中。對此，英國著名漢學家李約瑟先生深有感觸地評論說：「再也沒有其他地方表現得像中國人那樣熱心於體現他們偉大的設想：人不能離開大自然的原則。這個人並不是可以從社會中分割出來的個體，皇宮、廟宇等重大建築自然不在話下，城鄉中不論集中的或者散布於田莊中的住宅，也都經常地出現一種對宇宙圖案的感覺，以及作爲方向、節令、風向和星宿的象徵主義。」[143]

如果我們反觀在西方文明影響下所產生的現代都市水泥叢林，對照現代都市與地球所衍生的環保問題，這段話的確是對中國傳統建築及中國風水術最中肯的評價。

六、天干地支、二十四山方位與風水理論

干支，即天干地支的合稱，天干數十，地支數十二，二者配成「六十甲子」，古人用以紀年，其爲風水學吸收，更增風水理論的深廣與判斷吉凶的準驗度。干支納入風水體系，最重要的

圖2-13：二十四山方位圖（本研究製）

[143]轉自李允和《華夏意匠：中國古典建築設計原理分析》，香港：廣角鏡，1982，頁42-43、507。

是將天干地支與八卦結合，成為羅盤上的二十四山方位及「納甲」的理論（納甲說有很大的問題，前文有詳細分析。）二十四山的應用使風水學上時間之序與空間之序同時顯示在羅盤上，更彰顯八卦深層的內涵。

二十四山，計有壬、子、癸；丑、艮、寅；甲、卯、乙；辰、巽、巳；丙、午、丁；未、坤、申；庚、酉、辛；戌、乾、亥等。在風水運用上乃方位的代名詞。（如圖2-14）周天本三百六十度，以十二地支為名，平均分成十二，故以三百六十度為用，每支得三十度，後以四正有子午卯酉代之，而四隅則無，故《青囊序》云：

先天羅經十二支，後天再用干與維，八干四維輔支位。

事實上二十四山分成八等份又分屬於後天八卦，如圖2-表所示壬、子、癸三山屬坎卦，丑、艮、寅三山屬艮卦，甲、卯、乙三山屬震卦，辰、巽、巳三山屬巽卦、丙、午、丁三山屬離卦，未、坤、申三山屬坤卦，庚、酉、辛三山屬兌卦，戌、乾、亥三山屬乾卦。

圖2-14：八卦二十四山方位圖（本研究製）

即加上十天干中的八干（戊己土為中央，不計入四方，故不納入）與後天八卦中分屬四維的乾、艮、巽、坤結合成二十四山，以二十四山為立向之用，每字占十五度（如表2-4），其陰陽五行屬性，隨各家風水流派作法，而有所不同，怎麼說都可以，反正不必要舉證，最終為用之道是求其氣運吉凶衰旺得失！

表2-4：二十四山與指南針角度方位換算表

坐山	圓周角度	坐山	圓周角度	坐山	圓周角度
壬	337.5～352.5度	子	352.5～ 7.5度	癸	7.5～ 22.5度
丑	22.5～ 37.5度	艮	37.5～ 52.5度	寅	52.5～ 67.5度
甲	67.5～ 82.5度	卯	82.5～ 97.5度	乙	97.5～112.5度
辰	112.5～127.5度	巽	127.5～142.5度	巳	142.5～157.5度
丙	157.5～172.5度	午	172.5～187.5度	丁	197.5～202.5度
未	202.5～217.5度	坤	217.5～232.5度	申	232.5～247.5度
庚	247.5～262.5 度	酉	262.5～277.5度	辛	277.5～292.5 度
戌	292.5～307.5 度	乾	307.5～322.5度	亥	322.5～337.5 度

※以子山之正中線為起始之零度線，卯山正中線為90度線，午山正中線為180度線，酉山正中線為270度線。圓周360度，換算為每山15度、每卦 45度計。

理氣派各法在陽宅運用上，以基地或陽宅中軸線量測方位角度，依後方屬於何種角度換算成坐山，各法依其原理取用坐向的角度範圍（即坐山）各有不同：

（一）三合法以雙山五行三十度為取用範圍，故周天三百六十度分成十二個坐山，以十二地支為主。如表2-5

表2-5：雙山五行[144]與指南針角度方位換算表

坐山	圓周角度	坐山	圓周角度
壬／子	337.5° ～ 7.5°	癸／丑	7.5° ～ 37.5°
艮／寅	37.5° ～ 67.5°	甲／卯	67.5° ～ 97.5°
乙／辰	97.5° ～127.5°	巽／巳	127.5° ～157.5°
丙／午	157.5° ～187.5°	丁／未	187.5° ～217.5°
坤／申	217.5° ～247.5°	庚／酉	247.5° ～277.5°
辛／戌	277.5° ～307.5°	乾／亥	307.5° ～337.5°

（二）玄空挨星法以十五度為取用範圍，故周天三百六十度分成二十四個坐

圖2-6：玄空挨星法二十四山與指南針角度方位換算表

坐山	圓周角度	坐山	圓周角度	坐山	圓周角度
壬	337.5～352.5	子	352.5～ 7.5	癸	7.5～ 22.5
丑	22.5～ 37.5	艮	37.5～ 52.5	寅	52.5～ 67.5
甲	67.5～ 82.5	卯	82.5～ 97.5	乙	97.5～112.5
辰	112.5～127.5	巽	127.5～142.5	巳	142.5～157.5
丙	157.5～172.5	午	172.5～187.5	丁	197.5～202.5
未	202.5～217.5	坤	217.5～232.5	申	232.5～247.5
庚	247.5～262.5	酉	262.5～277.5	辛	277.5～292.5
戌	292.5～307.5	乾	307.5～322.5	亥	322.5～337.5

[144] 雙山五行者即以羅盤二十四山分為十二單位坐山，以十二地支為主，每二坐山合為一個單位坐山，是為雙山五行，三合法在應用上即以此為量測方位及推斷吉凶之依據。

（三）紫白飛星法、游年八宅法、龍門八局法及玄空大卦法則皆以四十五度爲取用範圍，故周天三百六十度分成八個坐山，以八卦坐山爲主。如表2-7

表2-7: 八卦方位**與指南針角度方位換算表**

坐山	圓周角度	坐山	圓周角度
坎山	337.5° . 22.5°	艮山	22.5° . 67.5°
震山	67.5° .112.5°	巽山	112.5° .157.5°
離山	157.5° .202.5°	坤山	202.5° .247.5°
兌山	247.5° .292.5°	乾山	292.5° .337.5°

羅盤以“卯”代表東方，以“午”代表南方，以“酉”代表西方，以“子”代表北方，以“巽”代表正東南，以“坤”代表正西南，以“乾”代表正西北，以“艮”代表正東北。這是每卦的主山，而它的兩旁便是偏向另一方位，例如“辰、巽、巳”屬東南，“巽”爲正東南，而“辰”屬東南內之偏向東方，稱爲東南偏東，而“巳”屬東南內之偏向南方，稱爲東南偏南，其餘八宮二十四山皆同此理。

知道二十四山的方位，找到屋內立極點，便在這個極點放射出二十四方位的線，確定周圍地理環境的方位，以各方位的景觀事物與宅局產生聯繫，便產生或吉或凶的人事剋應。在堪驗風水上這是最重要的一個步驟，無論是樓層圖抑或室內平面圖，都可以用這個方法來測定屋內的方位及判定吉凶。

在風水學理上，二十四山方位有著錯綜複雜的關係，方位間會產生奇妙的吉凶感應，這一段學理的應用主要是結合干支生剋會合刑沖的關係來表示[145]，是風水學中非常重要的基礎，各門派不論法門爲何，皆不能出其範圍。

爲什麼這樣說呢？前面其實已經提過，五行是古人天人合一的具體化，五行是中華文化最根基的元素，華人的生活上食、衣、住、行、育、樂，再延伸到中醫、藝術、建築、人體、天文、氣候……都不能出其範疇，而且統合了時間、空間的規律，離開了正體五行，整個中華文化都要大失血，不要說只是小小的風水術了。這一點的認知，卻恰恰是現在大部份風水師傅所不明瞭的，所以才會衍生出那麼多完全與五行脫節的流派，一堆「假五行、虛五行」滿天飛。八宅法、輔卦九星、紫白飛星、玄空大卦、玄空挨星、三元納氣、金瑣玉關、三合法等等，都是運用「假五行」的代表流派，後文中筆者會更詳細的說明。

---

[145] 干支沖合會刑穿的應用，主要是其五行生剋、天干五合、地支相沖、相合的關係，敍述如下：

1. 十干化合：甲己合，乙庚合，丙辛合，丁壬合，戊癸合。天干一陰一陽合五組，亦稱「五合」。
2. 天干相生：甲木生丙火，乙木生丁火，丙火生戊土，丁火生己土，戊土生庚金，己土生辛金，庚金生壬水，辛金生癸水，壬水生甲木，癸水生乙木，為同性相生。甲木生丁火，乙木生丙火，丙火生己土，丁火生戊土，戊土生辛金，己土生庚金，庚金生癸水，辛金生壬水，壬水生乙木，癸水生甲木。為陰陽相生。
3. 天干相剋：甲木剋戊土，乙木剋己土，丙火剋庚金，丁火剋辛金，戊土剋壬水己土剋癸水，庚金剋甲木，辛金剋乙木，壬水剋丙火，癸水剋丁火，為同性之剋。乙木剋戊土，丁火剋庚金，己土剋壬水，辛金剋甲木，癸水剋丙火，為陰陽之剋。
4. 地支六合：子與丑合土，寅與亥合木，卯與戌合火，辰與酉合金、巳與申合水，午與未合火，地支一陰一陽和合，共分六組，故也稱「六合」。
5. 地支三合：申子辰三合水局，亥卯未三合木局，寅午戌三合火局，巳酉丑三合金局。辰戌丑未四庫土局。
6. 地支三會：寅卯辰會為東方木，巳午未會為南方火，申酉戌會為西方金，亥子丑會為北方水。地支三字會合，稱為「三會」，氣專一方，所以它的力量比三合局要強。
7. 十二支相沖：子午相沖，丑未相沖，寅申相沖，卯酉相沖，辰戌相沖，巳亥相沖。
8. 地支相穿（害）：子未相穿，丑午相穿，寅巳相穿，卯辰相穿，申亥相穿，酉戌相穿。
9. 地支相刑：寅刑巳，巳刑申，寅申刑　　，此三刑為持勢之刑；丑刑戌，戌刑未，未刑丑，此三刑為無恩 之刑。子刑卯，卯刑子，為無禮之刑；　辰刑辰，午刑午，酉刑酉，亥刑亥，此為自刑。

第三章

第三章　介紹一個最常用的門派給你~~~八宅法

第一節 八宅法是這麼來的

「八宅派」是陽宅學中的一個重要流派，起源於唐代，盛行於宋代。陽宅宅法本盛行於北方，明朝中葉後始南傳，在此之前江南地區以葬法解宅法。而將北方陽宅宅法傳至江南的是明朝時山東歷城人（今濟南）周繼[146]，《明史·藝文志》記載，周繼著《陽宅真訣》二卷，爲八宅法的重要著作。

所謂八宅之說，實質上就是八方之說，與九星、九宮、八卦相關，是陽宅堪輿的一種說法。八宅說初期發展的陽宅文獻，可見於敦煌文獻中的《八宅經》，《宋史·藝文志》載有《黃帝八宅經》一卷、《淮南王見機八宅經》一卷、《黃石公八宅經》二卷，是宋朝人所著的三部八宅派代表著作。從這三部書的書名來看，八宅爲其論述的重點，後人因以「八宅派」稱之。

宋朝以後，這一流派代代相傳，不斷發展。著於明朝天順三年（西元1459年）完成於明朝弘治十五年（西元1503年）的《三元通天照水經》，其八宅說已發展成熟，且亦用於陰宅。由於其法理論邏輯清晰，易於學習與應用。遂在諸多陽宅學派中獨占鰲頭，成爲陽宅理論的一大宗派。明、清之時陽宅著作大量刊行，其中《八宅通真論》、《八宅造福周書》、《陽宅撮

[146] 清乾隆刊本《歷城縣志‧方技》有周繼的傳記，記載周氏精於陽宅之術，任應天巡撫期間改善儒學文廟風水，自此後應天人金榜題名者突然多了起來，且十年內造就出兩位狀元及一位探花，其所用之術即為八宅法。另明萬歷進士王肯堂在他的《鬱岡齋筆塵》云：「十年前吾江南未有談陽宅者，自山東周志齋太常，署順天府印，修學宮以為當出鼎元，而明年焦若侯及第，故士太夫翕然宗之。」

要》、《陽宅大成》、《金光斗臨經》、《陽宅十書》、《陽宅集成》、《陽宅三要》、《八宅明鏡》、《陽宅愛眾篇》等陽宅風水名著，皆以八宅爲論述重點，八宅派達於鼎盛之境。民國後1956年王德薰著《陽宅理解》於台灣，1963年吳師青著《樓宇寶鑑》於香港，直至今日，凡華人聚居之處的陽宅堪輿尚以此派爲大宗。[147]

由歷史長河中可見，此流派理論是慢慢形成的，初時還可以用在陰宅上，後來發現陰宅涉整個家族，真的不容易蒙過關，影響範圍也太太，就只限於陽宅使用，風水師壓力也小一點。可惜！雖然此派技法學的人多，但終究與五行整個脫節，也與自然環境不相干，典型用卦理看地理的風水門派，不合常識的地方就有不少，前面也提到一些，讀者可以回去溫習一下，但學的人先入爲主，大概也難回頭了。

八宅法著作甚多，今人註解亦是汗牛充棟，其中以清初箬冠道人所傳下來的《八宅明鏡》爲八宅派集大成的傳世經典代表作。箬冠道人雖然姓名、生卒不詳，但《八宅明鏡》一書由胥江釣叟顧吾廬於乾隆五十五年仲春刊行後，近三百年來風行於華人世界，其勢方興未艾，至今凡習堪輿者皆人手一冊，成爲當世陽宅的顯學。[148]本研究於八宅法學理的探究，就是以目前最廣爲流行的樂真堂刻板的《八宅明鏡》一書爲主要研究對象，針對其中重要的論點做深入的研討。本章八宅法研究阿璽老師搜集的相關資料及版本如下：（見表3-1）

---

[147] 張覺明，《江南的風水流派》，台北：牧村，2006，頁233~240。
[148] 張覺明，《八宅明鏡鏡精解》，台北：牧村，1998，頁1~3。

表3-1：八宅法相關重要資料及著作一覽表

名稱	編註人	年代	版本	出處
陽宅十書	【明】王君榮	明朝未年	台灣台南 大山書店 初版	古今圖書集成/ 博物彙/藝術典/ 堪輿部
八宅四書全集	一壑居士	明朝未年	大山書店	
八宅造福周書	【明】黃一鳳	【明】 崇禎年間	台灣台北 育林	
陽宅八卦	不詳	乾隆十四年刊		秘本
陽宅集成	姚廷鑾	乾隆十六年	台灣台北 武陵書局	
詳圖八宅明鏡	【清】顧吾廬	乾隆五十五年 （庚戍年） 仲春	台灣新竹 竹林書局	樂真堂版
八宅風水求好運	【清】顧吾廬	乾隆五十五年 （庚戍年） 仲春	台彎台南 世一文化	樂真堂版
重編陽宅撮要	【清】吳鼒	不詳	台灣台中 如意堂	叢書集成新編第 二十五冊
詳圖八宅明鏡	【清】顧吾廬	乾隆五十五年 （庚戍年） 仲春	竹林書局 2007年十二 版	樂真堂版
八宅風水求好運	【清】顧吾廬	乾隆五十五年 （庚戍年） 仲春	台彎台南 世一文化	樂真堂版
新編 陽宅愛眾篇	【清】張覺正	道光三十七年	台灣永和 大冠書局	
繪圖陽宅大全	不詳	西元1914年	中國上海 會文堂書局	會文堂版
中國堪輿學 1~5冊	徐芹庭	西元1992年	台北 普賢王	中華普賢王如來 佛教會
風水術注評	王玉德	西元1994年	台灣台北 國家圖書	術數概觀叢書第 一冊
易經陽宅地理 真機	吳明修	西元1995年	武陵書局 三版二刷	
易學易用八宅 風水	白鶴鳴	西元1996年	香港 聚賢館	
地理實用集	鐘義明	西元1996年	武陵書局 初版	

（接下一頁）

名稱	編註人	年代	版本	出處
重編八宅明鏡	吳國誌	西元1996年乙未月重編	如意堂	王德薰陰陽五要奇書
八宅明鏡	顧吾廬	西元1997年	武陵書局	樂真堂版
陽宅真義	吳明修	西元1998年	武陵書局	
八宅明鏡精解	張覺明	西元1998年	台灣台北牧村圖書	樂真堂版
陽宅方位學	周建男	西元2000年	台灣台北國家	透視陽宅專輯之二
白話陽宅三要	北辰重	西元2002年	育林出版社	
八宅明鏡十日通	謝天詮	西元2002年九月	香港新界也文堂	
八宅明鏡詳解	陳澤真	西元2003年	武陵書局	樂真堂版
八宅明鏡白話註解	林信銘	西元2005年	大冠書局	樂真堂版
陽宅三要詳解	陳澤真	西元2007年	台灣台北益群書局	乾隆五十一年文成堂板
堪輿大全	陳明	西元2006年	中國北京中國廣播	中國古代術滙要第四冊
陽宅十書	鄭同	西元2008年	中國北京華齡初版一刷	古今圖書集成數術叢刊堪輿部下冊
圖解黃帝宅經	李少君	西元2008年	陝西師範大學初版一刷	

八宅派風水又名易卦風水，由於八宅法在眾多陽宅學派中，其學理較爲簡單，僅將人命、住宅區分爲東四命宅與西四命宅，故爲其它學派的風水師所質疑。因爲其原理是將住宅及人命分爲兩大類，如果宅與命相配的話便吉利，命宅不相配的話便爲凶禍，許多攻擊者在初識八宅學理時，容易以爲此理過於粗陋不能精論而有所懷疑。八宅法是有問題沒錯，但如此批評卻是搞錯方向，因爲技法可不可用不在於其學理的簡繁，否則紫白飛星法、輔卦法、玄空法搞那麼複雜，就有比較好嗎？而是如果連基本常識都不過關，要附會

說有多神奇，那也只能說是老王賣瓜兼不知變通了。

另外，八宅法所謂宅命相配是這一派別的基礎理論，在應用上八宅法有它的訣竅，習八宅法的地師也不全然相同，但無論如何，想想前賢高大賓的《地理醒世切要辯論》就該知道如何面對此門派，也必再為其拉什麼遮羞布了。以下詳細介紹其技法學理~~~

第二節 『八宅明鏡』理論系統建構及分析

一、「福元」命卦與宅卦

福元，或稱三元命，即人命先天福壽之位。取法「天人合一」、「天地人感應」的觀念，認為宇宙對人有生而既存的信息定位，此為自我本命的場位。以此觀點出發講求人命與宅命的相合相助，透過住宅環境的規劃設計，將人的命卦與建物環境統一考慮，來強化自我場域的一種風水學理。[149]
正如《黃帝宅經· 總論》云：

> 夫宅者，乃是陰陽之樞紐，人倫之軌模，………… 故宅者，人之本也。…………人因宅而立，宅因人而存，人宅相扶，感通天地，故**不可獨信命也**。

我們常說的八字命理指的是人的出生年、月、日、時的四組干支，命理家稱為四柱，並以四柱的相生相剋來預測人生禍福。八宅派則主要強調了生年這一組干支，並把它配入八卦，於是出現了坎、坤、震、巽、乾、兌、艮、離八種年命卦，舉世男女都離不開這八種年命卦。八字的組合有數百

---

[149] 陳明，《中國古代術數滙要·堪輿大全》，北京：中國廣播電視，2006，頁3~5。

萬種，人命一生有無數的變化，但八宅法就只分八類，全世界八十億人全在這八類之中，合不合理看官自行判斷。

八宅的「宅」字有雙重意義，它既指宅院坐山的「屋宅」，也指出生年命的「命宅」。所謂「屋宅」是指坎宅、坤宅、震宅、巽宅、乾宅、兌宅、艮宅、離宅八種宅舍；所謂「命宅」是指坎命、坤命、巽命、乾命、兌命、艮命、離命八種年命，而命卦與宅卦的應用概念其實是一致的。（如表3-2）

表3-2：八宅法東西四命卦／宅卦區分表

命／宅	依據	東四命／宅				西四命／宅			
命卦	以出生年爲主	坎命	震命	巽命	離命	坤命	兌命	乾命	艮命
宅卦	以宅舍坐山屬卦論之	坎宅	震宅	巽宅	離宅	坤宅	兌宅	乾宅	艮宅

如上表，八宅法將住宅分成東四命宅與西四命宅兩大類，就宅卦而言，是以住宅坐山屬卦爲宅卦，如乾卦（坐西北）之宅稱爲乾宅，坎卦（坐正北）之宅稱爲坎宅，艮卦（坐東北）之宅稱爲艮宅，震卦（坐正東）之宅稱爲震宅，巽卦（坐東南）之宅稱爲巽宅，離卦（坐正南）之宅稱爲離宅，坤卦坐西南）之宅稱爲坤宅，兌卦（坐正西）之宅稱爲兌宅，其中以乾宅、兌宅、艮宅、坤宅爲西四宅；離宅、震宅、巽宅、坎宅爲東四宅。其東西的區分乃以老陽、老陰的卦爲西四宅；少陽、少陰的卦爲東四宅，命卦的劃分法亦然。

此種人命配卦的觀念乃源自《易經》卦象，《陽宅十書．論福元第二》云：

> 福元者何也？即福德宮也，古人隱秘此訣，謂之伏位。蓋厥初太極生兩儀，兩儀生四象，四象生八卦。故生人分東西兩位，乃兩儀之說。分東四位、西四位，乃四象之說。分乾、坎、艮、震、巽、離、坤、兌，乃八卦之說。是皆天地大道，造化自然之理。[150]

《繫辭傳》及鄭注，雖有太極圖書之說，但無圖象。至宋代，始有圖象出現。相傳圖書之學始於華山道士陳摶，其後傳至邵雍著《皇極經世》，周敦頤衍化出了《太極圖說》，朱熹著《朱子本義》，使八卦更加家喻戶曉深入人心。[151]朱熹《周易本義》有伏羲、文王八卦次序方位諸圖。伏羲八卦次序是太極分陰陽兩儀，再分太陽、少陰與太陰、少陽四象。八宅法把太陽、太陰所屬四卦稱爲西四卦，把少陽、少陰所屬四卦稱東四卦。按文王八卦方位圖，則東、西四命各有所屬方位，再配上九星，方位上就有了吉凶之屬性。（如圖3-1）

但是，把這一大套套在住宅上，美其名太極是天地大道，所以就可以套在風水上了嗎？那麼怎不去套在世間其它學問上呢？例如數學、化學、物理、醫學…。如此就可以讓人由窮轉富、由賤轉貴，有那麼靈嗎？學八宅的人那麼多，有多高比例轉富貴了？

150《陽宅十書》作者不詳，《四庫全書總目》及《中國叢書綜錄》均未收，僅見存於《古今圖書集成·堪輿部》，《陽宅十書》是對陽宅理論與實踐的總結，內容豐富而系統井然，為陽宅學中之名著。

151 同註132，河洛先後天圖象流傳應始於宋代。

圖3-1：伏羲八卦次序圖（本研究製）

人物	老母	少男	中男	長女	長男	中女	少女	老父
八卦	坤1	艮6	坎7	巽2	震8	離3	兌4	乾9
四象	太陰		少陽		少陰		太陽	
兩儀	陰儀				陽儀			
一元	太極							

二、三元理論與命卦推算

「三元」是風水術中相當重要的一個理論。三元指上、中、下三組甲子紀元，為中國古代使用最久的一種「甲子紀年法」，從西漢開始使用至今。甲子紀年法又稱「干支紀年法」，就是把十天干和十二地支組合起來，這樣共形成六十組不同干支的搭配形式，六十年為一個「花甲子」，俗稱「六十甲子」，又稱「一元」，三個六十年成三元，稱為上、中、下三元，每元又各分成三運，每運各二十年，計三元有九運，共一百八十年。近代的三元九運劃分：（如表3-3）

表3-3：近代三元九運西元年表（本研究製）

三元	九運	西元年份
上元	一運坎水	1864年---1883年
	二運坤土	1884年---1903年
	三運震木	1904年---1923年
中元	四運巽木	1924年---1943年
	五運中土	1944年---1963年
	六運乾金	1964年---1983年
下元	七運兌金	1984年---2003年
	八運艮土	2004年---2023年
	九運離火	2024年---2043年

對任何一個人來說，他出生的年份在那一元的那一年，他的年命即被確定下來，日後其人陽宅修造、朝向、內部格

局，都要根據三元年命卦定位，並由此推斷吉凶。**(所以自然環境不必優先考慮？稍具理性即知不可行。)**

在陽宅學中，八宅派注重以三元來定年命，玄空派及紫白派注重以三元來推斷元運，一切吉凶全然以元運來決定，不需要陰陽五行　(有些分支察覺此點，也加上一點陰陽五行的點綴，但不是正體五行，而是自創的五行。)　也不需要管自然環境如何，難怪欽天監的諸位博士大師們要特別著書來矯正歪風！

所以三元被廣泛的應用在風水術中。現今風水界各說各話的三元，多如牛毛，內涵差異極大，這就是風水匠師們喜歡自創名堂，搞名搞利所衍生出來的必然結果。很多人以爲創個風水玄學流派是很不得了的事，可以做神做祖，但事實是一點都不難，參考兩個其它門派的學理，自己再變化一下，就可以名留野史，又可以搞些名利好處，有多少人能忍得住誘惑呢？

現在的玄空挨星法大大小小的流派多至百餘分支，大同小異，自以爲正宗，別人都是錯，甚至連祖師爺蔣大鴻都有錯，這就是蔣氏上樑不正下樑歪的必然結果，徒子徒孫有樣學樣的傳承。而如此這般的模式，現今正快速的在風水界跟襲成風，筆者在此提醒有興趣學風水的同好，務必注意這種現象，避免陷入誤區回不了頭。學錯風水再去爲人服務，那會是造業而非積福，慎之！

關於年命卦推算《八宅明鏡· 卷上· 論男女生命》說明如下：

> 男之上元甲子起坎，中元甲子起巽，下元甲子起兑。自坎轉離，轉艮，轉兑，轉乾，轉中，轉巽，轉震，轉

坤，而逆行得中宮則寄坤。女之上元甲子起中宮，中元起坤，下元甲子起艮，自中至乾，至兌，至艮，至離，至坎，至坤，至震，至巽，而順行得中宮則寄艮，俱以九宮排山掌訣輪數而得其宮也。（參圖3-2：排山掌）

本段旨在說明男女生年命卦推算的理論與觀念，但在實際應用上有許多不同的計算方代，由於這不是本研究的重點，故只有介紹其中較常用的。須特別注意者，所謂年是指由年初的「立春」算起至隔年的「立春」止，不論中外人士皆然，而非陰陽曆的日曆年。

（一）排山掌法

先說明排山掌（如圖3-2）：把左手伸開，食指與虎口相交處爲1，九宮爲坎，九星爲一白；食指下節爲2，九宮爲坤，九星二黑；食指中節爲3，九宮爲震，九星爲三碧；食指上節爲4，九宮爲巽，九星爲四綠；中指上節爲5，九宮爲中宮，九星爲五黃；無名指上節爲6，九宮爲乾，九星爲六白；無名指中節爲7，九宮爲兌，九星爲七赤；無名指下節爲8，九宮爲艮，九星爲八白；手掌與無名指下節交接處爲9，九宮爲離，九星爲九紫。排山掌類似一馬蹄形或倒U形，男命：由七赤兌逆佈九宮（逆時針）。女命：由八白艮順佈九宮（順時針）[152]。

以公元1969年出生之男女爲例：

男命：首先把1969減去1911，得數58，將5與8拆開來，由排山掌之七赤兌逆時針開始推算，先走五宮，即由一數到五，至三碧震，再走八宮，即由一數到八，至四綠

[152] 目前流年在三元之八白艮運，故男起兌逆行、女起艮順行推算年命卦。

巽即得其命宮，男命巽卦。

女命：同上，把5與8拆開來，由圖中之八白艮順時針開始推算，先走五宮，即由一數到五，至三碧震；再走八宮，即由一數到八，至二黑坤即得其命宮，女命坤卦。

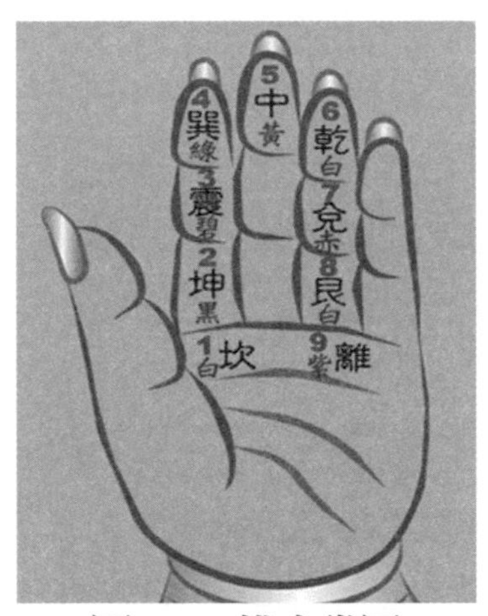

圖3-2：排山掌圖

（二）數學公式法[153]：（如表3-4）

	以民國年來推算	以公元年來推算
男命	8減（民國年次數相加）得其餘數。民國年相加若超過１０時，再相加一次，使其變爲個位數。若不夠減時，則在前面加9，後再減。若餘數爲５時，男寄坤卦。若餘數爲０，則一律爲九離命。 例：男54年生　5＋4＝9，8減9不夠，則8再加9後再減9得餘數8，故此男爲八白艮命。 例：男98年生　9＋8＝17，超過10，再相加一次，1＋7＝8，8減8恰爲0，故爲九離命。	（100－出生年尾2數）÷9得其餘數。出生年是以出生年之後二位數字爲準，若餘數爲５時，男寄坤卦。若餘數爲０，則一律爲九離命。 例：男1964年生 （100－64）÷９得餘數０，故爲九紫離命。 例：1997年生 （100－97）÷９得餘數３，故爲三碧震命。

[153]本資料引自白鶴鳴，《易學易用八宅風水》，香港：聚賢館，1996，頁152~172。另參陳澤真，《八宅明鏡詳解》，台北：武陵，2003，頁98~128，八卦三元九宮九星之圖、三元命卦配灶訣、九宮命宅二元排掌圖、及算定上中下元不可誤差等章節。及張覺明，《八宅明鏡精解》，台北：牧村，1998，頁91~95。

	以民國年來推算	以公元年來推算
女命	（民國年次數相加）減２得其餘數。 民國年相加若超過１０時，再相加一次，使其變爲個位數。若不夠減時，則在前面加9，後再減。若餘數爲５時，女寄艮卦。若餘數爲０，則一律爲九離命。 例：女57年生 5＋7=12，超過10，再相加一次，１+2＝3，3－２＝１，故爲一白坎命。 例女101年生 １＋０＋１＝２，２－２＝０，故爲九紫離命。	（出生年尾2數－４）÷９得其餘數。 出生年是以出生年之後二位數字爲準，若餘數爲５時，女寄艮卦。若餘數爲０，則一律爲九離命。 例：女1968年生 （68－４）÷９得餘數１，故爲一白坎命。 例：女197２年生 （72－４）÷９得餘５，女命得餘數５，女寄艮命。
附註	上述以公元推算之男女命卦公式，只適合至公元２０００年，由公元２００１年開始至公元２１００年，便要改以如下公式推算： 男命：（９９－出生年份後二位數）÷９得其餘數即是。 女命：（出生年份後二位數－３）÷９得其餘數即是。餘皆同	

表3-5：得數與命卦對照表（本研究製）

1白	2黑	3碧	4綠	5黃	6白	7赤	8白	9紫
坎	坤	震	巽	中	乾	兌	艮	離

（三）出生年與命卦對照查表法

此外，還可根據自己的出生年對照表格查出，欲換算成民國出生年者，可將公元年份減去1911即得，再依男女命欄對照屬何命卦。

表3-6：近代出生年份與男女命卦對照表（採自亢羽、亢亮《風水與建築》頁124）

出生年	花甲	男命	女命	出生年	花甲	男命	女命	出生年份	花甲	男命	女命
1924	甲子	巽木	坤土	1954	甲午	坎水	艮土	1984	甲子	兌金	艮土
1925	乙丑	震木	震木	1955	乙未	離火	乾金	1985	乙丑	乾金	離火
1926	丙寅	坤土	巽木	1956	丙申	艮土	兌金	1986	丙寅	坤土	坎水
1927	丁卯	坎水	艮土	1957	丁酉	兌金	艮土	1987	丁卯	巽木	坤土
1928	戊辰	離火	乾金	1958	戊戌	乾金	離火	1988	戊辰	震木	震木
1929	已巳	艮土	兌金	1959	已亥	坤土	坎水	1989	已巳	坤土	巽木
1930	庚午	兌金	艮土	1960	庚子	巽木	坤土	1990	庚午	坎水	艮土
1931	辛未	乾金	離火	1961	辛丑	震木	震木	1991	辛未	離火	乾金
1932	壬申	坤土	坎水	1962	壬寅	坤土	巽木	1992	壬申	艮土	兌金
1933	癸酉	巽木	坤土	1963	癸卯	坎水	艮土	1993	癸酉	兌金	艮土
1934	甲戌	震木	震木	1964	甲辰	離火	乾金	1994	甲戌	乾金	離火
1935	乙亥	坤土	巽木	1965	乙巳	艮土	兌金	1995	乙亥	坤土	坎水
1936	丙子	坎水	艮土	1966	丙午	兌金	艮土	1996	丙子	巽木	坤土
1937	丁丑	離火	乾金	1967	丁未	乾金	離火	1997	丁丑	震木	震木
1938	戊寅	艮土	兌金	1968	戊申	坤土	坎水	1998	戊寅	坤土	巽木
1939	已卯	兌金	艮土	1969	已酉	巽木	坤土	1999	已卯	坎水	艮土
1940	庚辰	乾金	離火	1970	庚戌	震木	震木	2000	庚辰	離火	乾金
1941	辛巳	坤土	坎水	1971	辛亥	坤土	巽木	2001	辛巳	艮土	兌金
1942	壬午	巽木	坤土	1972	壬子	坎水	艮土	2002	壬午	兌金	艮土
1943	癸未	震木	震木	1973	癸丑	離火	乾金	2003	癸未	乾金	離火
1944	甲申	坤土	巽木	1974	甲寅	艮土	兌金	2004	甲申	坤土	坎水
1945	乙酉	坎水	艮土	1975	乙卯	兌金	艮土	2005	乙酉	巽木	坤土
1946	丙戌	離火	乾金	1976	丙辰	乾金	離火	2006	丙戌	震木	震木
1947	丁亥	艮土	兌金	1977	丁巳	坤土	坎水	2007	丁亥	坤土	巽木
1948	戊子	兌金	艮土	1978	戊午	巽木	坤土	2008	戊子	坎水	艮土
1949	已丑	乾金	離火	1979	已未	震木	震木	2009	己丑	離火	乾金
1950	庚寅	坤土	坎水	1980	庚申	坤土	巽木	2010	庚寅	艮土	兌金
1951	辛卯	巽木	坤土	1981	辛酉	坎水	艮土	2011	辛卯	兌金	艮土
1952	壬辰	震木	震木	1982	壬戌	離火	乾金	2012	壬辰	乾金	離火
1953	癸巳	坤土	巽木	1983	癸亥	艮土	兌金	2013	癸巳	坤土	坎水

確定自己的「命卦」後，還要確定屬於「東四命」或「西四命」中的那一組？如果命卦是「坎、離、震、巽」就屬於「東四命」，如命卦是「乾、坤、兌、艮」則為「西四命」，在確定自己的組別後，就可憑以判斷自己特定的吉凶方位，在八個方位中，每個人都有四個「好方」和「壞方」（如表3-7）。

表3-7：東西四命吉凶方一覽表（本研究製）

命卦	吉方				凶方			
東四	正北	正南	正東	東南	正西	西北	西南	東北
西四	正西	西北	西南	東北	正北	正南	正東	東南

由此可以看出「東四命」和「西四命」的好方、壞方正好相反，所以也很容易記。在一般的情況下，只要根據以上一個人命卦的好壞方位，就可以選擇對自己有利的陽宅住家。同一家族當中，家族成員眾多，每個人的命宮殊異，**八宅法強調不論年齡多寡，以長輩、夫命或主要經濟來源者為主而論福元吉凶。**又倘若家中成員命宮有東有西者，六事吉凶宜視實際情況作適宜的佈局。接下來，若要再進一步判斷吉凶事應，那就需要懂得每一個方位與自己命卦相生相剋所顯示出的不同含意，這就要認識「四吉星」和「四凶星」。

以上的這些假設學理，連常識都不通，但學的人那麼多，可見風水的學人在求教時都是盲人騎瞎馬，瞎子摸象，因為自己不懂又聽人說的那麼神奇，只好碰到啥是啥了，真是可嘆！更可悲的是沒有反省能力，至少先佈局一下自己家啊，看看發達沒有(其它門派也是一樣)。由於先入為主兼且根底不牢，造成不辨是非的情況，更是已成常態。

三、八宅法怎麼看吉凶的-----大游年吉凶星系統

八宅法認為“宅”為人們所居住的環境，包括有宅的內外六事方位、宅的開門納氣方向，屬於空間的範疇。而“命”則為人類出生所秉之氣，此氣為個人所具之質，與時間、空間有密切的關係，宅與命相配合，則為時空交錯而產生的互動關係。八宅法不同一般陽宅法門的地方，在其強調宅、命配卦，是“空間”與“時間”的配合，把人命本身的素質納入風水佈局的依據，由這樣的配合而有吉、凶、禍、福之產生。講起來頭頭是道，可惜實務上不過關。

這也是《八宅明鏡· 論男女生命》所云：

> 人之生命不同，宅之宜忌各異。故祖孫或盛或衰，父子或興或廢，夫婦而前後災祥不同，兄弟而孟仲休咎迥別，或居此多坎坷，或遷彼得安康，實皆命之合與不合，有以致此也。古人云：命不易知，故從卦以演命之理，次從宅舍各事之宜，以合夫命。庶得趨所宜而不拂天地、八卦、五行所生之理，則慶流奕業而祥萃當身矣。[154]

這樣的假說實在講有很大的模糊，以及常識性的問題。人生複雜萬端，難明難了，但八宅法告訴我們~~~原來家族的成員吉凶成就不同，原來問題就是出在宅命不相配合上，但只要宅主配合得好，大家就沒大問題了。是耶？非耶？

有沒有宅命不配，但大發特發的案例有沒有？林老師很負責任的說：有！而且很多很多！唉~~~只能說用五術命相來騙人真的太好用了，因為政府不管控風水命理師的品質，以致於這個圈子裡騙徒橫行，人模人樣的在電視或各種媒體大

[154]【清】箬冠道人著，《八宅明鏡‧論男女生命》，台北：武陵，頁19。

量傳播各種錯誤知識。

在構建歸納出「福元命卦」的規範內容和推算流程後，以下將分述福元命卦配合大游年星，對大門、廚灶、床位、桌位等吉凶的細部規範，則「福元命卦」的操作系統結構即告完成。首先將由八個命卦按翻卦訣規劃出大游年八星，並介紹其四吉星：生氣、延年、天醫、伏位，及四凶星：絕命、五鬼、禍害、六煞之吉凶判定的系統及屬性。

（一） 大游年歌訣及游年八吉凶星

1. 大游年歌訣

「大游年」是指宇宙星辰相對地球的飛星規律。[155]具體的說，是反映北斗七星對地球表面及生物的影響規律。這種方法將北斗七星場域與地面建築格局，及人的命相匹配，形成了一套推理規律，認為這三者對人命的吉凶有直接的關聯與影響，真不知根劇是什麼？至於天上星座那麼多，為何不是距離地球更近的太陽系的九大行星而是北斗七星，著實讓人疑惑，但玄學的東西向來不講究證據，邏輯能說得通就行，反正一般人也沒有能力反駁，怎麼講都可以。

真說起來，西洋星座比北斗七星可靠，怎麼樣太陽系九大行星也比北斗七星影響大得多。所以喜歡用星宿論命的，應該選西洋星座或紫微斗數？大家應該心裡有底了！當然這是比較性的問題，紫微斗數也有它的優點。

何以稱為「大游年」呢？大游年其實質是描述了中國風水學對「氣」的認識。「大」係指「氣」的形態，其小無

---

155 亢亮、亢羽合著，《風水與建築》，天津：百花文藝，1999，頁94~95。

內，其大無外；「游」，是指「氣」的運動規律，旋轉游動，飛騰變化，周流八宮。中國風水學對「氣」的認識是構成風水學理的根本，氣的運動方式為曲線循環，但曲中有直。基本上吉氣走曲線，煞氣走直線，故而各家之風水均講求“彎抱眷戀，曲流有情”。「年」，指的不是流年，而是游年，這是兩個不同的概念，流年是干支六十甲子的流轉，而游年是指「氣」的年週期變化型態。

玄學的東西就是這樣的眩惑人心，說起來都頭頭是道，細究一下道理，又說不上來，有講跟沒講一樣，最後能檢驗的就是實務上行得通否？風水學人一定要明白這個理，**最簡單的檢視~~~老師您家的小孩到底發了沒？**

《八宅明鏡》中以生(生氣)、五(五鬼)、延(延年)、六(六煞)、禍(禍害)、天(天醫)、絕(絕命)、伏(伏位)八字為大游年星吉凶的定則，分為四吉星與四凶星。《八宅明鏡· 卷上》記載「遊年歌訣」：（整理如表3-8）

表3-8：八宮起大遊年八星訣表（本研究製）

年命	八宮(上)及大游年星(下)	年命	八宮(上)及大游年星(下)
乾	坎艮震巽離坤兌	坎	艮震巽離坤兌乾
	六天五禍絕延生		五天生延絕禍六
艮	震巽離坤兌乾坎	震	巽離坤兌乾坎艮
	六絕禍生延天五		延生禍絕五天六
巽	離坤兌乾坎艮震	離	坤兌乾坎艮震巽
	天五六禍生絕延		六五絕延禍生天
坤	兌乾坎艮震巽離	兌	乾坎艮震巽離坤
	天延絕生禍五六		生禍延絕六五天

游年歌訣是命卦和宅卦斷驗吉凶方位的口訣，也是挨排八宅星盤的方法，更是八宅法學理中由基礎至應用的根本大法。

游年歌訣由八卦相互配合，產生八種吉凶，以歌訣表示，方便記憶，是八宅法的核心理論。宅盤根據宅坐山卦來推算，而命盤則以命卦來推算。遊年歌的使用方法，皆是從本宮（即宅坐山屬卦）起伏位，將其餘七星依順時針排列，可以很快的排出宅盤或命盤的八個吉凶方位。以下附圖說明：

☯<u>乾六天五禍絕延生</u>：乾卦爲主，乾配乾爲伏位，自伏位順時針而行，則知乾配坎爲六煞、乾配艮爲天醫、乾配震爲五鬼、乾配巽爲禍害、乾配離爲絕命、乾配坤爲延年、乾配兌爲生氣。如圖3-3：乾命／乾宅游年八星盤（本研究製）

☯<u>坎五天生延絕禍六</u>：以坎卦爲主，坎配坎爲伏位、自伏位順時針而行、則知坎配艮爲五鬼、坎配震爲天醫、坎配巽爲生氣、坎配離爲延年、坎配坤爲絕命、坎配兌爲禍害、坎配乾爲六煞。如圖3-4：坎命／坎宅游年八星盤（本研究製）

☯艮六絕禍生延天五：以艮卦爲主，艮配艮爲伏位、自伏位順時針而行、則知艮配震爲六煞、艮配巽爲絕命、艮配離爲禍害、艮配坤爲生氣、艮配兌爲延年、艮配乾爲天醫，艮配坎爲五鬼。如圖3-5：艮命／艮宅游年八星盤（本研究製）

<u>震延生禍絕五天六：</u>以震卦爲主，震配震爲伏位、自伏位順時針而行、則知震配巽爲延年、震配離爲生氣、震配坤爲禍害、震配兌爲絕命、震配乾爲五鬼、震配坎爲天醫、震配艮爲六煞。如圖3-6：震命／震宅游年八星盤（本研究製）

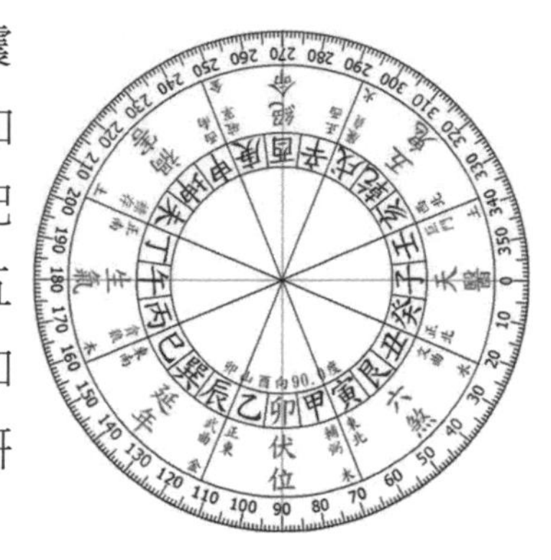

<u>巽天五六禍生絕延：</u>以巽卦爲主，巽配巽爲伏位，自伏位順時針而行，則知巽配離爲天醫、巽配坤爲五鬼、巽配兌爲六煞、巽配乾爲禍害、巽配坎爲生氣、巽配艮爲絕命、巽配震爲延年。如圖3-7： 巽命／巽宅游年八星盤（本研究製）

<u>離六五絕延禍生天</u>：以離卦爲主，離配離爲伏位，自伏位順時針而行，則佑離配坤爲六煞、離配兌爲五鬼、離配乾爲絕命、離配坎爲延年、離配艮爲禍害、離配震爲生人氣、離配巽爲天醫。如圖3-8：離命／離宅游年八星盤（本研究製）

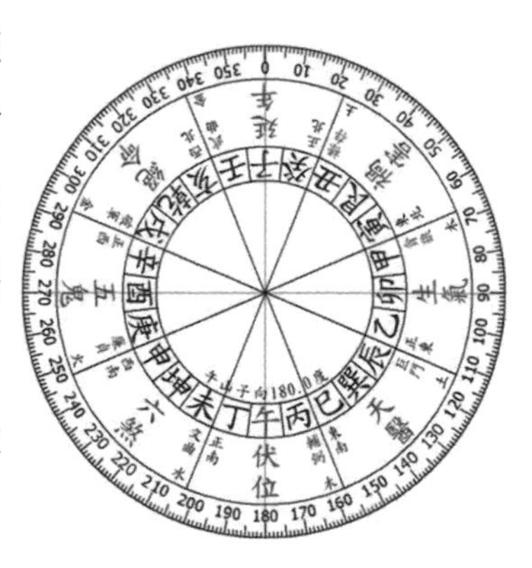

☯<u>坤天延絕生禍五六：</u>以坤卦爲主，坤配坤爲伏位，自伏位順時針而行，則知坤配兌爲天醫、坤配乾爲延年、坤配坎爲絕命、坤配艮爲生氣、坤配震爲禍害、坤配巽爲五鬼、坤配離爲六煞。如圖3-9：坤命／坤宅游年八星圖（本研究製）

☯<u>兌生禍延絕六五天</u>：以兌卦爲主，兌配兌爲伏位，自伏位順時針而行，則知兌配乾爲生氣、兌配坎爲禍害、兌配艮爲延年、兌配震爲絕命、兌配巽爲六煞、兌配離爲五八、兌配坤爲天醫。如圖3-10：兌命／兌宅游年八星盤（本研究製）

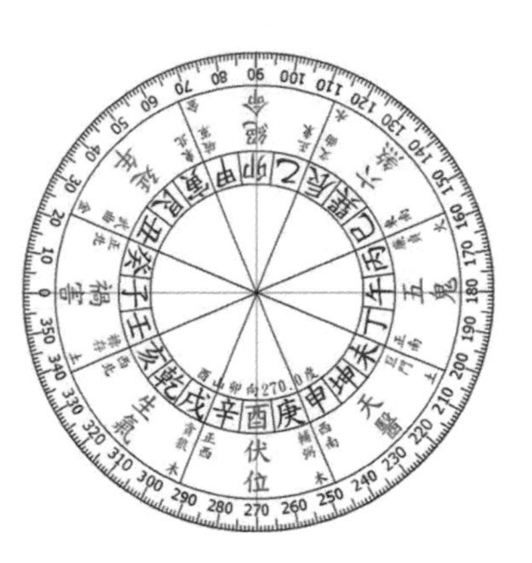

（二）游年八星的吉凶屬性及剋應流年看法

《八宅明鏡· 卷上》論星煞吉凶云：

> 星煞吉凶（右弼所屬不定，吉凶亦無定也）
>
> 生氣貪狼星屬木上吉　　延年武曲星屬金上吉
>
> 天醫巨門星屬土中吉　　伏位輔弼星屬木小吉
>
> 絕命破軍星屬金大凶　　五鬼廉貞星屬火大凶
>
> 禍害祿存星屬土次凶　　六煞文曲星屬水次凶

八宅法中這是一段十分重要的口訣，對照文中所言，九星中除右弼無法論定吉凶之外，其餘八星分別排列在各宮位。九星爲古代堪輿家使用的天星，認爲與人宅吉凶有對應關係。九星又有幾套不同的稱呼，人們比較習慣於用的一套是：貪狼、武曲、巨門、左輔、破軍、廉貞、祿存、文曲、右弼，故與游年八星對應出另一套名稱。（如表3-9）

表3-9：游年八星結合九星名稱五行吉凶屬性表（本研究製）

游年八星名稱	九星名稱	五行屬性	吉凶屬性
生氣	貪狼	木	大吉
延年	武曲	金	大吉
天醫	巨門	土	次吉
伏位	輔弼	木	小吉
絕命	破軍	金	大凶
五鬼	廉貞	火	大凶
禍害	祿存	土	次凶
六煞	文曲	水	小凶

除此之外，以上所列出的這八個星，各自對環境及本命吉凶的影響，可將其分為四個吉星及四個凶星，《八宅明鏡· 卷下》驗過吉凶八位總斷云：

> 易有八卦，宅有八方之向，又分四吉四凶，乃人人有之者也。八方之內：
>
> 第一吉星曰生氣貪狼木星。凡合得此生氣方卦，必有五子、催官、出大富貴、人口大旺、百慶交集、至期月即得大財。
>
> 第二吉星曰天醫巨門土星。若夫婦合命得之，及來路、房、床、灶向，得天醫方，生有三子、富有千金、家無疾病、人口六畜大旺、至期年得財。
>
> 第三吉星曰延年武曲金星。凡男女生命合得延年卦，來路、房、床、灶口向得之，主有四子、中富、大壽、日日得財、夫妻和睦、早婚姻、人口六交畜大旺、吉慶綿來。
>
> 第四吉星曰伏位輔弼木星。得之小富、中壽、日進小財、生女少男。然灶口火門，向宅主之伏位方，天乙貴人到伏

位，其年必得子又好養，最準。

以上四吉方，宜安床、開大門、房門，又宜合元運、安香火、土地祖祠、店舖、欄倉等類，俱宜合四吉方，忌四凶方。

第一凶星曰絕命破軍星。宅病方向，本命犯此，主絕子傷嗣、自無壽、疾病、退財、散田畜、傷人口。

第二凶星曰五鬼廉貞火星。犯此，主奴僕逃走、失賊五次、又見火災、患病、口舌、退財敗田畜、損人口。

第三凶星曰六煞文曲水星。犯之，主失財，口舌，敗田畜，傷人口。第四凶星曰禍害祿存土星。犯之，主有官非、疾病、敗財、傷人口。

凡本命四凶星，反宜安廁坑、糞缸、灶座、煙道、井、碓、缸、磨、柴、客座、床桌、為空間之房。此數壓本命四凶方上，鎮其凶神，不但無災，而反致福也。有家者，宜慎之，信之。

八宅法主要是人命配卦，再根據不同的命卦找出四吉與四凶方（如上表3-9），這四吉星的方位最適宜開門、安床、灶向、書桌等，而四凶位則最適宜廚房、灶座、廁所、閒房、倉庫等。至於吉凶剋應的時間點呢？八宅法在此一節結合了八字地支三合的理論，來推斷吉凶禍福的形成及引發的時間，可惜這個方法破綻太大，簡直沒常識到離譜，後文詳介。

這樣的結果，當然與中國人計時的工具有關，因爲中國古來以干支來計算時間，要推斷發福發禍的時間，把天干地支的系統結合，在「天人合一」的哲學指導下，是再自然不過的事了。推算的方法如《八宅明鏡· 卷上》論星煞吉凶云：

生氣輔弼亥卯未，延年絕命巳酉丑，天醫祿存四土宮，五鬼凶年寅午戌，六煞應在申子辰。

此段口訣是八宅法論斷時間因素的依據，十分重要，茲分別詳述如下：

「生氣輔弼亥卯未」：因生氣貪狼星與伏位輔弼星都屬木，所以每逢亥、卯、未之年月，就會發生吉利的事情。爲什麼呢？因爲在地支系統上，亥卯未三合木，亥的正五行雖屬水，但在擇日學上卻是屬木年，未也是如此，本來屬土，卻屬木論。

「延年絕命巳酉丑」：因延年武曲與絕命破軍五行皆屬金，所以逢巳、酉、丑之年就會有吉凶之事情發生，因爲在地支系統上巳、酉、丑三合金局。

「天醫祿存四土宮」：在地支系統上辰、戍、丑、未爲四庫土，天醫巨門星與禍害祿存星五行皆屬土，所以每逢辰、戍、丑、未年月就會發凶禍。[156]

「五鬼凶年寅午戌」：五鬼廉貞星屬火，所以每逢寅、午、戍的年月就會發凶，因爲寅、午、戍三會火局。

「六煞應在申子辰」：六煞文曲星屬水，所以每逢申、子、辰年月就會發凶，因申、子、辰地支三合水局也。

---

[156] 此段剋應之流年在辰、戍、丑、未年，應注意者，辰屬申子辰水局之中，戍屬寅午戍火局之中，丑屬巳酉丑金局之中，未屬亥卯未木局之中，各有歸屬。此節將辰、戍、丑、未又別立土宮，蓋其本性為土也。關於剋應流年之理論，將於本章三節中再深入討論。

又《陽宅愛眾篇· 卷一· 元》九星吉凶年限應驗歌內容幾乎與《八宅明鏡》相同：

五鬼應在寅午戌　六煞原來申子辰　延年絕命巳酉丑

天醫禍害是土神　生氣吉凶亥卯未　左輔陰木合局論

惟有右弼無生剋　休咎翻隨向星云

以上有很大破綻，不知讀者們看出來了沒有？一般學習八宅法的人，應用八宅法學理多僅只於之前所述，故而對八宅法有粗陋不精及過於簡單之譏，但八宅法的內容就只有這一些嗎？又前敍八宅法中的學理或歌訣有無不合理之處呢？本研究將續在後節中，以前述風水學的基本學理及合理性作深入之檢視，辨其真僞。

（三）八宅法學理結構分析

前述八宅法又名「易卦風水學」，可見八宅法的學理依據與易經息息相關，關於八宅法游年星的相關理論，在《八宅明鏡· 卷上》王肯堂論八宅生氣等星吉凶之源有深入且完整的分析：

太極分陰陽，陽之中有陰有陽，所謂太陽、少陰也；陰之中有陽有陰，所謂太陰、少陽也。太陽之中，陽乾陰兌；少陰之中，陽震陰離；少陽之中，陽坎陰巽；太陰之中，陽艮陰坤；所謂先天八卦也。

乾父坤母，震長男，巽長女，坎中男，離中女，艮少男，兌少女，所謂後天八卦也。

陽道主變. 其數以進為極, 故乾父得九，震長男得八，坎中男得七，艮少男得六。陰道主化其數以退為極，故坤母得一，巽長女得二，離中女得三，兌少女得四；此河圖洛書自然之數，而不離於五者也。

故先天之合為生氣焉，後天之合為延年焉，五數之合為

天醫焉。乾九合艮六，坎七合震八，坤一合兌四，巽二合離三。陽得十五而陰五，故曰五數之合也，其不合者，皆凶矣！

乾與離，兌與震，坤與坎，艮與巽，皆以陰而剋傷，凶莫甚矣，凶莫甚矣，故為絕命也。

乾與震，巽與坤，坎與艮，兌與離，皆陽剋陽，陰剋陰，甚凶次之，故為五鬼也。

乾與坎，艮與震，巽與兌，坤與離，皆六親相刑，故為六煞也。

乾與巽，坎與兌，艮與離，坤與震，金木土相剋，而子酉丑午相破，故為禍害也。

總之，合皆比而生吉，不合者相剋而生凶，此東四、西四八宅之所以判，而各星分配之所以殊也。

畫卦自下而上，變卦自上而下，故一變而乾得兌，兌得乾；離得震，震得離；巽得坎，坎得巽；艮得坤，坤得艮。所以為生氣也。

二變而乾得震，震得乾；坎得艮，艮得坎；巽得坤，坤得巽；兌得離，離兌。所以為五鬼也。

三變而乾得坤，坤乾；坎得離，離得坎；震得巽，巽得震；艮得兌，兌得艮。所以為延年也。

四變而乾得坎，坎得乾；艮得震震得艮；巽得兌，兌得巽；離得坤，坤得離。所以為六煞也。

五變而乾得巽，巽得乾；坎得兌，兌得坎；艮得離，離得艮；震得坤，坤得震。所以為禍害也。

六變而乾得艮，艮得乾；坎得震，震得坎；巽得離，離得巽；坤得兌，兌得坤。所以為天醫也。

七變而乾得離，離得乾；坎得坤，坤得坎；艮得巽，巽得艮；震得兌，兌得震。所以為絕命也。

世所傳遊年歌，甚源實出於此，而特為捷法以括之。時師執流而忘源，不復深求其故，此吉凶所以無據也。

這一段在《八宅明鏡》書中是很重要的一節，因爲它把大遊年星存在的學理依據作了清楚的交待。

1.以先天八卦次序爲原理者

先天八卦之四象次序中，**太陽**分乾、兌兩卦，少陰分離、震兩卦，**少陽**分巽、坎兩卦，太陰分艮、坤兩卦（如圖2-9：八卦生成圖）。這四象的組卦分別由陰陽兩卦組成，當其中的一卦作爲命卦或宅卦時，另一卦就配有一定的星名。如乾爲命卦時兌就配一星名，兌爲命卦時乾也配相同的星名。由於這種組合方式出於先天次序，且先天理數合乎河圖數一六共宗、二七同道、三八爲朋、四九爲友、五十同途之理，所以稱爲「先天之合」，其配星爲**生氣貪狼星**。[157]

2.以後天八卦次序爲原理者

後天八卦次序是乾、震、坎、艮爲父子關係，屬陽；坤、巽、離、兌爲母女關係，屬陰。乾坤、震巽、坎離、艮兌分爲陰陽相配的四組，即老父配老母、長男配長女、中男配中女、少男配少女，是皆真配也。**真配卦組其洛書卦數相合必爲十**，因其位置符合「天地定位，山澤通氣，雷風相薄，水火不相射」之理。其中某一卦作命卦時，同組的另一卦則配延年武曲，四組皆同此理，如乾作命卦，坤即爲延年武曲星。由於這種方式出於後天次序，所以稱爲「後天之合」，其配星爲**延年武曲星**。[158]

3.合五與合十的卦數相加法

在前節談到「八卦」的基礎學理時，如將先天八卦配洛

---

[157]張覺明，《八宅明鏡鏡精解》，台北：牧村，1998，頁52。

[158] 同上註。

書數則得八卦的先理數：乾九、坤一、離三、坎七、巽二、兌四、艮六、震八，兩兩相加後會產生不同的組合，其中以合五、合十、合十五為河圖生成數，帶有變化的生機，故為吉，甚餘為凶。（如表3-10）

表3-10：合五與合十之配卦組合一覽表（本研究製）

區分	卦數組合	吉凶	九星名稱
先天卦數相加合十者	乾九坤一、兌四艮六、離三坎七、震八巽二	吉	延年武曲金星
先天卦數相加合五、十五者	乾九艮六、兌四坤一、離三巽二、震八坎七	吉	天醫巨門土星
先天卦數組合為河圖生成數者	乾九兌四、離三震八、巽二坎七、艮六坤一（四象之組合）	大吉	生氣貪狼木星
卦之本宮者	如乾本宮、兌本宮、離本宮、震本宮、巽本宮、坎本宮、艮本宮、坤本宮	小吉	伏位左輔木星

以上是遊年星中的吉星，從數的觀點來論宅命所以為吉的理由。所謂數的觀點就是河圖數的組合概念。[159]這樣的學理假說完全脫離自然環境，就算房子蓋在斷崖上，吉凶也是如此論斷。而把五行結合進去論斷應期更是荒謬，分析如下：

其一，生氣貪狼木星所以為吉，是因為河圖的數，是因為生氣所以吉，而非木，弄這個木只為湊合亥卯未論流年。

其二，勉強結合地支三合理論只是拾人牙慧，硬湊合的，如乾命人生氣在兌宮，兌宮五行是金，又如何變成“貪狼木”呢？

創這個門派的前賢顯然也是個半瓶醋，東拉西湊搞個門

[159]林信銘，《八宅明鏡白話註解》，台北：大冠，2005，頁119~120。林氏書中內容幾與另一作者陳澤真，《八宅明鏡白話詳解》，台北：武陵，2003，之各章內容見解與文句幾乎完全相同，以出版年代而言，林氏之書恐有抄襲之嫌。

派出來玩兒，其它理氣門派也大多如此這般，換湯不換藥。細節的探討後文會再深入，能如此粗糙的創個門派，讓一堆人來學，無非也是因爲沒人管，欺負一般人不懂。

4.陰陽五行生剋法

八卦之陰陽五行屬性，乾爲陽金，兌爲陰金，離爲陰火，震爲陽木，巽爲陰木，坎爲陽水，艮爲陽土，坤爲陰土。明瞭八卦陰陽五行屬性，就易於理解本節所說的學理。陰陽五行一般以相生相合爲吉，相剋相沖爲凶，據以判別年命或宅卦與八方是吉是凶，茲整理表列如下：

表3-11：八宅四凶星之陰陽五行生剋型態表[160]（本研究製）

組合類型	八卦組合	吉凶	九星名稱
陰剋陽	離陰火剋乾陽金、兌陰金剋震陽木、坤陰土剋坎陽水、巽陰木剋艮陽土	大凶	絕命破軍金星
陰剋陰、陽剋陽	乾陽金剋震陽木、巽陰木剋坤陰土、艮陽土剋坎陽水、離陰火剋兌陰金	次凶	五鬼廉貞火星
六親相刑（六親搭配不當）	乾陽金生坎陽水、震陽木剋艮陽土、兌陰金剋巽陰木、離陰火生坤陰土	次凶	六煞文曲水星
金土木相剋且子酉丑午相破害	乾陽金剋巽陰木、兌陰金（酉）生坎陽水（子）、離陰火（午）生艮陽土（丑）、震陽木剋坤陰土	小凶	禍害祿存土星

依表格所列的學理，如果讀者熟悉八卦與地支，不難看出整個的系統不離自說自話，牽強硬湊。怎麼說呢？

其一，陰剋陽爲絕命破軍星，是最大最凶的星。此爲「陰剋陽」，但凡學過命理學的人都知道一個道理，同性之剋

[160]本表內容參酌陳澤真著，《八宅明鏡白話詳解》，台北：武陵，2003，頁143。及張覺明，《八宅明鏡鏡精解》，台北：牧村，1998，頁111~112。太極生兩儀，兩儀生四象，四象生八卦之陰陽五行生剋內容。

爲有情之剋，而異性之剋爲無情之剋，這是五行的正理，何以「陰剋陽」異性之剋會最凶呢？既然陰剋陽爲凶，那麼又何以避過「陽剋陰」而不論呢？答案很簡單~~~硬湊的！因爲圓周只有八個卦位而已，容不下更多的關係了。

其二，五鬼廉貞火是陰剋陰、陽剋陽，同性相剋而產生，依五行正理，本應該是最凶，但卻不是，何以故呢？都是硬湊需要而來。何況組合中陰剋陰、陽剋陽，又不只限於八宅法學理所列四種，例如何以震陽木不能剋艮陽土呢？何以其它的不列入呢？人爲編造使吉凶看來合理，但實在是愈錯愈遠。

其三，原文中六煞文曲水星，乃是六親相刑而來，至於何以相刑的原因，卻完全沒有說明，只提了一句「**皆六親相刑，所以為六煞也**」。五行相刑是八字學"地支"的學理，"八卦"沒有相刑這種東西，硬掰的也太明顯。

這些個理氣法門的學理經常出現這種狀況，能說得通的就說，說不通的就硬拗，拗不過來的就含糊帶過，這段六煞文曲水就是典型作法。

因爲易經的原文關係裡八卦八宮都是家人，從老父老母到少男少女，家人和睦，也不知相刑什麼？例如，乾陽金生坎陽水、離陰火生坤陰土，同性相生，如母生女，父生子，也是論吉，何來相刑之說呢？學風水的人，剛開始學的時候，先入爲主，幾乎不可能具備這種分辨能力，結果就是今日風水術劣幣驅逐良幣的結果。

就算今日有許多學者教授、各行業專家加入研究的行列，作用也不大，因爲實務經不足，而且也沒有人會去精研每一個門派，耗費許多年的時光去做這種事，所以，這些理氣的騙術流派，假借易經的名義，一代又一代的傳下來，禍害無窮。可怕的是，這些走入誤區的人又都以爲自己是對的，學什麼就認同什麼，先入爲主，然後再傳教更多後學，回不了頭。

其四，禍害祿存土的原理，整一個就是雜亂不知所云，一下論卦一下論地支，有相剋、有相生、有地支相害、相支相破。羅盤一卦統三山，兌卦有三山庚酉辛，生坎陽水有三山壬子癸，何以就酉子相破，酉山、子山都是卦中三山的其中一山而已，怎麼就可以代表個卦呢？完全不合邏輯與常識。不會庚辛生壬癸水爲吉；同理，離陰火三山丙午丁，生艮陽土丑寅三山，何以就只有丑午相破？其它30度就不管了？既論地支，那麼丙午丁又如何生寅木？火如何能生木？總之，一整個流派的學理就是破碎零亂。

5.翻卦法表~~~依：生、五、延、六、禍、天、絕、伏

表3-12：游年九星翻卦速查表（陳澤真著《八宅明鏡詳解》，頁142）

先天卦序	乾1	兌2	離3	震4	巽5	坎6	艮7	坤8
一變／變上爻生氣貪狼	兌	乾	震	離	坎	巽	坤	艮
二變／變中爻五鬼廉貞	震	離	兌	乾	坤	艮	坎	巽
三變／變下爻延年武曲	坤	艮	坎	巽	震	離	兌	乾

四變／變中爻 六煞文曲	坎	巽	坤	艮	兌	乾	震	離
五變／變上爻 禍害祿存	巽	坎	艮	坤	乾	兌	離	震
六變／變中爻 天醫巨門	艮	坤	巽	坎	離	震	乾	兌
七變／變下爻 絕命破軍	離	震	乾	兌	艮	坤	巽	坎
八變／變中爻 伏位輔弼	乾	兌	離	震	巽	坎	艮	坤

遊年九星的產生及吉凶原理，也可以翻卦法來加以說明。翻卦法就是把某一單卦的某一爻，陰變陽、陽變陰，就能變成另外一個單卦。由單卦的上爻起變，依「**上、中、下、中、上、中、下、中**」爻變的順序，一爻一爻的變，可以由中看出其規律性及週期性，但要注意爻變方式的原則是：每一爻的變化皆以前爻變化後的結果爲基礎。經過八次爻變之後，會變出八個卦，這八個卦(含原來的卦)，依序配出：**生氣、五鬼、延年、六煞、禍害、天醫、絕命、伏位**等遊年星，待到第八次爻變後，會再變回原來的卦，即是伏位。[161]筆者將之整理表列如上圖3-12以供參考。用這種道理來看風水，管你房子蓋在沙漠裡，符合理氣公式就好。

[161] 謝天詮，《八宅風水十日通》，香港新界：也文堂，2002，頁43~51。

6. 八卦生成的陰陽老少法

八宅法借用「太極生兩儀，兩儀生四象，四象生八卦。所以生人分東位、西位，乃是兩儀之說；東四命、西四命，乃是四象之說；乾、坎、艮、震、巽、離、坤、兌乃八卦之說，皆是天地大道造化之理。」東西四命、遊年九星的原理除上述諸法外，還有「陰陽老少法」，即在八卦生成過程中，由最早的氣化源頭，找出它陰陽配屬的理論。

老陰、老陽、少陰、少陽四象中，乾、兌屬老陽，艮、坤屬老陰，離、震少陰，巽、坎屬少陽。甚中老陽與老陰配，少陽與少陰配，此乃天經地義，故乾兌、艮坤爲一類，離震、巽坎爲一類。同類的卦互爲吉星；不同類的卦，互爲凶星，亦爲遊年九星吉凶的原理。整理如下：（表3-13）

（1）老陽、老陰、少陽、少陰四象中，各象之二屬卦互相配合，即稱之爲「生氣貪狼木星」

（2）老陽二卦與老陰二卦配，少陽二卦與少陰二卦配，其中連卦爻陰陽也相配者，稱爲「延年武曲金星」，卦爻陰陽不能相配者，稱「天醫巨門土星」。

（3）「各卦本宮之配伏位輔弼木星」即是各卦本宮爲伏位。

（4）老陽二卦與少陰二卦配，老陰二卦與少陽二卦配，老少配乃不宜之配，故爲「絕命破軍金星」與「五鬼廉貞火星」。

（5）老陽二卦與少陽二卦配，老陰二卦與少陰二卦配，孤陰不生，孤陽不長，故爲「禍害祿存土星」與「六煞文曲水星」

表3-13：游年九星之四象配屬型態表（本研究製）

各象之二屬卦互相配合	原理	游年九星
各象之二屬卦互相配合	河圖數之五行組合	生氣貪狼木星
老陽與老陰配	卦爻陰陽也相配者	延年武曲金星
少陽與少陰配	卦爻陰陽也相配者	卦爻陰陽也相配者
各卦本宮之配		伏位輔弼木星
老陽與少陰配 老陰與少陽配	老少配不宜	絕命破軍金星與 五鬼廉貞火星
老陽與少陽配 老陰與少陰配	孤陰不生 孤陽不長	禍害祿存土星與 六煞文曲水星

由以上各法來說明游年九星的原理及來源，總覺有看圖說故事，先畫靶再射箭的感覺，不說中間有許多如前述不合情理的地方，就算部份合乎易經學理的，以“卦理”取代“地理”，忽視自然環境，也是一個很大的問題！

依八宅法操作，看風水變成很簡單的一件事，先畫個九宮格，再依序塡上大游年星，全部紙上作業就可搞定，簡單快速。三個小時就可以養成一個專業風水師，誰還要「三年尋龍，十年點地」呢？看來郭璞、楊筠松祖師們都是傻瓜，還是後代的這些理氣老師們厲害一萬倍，紙上就可以看風水。

四、怎麼將八宅法應用在實務上

八宅法來源及理論並不複雜，實務應用上也有一個極爲簡單的歌訣，可以說整部《八宅明鏡》就是此一歌訣的詳細說明而已。《八宅明鏡· 卷上》東四宅、西四宅訣云：

震巽坎離是一家，西四宅爻莫犯他，
若還一氣修成象，子孫興旺定榮華。
乾坤艮兌四宅同，東四卦爻不可逢，
誤將他象混一屋，人口傷亡禍必重。

這兩首歌訣是專講家居不可犯的規則。即震、巽、坎、離東四命宅，五行是屬於水、木、火，即水生木、木生火相生相助，其四吉方都是相同的，故凡修門、屋、灶、床等須依此方位而定，不可混入西四宅的位置，因爲兩者吉凶方位截然不同，絕不可混淆。而乾、坤、艮、兌爲西四命，在五行上爲土金相生的同屬，其四吉方的位置都是相同的，凡修門、屋、灶、床等，須依此方位而定，不可混入東四宅的四吉方位。凡陽宅依此方位而造作，主子孫興旺榮華，違此方位法則，主家中傷丁與招來其宅災禍。

這裡面又是一堆常識性的問題，怎麼說呢？坎離同屬東四卦，五行卻是水火相犯，這裡就衍生出到底是正體五行重要，還是游年星重要的問題，但這根本沒什麼好選擇的，在中華文化裡游年星只能是靠邊站，“五行”才是中華玄學的根本大法。

五、論八宅法的根本重心------「福元」理論

《八宅明鏡· 卷上》云：

> 宅之坐山為福德宮，人各有所宜，**東四命居東四宅，西四命居西四宅，是為得福元**。如西而居東，東而居西，雖或吉，不受福也。
>
> **如東西之宅難改，當於大門改之；如大門難改，當權其房之吉以位之；如房不可易，當移其床以就吉。則雖無力貧家，亦可邀福也。**

何謂福元？福份之根源也。《八宅明鏡》一書的基本理論即東四命人宜住東四宅，西四命人宜住西四宅，如此宅命配合才能邀福。萬一宅命不能配合，宅不能改則改大門納吉

氣，大門不能改則改主人房，主人房不能改則移床以配合之。「宅之坐山爲福德宮」，即宅的各吉凶方位要以坐山爲準，坐山爲一切福德之根本。坐山決定之後，就可依照「大游年歌訣」排出其餘游年吉凶星。

福元之說在另一本陽宅古籍《陽宅十書》的第二卷有更詳盡的說明，《陽宅十書· 卷二》論福元第二云：

> **福元者何？即福德宮是也。…………若福元一錯，則東四修西，西四修東，吉星反變為凶星，雖外形、內形俱吉，皆無用矣！**關係最大，故論福元第二。

又書中<福元論>再云：

> 天地間不過一陰陽五行、曆法易數互相表裡者。曆法以一百八十年為一周天，第一甲子六十年為上元，第二甲子六十年為中元，第三甲子六十年為下元，此之謂三元。
>
> 配以洛書九宮八卦，一年屬一宮，洛書戴九履一、左三右七、二四為肩、六八作足、五居中央。配合流年，一歲屬坎、二歲屬坤，迤次震三、巽四、中五、乾六、兌七、艮八、離九。**生人之年值何卦，此卦即為福德宮**。而男中五則寄坤宮，女中五則寄艮宮，此之謂八卦。
>
> 匪惟宅元起例在此，其婚元起例、塋元起例，皆不外此八卦九宮。**是八卦之名，實在人生年福德，不在居宅**，但可謂八方，不可謂八卦。若名八卦，止正南、正北、正東、正西，坎、離、震、兌四卦，乃四隅宅，豈世所常有而可名為乾、坤、艮、兌宅哉。
>
> 惟識生年福德為八卦，則震、巽、坎、離福德，為東四位生人；乾、坤、艮、兌福德，為西四位生人。東四位則修震、巽、坎、離，西四位則修乾、坤、艮、兌，而禍福永無差謬矣。

《陽宅十書》說明福元即伏位、福德宮，因為有了伏位之後，才能在其宅八方飛佈游年九星，因此伏位是一切福份的根源。其中應特別指出者，《陽宅十書》強調命卦是重於方位的，即年命重於宅卦，此一見解與《八宅明鏡》之見解完全相同。若非命卦因素，宅的八方只是八方而已，不能稱之為八卦，這是八宅法很重要的一個觀念，也是多數習八宅法者不明瞭的地方，不過，就算懂了也沒用就是，參考高大賓等的論述，錯就是錯，學理通但實務不通也是害人。

八宅法學理的錯誤，就錯在了根上，宅的吉凶與自然環境及科技關係較大，與你是什麼命沒有關係！稍微理性思考一下就明白。

其一，其它的風水門派都不注重所謂宅、命相配，何以單單八宅法強調有命卦、宅卦兩者相配的問題？這個假說根據是什麼？八宅根法沒有交待，只是說了就要你照做就對了。此假說如果是對，那麼其它所有風水流派就都犯錯，包含巒頭形勢派，這合理嗎？須知，在沒有八宅法之前，中國早就有風水術了。

其二，常識性問題，陽宅如果偷工減料，地基鬆散，誰住都有危險；陽宅如果蓋在濕地上，每個人都呼吸系統不佳，這還要分東四命、西四命嗎？

第三節 陽宅三要---門、主、灶理論與實務操作

何謂「陽宅三要」？即門、主、灶是也。也是陽宅學中最重要的三個部份，陽宅內部的吉凶端視三要佈局得當與否，如果可以相生或比和則爲吉宅，反之則凶。清趙廷棟著《陽宅三要· 卷一》[162]陽宅三要論云：

> 夫曰三要者何？門、主、灶是也。門乃由之路，主乃居之所，灶乃食之方。陽宅先看大門，次看主房，門、廚有東四、西四之分，而主房卻無此定位，高大者即是。只要門、主相生即以吉斷，相剋即以凶斷，此看陽宅必然之理也。

本研究中關於八宅法實務探討的部份，即以陽宅三要------門、主、灶爲主要對象，再配合現代住宅較注重的元素，以此幾個重點論述「八宅法」理論的合理性，並與「紫白飛星派」作較深入的比較及研究，也了解理氣風水的失當所在，何以高大賓等卓越之賢要大力的斥其爲害。阿璽老師在此也誠懇的叮嚀，理氣並非全無可用，但要有高明指點，否則造福不成反造禍，宜慎之！

一、開門理論與實務操作規範

（一）宅舍大門觀念的建立

傳統門的開法是一個極爲複雜與重要的課題，因傳統的

---

162 【清】趙九峰著，《陽宅三要》與《八宅明鏡》是八宅法中最重要的典籍之一，雖同屬八宅之範圍，但其法甚不同，最大之差別，在對於東西四宅之認定，《八宅明鏡》是以「坐山」為準，而《陽宅三要》是「門向」來決定。此外，《陽宅三要》不強調四吉方、四凶方，而以門、主、灶三者之間論生剋，來推斷吉凶。《陽宅三要》亦不重視命卦，而把重心放在多進院落的佈局，與《八宅明鏡》有相當大之不同。由於八宅明鏡之法更為普遍流行，故本研究以《八宅明鏡》為主，於《陽宅三要》之理論暫不作探討。

門有大門、中門、總門、便門、房門等[163]。與大門相關的課題很多，如大門的位置、大門的形狀、顏色、大小、材質等等，本節研究的範圍以大門的方位爲主，此亦爲陽宅大門最緊要與複雜的部份，餘者無非比例與五行生剋的應用而已，較爲單純，影響亦較輕微。關於宅舍大門的理論最緊要應釐清的觀念，乃門爲納氣之說。明黃一鳳《八宅造福周書· 上卷· 門路最緊》云：

宅無吉凶，以門路為吉凶。

此言清晰簡要，點出一宅吉凶要領，從中也可領略出現代公寓大樓住宅的問題，蓋公寓大樓中不吉單位，如欲改其門向以就福，幾無可能，惟隨歲運以浮沉。另清初姚廷鑾《陽宅集成· 卷六· 第十四看》內六事法引用《歸厚祿· 十八陽基章》有更爲清晰的敍述與分析：

> 陽宅氣在地上，不專以地中之氣為主用，兼取門氣。蓋氣本橫行，無途入宅，門戶一啟，氣即從門而入，其力與地氣相敵。

又云：

> 地衰門旺，地旺門衰，吉凶參半，須門、地並旺，甚吉。地乃一定之物，不能更移，門則可隨方而改。儘有先天之地，改一旺門，便能起衰；得元之地，改一衰門，便至減福，尺寸之間，榮枯頓異。

---

[163] 【清】趙九峰著，《陽宅三要》與《八宅明鏡》是八宅法中最重要的典籍之一，雖同屬八宅之範圍，但其法甚不同，最大之差別，在對於東西四宅之認定，《八宅明鏡》是以「坐山」為準，而《陽宅三要》是「門向」來決定。此外，《陽宅三要》不強調四吉方、四凶方，而以門、主、灶三者之間論生剋，來推斷吉凶。《陽宅三要》亦不重視命卦，而把重心放在多進院落的佈局，與《八宅明鏡》有相當大之不同。由於八宅明鏡之法更為普遍流行，故本研究以《八宅明鏡》為主，於《陽宅三要》之理論暫不作探討。

門以通大道者為重，蓋氣在大道中，隨人往來，一開門，便從門而入，前門、後門、旁門、側門、便門、或吉或凶、分遠近大小、動靜冷熱，而論興廢。

一宅止一門，獨旺則全美，若諸門皆旺，諸美畢臻。

至宅中內門尤以房門為重，蓋一陰一陽之謂道，家道興衰，在夫婦配合之際，生男育女，繼祖承祧，皆原於此。

宅內重門路，步步從旺方，引入閨闥，更開吉門以迎之，則五福全收矣。

又云：

墓氣從地，宅氣以門，一門易向，榮落轉輪。門通大道，氣入閨壼，前後旁側，分勢均形，男女居室，曰惟大倫，房闥是主，堂階作賓。

氣流行天地之間，在前章基礎理論之「氣」一節已有詳述，上文內容更強調出：氣無處不在，爲一宅動靜衰旺之所由，一宅吉凶全然在此。因大門乃爲一宅納氣之所，門戶一啓，氣之吉凶隨之引入，而宅亦隨之吉凶。

（二）陽宅大門的類型

《八宅明鏡· 卷上》門路章云：

門有五種，大門、中門、總門、便門、房門是也。

大門者，合宅之外大門也，最為緊要，宜開本宅之上吉方。

中門者，在大門之內，廳之外，即儀門是也，關係略輕。除震、巽、乾、兑、不宜開直門外，甚餘從廳直出可也。**若無兩重門，則中門即大門，又必要上吉方。**

總門者，在廳之內，各棟臥房外之總門路也。蓋屋小則專論大門之吉凶，則各房之去大門既遠，吉凶亦不其驗也。其法單論各棟之出路，左吉則閉右而走左，右吉則閉左而走右，

吉凶立驗。

便門者，合宅之通柴水左右之小便門也，亦宜四吉方，以助宅之吉。便門又云穿宮，書云穿天門非也，還是穿本宅耳。大門吉便門又吉乃為全吉。

房門者，各房之前後戶也，宜三吉方。

不論何門，自二扇以上，大小一律吉，左大換妻，右大孤寡。基窄屋小，則大門為重，而以便門與灶相助吉。**基闊屋多，則大門遠而不驗，又以房之總門、便門為重，而以房門相助吉。**

門吉，合宅皆吉矣！**總門吉，則此一棟吉矣！房門吉，則此屋皆吉矣！宅無吉凶，以門路為吉凶，蓋在座山及宅主本命之生天延三吉方，則吉氣入宅，而人之出入，步步去路，自然獲福矣！**倘與人共居，專不能閉，而左右俱有門路，則氣散而宅弱，禍福俱不應矣！此等屋惟灶在吉方者吉。

或大門在凶方，限於基地而不能改動，當於吉方另開一房門，以收吉氣，稍補於宅。或將客廳仍向前，臥房倒向後房前吉，門吉路亦吉，倒向則房後宜閉塞，房前要天井，宅之後牆，不宜正中開門洩氣，故便門必在兩角上，擇三吉方開之。

凡開腰門，必將羅經格定，量準丈尺，方可開，法自後棟之屋簷，量至前棟之前簷，**如得六十丈，則於三十丈下羅經取吉方開門，開門宜在地支上，所謂門向地中行是也。**

門不宜多開，多開則散氣；**路不宜多歧**，多歧則宅弱矣！**屋門對衙門、倉門、廟門、城門者凶，街道直沖門者凶，街反出如弓背者凶。**

本段節講門路，因門出去就是路，故門路連稱。然而主要是在講門，包括門的種類、門的方位吉凶等。門分五種：

1.大門：一般人都把大門視爲進出房子的那扇門，不過依本文的分類所謂大門是指房子外面圍牆上的大門，換言之，一定要有圍牆有庭院的住宅才有大門。大門是陽宅與外面環境互通的最重要氣口，因此宅必須開在宅命吉方才行。

2.中門：中門又叫儀門，一般住宅少有，四合院或寺院等院落式建築才有中門。中門與大門形成所謂的重門，即兩個門距離很近，容易對開而成「串門」。如果這種大門與中門直對成串的情形是在震、巽、乾、兌，即東、東南、西北、西等方位，則甚爲不吉，容易引發口舌是非，若在其它方位則沒有關係。

3.總門：亦有稱爲正門者，即進出一棟房子真正的門，總門的重要性不亞於大門。以公寓而言，總門即進入每間公寓的玄關之門，而不是出入整棟大樓共同使用的那扇門。總門當然也要在宅命的四吉方才行。透天厝 的大門與總門常是同一個門。

4.便門：便門即因方便性考量而設之門，凡側門、頂樓樓梯間門、陽台落地門、大樓的安全門都屬之。以元運爲上的玄空法，便門不重要，但以正體五行生剋而言，不得不論，而且影響不小。

5.房門：每一個房間的門，就是房門。房門也很重要，必須在命卦的四吉方。此四吉方者，當然是指人在宅內立極所產生的四吉方。

以現代住宅而論，還有一門雖不在五門之內，但卻是很重要的------後門，後門仍宜開在四吉方，其法與大門同，但後門不宜開正中，有洩宅氣之慮。

（三）陽宅大門佈局理論與實務操作

八宅法最重視的爲門、主、灶三要，其中尤以門戶爲最關鍵，因爲大門是氣口，是人們進出的通道關口，吉氣由此納，煞氣也是由此進。因此，大門的位置是否適當，設計是否良好，影響到整間屋宅的興衰。關於陽宅大門開門佈局之方法，在《八宅明鏡· 卷上》論宅舍大門有如下說明：

> **大門宜安於本命之四吉方，不可安於本命之四凶方，又須合青龍坐山之吉方以開門，又宜迎來水之吉以立門，**三者俱全，則得福而奕葉流光矣。
>
> 屋有坐有向，命有東有西，**若專論山向而不論命者大凶，論命而不論山向者小凶，合命又合坐向者則永福。**
>
> 如乾山巽向乃西四宅也，大門宜在坤兌艮方，以配乾之西四坐山，而床、香火、後門、店舖、倉庫之類，亦宜安西四吉之位，以合坐山。……………**按宅基外勢，臨水臨街，更有九局焉。局之真正者，其力量自足以勝坐山也。**（此舉例係以西四命為範）

關於陽宅大門操作佈局，這段話有幾個重點，也有些問題，以下一併探討：

1.宅之大門應開在「本命」四吉方，此爲最重點。此點應注意者係在「本命」二字，亦即宅門不宜開在宅坐山之四吉方，此爲易混淆者。**這句話有一個重要延伸觀念：即命卦與宅卦不合時，開命卦之四吉方仍是可以納吉邀福、降低凶禍的。故而宅主所居屋與其命卦不符時，不用急著搬家，改門向之納氣方即可。**

2．宅門應開在青龍方。青龍方即人在屋內往外看之左方，而右方則爲白虎方。本段中青龍二字恐是贅字，蓋陽宅學中開門是複雜的學問，如果一律開門於青龍方，那就沒有研究風水的必要了，民俗多以爲門開青龍方爲吉，這是錯誤且不合邏輯的看法。另文中既然說明門宜開在四吉方，又豈有另行指定開青龍門之理，故應爲贅字無疑。

3. 開門要迎來水之吉。所謂來水之吉即門前有來水時，不能有穿、割、箭、射、反弓等狀況。此爲原則性說法，切不可拘泥，水法十分複雜，非一句「迎來水之吉」所能涵蓋。這句話真正的意思是：開門不能只考慮四吉方，還要注意週遭環境的配合。如門前有嚴重之形煞、路沖、反弓、高壓電塔、屋脊等，雖是四吉方也應考慮改變門向位置。

4. 局勝坐山的觀念。即屋宅如果臨近大河、大街路時，則局的力量會勝過坐山。所謂局，即大環境的總括，乃自然天成的形勢，而坐山是人爲的安排，力量自是不及天然的局勢。以大河旁邊的屋子來說，如果在屋子的西方有一條大河經過明堂，氣旺在西爲動，則東爲靜爲陰，故此宅稱爲「震局」。一但成局，則不管房子開大門如何，就要以坐東向西來飛佈游年星及斷吉凶，這即是以陰陽動靜立極的重要觀念。[164]但這原則僅只適用透天屋宅或低樓層屋宅，高樓之住宅四面或多面皆空，宅之坐向不可以此決定。

下列以兩個實際案例做爲八宅法陽宅開門的範例參考。

實例一：王先生，1951年次，現住子山午向的透天厝，應如何開大門？

---

[164]陳澤真著，《八宅明鏡白話詳解》，台北：武陵，2003，頁143。陽宅坐向之確認是極為重要之問題，蓋坐山一錯，則全局皆敗，局與坐山之間的拿捏極為不易，唯應注意者，凡見住宅週邊有大河、江、湖、海者皆應留意局勝坐山之問題。

⑤依數學公式法計算年命：巽命／東四命（推算法參考前述）

⑤起大游年星：（查大游年歌訣）由巽宮順時針起大游年星。

巽（伏位）：天、五、六、禍、生、絕、延。

知王先生四吉方在：震、巽、離、坎

⑤由於王先生住坎宅（坐北向南），故大門宜開在前方之離卦（天醫）及巽卦（伏位）。

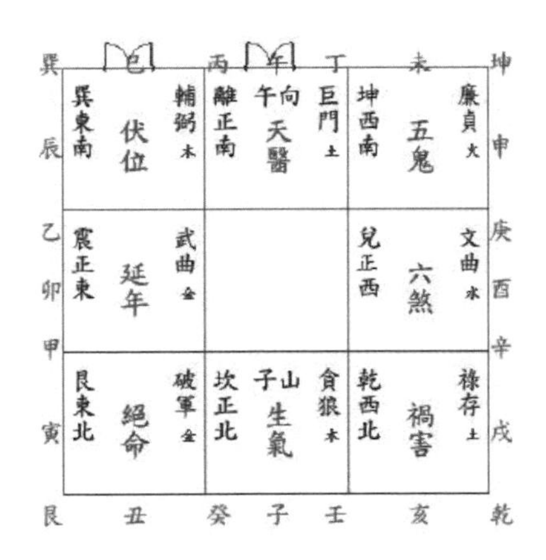

圖3-11：男巽命坎宅大門佈局圖（本研究製）

實例二：陳女士，1951年次，住卯山酉向之公寓，大門應開何處？

⑤依數學公式法計算年命：坤命／西四命（推算方法如前述）

⑤起大游年星：（查大游年歌訣）由坤巽宮順時針起大游年星

坤（伏位）：天、延、絕、生、禍、五、六

知陳女士四吉方在：坤、兌、乾、艮。

⑤由於陳女士住震宅（坐東向西），故大門宜開在前方之坤卦（伏位）、兌卦（天醫）、及乾卦（伏位）。尤以延年方爲最吉，如欲求身體健康，則可開在兌卦天醫方。

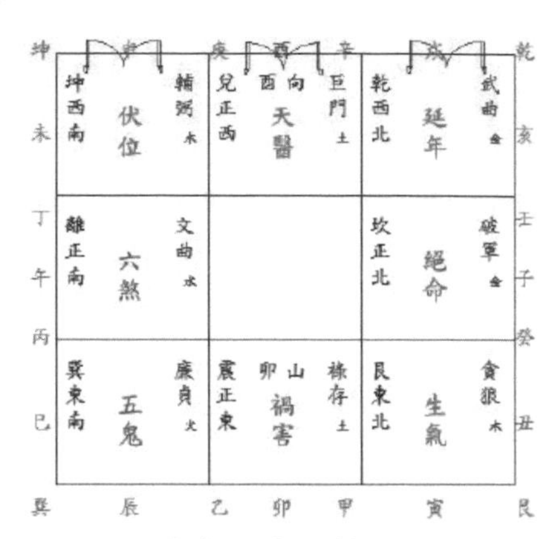

圖3-12：女坤命震宅大門佈局圖（本研究製）

（四）開錯大門的補救方式

八宅開大門之法已如上述，但尚有一個必須解決的問題，堪輿學強調要乘旺開門，即是大門要開在當旺的方位才算吉利。但是如果西四命的人，家中的西四門均不當旺，而東四門當旺；或東四命的人，家中的東四門均不當旺，而西四門當旺，該如何處理呢？應該選擇適合自己命卦卻不當旺的門？還是應該選擇不合自己命卦卻當旺的門呢？《八宅明鏡‧卷上》宅舍大門章的涵義可以延伸解決此一問題：

> 屋有坐有向，命有東有西，**若專論山向而不論命者，大凶；論命而不論山向者，小凶。合命又合坐向者，則永福。**

意思是說，最理想的情況是大門與命卦相配，而且又在當旺的方位上，這樣當然就大吉大利。但如果兩者不能兼顧，則寧可論命而不論向，因爲大門方位若與命卦配合，即使門向不旺，至少也能保持平安。所以萬全之策，仍以講究宅命相配爲佳。而此一見解與明王君榮《陽宅十書》的見解，是完全一致的，這是應用八宅法的訣竅。

八宅法須活用，如東四命之人住西四宅，西四命人住東四宅，宅命不相配，那麼該如何補救呢？《八宅明鏡· 卷上》論福元：

> **如東、西之宅難改，當於大門改之。如大門難改，當權其房之吉以位之。如房不可易，當移其床以就其吉，則雖無力貧家，亦可邀福。**

亦即宅命如果不相配，那麼就可以退而求其次以房、床配命卦補救之。故同一家人雖命卦不同，皆可以此訣做相關的佈局，而各得其甚福也。但是這種做法，其實不合常理，也破綻百出，前已言及，就不再贅言。會衍生出如此這般的理論，根源也就是出在八宅法要獨樹一格的「配命卦」所造成的，因為要配命卦，而家人命卦不能全一致，自然就要生出種種變通的法子，否則就要分家了。哈！哈！**這裡有一個大破綻，就是不管門如何，各人管好床就好，這樣論到最後原來風水只要管好一張床就可以了。真的離譜。**

二、主人房、床理論與實務操作

人體含有鐵離子，所以睡覺的姿勢有習慣性，當睡慣了某個方向或姿勢時，便不易改變。[165]而人的一生中大部份的時間皆在陽宅內渡過，如果每個人每天按睡眠八小時計，則一生之中便有三分之一的時間在房間及床上渡過，理想的房間及床易於使房間主人得到充足的休息，精神體力充沛，情

[165]孫景浩、孫元德著，《中國民居風水》，上海：上海三聯書店，2005，頁82~85。

緒平穩。[166]因此，自古以來中國人對於家居中床的擺放位置一直極爲重視。

（一）臥房佈局理論與實務操作

八宅法認爲臥房的吉凶對個人存在極大的影響力，宅及大門的吉凶影響全宅各人，但臥房的吉凶只影響睡在房內者。八宅法講求宅命相配，此理論用在臥房上同樣講求房命相配，即睡房宜在本命之四吉方，即東四命人宜睡東四房，西四命人宜睡西四房。關於此理，在《八宅明鏡· 卷上》分房章云：

> **分房者，祖孫、父子、伯叔、兄弟、分居所宜之房位也。**雖分爨、未分爨，同居一宅之中，而東、西、南、北四隅之房各異，俱可分別，違之則凶。即一進之屋或僅一兩間，只丈尺之間，合命者吉。故**東命弟居東，西命兄居西，無不福壽**，苟失其宜，貧夭不免矣。樓上下相同。[167]

此處應注意者，分房的原則是以全宅太極中心放射確認四吉方之位置。

以上節實例一爲例：（圖3-11）

▲王先生爲巽命人，住坎宅，四吉方在巽、震、坎、離。以羅盤確立方位後，將房間佈置在四吉方均可邀福。至於床頭的朝向，下一段將繼續探討。

---

[166]韓金英，《住宅能量場》方位與氣運，北京：團結，2005，頁32~33、61~65。

[167]此理與前節《八宅明鏡·卷上》論福元：「如東、西之宅難改，當於大門改之。如大門難改，當權其房之吉以位之。如房不可易，當移其床以就其吉，則雖無力貧家，亦可邀福也。」理實同也。亦再次證明八宅法以命卦為重之事實，宅卦吉凶反為次要。

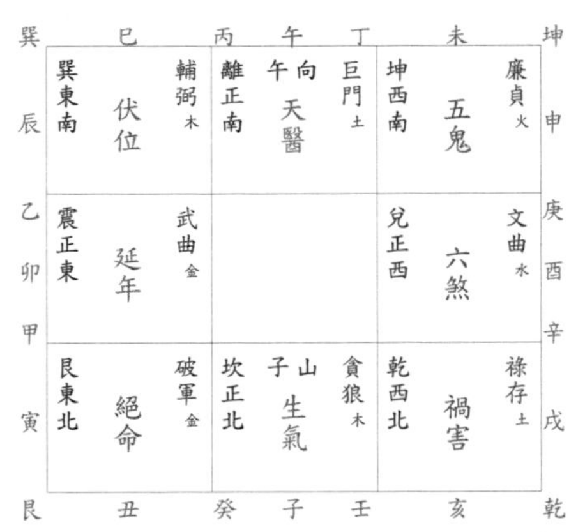

圖3-13：男巽命坎宅分房實例圖

又《八宅明鏡·卷下》增分房章云：

> 分房者，祖孫、父子、叔姪、兄弟、所居房、床方向也。雖未分居各爨，而房內床之丈基尺地皆是。**如西命宜在父母床身之西安床吉，東則凶。此法不論樓之上下，只論尺地之方合命**，便無疾病，而有福壽也。故弟兄東命居東，西命居西則吉，切勿執哥東弟西之俗例也。

古代經常是大家族式的群居方式，這時要完全照東西四命來分配每個人的房間床位等，頗不容易，此節又多增加一個原則：東西命宜在父母床身的東西方位來安床。即以父母之床作基準來分東西，以父母之床爲太極，東命的子女宜在父母床之坎、離、震、巽方安床，西命子女宜在父母床位之乾、兌、艮、坤方安床。

這又是因爲學理偏頗，典型的亡羊補牢作法，也沒有什麼學理或證據了，告訴你都是根據易經來的方法，照做就對了！把風水的佈局基準寄託在某人身上，因某人的存在與否產生風水佈局的差異，已經完全背離了祖師爺的理法，也背離常識太遠，與五行、自然環境更是一毛錢關係都沒有，創這些理論的人真的是半桶師，學習的人也是眼茫，遺禍數百年，該如何收拾才好呢？

（二）床位理論與實務操作

床位在陽宅風水中的重要性，雖然比不上大門，但床爲人一生中佔據最多時間的事物，絕不可等閒視之。《八宅明鏡· 卷上》床章云：

> **安床不宜擔樑**，樑後矜柱屬陰，主夢魅壓鎮，樑前矜柱屬陽，主有嗳氣疾。安床在生氣方，不可稍偏，如巽門坎宅。……。安床總以房門為主，坐煞向生，自然發財生子。背凶迎吉，自然化難生恩。床向宜明不宜暗，暗則主哭。如房不便開門見陽光，可將床安向前近陽光可也。床怕門房相沖，以一屏風抵之乃佳。**陽宅諸事，惟床最易，宜合命之吉方，宜合分房之吉方，宜合坐山之吉方，則生子發財易如反掌。**

另又於論床座云：

> **陽宅諸事，惟床易為，其立法有四：宜合命之吉方為最，又宜合分房之吉，又宜合坐山之吉，又宜合《照水經》[168]以門論房之吉。**然四者難全，當從其可據者以合其吉，不越乎可先可後而已。若精心措置，則為人移床，生子發福，易如反掌，亦須四課助之。如正屋坐山不合生命，可於側房小屋之合命者，安床居之。而以正屋正房，與子孫合命者，作房安床，則各無災而獲福矣！

本節雖只講床之風水，但實則應以整個臥室來論才恰當，根據《八宅明鏡》的說法，有以下幾個實施的注意要點：

---

[168]《照水經》全名為《三元通天照水經》，凡四卷，【明】韓應庚撰，為相宅之名著。

1. 不可擔樑：

安床時首先就要注意絕對不可以擔樑，何謂擔樑？即床上面恰好是橫樑的意思。因樑柱是一棟房屋的主要結構支架，樑木不但連繫各柱也承擔了整個屋頂的重量。因此，當床上有樑時，稱此床為「擔樑床」。意即這張床彷彿要承擔樑木的重量，也間接承擔整間房子的重量似的，故稱為「擔樑」。自古以來，「擔樑」被視為陽宅的禁忌，犯之則凶，其實，**除了床之外，凡是中坐臥的地方，如辦公桌、書桌、……等，上方皆不可以有樑**[169]。橫樑壓床的疾病可以進一步把他細分如下：

☯橫樑壓頭：易造成頭痛、神經衰弱等疾病。

☯橫樑壓胸：易造成呼吸、心臟、手臂等方面之疾。

☯橫樑壓腹：易造成胃腸、泌尿、生殖系統等方面的疾病。

☯橫樑壓腳：手腳酸痛、意外骨折等毛病。

另尚有一種「騎樑」，即樑直床直，床恰好在床下，騎樑比擔樑的傷害性更大，應迅速搬移床位。

2.安床要訣及實務操作

八宅法與其它陽宅堪輿流派的差異就在於其對「出生年命卦」的特別重視，此一觀念在《八宅明鏡》書中多處可見，可說是《八宅明鏡》中論八宅法的主軸。八宅法講究宅命相配，推此觀念，八宅法亦究「房命相配」、「門命相配」、「床命相配」、「灶命相配」，而此理路的根底即來自四吉、四凶的游年星，這是八宅法的根本要訣。

---

[169]陳澤真著，《八宅明鏡白話詳解》，台北：武陵，2003，頁307~313。除了樑之外，凡人坐臥之處其上方亦不可以見美術吊燈、電扇、電燈等，最好一片明淨最佳。「擔樑」在陽宅上可以五帝錢、水晶、裝潢等方法化解之。

《八宅明鏡》關於床位安排的實務作法有以下幾個要點：

- 床位應合整個房間坐山的四吉方，尤宜生氣方。
- 床位應合乎前節「分房」觀念，在合自己命卦的房間內。
- 床位應安在房間小太極之本命四吉方內。
- 以門論房吉凶，安床以房門為主，「坐煞向生」。（此論有誤，詳第六章）
- 房門與床位要相互配合成四吉。

以上的實務作法其實只是很簡單的觀念，強調最理想的情況：東四命住東四宅的東四房，睡在東四床上（要坐煞向生，以門為向後為坐），房門也開在東四卦方；同理，西四命，則住在西四宅的西四房，睡在西四床上（要坐煞向生，以門為向後為坐），房門也開在西四卦方。看來容易，實務上頗難，八個卦位只有四個吉方，分房要對、房門要對、床位要對，要坐煞向生，家裡還有其它同命卦的人該如何是好？還有書房、大門、神廳、欄倉、客廳…，都擠在一起好了。實務上真的很困難！

再以實例一為例：王先生為巽命人，住坎宅，四吉方在巽、震、坎、離。床位之佈置方式如下：（如圖3-10）

- 巽命人為東四命，住坎宅符合住東四命宅原則。
- 床設震卦房，房命亦相合。
- 床頭坐南（天醫）朝北（生氣），符合向吉。
- 房門為床頭之震卦方（延年），亦符合四吉方之原則。
- 房門朝南，故坐山為北，坐吉向吉，不符「坐煞向吉」原則，但影響輕微。餘各命卦人床位之佈局，均同此理。

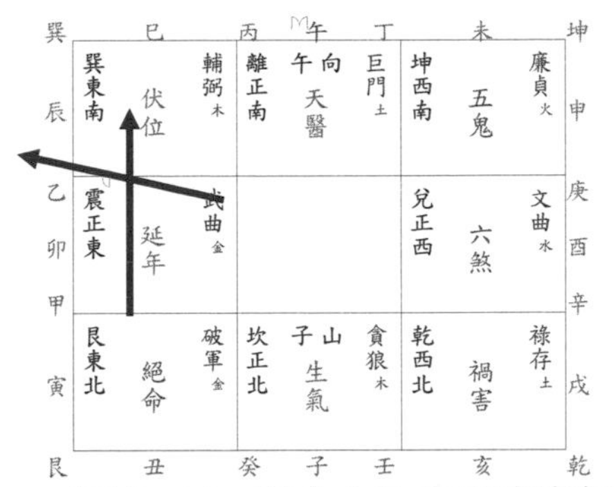

圖 3 -14：巽命人坎宅安床實例圖

三、安灶理論與實務操作

在古代，灶位的安排是重大事件。因灶是煮食之處，對家人的健康關係重大，古人視之爲疾病禍福的根源。爐灶本身並無吉凶，而是方位產生了吉凶的區別。古時爐灶的位置因長期要煮食的關係，以致產生油煙、柴灰、穢氣等，因此須安放在「本命」的凶方，而灶口爲空氣進入管道，所以應向著「本命」的吉方。由是八宅派安放爐灶之方法，便是「坐凶向吉」，或稱「壓煞迎生」。簡單的說，東四命宜安灶於西四方位，灶口則須向東四方；西四命宜安灶於東四方，灶口則須向西四方，這是八宅派安灶的總秘訣。

《八宅明鏡》中關於灶位有不少重要的論述，茲擇重要者敍述如下：

（一）<宅舍大門>云：

> **…………若灶座、坑廁、碓磨，則宜安西四宅之四凶方，以壓其凶。而灶之火門，又宜向四吉方，煙道宜出四凶方，以熏凶神。**但此宅惟乾、坤、艮、兌西四宅命居之吉，若坎、離、震、巽東四宅命居之則凶矣！

本節開宗明義指出前所言安灶之總訣：「坐凶向吉」，或是「壓煞迎生」，即灶須安放在「本命」的凶方，而灶口應向著本命的吉方。在實務的操作上，所謂的本命吉凶方，指全宅大太極的本命吉凶方！

（二）<灶座火門>云：

> 鍋灶，人皆視為細小事，而不知為立宅之要務。如灶壓本命生氣方，則懷鬼胎或落胎不產，即有子而聰明，不得財，不招人口，田畜損敗。若壓天醫方，則久病臥床，體弱服藥無效。若壓延年方，則無壽，婚姻難成，夫婦不合，傷人口，損田畜，多病窘窮。若壓伏位方，則無財無壽，終身貧苦。
>
> 若壓本命之破軍絕命方，則無病有壽，多子發財，招奴婢，又無火災。如壓六煞方，則發丁發財，無病無訟，無火災，家門安穩。若壓禍害方，不退財，不傷人，無病無訟。若壓五鬼方，無火災，無盜賊，奴婢忠勤得力，無病發財，田畜旺。
>
> 須丈量屋之基址，務使方位真正，不可猜度誤事。當用大紙將屋基及層數，逐一量明丈尺，畫成一圖，每基一丈，摺方一寸。將屋總圖分作八卦九宮，寫明二十四方向，而後知某位為某間，則吉凶昭然矣！
>
> 火門者，鍋底納柴燒火之口，得向吉方，發福甚速，期月之間即驗。子嗣貧富，災病壽夭，以之日用飲食者，此為根本也。如東命人，火門朝東卦則吉，向西卦則凶；西命人，火門向西卦則吉，向東卦則凶。西命火門，人身背西向東炊火則是矣！

本節即八宅法「坐凶向吉」之詳細論述，茲整理如下表。

表3-14：灶安八方吉凶論（本研究製）

安灶方位	灶位之吉凶應驗
灶壓本命生氣方	懷鬼胎或落胎不產，即有子而聰明，不得財，不招人口，田畜損敗。
灶壓本命天醫	久病臥床，體弱服藥無效
灶壓本命延年方	則無壽，婚姻難成，夫婦不合，傷人口，損田畜，多病窘窮。
灶壓本命伏位方	無財無壽，終身貧苦。
灶壓本命絕命方	無病有壽，多子發財，招奴婢，又無火災。
灶壓本命六煞方	發丁發財，無病無訟，無火災，家門安穩。
灶壓本命禍害方	不退財，不傷人，無病無訟。
灶壓本命五鬼方	無火災盜賊，無病，奴婢得力，發財，田畜旺。

（三）<作灶>云：

以灶火門立向，宜取生氣。催丁另載。…………幕講師論作灶吉凶斷：**灶入乾宮號滅門，亥壬二位損兒郎，寅申得財辰卯富，艮宮遭火巽災瘟，子癸坤方皆困苦，丑傷六畜福難存，乙丙益蠶庚大吉，若逢午位旺兒孫，申酉丁方多疾病，辛宮小吉戍難分。**

又云：房後灶前家道破，安灶後房前，子孫不賢。房前有灶，在未坤丑艮上，生邪怪之禍，房前有灶，心痛腳疾。棟下有灶，主陰癆怯。開門對灶，財畜多耗。坑若近灶，主眼疾瘋病，邪事多端。灶後房前，災禍延綿，灶後裝池，絕嗣孤寡。井灶相連，姑嫂不賢。

又云：灶在卯方，命婦夭亡。灶在後頭，養子不收。灶在艮邊，家道不延。

<灶>中亦有幾乎相同之記載：

灶在乾宮是滅門，離宅忌之。亥壬二位損兒郎，坤宅忌之。寅甲得財辰卯富，宜於坎宅、離宅。艮乙失火即瘟病。子癸巽宮家困苦，坤宅忌之。丑傷六畜孕難存，

乾宅忌之。巳丙得財庚大吉，震宅喜之。如逢午位旺兒孫，辛酉方為病厄，坎宅忌之。申巽申戌不為殃。一人於壬山丙向，第三進作乾灶，數月即損宅主。癸山丁向，作灶乾方，長子患病。**兌宅作乾灶，亦損長子。凡灶門忌門、路沖之，窗光射之，主病。**灶座宜坐煞方，火門宜向宅主本命之三吉方。

以上二節除了重複強調灶座要坐煞方，火門朝向本命之四吉方的安灶總訣外，並對羅盤二十四山方位做更深入的吉凶區別，由於此節含義較深，又語意含混不清，極不易理解。首先應注意灶爲「陽宅之火」，爲「陽火」的屬性，其與二十四山或八卦屬性交會時，吉凶之尅應互異，茲分析如下：

「灶入乾宮號滅門」：乾宮五行屬金，灶屬火，爲火剋金，乾宮受剋主傷老父、宅主、長子，家主支柱頓失，故稱滅門。又乾山爲天門之位，乾山作灶有「火燒天門」之稱，尤其離命人火門向著乾宮又爲絕命方，凶不可言。

「亥壬二位損兒郎」：亥在二十四山本屬乾宮，作灶原自不吉如上述；以方位而言，亥、壬爲北方，屬水，實則還包含子癸二山，坎卦與灶火相沖，坎爲中男，故曰損兒郎。

「寅申得財辰卯富」：此句有誤「申」應爲「甲」（第六章有深入探討），寅、甲、卯、辰等方位皆屬東方木的圍，灶安於此有木火相生之象，故爲旺灶得財之吉。

「艮宮遭火巽災瘟」：艮宮含丑、艮、寅三山，前言「寅甲得財」，故此處艮宮殆爲艮山，艮爲土，洩火之氣，又艮在二十四山中本爲「鬼路」[170]，是二十四山中唯一曜煞位緊貼

---

[170]在風水學上有所謂「鬼路」、「鬼門」之說，指艮卦之「艮」、「寅」二山。另坤卦之「坤」、「申」二山亦可稱為「鬼神方。」

者，不宜興動作旺。巽字爲誤植（第六章將有深入探討）蓋巽爲木火之地，與灶火相生相比，是爲吉灶之位。

「子癸坤方皆用苦」：子、癸山屬坎卦，理如前述。坤山與乾山爲天地正位，本不宜作灶，又坤爲五行陰土之地，不利陽宅之灶火生旺，其理甚明。

「丑傷六畜福難存」：丑雖屬艮宮，但灶卦歌訣全首之論點主要以二十四山及八方五行爲主，故丑爲北方之屬，五行屬水，與灶火相剋，故曰傷六畜（傷財）而福難存。

「乙丙益蠶庚大吉」：乙丙方屬木火之地，與灶火生助，故有益蠶之益，主得財。但乙爲柔木遇火而焚，是凶非吉，《八宅明鏡·灶》云：「巳丙得財庚大吉」，「乙」恐爲「巳」之誤字；庚五行爲剛金，喜歡火來淬鍊成器，火剋金爲財，大吉之象。

「若逢午位旺兒孫」：午方爲火氣本位，火之帝旺之地，本屬吉位，火屬離卦中女，故旺兒孫。但午爲火神帝旺羊刃之位，旺極易損，午位主心血之疾、眼病諸類。

「申酉丁方多疾病」：酉屬西方兌卦，五行屬金，灶火剋金，主呼吸系統之疾，又肺主宣肅，與人身新陳代謝有重大關聯。**「申巽申戌不為殃」**，申爲剛金之屬，雖亦屬兌卦但性質與酉金不同，喜火來剋煉，不凶反吉；丁屬離，爲灶火之本方，本應爲吉方，但丁屬陰火，與陽宅灶火屬性不同，且丁爲火氣之衰，不能論吉也。是理與東方諸山之中寅、甲、卯、辰諸山皆吉，而乙山反凶之理雷同，蓋乙爲陰質柔木也。

「辛宮小吉戌難分」：辛山屬兌金，爲灶火所剋，主病。本句稱小吉者甚爲費解，以五行之理論，申金不懼火煉而辛懼之，故殆爲申字之誤。戌在乾卦天位，又爲火之墓庫，不能助旺火勢，反易兼到乾山，多主凶禍。

「房後灶前家道破」：灶後爲床當然不宜。

「安灶後房前，子孫不賢」：灶安在房後，與床亦僅隔一牆，亦屬不吉。

「房前有灶，在未坤丑艮上，生邪怪之禍」：此句與房後灶前之意同，但特指灶在未、坤、丑、艮山之方位上，主生邪惡、奇怪之災禍。蓋艮爲「鬼路」，坤爲「陰地」、「鬼神方」故也。

「房前有灶，心痛腳疾」：房間開門見灶，主有心血之疾、及腳疾。

「棟下有灶，主陰癆怯」：棟樑下作灶，灶火被壓制成爲虛火，主陰癆肺病。

「開門對灶，財畜多耗」：屋宅入大門而見灶，主洩氣之宅，耗財也。任何房間亦同，開門見灶，即爲門沖，主破財散氣。

「坑若近灶，主眼疾瘋病，邪事多端」：坑者，即坑廁之意。坑廁傍灶，爲穢水剋灶火，火爲眼、心血、陽氣，灶火爲陰穢之水所剋，主眼目、心血之疾及陰祟之事。

「灶後裝坑池，絕嗣孤寡」：意同「坑若近灶」也。

「井灶相連，姑嫂不賢」：井屬水，灶屬火，水火相剋，主家人不睦，諸事不成，非必爲姑嫂不賢也。

「灶在卯方，命婦夭亡」：指灶安卯山，易令家中婦女有不幸夭亡之事。此句不甚合理，將於第六章中一併探討。

「灶在後頭，養子不收」：指灶在屋宅最末之位置，則子女不孝。

「灶在艮邊，家道不延」：「艮邊」即艮山，不宜安灶。

「灶門忌門、路沖之，窗光射之，主病」：灶忌門路相沖或安在窗邊有陽光照射，主疾病。

以下特舉實際案例東西命各一作說明：

實例一：王先生，1951年次，現住子山午向的透天厝，灶應安何處？

☯先依數學公式法計算年命：巽命／東四命

☯起大游年星：（查大游年歌訣）由巽宮順時針起大游年星巽（伏位）：**天、五、六、禍、生、絕、延**。四吉方在：震、巽、離、坎

☯王先生住坎宅（坐北向南），灶位安置原則爲「壓煞迎生」故灶位可開在西方之兌卦（六煞方）而迎向東方震卦（延年方）、坎卦（生氣方）、巽卦（伏位方）、離卦（天醫方）。因「**巳丙益蠶庚大吉**」，故尤宜安灶在兌卦方之庚山。

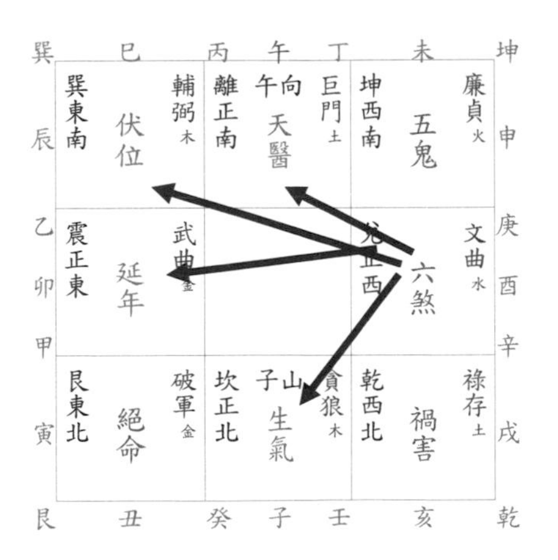

圖3-15：男巽命坎宅灶位佈局圖

實例二：陳女士，1951年次，住卯山酉向公寓，灶應安何位置？

☯先依數學公式法計算年命：坤命西四

☯起大游年星：（查大游年歌訣）

由坤巽宮順時針起大游年星

坤（伏位）：**天延絕生禍五六**

知陳女士四吉方在：坤、兌、乾、艮。

☯由於陳女士住震宅（坐東向西），灶位安置原則爲「壓煞迎生」故灶位可開在東南方之巽卦（六煞方），而火門迎向兌卦（天醫方）、乾卦（延年方）或艮卦（生氣方）、坤卦（伏位方）。

☯因『寅甲得財「辰」卯富』、『「巳」丙益蠶庚大吉』、『申「巽」申戌不爲殃』，故尤宜安灶在巽卦方之辰、巽、巳三山。

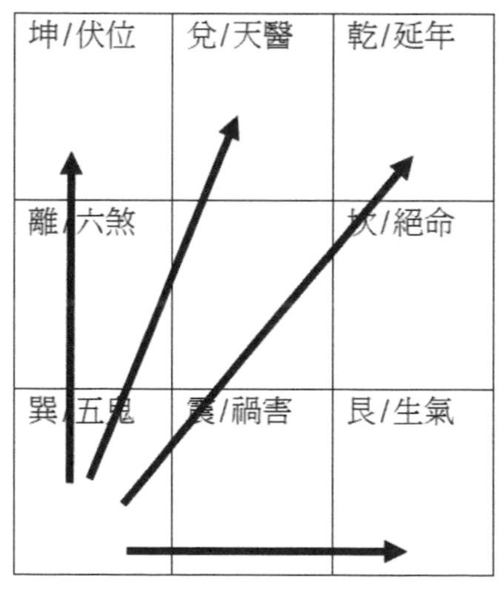

圖3-16：女坤命震宅灶位佈局圖（本研究製）

四、坑廁理論規範與實務操作

古代住宅的坑廁衛生條件不如現代，故會產生相當大的穢濁之氣，不利於人，故常安置在屋外，且必擇特定方位以安之。現代住宅的廁所較乾淨且無臭味，自然穢濁之氣遠較古時爲輕，但因爲現代人的廁所與浴室合併且多在屋內，濕濁穢氣雖輕而不免，仍不能等閒視之，尤其「套房」或「主臥室」多與衛浴同處，更應注意其安放的方位，避免疾病滋生。另現代透天住宅的化糞池，宜安戶外之凶方，不可在屋內地下，尤忌在灶位下方。《八宅明鏡·卷上》坑廁章云：

> **凡出穢之所用，壓於本命之凶方，鎮住凶神，反發大福，甚驗。**其方皆與灶屋、煙囪相對，用以壓之則吉矣！然詳審方位，不可混錯，或誤改於屋之吉方，則同來路之凶矣！即尺基丈址，亦宜清楚的確。

又《八宅明鏡》坑章云：

> 不論鄉居城市，若於來龍之要處，開坑則傷宅主，小則官非人命。**艮坑不發文才，坤、兌坑老母、幼女多病，坎、離坑主壞目，卯、酉坑主孤寡，乾坑主老翁災。**
> **訣云：坑作坤離，損丁傷妻，兌無財氣，貧窮到底。乾犯祿存，目疾頭暈，坎上開坑，夭亡子孫，若開艮位，痢疾病瘟。**

在八宅風水的室內佈局上，有的要坐吉向吉，如桌位、床位；有的僅坐吉即可，如神位；有的要坐凶向吉，如灶位；有的坐凶壓煞即可，如坑廁、馬桶、化糞池，在卦位安置正確後，還要注意坐向，這才是關鍵，但《八宅明鏡》書中對此並無明確交待。綜合上述安坑廁的原則，可歸納如下：

☯壓「本命」之凶方。

☯屋後爲來龍之處，不可挖坑排穢物。蓋屋後爲屋宅坐山之地，爲生氣之所聚，不可爲凶穢濁物犯之，主凶。

☯艮坑不發文才。艮方在風水上稱爲「鬼方」、「鬼門」或「鬼路」，在二十四山中爲忌諱之方位，不論大門、坑廁、床位、臥房皆不喜安於凶方。因爲就陰陽的原理而言，陽氣由寅開始發端，又艮在八卦中爲陰陽交替之地[171]，其氣陰極，陰極故生鬼，諸事不宜。若就四季而言，艮方相當於隆冬之季[172]，是萬物的終點站，該方以安靜乾淨爲宜，若有殘缺、突出、污穢不淨皆爲凶。

☯坤、兌（卦）坑老母、幼女多病。坤方在艮之相對方，其性質與艮相似，又坤之五行爲陰土，故又稱「後鬼門」、「裡鬼門」。同樣不宜安置凶穢之物。

☯坎離（卦）坑主壞目。

☯卯酉坑主孤寡。子午卯酉爲將星之地故不宜設坑廁。

☯乾坑主老翁災。乾爲老父，乾爲天之尊位，不可設凶穢之物。

由以上八宅法坑廁之理論可以確知古人對坑廁所生之穢氣十分忌諱，故而禁忌多端。只是若全依其理論而行，乾、坤、艮、兌、坎、離六卦皆不能安厠，剩下震卦的甲乙山，與巽卦三山，那麼東四命根本沒地方安厠，西四命也只剩巽卦還可以，但萬一巽卦位是電梯、灶、樓梯、房、大門……

[171]《易經·說卦傳》第五章云：艮東北卦也，萬物之所成終而所成始也，故曰成言乎艮。艮為萬物始終之地，故為陰陽生之地也，故稱鬼門、鬼方，風水上多忌之。

[172]風水學上沿用命理十二地支為計流年月之單位，在羅盤上艮為丑與寅之交會處，亦即處於十二月與一月之交，故說為隆冬之時，氣陰而寒。

讓怎麼辦好呢？若以現代住宅論，根本就找不出一個適合的地方可以安廁，甚不合理。這些創風水流派的先人，大多程度不高，也學藝不精或實務經驗不足，才會多方犯下一些令人啼笑皆非的怪學理，紫白飛星、玄空、大玄空、輔卦九星、八宅、三元納氣、三合法、金鎖玉關…都是如此，只是一般學者沒有能力去深究而已，否則一戮就破，毫不困難，關於這些將於第五章中再深入探討。

五、香火、神明廳的佈局理論與實務操作

香火，即屋宅內供奉神祇及祭祀祖先的地方，一般俗稱爲神明廳或佛堂。從前老宅院、三合院、四合院，神祇靈位，大都供奉於後堂中間正位，重在祈福；祖先靈位則供在中央正位之前廳，便於追思。安的原則只有一個，就是要「坐吉」。《八宅明鏡· 卷上》論香火云：

> **土地神祇、祖先祠堂，皆香火也。安本命之吉方則得福，凶方必有咎。**古云：移煙改火者，謂無鍋煙香火，有禍無福也。若誤移其方，則變其吉之來路反凶矣！

此處所謂「吉方」係指「本命」之吉方，非宅卦之吉方也，這是安香火的法訣。但此處的本命吉方，是專指宅主個人的，家族中其他人本命不合的「**凶方必有咎**」，只能自認倒楣。這種到處是破洞的技法也能流傳這麼久，真的是奇蹟，玄學的玄與易經的神主牌之下，讓玄學五術日趨下流，對這一塊有興趣的人，學習的時候要特別當心這些。

第四章

第四章 介紹第二個最常用的風水門派給你 ~~~紫白飛星

第一節 天上掉下來的~~~紫白飛星

「紫白飛星」又稱爲「玄空飛星」、「九宮飛泊法」、「八宅九星斷」、「紫白九星」，係陽學派中的大支。在五代時期黃妙應所著的《博山總論．論明堂》提到：「…既明堂局，要識堂氣，一白好，五黃好，六白好，八白好，九紫好，此為五吉，又忌四凶，二黑宜忌，三碧宜忌，四綠宜忌，七赤宜忌。」就已經有紫白吉凶的說法，所以“紫白飛星法”作爲風水術的方法，並非獨創，乃是借用前人的基礎擴充發展而來，如同前面筆者所述，這在風水界中是司空見慣的，大家都喜歡閉門造車搞發明，至於不合實用害到人，那是別人的事。另外，作爲曆書的“年神方位圖”、“月九宮圖”等運行方式與“紫白飛星法”相類似[173]，並爲“紫白飛星法”所運用。

紫白飛星的經典是以《紫白賦》爲依據，相傳爲明末蔣大鴻傳下(以時間序及蔣氏所傳內容而言，這又是個都市傳說。)，三百年來習玄空風者，此爲必讀之經典。但紫白法的傳承一直是片語支隻字的見於許多典籍，而沒有較完整的論述，這當然是因爲在這之前，並沒有人將它系統化的形成一個風水門派所致。直到明末清初的八宅大師餐霞道人姚廷鑾

---

[173]一般農民曆首頁即為年神方位圖，以2008己丑年為例，其文字說明有：歲次己丑，干土支土，納音屬火是年三煞在東，寅、甲、卯、乙、申、庚、酉、辛山忌用，五黃占坎，是年太歲姓潘名佑。歲德在甲，歲德合在已……。年方位圖的中央及向外第二圈的內容即是“九星配年方陣圖”，上例文字說明中的的“五黃占坎”就是來自這個“年九星方陣圖”的應用。

予以整理輯錄，配合他一生看宅的經驗，才在他經典名著《陽宅集成‧卷三‧陽宅全秘》（清乾隆十六年，西元1751年）中完整的論述出來，在此之前，僅有抄本而無刻本。[174]其後沈竹礽遺著《沈氏玄空學》刊行，《紫白賦》更名爲《紫白訣》亦蒙收錄，其後沈氏子沈祖綿（字瓞民）在校編《沈氏玄空學》的過程中，深知《紫白訣》的重要，於1940年著《玄空古義四種通釋》將《紫白訣》與《玄機賦》《玄空秘旨》、《飛星賦》並列，作爲紫白九星法的門派底蘊，讓這個門派看來高大上。姚廷鑾在其《陽宅集成》註解《紫白賦》時總結云：

> 此篇於陽宅精蘊，闡發殆盡，應驗如神，但無刻本，間有抄錄者，字句恒多舛錯，並失傳姓氏。或云目講師所作，或云王思山所作。篇中頗多奧旬，亦從無註解，其為以訛傳訛，不知歷幾年矣。余閱其通首文理精密，詞句雅潤，固是文人筆墨，非同術家語言。因於風雨暇時，展卷披閱，細心體認，遂搦管劃清界限，逐句詮釋，庶作者之意，曉然大白，而讀者亦不至有誤認錯用之弊爾。

由於該書的流傳廣佈，僅以紙上作業畫個九宮格就可以斷風水吉凶，學理自成一格，許多不喜走遍山川大地的風水師，以此爲相宅的依據，遂成爲陽宅學理中單獨的一派。在這段文字中提到「其通首文理精密，詞句雅潤，固是文人筆墨，非同術家語言。」很大的可能性，這個門派又是那些缺乏實務經驗，但具有一定易經程度的文人所創造，並且被當成神秘口訣流傳出來。通篇文章裡，完全跟自然環境脫節，

---

[174]張覺明，《紫白訣精解》，台北：牧村，1998，頁1~2。

全以九宮格學理看吉凶，「**三年尋龍，十年點地**」的祖師古訓，那是完全沒有的。

在姚廷鑾之前並無任何使用在風水上的記錄，如果有人使用或有人教授的話，不可能沒人知道的。因爲以風水爲業的風水師，除了師承外還有同門、同行，執業數十年，怎樣也會被人所知曉。怎麼會直到姚廷鑾才發現呢？合理推估，姚氏就是紫白九星法風水術的開山祖師，他是開始實務把紫白用在陽宅的第一人。

由前述的介紹可以推知“紫白飛星法”的學理發源可能於五代時期，其流行廣傳則在清代姚廷鑾之後。因紫白飛星法在陽宅風水的運用上甚爲簡便，加上九宮分隔的概念與現代公寓、透天住宅的空間頗爲相合，故成爲現今陽宅風水操作術的一大宗派。

但這裡有一個大問題，筆者若不提出來，可能很少人會想到，就是~~~地學祖師爺楊筠松就是唐朝時期的人，何以楊筠松的技法與此全然不同？也沒有傳下相關的典籍？紫白九星必要有羅盤爲工具才能應用，楊筠松時代根本沒有羅盤，如何能運用？由是可以推知，這個流派的出現時徒有理論而沒有實務應用。以阿璽老師對風水及其歷史沿革的研究，紫白訣最早可能出現的時間點，應該是明朝中期以後，單純講理氣元運，而不理會自然環境與五行的一個畸胎。

現在台灣這一派的風水師多如牛毛，因爲此派別每年的九星都會變動，而且常要配合吉祥物、鎮物，對地師而言每間陽宅每年都要重新再界定一次，自然有利可圖，人人愛學

了，以撈錢潛力而言，其它門派不免略遜一籌。

本研究於紫白飛星法的學理探究，是以清姚廷鑾所輯《陽宅集成· 卷三· 陽宅全秘》中的《紫白賦(訣)》理論爲研究對象[175]，針對其中重要論點做深入的研討。本章紫白飛星法研的研究，筆者搜集及使用之的相關資料及版本如下：（見表4-1）

表4-1：紫白飛星法相關重要資料及著作一覽表

名稱	編註人	年代	版本	出處
三白寶海	【清】顧鶴庭輯	乾隆五十五年（１７９０）	樂眞堂刻本	【元】幕講禪師著
陽宅全秘	【清】姚廷鑾輯	乾隆十六年	台灣台北武陵書局	陽宅集成卷三
沈氏玄空學（下冊附錄）	沈竹礽遺著	西元1955年	武陵書局	《陽宅集成·卷三· 》
陽宅紫白賦辨正上下篇	吳師青	西元1963年	台灣台中市瑞成書局	樓宇真機
三元玄空紫白訣	趙景羲	西元1973年	台灣台北市育林書局	
三元玄空地理學導讀	黃世評編譯	西元1990年	台灣台北市集文書局	
紫白訣上下篇	孔昭蘇	西元1991年	集文書局	孔氏玄空寶鑑
玄空地理叢譚１～６冊	鐘義明	西元1991年陸續出版	武陵書局	
中國堪輿學1~5冊	徐芹庭	西元1992年	台北普賢王	
玄空紫白訣精解	白鶴鳴	西元1993年	香港聚賢館	《陽宅集成·卷三· 》
玄空飛星風水	林國雄	西元1995年	香港聚賢館	
冰海徵微	徐宇蕽重編	西元1995年	台灣台北市宋林書局	【清】遼寧高守中著

[175]《紫白賦》並無多種版本流傳，現今所談之《紫白賦》（或紫白訣）之內容皆出於《陽宅集成·卷三·陽宅全秘》中之《紫白賦》，故其書可謂為紫白飛星派技法的唯一根本古籍，為研究紫白法的入手典籍。

名稱	編註人	年代	版本	出處
三元秘本玄空古義四種通釋	沈瓞民	西元1996年	台灣台北市集文書局	
玄空星相地理學	鐘義明	西元1996年	武陵書局	
玄空地斷訣彙解	鐘義明	西元1997年	武陵書局	
紫白訣釋義	王松寒	西元1997年	武陵書局	王氏陽宅學
風水飛星紫白訣新解	李克勤	西元1997 年	香港樹動	
紫白飛宮三元 陽宅	梁湘潤	西元1998年	台灣台北市宋林書局	《陽宅集成·卷三》
紫白訣精解	張覺明	西元1998年	台灣台北市牧村	
玄空風水導讀	陳澧謀	西元2001年	武陵書局	
玄空風水突破要訣	黃春發	西元2002年	台灣台北市武陵	
玄空風水科學鑑證	林健強	西元2002年	香港聚賢館	
命理新論實例（附錄紫白訣闡微）	吳俊民	西元2003年	台灣台北市私人發行	命理新論
沈氏玄空新註	趙子澤	西元2006年	香港聚賢館	錄《陽宅集成· 卷三》
玄空風水玄機飛賦評註	林志縈	西元2007年	台灣台北市育林書局	
各派陽宅揭秘之二法門篇	郭伯陽	西元2007年	台灣板橋久鼎	
玄空風水陽宅操作	冠元	不明	香港九龍中國哲學文化研究會	
玄空操作實務	冠元	西元2008年十月	中國哲學文化研究會	

第二節 紫白飛星法理論的建構與分析

一、紫白飛星法的學理依據

《陽宅集成・卷二・第七看宅法》：

> 餐霞道人曰：宅者即坐，以後天八卦方位分布而定也，一卦管三山，各山之生旺休囚，俱以河圖洛書之氣運，而分各山之四面八方，俱用洛書之紫白，而斷其飛方之法，**以本山[176]之星入中宮，用排山掌訣布八方，辨其生旺退殺之殊，以定吉凶。**

又《三白寶海・紫白原本連山洪範論》：

> … 佈洛書之方位，循氣化之周流[177]，首論山白，次論宅白，又次論年月日時之白[178]，以備選擇之用，運以月建，錯以九星，綜以五行相生相剋，而吉凶悔咎生焉，禍福見焉。…

紫白飛星法是由洛書演變而來的九宮圖，經堪輿家把九宮配「七色」[179]與「五行」，即「一白屬水、二黑屬土、三碧屬木、四綠屬木、五黃屬土、六白屬金、七赤屬金、八白屬土、九紫屬火」（圖4-1）。其中一白、六白、八白、九紫爲吉星，二黑、三碧、四綠、五黃、和七赤爲凶星，故此一風水法被稱爲「紫白飛星法」。其基本觀點及吉凶原理如下：

4綠木 巽-東南	9紫火 離-南方	2黑土 坤-西南
3碧木 震-東方	5中土 中央	7赤金 兌-西方
8白土 艮-東北	1白水 坎-北方	6白金 乾-西北

圖4-1：紫白九星元旦盤

---

[176]本山即坐山之屬卦，即以此卦入中飛佈八宮。

[177]此言飛星之軌跡乃模仿天地氣之運動而來。

[178]白者，即紫白之謂也，山白者即以坐山屬卦入中飛佈；宅白者，看陽宅八宮所佈何星；年月日白者，即為年月日所值之星入中順佈八宮之謂也。

[179]即一白屬水、二黑屬土、三碧屬木、四綠屬木、五黃屬土、六白屬金、七赤屬金、八白屬土、九紫屬火，共有七色之五行所屬性質。

（一）五行生剋原理：

其法以本局（坐山）洛書星入中宮，輪佈八方（表４－２），以八方位洛書星數爲客體，中宮洛書星數爲主體，依分佈的洛書星數五行相互比較，以五行之生剋比和原理，得出八方之氣爲：生氣（客生主）、旺氣（主客比和）、殺氣（客剋主）、洩氣（主生客）、死氣（主剋客）、關方（五黃所臨宮位）等。（如圖4-2）

4綠木 **殺方**	9紫火 **生方**	2黑土 **旺方**
3碧木 **殺方**	5中宮土 **關方**	7赤金 **洩方**
8白土 **旺方**	1白水 **死方**	6白金 **洩方**

圖4-２：陽宅生殺五氣示意表

（二）奇門遁甲原理：

以一、六、八白及九紫到方爲吉，根據奇門遁甲輪佈軌跡（圖4-3）洛書一、六、八數恰位於休門、生門、開門三吉門，九紫位於景門（圖4-4）故一白、六白、八白及九紫稱爲“善曜”，餘二黑、三碧、四綠、七赤位於傷、杜、死、驚門爲“凶曜”，但吉凶原理仍以五行生剋爲主參考運用

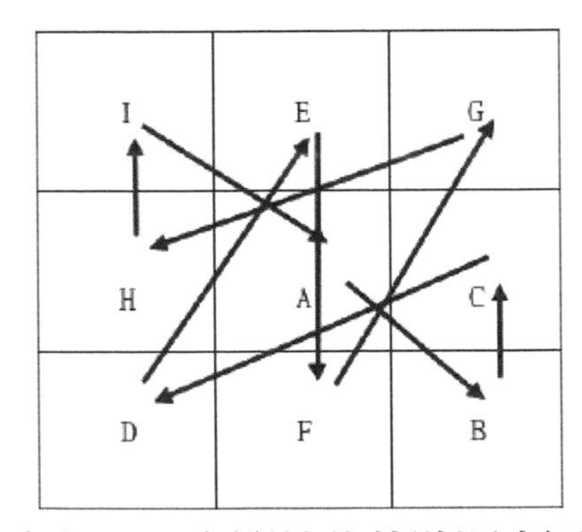

圖4-3：奇門輪佈軌跡順序圖

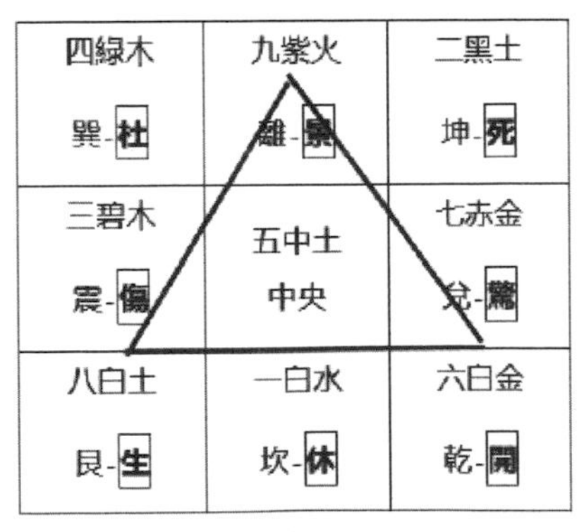

圖4-4：紫白配奇門圖

二、紫白九星代表的義涵

自有曆書記載以來，就有九星每年在輪值變化，九星飛臨之位因九星星性及五行屬性不同，便產生種種吉凶剋應的變化。因此理解紫白九星的意涵在該派理氣的研究上是不可或缺的。紫白九星吉凶原理是以紫白九星配合先後天八卦取象，以《說卦傳》的八卦百象事物類化爲主，輔以漢、唐、宋易學家對卦象的解釋而得出今日的面貌[180]，其所代表的意涵如下表（表4-2）：

表4-2：紫白九星意涵表（採自逢甲大學建築所碩論，2003，吳延川）

	生旺 （吉）得令（合元運）	剋煞（凶）失令（失元運）
一白水	魁星、少年科甲、名播四海、生聰明智慧之子、出思想家	刑妻、損子、漂泊多淫、溺水、耳疾、腎疾、血疾、酒徒、盜賊、險陷
二黑土	發田財、旺人丁、以武貴、出忠臣、名醫	妻奪夫權、陰謀鄙吝、寡婦、產難、刑耗、腹疾惡瘡、愚而貪鄙
三碧木	財祿豐盈、興家創業、長房大旺、立功立言、名揚四海	殘疾刑妻、是非官訟、出盜賊鰥寡、腳病、出不仁之人、肝病
四綠木	文昌、文章名世、科甲聯芳、女子容貌端妍、聯姻貴族、出詩人畫家、名利雙收	出蕩婦、瘋哮自縊、酒色破家、漂流、失節無恥、巧言令色、股病、肝膽病
五黃土	無	輕則災病、重則損人丁、昏迷痴呆、官訟淫亂、吸毒、腫瘤
六白金	威權震世、武職勳貴、鉅富多丁、出科技、哲學、傑出人才	刑妻孤獨、寡母守家、奢侈浮華、剛愎、僞善、痴呆、頭疾、肺病、骨折
七赤金	發財旺丁、武途仕宦、出語言專家、醫師、明星美人、橫財	官訟是非、性病癆疾、投軍橫死、刑殺、出盜賊娼妓、口舌牢獄、口腔鼻疾
八白土	孝義忠良、富貴綿遠、出富貴壽考、聖賢之人	小口損傷、瘟病、厭世自閉、關節風濕、手、指傷、背疾
九紫火	文章科第榮顯、中房受蔭、易廢易興、出大儒	回祿官災、目疾產難、吐血瘋癲、出暴戾苛刻之人、心血之疾

---

[180]吳延川，《風水理氣方法用於建築設計之研究---以紫白飛星為例》，逢甲大學：建築所碩士論文，2003，頁51~52。該九星之對應吉凶主要仍以《陽宅集成·卷三》姚廷鑾所述內容為主。

三、陽宅紫白飛星之吊替[181]

紫白飛星在飛布九星的排列順序與層次上，依陽宅宅局、坐山、太歲、月令、日期而有不同，玆分述之：

（一）宅局法：

先決定宅局，再以宅局星數布入中宮，依洛書順序順布九星，並以「五行生剋原理」求得生、旺、洩、死、殺氣各方。宅局法的認定，係以建築物與河水的相對八卦後天方位關係而定，如同一條河，建築物位在河的南方（水繞坎方）稱爲“ 離局”，在河的北方（水繞離方）稱爲“坎局”，在河的東方（水繞兌方）稱爲震局，在河的西方（水繞震方）稱爲兌局，餘均同此理[182]，如建築物四面有二條河以上，則須視距離、河之大小、屋之面 、大門朝向斟酌論之。現代風水看局法，在都市中建築物若不鄰河，則以道路代替河流來定局。如爲高建築樓層住宅，四面空曠而無河流、道路可言，應以陰陽之原理加以判定，以陰爲坐，以陽取向。

（二）坐山法：

先決定建築的坐山，再以該卦洛書星數布入中宮，依洛書順序飛布九星，並以「五行生剋原理」求得生、旺、洩、死、煞氣各方（如圖4-5～圖4-13）。亦即坐山法以建築物所坐落的軸線方向，量出其後方軸線在何後天卦位上，即以該卦爲坐山，即稱該宅坐壬子癸中任一山，則爲“坎宅”。

---

[181] 民國吳師青著《紫白賦辨正》云：「九星吊替者、如三元白星入中宮飛佈，俱謂之吊；而年替年、月替月、層則替方、門則替之屬、皆以名之。」簡言之，即紫白九星入中飛佈八宮謂之吊替亦稱飛吊。

[182] 見《八宅明鏡‧卷下》<乾命之宅>至<兌命之宅>，本章並非專論宅局之章節，係分析東西四命人之吉凶方位與佈局，但文中有涉及水局取向的觀念。

紫白飛星對坐山法與宅局法的運用判斷，基本上**「外六事」以「宅局法」定局向，而「坐山法」則運用於「內六事」方面**，此爲紫白陽宅斷驗要訣。這種說法看似合理，但玩紫白飛星的地師機伶的早發現破綻很大了，何以如此說？依前理，如果內外六事同一宅卦就罷了，萬一不同的話呢？坎方水繞爲離局，那宅開大門在震卦坐西朝東呢？莫非一間陽宅有兩個坐向不成？太違背常理了！

南

9	5	7
8	1	3
4	6	2

圖4-5：坎宅飛白圖

南

1	6	8
9	2	4
5	7	3

圖4-6：坤宅飛白圖

南

2	7	9
1	3	5
6	8	4

圖4-7：震宅飛白圖

3	8	1
2	4	6
7	9	5

圖4-8：巽宅飛白圖

4	9	2
3	5	7
8	1	6

圖4-9：洛書飛白圖

5	1	3
4	6	8
9	2	7

圖4-10：乾宅飛白圖

6	2	4
5	7	9
1	3	8

圖4-11：兌宅飛白圖

7	3	5
6	8	1
2	4	9

圖4-12：艮宅飛白圖

8	4	6
7	9	2
3	5	1

圖4-13：離宅飛白圖

四、「陽宅五氣」吉凶判斷系統

紫白飛星法基本吉凶之判斷，係以『宅星入中』論「各方泊星五行」對「中宮星性的五行」生剋比和關係，推求“氣”在八方之生、旺、洩、死、殺及關沖，其中生氣方、旺氣方爲吉，死氣方爲半吉凶，洩氣方、殺氣方爲凶，關沖方吉凶不定。有關《陽宅集成· 卷三· 陽宅全秘》所載之吉凶判斷如下：

生氣論：生氣，即父母印綬，生我之星也。五行相生，萬物煦育，稟得生氣門路，主生三男九子，孝義善良，科甲傳芳，壽命延長。

旺氣論：旺氣，即兄弟，與我比肩也。木見木，水見水，土見土，金見金，火見火，是旺氣星方，又名納氣星方，宜造作，主富貴文章，子孫繁盛，家和意協，兄友弟恭。

退氣論：主局[183]所生星方為退氣。如水山見木，木山見火之類，犯之退田莊，損六畜，人口蹇災。房門在洩氣方，漏胎，常小產。然火局見八白，金局見一白，土局見六白，木局見九紫，皆為善曜，逢生旺運，生貴子，科甲連翩。

殺氣論：主局受剋之方為殺氣。如坎山一白，以乾方二黑為殺，但乾為本山冠祿、印綬之鄉，不甚為忌，土生金而金生水，化殺為權，為我用，只宜靜而不宜動，六事不利耳，蓋緣二黑剋坎山，犯之破滅，震方八白臨之亦是剋山，人財不旺，八山類推。

---

[183]主局者，即中宮五行，而入中之五行亦即陽宅坐山之屬卦，或值年月日之紫白九星。

死氣論：主局所剋星方為死氣，如金山見木，水山見火之類，出行此方，失財；**房門在此方，生女不生男。**然艮坤局見一白，震巽局見八白，離局見六白，坎局見九紫，皆為魁星，逢生旺運，財旺生官，功名顯耀。

關殺論：大凡五黃關殺[184]，所在方位，不動則禍不見，不助則禍不烈，遇剋則禍稍輕，助生則禍又不小，疊凶更大災大冤，不測禍殃，憑空而降，此第一凶狠，斷不可犯，動必下月交中氣而始移宮易位者也。惟大門在關方，洩出地下之殺氣，大吉。但外屏不可高逼，恐反撲天上之殺氣入內也。

以下再就陽宅五氣在各宮的含意及方位作進一步說明：

（一）生氣方：

八方之星數五行生入中宮的方位，例如乾宅爲金局，八白土到兌方、二黑土到坎方，土生金爲生氣；坎宅爲水局，六白金到坎方、七赤金到坤方，金生水爲生氣；艮宅爲土局，九紫火到乾方，火生土爲生氣；震宅爲木局，一白水到震方，水生木爲生氣；巽宅爲木局，一白水到坤方，水生木爲生氣；離宅爲火局，三碧木到艮方、四綠木到離方，木生火爲生氣；坤宅爲土局，九紫火到震方，火生土爲生氣；兌宅爲金局，二黑土到離方、八白土到乾方，土生金爲生氣。讀者發現了沒，紫白法只論星性五行，而棄各宮正體五行不論，你覺得合理嗎？莫非各宮本身的五行就不重要嗎？（圖4-14~圖4-21）

[184]五黃星恒在陽宅之向山宮位，故稱為關。

9	5	7 西南 生氣方
8	1	3
4	6 北 生氣方	2

圖4-14：坎宅生氣方位飛白圖

1	6	8
9 東 生氣方	2	4
5	7	3

圖4-15：坤宅生氣方位飛白圖

2	7	9
1 東 生氣方	3	5
6	8	4

圖4-16：震宅生氣方位飛白圖

3	8	1 西南 生氣方
2	4	6
7	9	5

圖4-17：巽宅生氣方位飛白圖

5	1	3
4	6	8 西 生氣方
9	2 北 生氣方	7

圖4-18：乾宅生氣方位飛白圖

6	2 南 生氣方	4
5	7	9
1	3	8 西北 生氣方

圖4-19： 兌宅生氣方位飛白圖

7	3	5
6	8	1
2	4	9 西北 生氣方

圖4-20：艮宅生氣方位飛白圖

8	4 南 生氣方	6
7	9	2
3 東北 生氣方	5	1

圖4-21：離宅生氣方位飛白圖

（二）旺氣方：

星數五行相同於中宮的方位，例如乾宅爲金局，七赤金到乾方，金與金相比和爲旺氣；艮宅爲土局，二黑土到艮方，土與土相比和爲旺氣；震宅爲木局，四綠木到乾方，木與木相比和爲旺氣；巽宅爲木局，三碧木到巽方，木與木相比和爲旺氣；坤宅爲土局，八白土到坤方，土與土相比和爲旺氣；兌宅爲金局，六白金到巽方，金與金相比和爲旺氣，<u>唯坎宅與離宅無旺氣方(這也是不合理)</u>。（圖4-22~圖4-29）

9	5	7
8	1 無旺氣方	3
4	6	2

圖4-22：坎宅旺氣方位飛白圖

1	6	8 西南 旺氣方
9	2	4
5	7	3

圖4-23：坤宅旺氣方位飛白圖

2	7	9
1	3	5
6	8	4西北 旺氣方

圖4-24：震宅旺氣方位飛白圖

3東南 旺氣方	8	1
2	4	6
7	9	5

圖4-25：巽宅旺氣方位飛白圖

5	1	3
4	6	8
9	2	7西北 旺氣方

圖4-26：乾宅旺氣方位飛白圖

6東南 旺氣方	2	4
5	7	9
1	3	8

圖4-27：兌宅旺氣方位飛白圖

7	3	5
6	8	1
2東北 旺氣方	4	9

圖4-28：艮宅旺氣方位飛白圖

8	4	6
7	9 無旺氣方	2
3	5	1

圖4-29：離宅旺氣方位飛白圖

（三）、洩氣方：

星數五行被中宮星數五行所生的方位，例如乾宅爲金局，一白水到離方，金生水爲洩氣；坎宅爲水局，三碧木到兌方、四綠木到艮方，水生木爲洩氣；艮宅爲土局，六白金到震方、七赤金到巽方，土生金爲洩氣；震宅爲木局，九紫火到坤方，木生火爲洩氣；巽宅爲木局，九紫火到坎方，木生火爲洩氣；離宅爲火局，二黑土到兌方、八白土到巽方，火生土爲洩氣；坤宅爲土局，六白金到離方、七赤金到坎方，爲土生金洩氣；兌宅爲金局，一白水到艮方，金生水爲洩氣。（圖4-30~圖4-37）

9	5	7
8	1	3西 洩氣方
4東北 洩氣方	6	2

圖4-30：坎宅洩氣方位飛白圖

1	6南 洩氣方	8
9	2	4
5	7北 洩氣方	3

圖4-31：坤宅洩氣方位飛白圖

2	7	9西南 洩氣方
1	3	5
6	8	4

圖4-32：震宅洩氣方位飛白圖

3	8	1
2	4	6
7	9北 洩氣方	5

圖4-33：巽宅洩氣方位飛白圖

5	1南 洩氣方	3
4	6	8
9	2	7

圖4-34：乾宅洩氣方位飛白圖

6	2	4
5	7	9
1東北 洩氣方	3	8

圖4-35：兌宅洩氣方位飛白圖

7東南 洩氣方	3	5
6東 洩氣方	8	1
2	4	9

圖4-36：艮宅洩氣方位飛白圖

8東南 洩氣方	4	6
7	9	2西 洩氣方
3	5	1

圖4-37：離宅洩氣方位飛白圖

（四）殺氣方：

星數五行剋中宮星數五行之方位，例如乾宅爲金局，九紫火到艮方，火剋金爲煞氣；坎宅爲水局，二黑土到乾方、八白土到震方，土剋水爲煞氣；艮宅爲土局，三碧木到離方、四綠木到坎方，木剋土爲煞氣；震宅爲木局，六白金到艮方、七赤金到離方，金剋木爲煞氣；巽宅爲木局，六白金到兌方、七赤金到艮方，金剋木爲煞氣；離宅爲火局，一白水到乾方，水剋火爲煞氣；坤宅爲土局，三碧木到乾方、四綠木到兌方，木剋土爲煞氣；兌宅爲金局，九紫火到兌方，火剋金爲煞氣。（圖4-38～圖4-45圖）

9	5	7
8 東 煞氣方	1	3
4	6	2 西北 煞氣方

圖4-38：坎宅煞氣方位飛白圖

1	6	8
9	2	4 西 煞氣方
5	7	3 西北 煞氣方

圖4-39：坤宅煞氣方位飛白圖

32	7 南 煞氣方	9
1	3	5
6 東北 煞氣方	8	4

圖4-40：震宅煞氣方位飛白圖

3	8	1
2	4	6 西 煞氣方
7 東北 煞氣方	9	5

圖4-41：巽宅煞氣方位飛白圖

5	1	3
4	6	8
9 東北 煞氣方	2	7

圖4-42：乾宅煞氣方位飛白圖

6	2	4
5	7	9 西 煞氣方
1	3	8

圖4-43：兌宅煞氣方位飛白圖

7	3 南 煞氣方	5
6	8	1
2	4 北 煞氣方	9

圖4-44：艮宅煞氣方位飛白圖

8	4	6
7	9	2
3	5	1 西北 煞氣方

圖4-45：離宅煞氣方位飛白圖

（五）、死氣方：

星數五行被中宮洛書星數五行所剋之方位，例如乾宅爲金局，三碧木到坤方、四綠木到震方，木被金剋爲死氣；坎宅爲水局，九紫火到巽方，火被水剋爲死氣；艮宅爲土局，一白水到兌方，水被土剋爲死氣；震宅爲木局，二黑土到巽方、八白土到坎方，土被木剋爲死氣；巽宅爲木局，，二黑土到震方、八白土到離方，土被木剋爲死氣；離宅爲火局，六白金到坤方、七赤金到震方，金被火剋爲死氣；坤宅爲土局，一白水到巽方，水被土剋爲死氣；兌宅爲金局，三碧木到坎方、四綠木到坤方，木被金剋爲死氣（圖4-46~圖4-53），但死氣方所屬之星爲一六八白與九紫時又稱之爲“財星”，故死氣方屬於半吉凶之氣。

9東南 死氣方	5	7
8	1	3
4	6	2

圖4-46：坎宅死氣方位飛白圖

1東南 死氣方	6	8
9	2	4
5	7	3

圖4-47：坤宅死氣方位飛白圖

2東南 死氣方	7	9
1	3	5
6	8北 死氣方	4

圖4-48：震宅死氣方位飛白圖

3	8南 死氣方	1
2東 死氣方	4	6
7	9	5

圖4-49：巽宅死氣方位飛白圖

5	1	3西南 死氣方
4東 死氣方	6	8
9	2	7

圖4-50：乾宅死氣方位飛白圖

6	2	4西南 死氣方
5	7	9
1	3北 死氣方	8

圖4-51：兌宅死氣方位飛白圖

7	3	5
6	8	1西 死氣方
2	4	9

圖4-52：艮宅死氣方位飛白圖

8	4	6西南 死氣方
7東 死氣方	9	2
3	5	1

圖4-53：離宅死氣方位飛白圖

（六）、關沖方：

中五所飛到之方不論生剋均爲關沖方，其實以紫白飛星而言，只要是中五黃一定飛佈在本宅的向方，即陽宅正前方，又稱五黃關沖。（圖4-54~圖4-61）

9	5南 關沖方	7
8	1	3
4	6	2

圖4-54：坎宅關沖方位飛白圖

1	6	8
9	2	4
5 東北 關沖方	7	3

圖4-55：坤宅關沖方位飛白圖

2	7	9
1	3	5 西 關沖方
6	8	4

圖4-56：震宅關沖方位飛白圖

3	8	1
2	4	6
7	9	5 西北 關沖方

圖4-57：巽宅關沖方位飛白圖

5 東南 關沖方	1	3
4	6	8
9	2	7

圖4-58：乾宅關沖方位飛白圖

6	2	4
5 東 關沖方	7	9
1	3	8

圖4-59：兌宅關沖方位飛白圖

7	3	5 西南 關沖方
6	8	1
2	4	9

圖4-60：艮宅關沖方位飛白圖

8	4	6
7	9	2
3	5 北 關沖方	1

圖4-61：離宅關沖方位飛白圖

（七）、善曜方：

只限於飛臨宮位的一白水、六白金、八白土及九紫火爲中宮星數五行生出者，爲善曜方。例如離宅見八白於巽方，

乾宅見一白於離方，兌宅見一白於艮方，坤宅見六白於離方，艮宅見六白於震方，震宅見九紫於坤方，巽宅見九紫於坎方，八宅中唯坎宅無善曜方。（圖4-62~圖4-68）

	6南 善曜方	
	2	

圖4-62：坤宅善曜方位飛白圖

		9西南 善曜方
	3	

圖4-63：震宅善曜方位飛白圖

	4	
	9北 善曜方	

圖4-64：巽宅善曜方位飛白圖

	1南 善曜方	
	6	

圖4-65：乾宅善曜方位飛白圖

	7	
1東北 善曜方		

圖4-66：兌宅善曜方位飛白圖

6東 善曜方	8	

圖4-67：艮宅善曜方位飛白圖

8 東南 善曜方		
	9	

圖4-68：離宅善曜方位飛白圖

（八）、文昌位與官星方：

文昌者，有文昌位與文昌星之分，文昌位指宅卦入中飛佈**四綠木**所飛到之宮位，不論生、旺、洩、死、殺方皆爲文昌位，坎宅文昌方位於艮方，坤宅文昌方位於兌方，震宅文昌方位於乾方，巽宅文昌方位於宅中央，乾宅文昌方位於震方，兌宅文昌方位於坤方，艮宅文昌方位於坎方，離宅文昌方位於離方。以上爲宅之文昌位，以紫白法精神而言，流年文昌星之力更大於文昌位。

官星指**一白水**所飛到之宮位，不論生、旺、洩、死、殺、方即爲官星方，坎宅官星方位於中央，坤宅官星方位於巽方，震宅官星方位於震方，巽宅官星方位於宅坤方，乾宅官星方位於離方，兌宅官星方位於艮方，艮宅官星方位於兌方，離宅官星方位於乾方。文昌方與官星方在紫白飛星的空間佈置利用上，可作爲書房或神明廳的空間。此局應注意者，如四綠文昌入中者，不能以中宮爲位文昌位，而是以一白官星爲文昌位，一白入中者亦同。（圖4-69~圖4-76）

9	5	7
8	1 中央 官星方	3
4 東北 文昌位	6	2

圖4-69：坎宅文昌方位圖

1 中央 官星方	6	8
9	2	4西 文昌位
5	7	3

圖4-70：坤宅文昌方位圖

2	7	9
1東 官星方	3	5
6	8	4西北 文昌位

圖4-71：震宅文昌方位圖

3	8	1西南 官星方 爲文昌
2	4 中央	6
7	9	5

圖4-72：巽宅文昌方位圖

5	1 南 官星方	3
4 東位 文昌位	6	8
9	2	7

圖4-73：乾宅文昌方位圖

6	2	1 西南 文昌位
5	7	9
1 東北 官星方	3	8

圖4-74：兌宅文昌方位圖

7	3	5
6	8	1 西 官星方
2	4 北 文昌位	9

圖4-75：艮宅文昌方位圖

8	4 南 文昌位	6
7	9	2
3	5	1 西北 官星方

圖4-76：離宅文昌方位圖

以上爲八宮之陽宅五氣，爲便於查覽經歸納整理製表如下：（表4-3）

表4-3：各宅局方位紫白九星速查表（本研究整理）

方位 宅山	坎方	艮方	震方	巽方	離方	坤方	兌方	乾方	中央
坎宅	生氣	洩氣 文昌	殺氣	死氣 財星	關方	生氣	洩氣	殺氣	入中 不論
艮宅	殺氣 文昌方	旺氣	洩氣 善曜方	洩氣	殺氣	關沖	死氣 官星 財星	生氣	
震宅	死氣 財星	殺氣	生氣 官星	死氣	殺氣	洩氣 善曜	關沖	旺氣 文昌	
巽宅	洩氣 善曜	殺氣方	死氣方	旺氣方	死氣 財星	生氣 官星	殺氣方	關沖方	入中 不論
離宅	關沖方	生氣方	死氣方	洩氣 善曜	生氣 文昌	死氣 財星	洩氣方	殺氣 官星	
坤宅	洩氣方	關沖方	生氣方	死氣 官星 財星	洩氣 善曜方	旺氣方	殺氣 文昌方	殺氣方	
兌宅	死氣方	洩氣 善曜 官星	關沖方	旺氣方	生氣方	死氣方	殺氣 文昌方	生氣方	
乾宅	生氣方	殺氣方	死氣 文昌	關沖方	洩氣 善曜 官星	死氣方	生氣方	旺氣方	

五、紫白飛星的「三元九運」吉凶理論分析

紫白飛星法另一吉凶判定的主要依據爲「元運」，風水師勘宅的事理推斷上，必須將「元運」的因素考慮進去，在陽宅的坐向選擇上，亦需將「元運」列入重要的考量因素。《陽宅集成．卷三．陽宅全秘》云：

> 洛書之運，上元一白、中元四綠、下元七赤，各管六十年，謂之大運。上元一、二、三，中元四、五、六，下元七、八、九，各管二十年，謂之小運。

元運既分，更宜論局，如八山上元甲子、甲戌二十年，得一白龍穴，一白方砂水，一白方居住，名元龍主運，發福非常，至甲申、甲午二十年，得二黑龍穴，二黑方砂水，二黑方居住，**各旺星當運，發福亦同**，一元如是，三元可知。

二者不可兼得，或**當一白司令，而震巽受元運之生，四綠乘時，而震巽合元運之旺，此方居住，亦慶吉祥。**

先天之坎在兌，後天之坎在坤，**上元**之坤、兌，未可言衰，先天之巽在坤，後天之巽在兌，**中元**之兌坤，亦可**云旺，此卦之先後天運，可合論者也。**

一白司上元，而六白同旺，四綠主中元，而九紫俱興，七赤居下元，而二黑並發，此即河圖一六共宗、二七同道、三八為朋、四九為友之義，圖可參書，不信然乎？

或**局未得運，而局之生旺財方，有六事得地者，發福亦同。水為上，山次之，高樓殿塔亭台之屬，又其次也。**

再論其山，與山之六事，如門路井灶之類。次論其層與層之六事，或行大運，或行小運，俱可富榮。否則佈置六事，合山與層及其間數生旺，則關煞俱避，若河洛二運未交，僅可小康而已。

由上文之說明可知「元運」關乎吉凶事應重大，爲紫白陽宅佈局及勘驗論斷的重要依據，也是紫白法的特色之一。**紫白得生旺運與否的要訣依上文論述有五項：1.當運。2.得當運之生。3.得上中下三大元運的先後天位卦運亦旺。4.得河圖數16、27、38、49之卦運亦同旺。5.雖不得運但得宅局之生旺財方亦吉。但一般皆以1、2之生旺運爲主。**

這種論法看似合乎易理，仔細思考卻又感到奇怪，不無包山包海之嫌，<u>實際上不管什麼坐向的宅都有人富貴，也</u>

有人窮困，呈現的是機率分佈，與運無關，紫白飛星地師如何解決這問題呢？就是如同上述的說明，擴大它的範圍就是了，反正說得通就好。

此外，紫白的斷驗系統還有「生殺五氣」、「雙星加會」，三者交纏一起各宮位幾乎都吉凶參半，怎麼斷都全憑風水師一張嘴，百戰不敗，加以此派撈錢潛力大於其它流派，這也是它會流傳廣佈的原因。

風水的真功夫不在論斷得多準確，反正會找你來看風水的，無非三件事：身體健康、錢財事業、婚姻感情。猜都能八九不離十，但這未必就是風水真學，真正的風水絕對可以起到"趨吉""避凶"的效果，如果佈局之後不痛不癢，甚至更差，管你什麼門派都是垃圾。

三元九運的理念，在第一章風水術語解釋及第二章八宅法論福元命卦時已予說明，這裡再將它劃分方式依上文加以補充。上元運統括１～３運，由甲子年至癸未年二十年爲一白水運，甲申年至癸卯年二十年爲二黑土運，甲辰年至癸亥年二十年爲三碧木運，上元六十年同時由一白統管稱爲"統運"；中元運統括４～６運，由甲子年至癸未年二十年爲四綠木運，甲申年至癸卯年二十年爲五黃土運，甲辰年至癸亥年二十年爲六白金運，中元六十年同時由四綠"統運"；下元運統括７～９運，甲子年至癸未年二十年爲七赤金運，甲申年至癸卯年二十年爲八白土運，甲辰年至癸亥年二十年爲九紫火運，下元六十年同時由七赤"統運"（如表4-4）。

表4-4：三元九運及六十甲子干支紀年統屬表（本研究整理）

三元	統運	小運	六十甲子干支紀年循環									
上元	一白坎水運	一白水運	甲子	乙丑	丙寅	丁卯	戊辰	己巳	庚午	辛未	壬申	癸酉
			甲戌	乙亥	丙子	丁丑	戊寅	己卯	庚辰	辛巳	壬午	癸未
		二黑土運	甲申	乙酉	丙戌	丁亥	戊子	己丑	庚寅	辛卯	壬辰	癸巳
			甲午	乙未	丙申	丁酉	戊戌	己亥	庚子	辛丑	壬寅	癸卯
		三碧木運	甲辰	乙巳	丙午	丁未	戊申	己酉	庚戌	辛亥	壬子	癸丑
			甲寅	乙卯	丙辰	丁巳	戊午	己未	庚申	辛酉	壬戌	癸亥
中元	四綠巽木運	四綠木運	甲子	乙丑	丙寅	丁卯	戊辰	己巳	庚午	辛未	壬申	癸酉
			甲戌	乙亥	丙子	丁丑	戊寅	己卯	庚辰	辛巳	壬午	癸未
		五黃土運	甲申	乙酉	丙戌	丁亥	戊子	己丑	庚寅	辛卯	壬辰	癸巳
			甲午	乙未	丙申	丁酉	戊戌	己亥	庚子	辛丑	壬寅	癸卯
		六白金運	甲辰	乙巳	丙午	丁未	戊申	己酉	庚戌	辛亥	壬子	癸丑
			甲寅	乙卯	丙辰	丁巳	戊午	己未	庚申	辛酉	壬戌	癸亥
下元	七赤兌金運	七赤金運	甲子	乙丑	丙寅	丁卯	戊辰	己巳	庚午	辛未	壬申	癸酉
			甲戌	乙亥	丙子	丁丑	戊寅	己卯	庚辰	辛巳	壬午	癸未
		八白土運	甲申	乙酉	丙戌	丁亥	戊子	己丑	庚寅	辛卯	壬辰	癸巳
			甲午	乙未	丙申	丁酉	戊戌	己亥	庚子	辛丑	壬寅	癸卯
		九紫火	甲辰	乙巳	丙午	丁未	戊申	己酉	庚戌	辛亥	壬子	癸丑
			甲	乙	丙	丁	戊	己	庚	辛	壬	癸

相傳自黃帝命大堯氏創甲子編年以來，迄今已經是第八十六甲子，今以近代之三元九運一百八十年而言，係起於康熙二十三年爲上元一白水運甲子年迄今，整理如下：（表4-5）[185]

表4-5：三元九運近期分元分運明細表（逢甲大學建築所碩論，2003，吳延川）

上元			中元			下元		
一坎運	二坤運	三震運	四巽運	五黃運	六乾運	七兌運	八艮運	九離運
康熙23年－康熙42年	康熙43年－雍正1年	雍正2年－乾隆8年	乾隆9年－乾隆28年	乾隆29年－乾隆48年	乾隆49年－嘉慶8年	嘉慶9年－道光3年	道光4年－道光23年	道光24年－同治2年
西元1684－1703	西元1704－1723	西元1724－1743	西元1744－1763	西元1764－1783	西元1784－1803	西元1804－1823	西元1824－1843	西元1844－1863
同治3年－光緒9年 西元1864－1883	光緒10年－光緒29年 西元1884－1903	西元1904－1923	西元1924－1943	西元1944－1963	西元1964－1983	西元1984－2003	西元2004－2023	西元2024－2043

《紫白訣．上篇》云：

「紫白飛宮，辨生旺退殺之用，三元氣運，判盛衰興廢之時，生旺宜興，運未來而仍替，退殺當廢，運方交而尚榮，總以氣運為帝君，而吉凶隨之變化。」

故在陽宅興建選址定局方面，以紫白飛星法原則而言，

[185] 另參張覺明著，《紫白訣精解》，1998，台北：牧村，頁428~473。詳論自元朝泰定元年迄今之紫白九星年表。

需考慮到“元運”的問題（其他玄空派的風水法亦同），如上元一白水運時，則坎局五行水與一白水運比旺得旺氣，而震、巽局五行木得一白水運生得生氣，故在一白水運時依三元家而言，坎、震、巽三局爲吉。而其他各局雖地理形勢、水法皆吉，內外格局也合於生旺佈局用事，亦僅獲得小康而已。但是，這根本上是違背地學祖師們的精神，而且違反常識常理，可惜識者不多，被易經這張虎皮給迷惑了。

有心學風水的初學者，多不具備辨識真僞的功夫，加以風水流派的日趨下流，不學沒事，學了變有事，是必然的結果。阿璽老師寫此書傳世，到底能起到多少作用幫助到多少人，筆者也不知道，只能說是盡力而已。讀者有學習到本書的，希望能將此觀念傳揚出去，或將本書分享出去，讓更多同好知道，說不定就可以間接幫助到千萬人。那麼阿璽師耗費這麼多的心血寫成此書，一切都值得了。

茲整理在不同元運時，八個宅局得失運吉凶情形，所謂得失運者，是指當運或得運生，不含先後卦位、河圖數卦運，茲整理列表如下：（表4-6）

表4-6：三元九運各宅局吉凶表（本研究製，不含先後天卦運、河圖卦運

吉凶 元運	吉運宅局	凶運宅局
一 運	坎局、震局、巽局	坤局、乾局、兌局、艮局、離局
二 運	坤局、艮局、乾局、兌局、坎局(不合理，運五行所剋)	震局、巽局、離局
三 運	震局、巽局、離局、坎局	坤局、艮局、乾局、兌局
四 運	震局、巽局、離局	坤局、艮局、乾局、兌局、坎局

吉凶 元運	吉運宅局	凶運宅局
五 運	坤局、艮局、乾局、兌局、巽局	震局、離局、坎局
六 運	乾局、兌局、坎局、 巽局(不合理，運五行所剋)	坤局、震局、艮局、離局
七 運	乾局、兌局、坎局	坤局、震局、巽局、艮局、離局
八 運	坤局、艮局、乾局、兌局	坎局、震局、巽局、離局
九 運	離局、坤局、艮局、 兌局(不合理，運五行所剋)	坎局、震局、巽局、乾局、
備註	1.一白運爲上元統運，故坎局在二三運仍爲吉； 四綠運在中元爲統運，故巽局在五六運仍爲吉； 七赤運在下元爲統運，故兌局在八九運仍爲吉。 2.中宮不論爲宅局。	

六、年月日紫白星如何看吉凶？

（一）紫白「宅星」、「年星」[186]雙星加會吉凶理論分析

紫白飛星法斷吉凶，是一個頗爲複雜的系統，除上述「元運」的得失考量外，宅星與年星的互動關係更是紫白法斷驗吉凶剋應的主要依據。但應用此法首應注意者，所謂「雙星加會」的吉凶看法與「陽宅五氣」在判斷吉凶事應上並無相關，此點頗不合理，每一宅局都會有兩者一吉一凶的狀況，又當如何論斷？怎麼解套總覺得有自說自話的嫌疑。但實務應用上確是如此，在第六章時將針對此再作探討。

《紫白訣· 下篇》云：

> **四一同宮**、準發科名之顯。**九七合轍**（穿途），常遭回祿之災。**二五交加**，罹死亡並生疾病。**三七疊至**，被劫盜更見官災。…

[186]紫白法以坐山卦數入中順飛八宮者，稱為宅星；以值年星入中順飛八宮者，稱為年星。紫白法之斷吉凶最主要者即依宅星、年星加會之五行意涵或五行生剋關係而論吉凶事驗。

七赤為先天火數，九紫為後天火星，旺宮單遇，動始為殃，煞處重逢，靜亦肆虐。…………正煞為五黃，不拘臨方到間，人口常損；病符為二黑，無論流年小運，疾病叢生。

五主孕婦受災，黃遇黑時出寡婦；二主宅母多病，黑逢黃至出鰥夫，運如已退，廉貞逢處眚不一，總以避之難為良。運若未交，巨門交會病方深，必然遷之始吉。………

蚩尤碧色，好勇鬥狠之神，破軍赤名，肅煞劍鋒之象。是以交劍煞興多劫掠，鬥牛煞起惹官刑。七逢三到生財，豈識財多被盜。三遇七臨生病，那知病癒遭官。運至何慮穿心，然煞星旺臨，終遭劫賊。

身強不畏反伏，但助神一去，立見官災。要知息刑須盜，何須局外搜求，欲識癒病延年，全在星中討論。更言武曲青龍，喜逢左輔善曜。六、八武科發跡，否亦韜略榮身。八、六文士參軍，或則異途擢用。旺、生一遇即吉，死退雙臨始佳。九紫雖司喜氣，然六會九，而長房血證；七九之會尤凶。

四綠固號文昌，然八會四而小口殞生，三八之逢更凶。八逢紫曜，婚喜重來；六遇輔星，尊榮不次。如遇會合之道，盡同一四之中。**欲求嗣續，紫白惟取生神；至論納藏，飛星宜得旺氣。**二黑飛乾，逢八白而財源大進，遇九紫則瓜瓞綿綿。三碧臨庚，逢一白而丁口頻添，交二黑則倉箱濟濟。先旺丁後旺財，於中可見，先旺財後旺丁，於理易詳。

此節內容即爲紫白法中推論「雙星加會」吉凶的主要依據，全文論事亦兼說理，於紫白法的應用剖析無遺，是紫白法中極爲重要的理論，也可確切得悉紫白法是“脫離而且違反”五行學理與自然環境的一個風水流派，是否真的可行，市場上探聽一下發了多少人就知道了。學理部份分析如下：

坎宅一白入中，流年又四綠入中；坎宅艮方是四綠，流年又一白到艮；巽宅四綠入中，流年又一白到中宮，均爲「**四一同宮**」。一白爲官星、魁星、四綠爲文昌，故發貴。九紫七赤同入中宮或同到方位名曰「**九七合轍**」，九紫爲後天火星，七赤是先天火數，故主火災。二黑與五黃同入中宮或同到方位爲「**二五交加**」，二黑爲病符，五黃爲廉貞，主死亡疾病。

三碧七赤同入中宮或同到方位曰「**三七疊至**」，三碧爲蚩尤喜鬥爭，七赤爲破軍，加會爲「**穿心殺**」，主盜訟。一白之宅與流年又一白到，四綠之宅與流年又四綠到，名爲「**還宮復位**」，其力加倍。一白之宅與流年遇四綠到，四綠之宅流年遇一白到，名爲「**交互疊逢**」。

先天之數二七爲火、離象爲火乃後天火星，俱主火患；如局山旺方，七赤九紫到一位，動則火發，不動則無虞；在局山煞方，而又二星同到，爲「祝融殺」，即不動作亦主火發也。五黃中央土，爲「正關煞」，故是最凶，二黑隸坤爲病符星，故主病。<u>宅只有八卦，社會上有那麼多火災嗎？</u>

五黃爲陽土，二黑爲陰土，主肚腹，故孕婦應災。黃上加黑，陰壓陽也，故出寡婦，二黑加黃，陽壓陰，故出鰥夫也。廉貞五黃也，已失生旺運時，遇之災難畢至，惟避爲良。巨門二黑也，未交生旺運時見之，病不能免，惟遷始吉。

七赤爲破軍主肅煞，七赤遇六白爲金見金名「**交劍煞**」，三碧遇坤艮爲木剋土名「**鬥牛煞**」，剋我則病，三碧喜戰鬥，

故又遭官。三七對沖曰「**穿心煞**」，旺者如三碧值木運、七赤值金運，煞遇旺為得令，故遇劫賊在所難免。「**反吟**」與「**穿心煞**」同，即對宮之星臨本宮。若三又見三、七又見七為「**伏吟殺**」。

凡有助神助局，宅必生旺而吉，助神去則身弱，如見煞旺，官災必不能脫矣。武曲、左輔俱為吉宿，六遇八主發武貴，八遇六主發文貴。如在局上旺為生，或六或八有一星到即吉，如在局上為死退，則六八同到方佳。

六白屬乾金，乾為長輩，六白吉星逢九離火剋為凶，故應長男血症，為「**失勢殺**」。七赤破軍惡曜，加會九離則尤凶，此為「**受剋殺**」，即年星逢宮位相剋也。

八白土遇四綠木剋，應少男小口，四綠是吉星，剋艮為凶；三碧是祿存，惡曜剋八白更凶也。八白本吉星，九紫是喜曜，九紫火來生八白土，故主婚喜重來。六白本吉宿，八白是喜曜，八白土來生六白金，故主財官之喜。星同度，其吉徵與四一同宮同也。紫白吉曜，生主發丁，如九紫火來生土，一白水來生木，六白金來生水，八白土來生金，均為生神。加紫白故發丁，飛來旺星，皆紫白吉曜，旺星來，主發財帛。

坎宅二黑飛乾，二黑土也，遇流年星八白土亦到乾，土見土為旺，八白又為吉曜，故主發財。二黑土遇九紫火年星來生，九紫是吉曜，故發丁。坎宅三碧飛兌，遇流年星一白水亦到兌，水生木為生，一白又吉曜，故發丁。宅星三碧木去剋年星二黑土，我剋為財，故交二運主發財。凡生星先到，旺星後到，則先發丁，而後旺財，旺星先到，生星後到，則先旺財，而後發丁。[187]

以上常用之雙星加會之吉凶判斷經整理如下表：（表4-7）

表4-7：雙星加會吉凶表（本研究製）

宅星、年星組合	吉凶剋應	備註
四一同宮	準發科名之顯。	
二五交加	罹死亡並生疾病。	
三七穿心殺	被劫盜更見官災。 七逢三到生財，豈識財多被盜。 三遇七臨生病，那知病癒遭官。	對宮星臨本宮。
三碧臨庚交二黑	常遭回祿之災。	九七爲火數
五黃正關煞	人口常損。	
六七交劍殺	多劫掠。	六七爲二金交戰
三八、三二鬥牛殺	惹官刑。	年星剋宅星
三三、七七伏吟殺	官災纏身。	凶星疊臨。
六九失勢殺	長房血症。	
受剋殺	視何年星受剋，吉星受剋爲凶。	凶星受剋則吉。
六遇輔星	尊榮不次。	宅六年八。
六、八同宮	武科發跡，否亦韜略榮身。	同上。
八、六同宮	文士參軍，或則異途擢用。	
八逢紫曜	婚喜重來。	宅八年九。
二黑飛乾逢八白	而財源大進。	土比旺。
二黑飛乾遇九紫	則瓜瓞綿綿。	火生土（年生宅）
三碧臨庚逢一白	而丁口頻添。	水生木（年生宅）
三碧臨庚交二黑	則倉箱濟濟（財厚）。	則倉箱濟濟（財厚）。

[187]本段大意依【清】姚廷鑾《陽宅全秘》釋《紫白訣下篇》，另參民國吳俊民《紫白訣闡微》及張覺明《紫白訣精解》。

（二）年月日紫白九星加會

《宅法舉隅・上冊》論流年云：

諸家年月多誤差，惟有紫白卻可憑，值年九星逐宮轉，生旺休囚仔細分。

陽宅集成・卷七・第十七看》年月吉凶星加臨法云：

餐霞道人曰：年月吉凶各星，每年、每月飛佈二十四方，必有應驗。蓋方位之吉凶，起於地盤之干支，乃一定不變之理，年月之星煞，每隨歲君為轉移，是以吉方遇吉星而獲福，吉方遇凶星而變禍，凶方遇吉星，災殃可解，凶方遇凶星，禍患必來。若凶星有二三個重疊即為堆煞，為群醜聚會，必主大凶，不動猶緩，若一動作，禍不旋踵。或在本年即應，或在三合、四沖年月應，天化之歲應。

紫白飛星法在運用上須將時間因素列入，以推算出年月紫白九星中何星入中及飛臨各宮的分佈，作爲修造與占斷吉凶之用。（表4-7）例如2009年歲次已丑，屬下元運，由流年入中紫白星表，查知爲九紫入中順佈八宮，是則年吉凶星之分佈可知，而吉凶可斷之矣。

表4-7：流年入中紫白九星表（本表採自白鶴鳴《玄空紫白訣精解》，1993，頁249）

六十甲子／紫白三元									
	甲子	乙丑	丙寅	丁卯	戊辰	己巳	庚午	辛未	壬申
	癸酉	甲戌	乙亥	丙子	丁丑	戊寅	己卯	庚辰	辛巳
	壬午	癸未	甲申	乙酉	丙戌	丁亥	戊子	己丑	庚寅
	辛卯	壬辰	癸巳	甲午	乙未	丙申	丁酉	戊戌	己亥
	庚子	辛丑	壬寅	癸卯	甲辰	乙巳	丙午	丁未	戊申
	己酉	庚戌	辛亥	壬子	癸丑	甲寅	乙卯	丙辰	丁巳
	戊午	己未	庚申	辛酉	壬戌	癸亥			
上元	一白	九紫	八白	七赤	六白	五黃	四綠	三碧	二黑
中元	四綠	三碧	二黑	一白	九紫	八白	七赤	六白	五黃
下元	七赤	六白	五黃	四綠	三碧	二黑	一白	九紫	八白

紫白法之斷驗吉凶除了注意「年紫白」吉凶星外，尚看重「月紫白」的吉凶星分佈，以精確的推斷事端發生之月份。例如２００９年某宅之震宮見「二五同宮」，依雙星加會之理論此乃凶應，堪輿師即可由每月之值月飛星入中去推出何月二黑、五黃臨震宮，強化了二黑、五黃的凶度，則該月即爲發生事端之時點，故月之紫白九星於陽宅堪驗時亦不可或缺。月之值月九星根據太歲地支及節氣月令，可由下表查出：（表4-8）

表4-8：流月入中紫白九星表（本研究製）

太歲 紫白 月令	子 午 卯 酉 年	辰 戌 丑 未 年	寅 申 巳 亥 年
寅月	八白	五黃	二黑
卯月	七赤	四綠	一白
辰月	六白	三碧	九紫
巳月	五黃	二黑	八白
午月	四綠	一白	七赤
未月	三碧	九紫	六白
申月	二黑	八白	五黃
酉月	一白	七赤	四綠
戌月	九紫	六白	三碧
亥月	八白	五黃	二黑
子月	七赤	四綠	一白
丑月	六白	三碧	九紫
備註		月令以農曆二十四節氣爲準，每月含一節一氣，每月有一值月飛星當權。	

紫白飛星法理論的一大特色爲時間點推算的細膩，除上述年、月紫白星的飛佈推斷外，每日尚有值日的紫白星，以同樣的飛佈方式，同樣的推論系統，便可據以推斷陽宅的吉凶事驗。問題在於雖然時間推算的系統細緻，但學理有問題的技法，說得再有理也是枉然，時間的推論法實際去驗證出事的案例，準確率太低。每日之紫白九星輪值與六十甲子日循環交替，亦可由下表查出。（表4-9）

表4-9：流日入中紫白九星表（白鶴鳴《玄空紫白訣精解》，1993，頁251）

節氣 日 60甲子	冬至至立春節末日	雨水至清明節末日	穀雨至芒種節末日	夏至至立秋節末日	處暑至寒露節末日	霜降至大雪節末日
甲子	一白	七赤	四綠	九紫	三碧	六白
乙丑	二黑	八白	五黃	八白	二黑	五黃
丙寅	三碧	九紫	六白	七赤	一白	四綠
丁卯	四綠	一白	七赤	六白	九紫	三碧
戊辰	五黃	二黑	八白	五黃	八白	二黑
己巳	六白	三碧	九紫	四綠	七赤	一白
庚午	七赤	四綠	一白	三碧	六白	九紫
辛未	八白	五黃	二黑	二黑	五黃	八白
壬申	九紫	六白	三碧	一白	四綠	七赤
癸酉	一白	七赤	四綠	九紫	三碧	六白
甲戌	二黑	八白	五黃	八白	二黑	五黃
乙亥	三碧	九紫	六白	七赤	一白	四綠
丙子	四綠	一白	七赤	六白	九紫	三碧
丁丑	五黃	二黑	八白	五黃	八白	二黑
戊寅	六白	三碧	九紫	四綠	七赤	一白
己卯	七赤	四綠	一白	三碧	六白	九紫
庚辰	八白	五黃	二黑	二黑	五黃	八白
辛巳	九紫	六白	三碧	一白	四綠	七赤
壬午	一白	七赤	四綠	九紫	三碧	六白
癸未	二黑	八白	五黃	八白	二黑	五黃
甲申	三碧	九紫	六白	七赤	一白	四綠
乙酉	四綠	一白	七赤	六白	九紫	三碧
甲午	四綠	一白	七赤	六白	九紫	三碧
乙未	五黃	二黑	八白	五黃	八白	二黑
丙申	六白	三碧	九紫	四綠	七赤	一白
丁酉	七赤	四綠	一白	三碧	六白	九紫

節氣 日 60甲子	冬至至立春節末日	雨水至清明節末日	穀雨至芒種節末日	夏至至立秋節末日	處暑至寒露節末日	霜降至大雪節末日
戊戌	八白	五黃	二黑	二黑	五黃	八白
己亥	九紫	六白	三碧	一白	四綠	七赤
庚子	一白	七赤	四綠	九紫	三碧	六白
辛丑	二黑	八白	五黃	八白	二黑	五黃
壬寅	三碧	九紫	六白	七赤	一白	四綠
癸卯	四綠	一白	七赤	六白	九紫	三碧
甲辰	五黃	二黑	八白	五黃	八白	二黑
乙巳	六白	三碧	九紫	四綠	七赤	一白
丙午	七赤	四綠	一白	三碧	六白	九紫
丁未	八白	五黃	二黑	二黑	五黃	八白
戊申	九紫	六白	三碧	一白	四綠	七赤
己酉	一白	七赤	四綠	九紫	三碧	六白
庚戌	二黑	八白	五黃	八白	二黑	五黃
辛亥	三碧	九紫	六白	七赤	一白	四綠
壬子	四綠	一白	七赤	六白	九紫	三碧
癸丑	五黃	二黑	八白	五黃	八白	二黑
甲寅	六白	三碧	九紫	四綠	七赤	一白
乙卯	七赤	四綠	一白	三碧	六白	九紫
丙辰	八白	五黃	二黑	二黑	五黃	八白
丁巳	九紫	六白	三碧	一白	四綠	七赤
戊午	一白	七赤	四綠	九紫	三碧	六白
己未	二黑	八白	五黃	八白	二黑	五黃
庚申	三碧	九紫	六白	七赤	一白	四綠
辛酉	四綠	一白	七赤	六白	九紫	三碧
壬戌	五黃	二黑	八白	五黃	八白	二黑
癸亥	六白	三碧	九紫	四綠	七赤	一白

（三）以2009年坎宅爲實例說明

紫白飛星法在占斷方法上，依該年該月紫白飛星入中，順佈九宮，『以飛到之星爲客，本宮爲主』，比較五行以論生剋，九星中以一、六、八白爲吉星，若不剋宮便作吉斷，而五黃爲“正關煞”所到之方宜安靜不動，否則爲凶，月紫白及日紫白操作手法與年紫白相同。

以西元2009年爲例：下元運歲次已丑。

經查表年紫白爲「九紫」入中宮，用以順佈九宮，並配合宅星飛佈。得出2009年坎宅雙星加會及陽宅五氣之分佈況狀：（圖4-77）

年8 宅9 巽木 死氣方	年4 宅5 離火 宅正關煞	年6 宅7 坤土 生氣方 交劍殺
年7 宅8 震木 殺氣方	年9 宅1 中宮	年2 宅3 兌金 洩氣方
年3 宅4 艮土 洩氣方	年5 宅6 坎水 生氣方 年五黃到山	年1 宅2 乾金 殺氣方

圖4-77：下元已丑年（2009年）坎宅年紫白吉凶圖

以2009年論，坎宅有兩個卦位宜特別注意，即坎卦五黃「到山」，坤卦位爲六七交劍殺，此二方位今年皆不宜動作，動作必凶應。

又2009已丑年自寅月開始五黃入中宮（見表4-11：流月入中紫白九星表），依每月值月飛星入中飛佈九星情形推知，五月時一白值月，坤方又見七赤破軍金星，有劫掠損財

之應；六月時，九紫星值月入中，月五黃臨坎宮年五黃之位，主應疾病、意外損人丁等；七月時，八白星值入中，五黃臨坤宮併交劍殺，群醜聚會，主劫掠損財之應。

就吉的方面來說，一白吉星臨乾方、八白臨巽方皆吉，可做佈局以催旺宅氣，四綠臨離宮，文昌星到向，凡今年有考試者宜移其書桌於該方，有利考運。

第三節 紫白九星與「外六事」之吉凶斷驗理論與厭勝

清姚廷鑾《陽宅集成・卷四・第八看》論外六事法云：

外六事者，是屋外之物如橋樑、殿塔、亭台、之屬，**凡望見照著者皆是。**雖曰六事，而實不止于六也。**皆從局上論生旺退殺，亦當在宅上並看，庶無差誤。其吉凶禍福，俱以飛佈九宮為主，其得運失運，俱由三元遞嬗之氣運而分**，並遇年月吉凶神殺加臨，則應驗尤速。

又云：**外六事，俱有五行所屬**，如屋、庵廟、衙門、大人書堂、竹樹、旗竿、木橋，俱屬木。溪河、池塘，俱屬水。油車、銀店、鐵舖、塔、學生書堂、牌坊、窯、墳堆、鐘樓，俱屬火。街市、路、塘岸、方屋、方山、方牆，俱屬土。環橋、碾子、壩堰、圓墩、圓池、圓山、俱屬金。」

又云：木長，金圓，土方，火尖，水動，此五行之形也。木青，水黑，金白，土黃，火赤，此五行之色也。其六事之形與色，俱可分斷。餐霞道人曰：庵廟屬木，而《紫白全秘》云：廟宇刷紅，在一白方，尚主瘟火，則廟紅即屬火矣。**故形色之說，洵為確論，以是而知業是術者，貴乎其變，若使拘泥執滯，恐錯認者多矣。**

外六事則泛指建築外一切虛實空間及物件如道路、溝渠、空缺、建物、樹木、街道家具等等。當堪輿家爲人堪輿陽宅時，其順序必先由遠而近，由外而內，外局吉（外六事）內局亦吉（內六事）者大吉，外局吉內局凶者小吉，外局凶內局吉者小凶，外局凶內局亦凶者大凶，故外六事爲首要。質是言之，外局重於內局也。紫白飛星法的外六事吉凶觀察法以宅局而論，排定八方的“生”、旺”、“洩”、“死”、“殺”及“關沖”，凡外六事位於“生”、“旺”爲吉，位於“洩”、“殺”及“關沖”方

位則凶，是故“洩”、“殺”及“關沖”方以低平且無動態行爲或水流動等爲宜。

對於不良的外六事，常見的風水厭勝制化法有「泰山石敢當」「虎頭牌」「天官賜福板」「獅咬劍」「凹鏡」「凸鏡」「山海鎮」「八卦」「一善板」等，屬於符籙祈禳的範疇，常被運用來化解形勢上的凶煞物體，如路沖、巷沖、屋脊沖射、屋角、柱沖、寺觀飛檐沖射等；較爲務實的做法則採用“遮”、“擋”之法，所謂“遮”即是利用人造物體來遮蔽沖射的景物，如照牆、或種植竹木等植物，至於“擋”則是在沖射物與陽宅之間利用水池、花圃、石塊等來阻擋沖射。

紫白飛星法對於不佳的實體外六事的制化因應，除了採取前述的方法外，也採取「五行生剋」的手法，例如陽宅受廟宇飛簷沖射，廟宇飛簷五行屬火，故於所受沖射方位挖設水池，用水剋火；就路沖而言其五行屬水（木秀爲長條形），故風水師會建議經營餐廳與五金行業，因餐廳五行屬火，木生火反而有利，稱爲「化煞爲權」，五金行業五行屬金，金剋木故不虞路沖，凡此種種皆不外於五行生剋制化的運用。

對於理氣方面，不佳的“星氣”制化法，內、外六事皆同，依飛星所到煞、洩氣方屬於何星而採取不同的因應方式，一般而言一、六、八白三吉星，雖臨煞氣方但凶應的影響不大，至於其他二黑、三碧、四綠、五黃、七赤、九紫之厭勝制化法如下：（表4-10）

表4-10：紫白凶星之厭勝制化法（本研究制）

紫白九星	制化方法與器具
二黑土 病符星	懸掛銅鈴、風鈴或銅鐘時時鳴之，因二黑五行屬土，銅鈴、風鈴之聲五行屬金，土生金故可以化解二黑之煞氣。
三碧木 蚩尤星	以玻璃瓶（或水桶），內儲清水，加鹽一斤左右放置銀幣一枚、銅錢六枚（或用五帝錢替之）封口儲存製成“安忍水”制之。
四綠木 文昌星	為文昌，遇煞時不能發揮作用，可用一大毛筆及四支小毛筆放置於該處，或種植草本植物，因四綠原位於巽卦，巽卦為柔木，毛筆與草本植物符合此一卦象。
五黃土 關煞星	用七、六枚古銅錢繫於五黃飛臨之方，或懸掛銅鈴，取土生金之義。亦可用安忍水制之。
七赤金 破軍賊星	放置水缸儲水，內養一尾或六尾黑魚，因七赤五行屬金，一六為河圖水數，黑亦屬水，取金生水之義。
九紫火 喜星	制化之法與七赤相同，蓋因九紫五行屬火故以水剋火。或以方形、土黃色物品轉化，取火生土之意也。

由上分析之，可以發現紫白飛星的風水厭勝制化法，係採用「五行生剋」的原理，是故悉乎五行生剋之理，便能活用於風水上的消災解厄。

第四節　紫白飛星法「內六事」佈局的實務操作規範

紫白飛星法又稱為“九宮飛泊法”，在方位的運用上即以九宮來劃分，雖然古籍紀錄並無實務操作圖形可供佐證，但《三白寶海．論建宅》提到：「**即新屋完備，其中宮併關殺凶方，常宜安靜，生比星方，常宜動作。**」說明紫白飛星法在空間方位之區分，是由中央空間分格的。現代風水業者運用紫白飛星對空間的區分，大多依各邊長均分成三等份來劃分為九個區塊稱為「九宮」，用以佈局陽宅之空間機能，本研究在“紫白飛星法”的空間分位上基本上仍以傳統九宮分格法爲依據。

本章主要重點在探討陽宅室內佈局之理論及實務操作，即所謂“內六事”者，《八宅明鏡· 六事》云：

> 六事者，乃門路、灶、井、坑廁、碓磨、居家必備之物，安放得所，居用便宜，人每忽其方道，一犯凶方，利用之物，反為致害之由，暗地生災，受禍不知，良可浩歎！

依照傳統內六事的吉凶規範演變至今，運用在現代住宅空間主要以門，臥室、神明廳、廁所、廚灶爲主要對象，其理論依據及實務作法規範如下：

一、陽宅大門佈局理論與實務操作規範

（一）紫白法開門之學理依據

《陽宅集成· 卷六》內六事門戶云：

> 前門宜置兩扇，後門…不得置兩扇[188]。前門不得開於殺方，後戶不得開於旺處。墓氣從地，宅氣以門，一門易向，榮落轉輪。……

又云：

> 儘有先天之地，改一旺門，便能起衰；得元之地改一衰門，便至減福，尺寸之間，榮枯頓異。」

此論門之重要也。紫白法開門《陽宅集成· 卷六· 九局開門秘訣》云：

> 九局，即紫白九星論開門，與游年有同有異，**專取生旺方也。生方出入旺人財，旺方太旺定生災；退方又合三元退，五黃一到賊思來。死氣之方**防死絕，**殺位**凶徒定有災；且如坎宅乾門路，必出無良不用猜。

[188] 此段為形家之看法，非紫白獨有。

又云：

乾房艮門不可開，開後長房有凶災；中房男女人多疾，孤寡還應年少來。乾房巽門不可開，敗絕家門小口災；定出瘋癆瘡痘症，子子孫孫孤老來。…………

又云：

宅龍論地水神裁，尤重三門八卦排；只取三元生旺氣，引他入室是胞胎。一門乘旺兩門囚，少有嘉祥不可留。兩門交慶一門休，大事歡欣小事愁。**須用門門都吉位，全家福祿永無憂。三門先把正門量，後門房一樣裝。別有旁門並側門，一通外氣即紛張。設若便門無好位，一門獨出始為強。**

上文論述諸多繁贅，其實紫白法開大門總訣相當簡單：不論前門、後戶或便門皆以安置於生氣、旺氣方，或死氣或退氣方而同時飛到一六八吉星者亦吉，亦可安於五黃"關沖方"唯「殺方」不可開門。大門安置於關沖方者，該方位不可有路沖，亦不可大門外有高牆局石擋住，避免煞氣反撲。茲針對各宅宜開門宮位分析之：（圖4-78~圖4-85，皆以上爲向卦、下爲坐卦佈置）

9	5南方 五黃關煞 開門	7西南方 開門
8	1白	3
4	6北方 開門	2

圖4-78：坎宅門戶方位圖

	東北方 五黃關煞 開門	東方 生氣 開門
	2黑	一白 東南方 開門
	西南方 八白運星 開門	南方 六白財 開門

圖4-79：坤宅門戶方位圖

	西方 五黃關煞 開門	西北方 旺氣 開門
	3 碧	北方 八白運星 開門
	東方 生氣 開門	

圖4-80：震宅門戶方位圖

	西北方 五黃關煞 開門	
西南方 生氣 開門	4 綠	
南方 八白運 開門	東南方 旺氣 開門	

圖4-81：巽宅門戶方位圖

	東南方 五黃關煞 開門	南方 一白官星 開門
	6 白	
北方 生氣 開門	西北方 旺氣 開門	西方 生氣 開門

圖4-82：乾宅門戶方位圖

東北方 一白官星 開門	東方 五黃關煞 開門	東南方 旺氣 開門
	7 赤	南方 生氣 開門
西北方 生氣 開門		

圖4-83：兌宅門戶方位圖

	西南方 五黃關煞 開門	西方 一白官 開門
	8 白	西北方 生氣 開門
東方 六白財星 開門	東北方 旺氣 開門	

圖4-84：艮宅門戶方位圖

	北方 五黃關煞 開門	東北方 生氣 開門
	9 紫	
西南方 六白財星 開門	南方 生氣 開門	東南方 八白運星 開門

圖4-85：離宅門戶方位圖

（二）紫白開門法的禁忌事項

陽宅宅法有諸多禁忌，其應用的廣泛及深入人心已至信仰的層次，在勘宅及佈局的實務上更勝於理氣的吉凶推論。關於陽宅開門的禁忌，《陽宅集成· 卷六》論內六事門戶云：

一陰連一陽[189]，傷了陰人男又亡；**二陰夾一陽**，損了男

[189]單扇門為一陰，雙扇門為一陽也。

人陰又亡；**三陰夾一陽**，又損男子女兒亡；**兩陽夾一陰**，寡婦兩三人。

二門靠一柱，錢財定不聚。**開門見柱**號懸針，不損錢財損子孫。

青龍反手[190]若開門，討債不離門；**三相相對品字開**，便出孤單損自來；**正屋後面若開門**，子孫不見興。

門高勝於房，必定損人丁；**門高勝於壁**，其家多哭泣；門多勝於壁，其家亦不吉；**兩家門相對**必有一家退；**兩家門相沖**，必有一家凶；**作屋若多窗**，必主退田庄。

又云：

開門之法事如何，對直三門便不宜；縱對宜偏常閉塞，免來災禍是兼非。**門戶須防雜亂開**，亂開氣散耗多災；前門後戶從來定，**兩脅開門損小孩**。凡開**大門必要迎來水吉**，若對去水凶。

門路關方與殺方，女淫男賭盜刑當。

棟柱開門，主小口有傷，家長有吐血症。

屋大門小謂之閉氣，主病。**屋小門大**，謂之洩氣，退財。

人家頭門儀門，裝得尖利崚峻，一名鬼叉，一名燥火，殺到殺人可決，即無殺到，禍患不絕。

直屋沖門財不聚，**直路沖門**損少年，**直水沖門**家反覆，**直塹沖門**官事遭，**直牆沖門**遭惡死，**直石沖門**日夜眠，**直塘沖門**多疾病，**直岸沖門**賣盡田，**直廟沖門**若老磕，**新塚沖門**哭上天。**有人識沖能識直，便是天仙與地仙。**[191]

如上的這些禁忌，同時記載在書中，內容與紫白九星飛佈的理氣無關，但又凌駕於理氣之上，這本身即預示了一種矛盾，既然禁忌凌駕於理氣之上，那麼也就說明了理氣只能爲輔助，主要還是要看直觀的自然環境。風水學的書(尤其理氣門派)常常自打耳光，不合邏輯，學者要能省察，才不會學入誤區，害人害己。

---

[190]青龍反手即白虎方也。

[191] 以上禁忌部份屬形家部份，八宅法亦應遵守。

二、　房、床佈局理論與實務操作

（一）紫白「九星安床法」理論之一

《陽宅集成‧卷六》論內六事房床云：

《陽宅秘奧》云：**凡看床，於房正樑下格之，以床坐山星入中宮，飛佈八方，論八卦陰陽，以配夫妻，相生為吉，相剋為凶。**

如床坐乾坎艮震，其床是夫；房門開巽離坤兌，其門是妻。門剋床，主傷夫；床剋門，主刑妻。如床坐巽離坤兌，其床是妻，房門開乾坎艮震，其門是夫。門剋床，主傷妻；床剋門，主刑夫。**大概房門關係臥房之夫主，如大門關係一宅之宅主也。(論卦的陰陽)**

假如床坐北向南，作坎床，論生旺，坎屬水，為中男，其是夫。若開門於東南隅，飛宮九紫屬火，為中女，其門是妻(論九星陰陽)。以床剋門，主妻宮患火症，又應下元剋妻，一卦三山論。如巽字門相生（坎水生巽木，巽木生九紫火），雖泄氣無礙，若開門辰位，犯八煞（土剋水），主剋夫。如巳字門，飛宮又屬九紫火所臨伏位，木去生火，泄本身之氣，又坎之一白水剋九紫火，是夫剋妻，亦主妻宮有咎，主產難血光，**每卦三向，斷法三條。**

若開坤未門，屬土，土能剋水，主傷夫，開申門，水長生于申，又飛宮七赤金能生坎水，是妻生夫吉。開乾門，雖曰金能生水，然老陽與中男不配，又二黑老陰臨，則水受土剋，伏位乾金，又以泄坤土之氣，一剋一泄，主老母有虛弱之症。開艮門，四綠長女臨之，四綠木能制伏位艮土，又木得坎水生之，是夫生妻，主夫虛弱，而妻安康也。餘可類推。

又如床坐南向北，作離床論，在艮上開房，則飛宮三碧為木生火，離為中女為妻，三碧為長男為夫，夫生妻，妻得夫蔭而獲福。

若寅字門，又火之長生位，吉可知矣，丑字不用。開乾門，則飛宮一白為中男，為夫，剋離中女，戌字剋而帶泄，亥字八煞之位均不用。若開坤門，則飛宮為六白，老陽為夫，而離中女能剋夫矣。開巽門，則八白少男為夫，離之妻能生夫，夫受妻蔭而獲福，辰為冠帶之位，巳為官祿之方，俱全吉。若開兌震離方，則老陰土、少女金、長女木，或生妻，或妻所生，或妻所剋，皆妻之屬，則妻權盛而夫無主，夫妻皆不如式矣。

就文中「九星安床」以實例說明。如圖示：立於床前下羅盤，床頭坐卦坎，故爲坎床，坎爲陽，爲中男，爲夫主。房門開在巽方（一卦三山論），以床坐山坎入中飛得九紫到巽位，九紫爲離，爲陰，爲妻星，陰陽相配爲吉。床坐山屬水，而門上飛星屬火，爲夫床水剋妻門火，故主妻易患火症，逢乾兌金運，金能生水剋火，妻體弱多病，工作不順！

如就一卦三山之各山論之，如巽字門，木生妻星火，有助妻之利而無礙。如開辰字門，辰二十四山本氣屬土，土洩弱九紫火，又土剋坎床之水，主剋夫。如開巳字門，巳二十四山本氣屬火，爲火神祿位，助九紫妻星，但逢床坐山坎水來剋，仍小凶也。此所以「每卦三向，斷法三條」之深意也。總之，以生比爲吉，剋爲凶。但實務上大多僅論巽宮木生九紫火，不論三山。

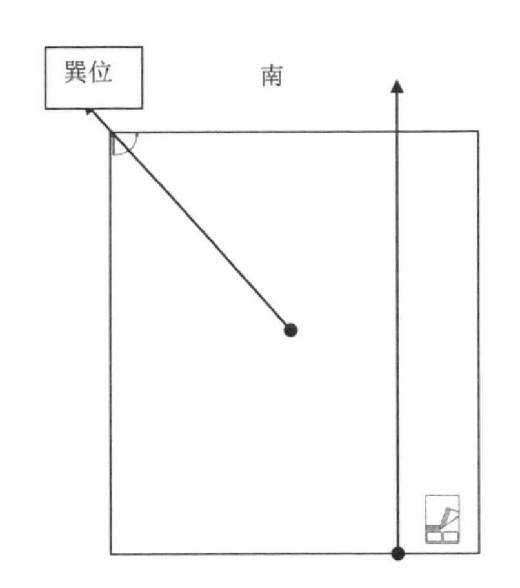

圖4-86：坎房紫白九星安床法實

綜合上述，「九星安床法」之重點蓋在於分辨以下諸宮位之生剋關係：

1.以**床坐山屬卦**陰陽論爲夫或妻，陰爲妻，陽爲夫。(床前下羅盤，論卦)

2.以**門星屬卦**的陰陽論爲夫或妻，陰爲妻，陽爲夫。(論九星)

3.以**門位屬卦**的陰陽論爲夫或妻，陰爲妻，陽爲夫。（2與3之間以2爲主論床、門間之夫妻五行生剋吉凶。）

4.再以門位所坐**二十四山正體五行**與**床位屬卦五行**論生剋之吉凶。(實務上多數紫白師用八卦五行論對九星五行的生剋。)

5.再視乎**門星屬卦**五行**是否得三元一四七運**之生旺氣助，得之則全房皆行旺運，若運的五行又剋洩門位則凶。

這裡有一個大問題，廿四山五行、宮位五行、九星五行混用論生剋，紫白法有時用有時不用，邏輯何在？更何況這三者系統不同，混在一起論生剋對嗎？這是紫白法僞訣的大罩門。白法整套的安床理論，就是大雜燴，論卦、論星、論廿四山、論三元運之間五行的生剋關係，不同系統的五行之間的大亂鬥，就算如此，也還是不夠週延，例如三元有九運呢，爲何只論一四七上中下運對門星生……。行文至此真的是搖頭嘆息，風水術的不登大雅之堂，其來有自矣！

（二）紫白九星生旺方安床法理論之二

又《陽宅集成· 卷六》論內六事房床另云：

> 經謂：**殺方偏喜去安床。蓋不指統宅之殺位，而專指房間之星之殺位言也。**假如第三間，五行屬木，三碧入中宮，要開門在震一白生氣方，出入大吉，即坐殺向殺亦不妨，但**床頭不可枕殺方耳。**其實以各間星，或水或火，論其生氣殺氣之方，**床頭宜放在生旺方，枕頭亦宜放生旺方也。** **床頭宜枕生避殺…此要訣也**（房間觀點）。

論門戶亦云：

> 一宅止一門，獨旺則全美，若諸門皆旺，諸美畢臻。至於**宅中內門，尤以房門為重，蓋一陰一陽之謂道，家道興衰，在夫婦配合之際，**生男育女繼祖承祧，皆原於此。**宅內重門路，步步從旺方，引入閨闥，更開吉門以迎之，**則五福全收矣！

前述二段要旨還是在強調：

1.臥室不宜安置於全宅的殺氣方，可於全宅的生氣方、旺氣方安臥室。

2.房門要開在依“間數入中飛佈”的陰陽配合的吉方、生旺方。

3.安床在房間內煞氣方、死氣方時，如房門開在上吉位亦不妨，例如開1、6、8吉星又在生旺方的房門。

4.總訣是：床頭及枕頭必須佈局置放在該房間的生旺氣方（依間數星性入中飛佈）。

這一種方法實務上較少紫白法老師使用，因爲學理含混不清，安床法多是依前述第一法爲之。**但也由此可知，古人著作不可全信，同一個人同一本書的著作(《陽宅集成》)還能內容自相打架，這大概是玄學書籍的通病，太不著邊際了。**

讀者千萬不要以爲這大概是少數特例，事實上在《陽宅集成》全書之中內容打架的地方很多很多，搞到最後姚廷鑾不得不在書中說：「適合法即以何法用之，皆驗。」可以肯定的說，姚氏輯合諸多風水要訣，但他自己並不入深入，也搞不清楚對錯，所以只好大雜燴式的編到書中，可笑《陽宅集成》都還算是風水古籍中較優的了，所以成了風水古籍的重要經典，讀者若要自行去研讀這本書，自己要衡量衡量，被誤導的機會很大。

同樣的，依此理論探討，又是一大堆問題，讀者有興趣的話自己思考一下，犯這種低級的錯誤，還有那麼多的人追捧，都要歸功於易經神主牌的功勞。舉例一下，間序如何算呢？如果有兩排、三排、四排平行呢？從那裡算？如果是工廠的全棟宿舍又怎麼算？何以九星安床時就不用間序呢？唉~說不下去了…

這裡筆者要補充一點，因爲紫白飛泊法本身的學理太過零亂，所以實務上紫白法已經衍生出許多分支，技法大同小異各有特點，但吉凶看法已經全然互異了。光自己流派就打成一片，何況還有那麼多門派呢！其實其它流派也差不多是這種狀況，玄空法尤其分支眾多，反正抬出易經神主牌就沒人敢質疑了，更何況沒有政府監督又有錢撈，誰怕呢！但是學玄學的人如果不信因果，只能是各人造業各人擔了。

		西南方 生氣 安床
	一白	
	北方 生氣六白 安床	

圖4-87：間一坎臥室方位圖

		東方 生氣 安床
	二黑	
	西南方 旺氣八白 安床	

圖4-88：間二坤臥室方位圖

		西南方 旺氣 安床
	三碧	
	東方 生氣一白 安床	

圖4-89：間三震臥室方位圖

東方 生氣一白 安床	四綠	
	東南方 旺氣八白 安床	

圖4-90：間四巽臥室方位圖

	六白	
北方 生氣 安床	西北方 旺氣 安床	西方 生氣八白 安床

圖4-91：間六乾臥室方位圖

		東南方 旺氣六白 安床
	七赤	南方 生氣 安床
西北方 生氣八白 安床		

圖4-92：間七兌臥室方位圖

	八白	西北方 生氣 安床
	東北方 旺氣 安床	

圖4-93：間八艮臥室方位圖

		東北方 生氣 安床
	南方 生氣 安床	
	南方 生氣 安床	

圖4-94：間九離臥室方位圖

三、神明廳佈局理論與實務操作

《陽宅集成· 卷六》香火祠堂云：

> 論屋神祠理最嚴，古人營室廟為先…**香火關方與殺方，兒孫不孝女孤孀。**

即祖先牌位、佛堂或神明廳不可設於關沖方及煞氣方。（圖4-95~圖4-102）

東南方 設神明廳	關煞方	西南方 設神明廳
殺方	一白	西方 設神明廳
東方 設神明廳	北方 設神明廳	殺方

圖4-95：坎宅神明廳方位圖

北方 設神明廳	關煞方	東方 設神明廳
殺方	二黑	東南方 設神明廳
殺方	西南方 設神明廳	南方 設神明廳

圖4-96：坤宅神明廳方位圖

西南方 設神明廳	關煞方	西北方 設神明廳
殺方	三碧	北方 設神明廳
東南方 設神明廳	東方 設神明廳	殺方

圖4-97：震宅神明廳方位圖

殺方	關煞方	北方 設神明廳
西南方 設神明廳	四綠	殺方
南方 設神明廳	東南方 設神明廳	東方 設神明廳

圖4-98：巽宅神明廳方位圖

東方 設神明廳	關煞方	南方 設神明廳
殺方	六白	西南方 設神明廳
北方 設神明廳	西北方 設神明廳	西方 設神明廳

圖4-99：乾宅神明廳方位圖

東北方 設神明廳	關煞方	東南方 設神明廳
北方 設神明廳	七赤	南方 設神明廳
西北方 設神明廳	殺方	西南方 設神明廳

圖4-100：兌宅神明廳方位圖

殺方	關煞方	西方 設神明廳
東南方 設神明廳	八白	西北方 設神明廳
東方 設神明廳	東北方 設神明廳	殺方

圖4-101：艮宅神明廳方位圖

殺方	關煞方	東北方 設神明廳
西方 設神明廳	九紫	東方 設神明廳
西南方 設神明廳	南方 設神明廳	東南方 設神明廳

圖4-102：離宅神明廳方位圖

四、書房佈局理論與實務操作

《陽宅集成· 卷六》香火祠堂云：

> 餐霞道人曰：**凡作書房，宜在本宅一白四綠上，一白四綠間內，又宜開一白四綠方門路**，流年月建得一白四綠星，飛到**此方此間此門，或是四一同宮或是還宮復位**，必主發秀。
>
> **又屋外一白四綠方，有山水亭塔、樓臺鼓角照著，亦主發貴**（多院落觀點）。**如一白四綠方作書房，必要此屋體式特異於眾**（多院落觀點），**則應驗愈靈**。合此格式，即考試作萬，亦應發秀，余屢斷驗也。

將紫白精神應用在現今住宅上，即書房宜安置於全宅宅星的四綠方（文昌位）或一白方（官星方）（為全宅觀點），且最宜配合在文昌間內又開房門在一白或四綠方位之上(為房間觀點)。

紫白法只重安書房之法，辦公桌、書桌並不重視，認爲桌位乃附屬於書房之物，書房對了即有利於文人，而不強調桌位。事實上桌位的重視是現代風水師挑起的，多增加一個生財管道，跟百貨公司一堆節慶在特價是一樣的道理。實務上那些

成績很好的學子，論他們的書房，很少有坐在文昌位的，哈哈~筆者兩個小孩都是學霸，從來沒有佈局過啥文昌位的。

茲將各宅卦安置書房文昌位佈局圖示整理如下：（如圖4-103~圖4~110）

	一白 中央 置書房	
東北方 四綠 置書房		

圖4-103：坎宅書房方位圖

	二黑	東南方 一白 置書房
西方 四綠 置書房		

圖4-104：坤宅書房方位圖

		西北方 四綠 置書房
	三碧	
	東方 一白 置書房	

圖4-105：震宅書房方位圖

西南方 一白 置書房	四綠 中央 置書房	

圖4-106：巽宅書房方位圖

東方 四綠 置書房		南方 一白 置書房
	六白	

圖4-107：乾宅書房方位圖

東北方 一白 置書房		
	七赤	
		西南方 四綠 置書房

圖4-108：兌宅書房方位圖

		西方 一白 置書房
	八白	
		北方 四綠 置書房

圖4-109：艮宅書房方位圖

西北方 一白 置書房		
	九紫	
	南方 四綠 置書房	

圖4-110：離宅書房方位圖

五、廁所佈局理論與實務操作

（一）紫白法安坑廁之理論

古代陽宅之坑廁多在戶外，由於穢氣甚重，故安坑廁時皆特別注意誤犯凶位，《陽宅集成· 卷六》坑廁章云：

> 凡是殺方莫安廁，沖關犯殺主刑傷；本山退氣多昌熾，時師須要細推詳。又云：安廁須將坐局推，本山洩氣最相宜………休犯關沖並殺位，文昌華蓋將星基。

顯見紫白法認為廁所最宜安置於洩氣方、死氣方，不可安置於生氣方、旺氣方、殺氣方及關沖方，另四綠為「文昌方」亦不可安坑廁。

現代坑廁多在屋內，甚至與臥房相連通，且古代坑廁衛生條件與現代化的衛浴設備相去甚遠，在廁所的佈局上理應有不同的作法與觀念，死抱著幾百年前的糞坑觀念，面對現代衛浴的實況，也看出來現代風水師的不求長進，一整個理論到實務根本上就是照抄古法，全不考慮現實的變化。但實際上，紫白法風水師現今仍是以之為客戶佈局，講得頭頭是道，結果是自己認知錯誤，這種劣幣驅逐良幣的現實，就是

筆者今天要出版這一本書的動機所在，希望有緣看到本書的讀者，能夠走上一條風水的正途。

以下茲以是法就各宮宅可安廁之卦位整理分析如下：（圖4-111~圖4-118）

東南方 死氣 置廁所		
	一白	西方 洩氣 置廁所
文昌位 洩氣 不宜		

圖4-111：坎宅廁所方位圖

北方 洩氣 置廁所		
	二黑	東南方 死氣 置廁所
		南方 洩氣 置廁所

圖4-112：坤宅廁所方位

西南方 洩氣 置廁所		
	三碧	北方 死氣 置廁所
東南方 死氣 置廁所		

圖4-113：震宅廁所方位圖

		北方 洩氣 置廁所
	四綠	
南方 死氣 置廁所		東方 死氣 置廁所

圖4-114：巽宅廁所方位圖

文昌位 死氣 不宜		南方 洩氣 置廁所
	六白	西南方 死氣 置廁所

圖4-115：乾宅廁所方位圖

東北方 洩氣 置廁所		
北方 死氣 置廁所	七赤	
		西南方 文昌位 不宜

圖4-116：兌宅廁所方位圖

		西方 死氣 置廁所
東南方 洩氣 置廁所	八白	
東方 洩氣 置廁所		

圖4-117：艮宅廁所方位圖

西方 洩氣 置廁所	九紫	東方 死氣 置廁所
西南方 死氣 置廁所		東南方 洩氣 置廁所

圖4-118：離宅廁所方位圖

（二）紫白法坑廁的禁忌

坑廁由於其性質特殊，古來陽宅佈局對此一環節的禁忌亦較多，要求亦較嚴格。姚廷鑾在《陽宅集成》中列出了幾個重點：

「莫對當門並眼見，造來隱閉自周旋。」

「廁對灶門，年年牛病損，左邊亥卯未，右邊巳酉丑，前頭寅午戌，後邊申子辰，逐年斷又準。[192]」

「門前若有坑廁屋，官災心痛發幾場。」

「來脈裝坑甚不宜，若居龍虎也非奇。」

不過詳審上列禁忌，發現當今陽宅幾不可能發生如是的佈局，因爲現代廁所皆在室內而非室外，且現代衛浴十分清潔。故陽宅坑廁的古法禁忌，已全然不適用當今的社會。另外，古法禁忌在風水術中是凌駕於理氣技法之上的，這本身所代表的含意就甚值得思考，把理氣奉爲真理的風水師們，要好好想想，自己會的用的有沒有問題？

---

[192] 此為斷流年剋應之法訣也。風水學上斷驗流年最常用者為地支三合法，如煞犯在某地支方位，則將此地支起三合局，該三合局之三支地支即是可能發生剋應事端之流年。

再次，文中有提到流年的斷驗法，用的是正體五行的地支三合法，這也是趣事，前文有提到紫白法吉凶全看紫白九星剋應，依九星五行生剋斷其吉凶，怎麼回過頭來到此處斷流年卻用的是正體五行的三合法？牛頭對馬嘴，這也能行，真配服古時候那些前輩們，真的是遺害後人。

（三）紫白法安坑廁的其他規範

事實上，坑廁的佈局是陽宅學中一個複雜的問題，不說各流派之間的看法不同，即同一派法中，相互矛盾的情形亦多。以紫白法而言，《陽宅集成》另提到一段不同的坑廁理論，如<坑廁章 >安廁歌云：

> 乾是天門莫作坑，有人犯著破門牆；亥壬戌位損兒郎。亦主雙眸白渺茫。
> 甲乙丙丁辛丑吉，若安子位損蠶桑；癸艮酉庚多吉利，巽辰損婦反遭殃。
> 寅卯未坤損宅母，若居午位旺田莊；申酉火兌休冒犯，寅申巳亥損兒郎。

必須注意，此訣是以古代坑廁在戶外的狀況而設，今日廁所多在室內，而且衛生條件好過古時候甚多，使用上必須做相當的調整。以下諸訣亦同此狀況。

《陽宅集成》<坑廁章 >又云：

> 「**子午卯酉方，為將星所居之位，不可作廁**。申子辰山，忌子方；寅午戌山，忌午方；巳酉丑山，忌酉方；亥卯未山，忌卯方。……」
> 「四邊坑廁甚堪安，**只忌乾方卦屬天**。……」
> 「廁屬金，不宜火方，宜八白二黑七赤方，但要在本命

休囚之位[193]。」

「**廁忌乾亥壬子癸方**，並忌在宅基來脈處，及正堂後，此二十四山向所同者，至於**各宅黃泉煞方**，**並本宅坐山相生之吉方**，**皆忌**，惟坐山所剋之方為休囚，可置廁，亦**宜安在天干**，**勿安地支**，死犯太歲，其年不利。」

「**坑忌寅午戌方**，**及本年都天方**。」

由這幾段文字的敍述，可以明顯的看出古人對坑廁的重視及忌諱，這當然是因爲坑廁具凶惡穢氣本質的關係。以上僅適用外局看法，如以此法用於現代住宅，肯定沒有地方安廁了。以上的這段文字，內行人應該可以看出來雜湊了幾個不同流派的技法，有三合法、紫白法、八字神煞星、八宅法等，該如何應用呢？風水師們大概只能各取所需，八仙過海各顯神通了。由此可知，現代紫白法的風水師們在使用技法時，其實也是選擇性的用了半套而已，雖同一流派，但細節的處理也未必相同，對錯之間也是各說各話，自己的才是正宗。

六、廚灶佈局理論與實務操作

（一）廚灶佈局的理論

《陽宅集成》廚灶章云：

灶為五事之尊，乃六事之首，所關最重，……冒犯關殺，宅母受禍，漸及老幼，久而敗絕，可不慎歟！

凡灶喜作生旺之方…忌置關殺之方及金水間…廚灶關方與殺方，害目心疼人殀亡；口舌遭官奴悖逆，雷傷虎咬

[193] 此句為王肯堂先生之言，王氏為八宅法大家，最重宅主之年命，謂坑廁宜壓本宅凶方，本句之「本命休囚之位」，意指東西命之五鬼、禍害、絕命方也。故此句所主張者，命宅不同，不知誰是誰非？此段乃八宅與紫白合用之法訣也，既論紫白九星，亦兼游年八星之配合。

禍非常。

廚房、瓦斯爐宜安置於生氣方、旺氣方，忌安置於關沖方、煞氣方、中宮或紫白飛星中六白金、七赤金及一白水所飛到之處，若生旺氣方為六白金及七赤金，無方位可安置廚房、瓦斯爐時，洩氣方亦可利用，例如坎宅六白金及七赤金飛到宅之北方及西南方，雖該二方為生氣方卻不可以安置廚房及瓦斯爐，而坎宅又無旺氣方故僅能安置在東北方及西方等兩處洩氣方。（圖4-119~圖4-126）

	南方 關煞方	西南方 生氣七赤 不宜安灶
東方 八白殺氣	一白	西方 洩氣 置廚房
東北方 洩氣 置廚房	北方 生氣六白 不宜安灶	西北方 二黑殺氣

圖4-119：坎宅廚房方位圖

		東方 生氣 置廚房
	二黑	
	西南方 旺氣 置廚房	

圖4-120：坤宅廚房方位圖

		西北方 旺氣 置廚房
	三碧	
	東方 一白生氣 不宜安灶	

圖4-121：震宅廚房方位圖

西南方 一白生氣 不宜安灶	四綠	
	東南方 旺氣 置廚房	

圖4-122：巽宅廚房方位圖

	六白	
北方 生氣 置廚房	西北方	西方 生氣 置廚房

圖4-123：乾宅廚房方位圖

	七赤	南方 生氣 置廚房
西北方 生氣 置廚房	西方	

圖4-124：兌宅廚房方位圖

	八白	西北方 生氣 置廚房
	東北方 旺氣 置廚房	

圖4-125：艮宅廚房方位圖

		東北方 生氣 置廚房
	九紫	
	南方 生氣 置廚房	

圖4-126：離宅廚房方位圖

（二）廚灶在陽宅上的禁忌

灶位之佈局乃陽宅六事之首要者，其禁忌亦多，影響亦較大。《陽宅集成》廚灶章云：

「灶門忌地支，須向天干打，否則十二年輪到太歲上，不但丁財破，官災病難禳。」

「灶宜建於泥地上，如下有石板，或在樓上，名無根灶，退敗絕丁。」

「兩柱夾一灶，小口多煩惱。三門對灶品字開，錢財出去不回來。」

「房門對鍋口，錢財難入手。」

「灶肚門切要深藏，勿使人見，如入門見灶肚燒火，主

不聚財。」

「樓上作房，樓下不可作灶，損小口，驚風出痘而亡。」

「灶有沖有射，或上有橫樑壓者，主鍋破損。」

「灶有門沖，或梯壓，白虎加臨主痢疾。」

「灶對房門，主婦人經痛，又主婦頭疼，或吐血淋。」

紫白法的安灶訣吉凶與其它各流派，例如玄空、八宅、乾坤國寶、三合、九星、三元納氣、金鎖玉關……等等全不相同，是非對錯不能光靠一張嘴，要從實務面、學理面一一比對探討才有可能略窺門徑。對風水術熟悉的同好，如果能稍動一下腦筋不難找到問題所在，例如，坎宅全無生旺方，該如何是好？飛星的殺方不可安灶，那麼正體五行的八宮方位殺方爲何不論？又飛星殺方不可安灶，如果殺方被原本宮位五行所剋呢？或是輾轉相生解化呢？如果不准飛星的五行與宮位原本五行論生剋，那麼何以在開門訣的學理中又可以論呢？

這些粗糙的風水學理其實經不起推敲，稍微用心思考一下就可以找出一大堆的漏洞，何以這種鬼打架的技法能一代代流傳下來呢？誰在傳？又誰在學？傳的人不明究裡，學的人也是瞎貓撞到死老鼠，最後就成爲現今的風水界混亂實況。其中有部份甚不合理，或已不合時宜，皆應棄之。如灶應建泥地上、樓上有房間，則樓下不可作灶…等是，但若干合理者亦保留，須有明師指點才能真正得其真髓。

七、陽宅內六事佈局之方位滙整

綜合本章以上各方位圖，八宅各自所屬的門，臥室、神明廳、書房、廁所、廚灶的適宜方位有所不同，在不考慮風水禁忌之下，本研究整理歸納如下表以方便查考（表4-11）

表4-11陽宅內六事佈局方位歸納表(本研究製)

	坎宅	坤宅	震宅	巽宅	乾宅	兌宅	艮宅	離宅
門	南方 西南方 北方	東北方 東方 東南方 西南方 南方	西方 西北方 北方 東方	西北方 西南方 東南方 南方	南方 東南方 北方 西北方 西方	東北方 東方 東南方 南方 西北方	西北方 西方 西南方 東方 東北方	東北方 北方 西南方 南方 東南方
神明廳	東北方 北方 西南方 西方 東南方	西南方 東方 東南方 北方 南方	北方 東南方 東方 西南方 西北方	西南方 東南方 南方 東方 北方 中央	北方 西北方 西方 東方 西南方 南方	東南方 南方 西北方 北方 西南方 東北方	西北方 西方 東北方 東方 東南方	西南方 南方 東北方 東方 西方 東南方
書房	中央 東北方	西方 東南方	東方 西北方	中央 西南方	東方 南方	西南方 東北方	西方 北方	南方 西北方
廁所	西方 東南方	東南方 北方 南方	北方 東南方 西南方	南方 東方 北方	西南方 南方	北方 東北方	東方 東南方 西方	東方 西方 東南方 西南方
廚房	西方 東北方	東方 西南方	西北方	東南方	西方 北方	西北方 南方	東北方 西北方	東北方 南方

▲ 臥室安床有不同的兩種法，技法之一又必須同時兼顧開門位置，表反而易混淆，故不參與列表統計。

第五章

第五章 『八宅法』與『紫白飛星』理論探討、比較與結合

在第二章中本研究對風水學的發展與基礎學理做了完整與深入的探討，另在第三章與第四章中，對《八宅明鏡》中關於八宅法理論與《陽宅集成》中《紫白訣》的紫白九星理論，皆已做深入的論述。

其間不難發現在「八宅法」與「紫白法」間存有重大的差異與矛盾，同一個宮位此者爲吉而彼者論凶，同是安灶，而竟吉凶不一，餘坑廁、書房、臥室等莫非如是，使學者莫知何從，何者爲真？何者爲僞？兩者皆以九宮宮位論吉凶，差異如此之大，要嘛一真一僞，要嘛兩者皆假，絕無可能兩者皆真的道理，這是不符合常理的。

光兩個門派就已經如此麻煩，若再加上其它流派進來攪局，簡直不敢想像，但問題是現今的風水界現況就是如此的不堪，所有的風水學人該如何應對呢？這本書拋磚引玉希望能喚起風水界中的良知同道，也讓想學風水術的新手於入門之時有個依歸與遵循的方向。也同時試著把不同派別的技法融合看看，對於符合風水要素的發明，能適當的結合起來，擴充風水術的應用內涵，服務造福更多的有緣人，而將那些過度應用與編造的學理棄之江河。

兩派同爲目前陽宅學派的大宗，各皆有眾多的擁護者，亦各自以所學所用的理論爲然，對差異的彼方多極盡攻訐之能事，百年來無有或歇。近年來關於風水學的研究風氣逐漸興起，風水學理的相關著作亦推陳出新，但自說自話者多，

只知賣瓜自誇，視對手流派爲異端者尤多。能不懷成見針對不同派別提出有根據的針砭，以理說理，就事論事者，實不多見。本書願爲此拋磚引玉，祈後來學人在此基礎上將我中華風水文化發揚光大。

由於風水學理抽象而且艱深，印證不易，但同一地點、同一事物、同一方位絕無吉凶互異之理。既然風水學理脫胎於陰陽五行、八卦、干支等，就應該透過同樣的系統來檢視其應用的合理性，並配合常理的判斷，自然可以釐清何者爲是？何者爲非？。這是阿璽老師研究編寫此書的初衷，希望後學能不要再蹈覆轍。以下幾個章節阿璽老師將針對不合理（尤其是不合學理）之處提出個人的比較、探討與分析，予有心求真的後學作一個參考。

第一節　『八宅法』與『紫白飛星』基礎學理的差異分析與結合

一、「立極」-----紫白法的「中宮」存在嗎？

在風水學中，有一個看似很簡單，但卻是很根本很根本的問題----就是「立極」。所謂「立極」就是如何確定陽宅坐向及八方定位的理論，許多對風水學理尚未深入的學人，常以爲立坐向與定方位是一個很簡單的操作方法，只要羅盤一出自然問題解決。殊不知「立極」的作法雖簡單，但錯誤者比比皆是，而且影響重大，「立極」一錯則全盤皆輸，因爲後續的吉凶星佈局都會跟著變換位置，則吉凶互易的情形馬上就會發生。

關於「立極」的探討，在箬冠道人所著《八宅明鏡》及姚廷鑾所著《陽宅集成》中皆無提到[194]。八宅法以游年「八」星（伏位、生氣、五鬼、延年、禍害、絕命、天醫、六煞）論各方位的吉凶，而紫白法則以紫白「九」星（一白、二黑、三碧、四綠、五黃、六白、七赤、八白、九紫）爲論斷八方悔吝的依據。這些都是基礎的立論，都是該派非常「當然」的事理，學者都集中精力於此。對於「立極」問題，箬冠道人與姚氏固未提及，絕大多數習者也不以爲這有什麼問題，「不都是這樣子嗎？」可是，同樣是「八卦方位」何以一配「八星」，一配「九星」呢？這多出來的一星由何方而來？筆者以下列簡表列出題所在，相信閱者會幌然大悟。（表5-1）

表5-1：八宅法與紫白法「中宮」看法比較表

	八宅法	紫白法
太極中心點	在全宅之正中心點，八方以此點爲據，以羅盤向八方放射定位而量出。	同左。但八方宮位是獨立的系統，配合洛書而設，與實際方位有出入。
中宮	八宅法無中宮的存在，中央位置亦無配有游年星。 各宮的吉凶星是單一的，非多重的。	紫白法有明確的「中宮」「卦位」，且配有九星之一，各方生、旺、殺、死、洩氣皆由此中宮「卦位」比較而出。故中宮者，九星吉凶之本也。 各宮的吉凶星是多重的，有正五行宮位、宅星、年星、月星、日星、時星。

---

194 《八宅明鏡·卷下》〈乾命之宅〉至〈兌命之宅〉，本章文中有涉及水局取向的觀念，但非專論立極的問題。

由上表可以清楚的看出，八宅沒有「中宮」的問題，但紫白法有明確的「中宮」定位。下圖以坎宅各宮吉凶星做比較，會更清楚。

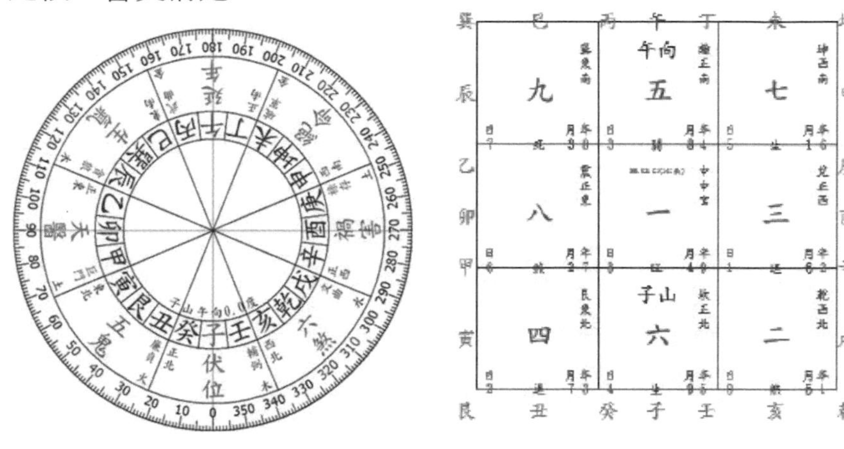

圖 5 -1：八宅坎局　　　　　　**圖5-2：紫白坎局**

以此二圖作一比較，明顯看出八宅法的「立極」係以全宅太極中心點爲據，向八方放射，以確定方位吉凶星屬性；而紫白法的「立極」較爲複雜，有二套系統，一爲同於八宅法以太極中心點定八方宮位，一爲將全宅劃分九等份，以中央區塊（中宮）爲據，以定八方宮位的紫白九星。以八宅法與紫白法比較而論，紫白法的理論違背了第二章所述陰陽五行的根本原理，邏輯上亦不合理，其原因及影響如下：

(一)中宮者即不屬四方之謂也。命學巨著《淵海子平‧卷二》繼善篇云：「人稟天地，命屬陰陽，生居覆載之內，盡在五行之中。」言萬物皆俱有陰陽五行屬性，皆是五行陰陽內涵的展現。紫白法立「中宮」之說(凡用九宮格的風水術皆同)，中宮者(紫白飛星中宮，非一個點而是一個面)，不屬四方之意，既不屬四方，則應該沒有方位屬性，無八卦方位的五行性，這是必然得到的推理，否則又何必叫“中”宮。問題是紫白的中宮既然是個面而不是一個點，那麼這個面內的其它所點就必然有相對的方位，這麼淺顯的邏輯，用一個洛書的九宮格就可以拗過去，不容質疑，易經威力果然無窮。難怪社會上許多騙子都喜歡用宗教、上師、經典、與大人物合照…等等技倆來誆人，倒也其來有自了。紫白飛星的創者，遺誤後學與後人大矣！

(二)偏偏中宮還佔了一個「卦」，四方卦位還可以飛入中宮，從而獲得一個五行屬性，再與其它偏離正體五行的五行再論一次吉凶。由此可知紫白飛星的“中宮”內亦必有陰陽五行方位屬性存在，此點不容模糊，是則紫白法所謂中宮之說真的是完全自相矛盾的理論，陽宅的方位明明應指太極中心“點”，卻爲了接元運與飛星，勉強劃分一個區塊強名之爲「中宮」，一整個名實不符的結果，導致後續諸多佈局上自說自話的錯誤。

(三)方位爲相對性的問題，萬物皆然，甲乙兩點，一爲東之西一爲西之東，此乃確理，絕對不可能存在東西兩點的標的，位置沒變，卻又變成了其它卦位的道理，創此流派的前賢，當初思考此門派學理時，爲了牽就“元運”來標新立異，爲了自成一格，什麼常識與邏輯也不顧了，可笑是後學全無思辨能力，殺豬殺屁股照單全收，也是奇蹟了。這也許是父權文化服從性太高使然，習者對此全無概念，也只能人云亦云了。

(四)風水學上方位之說是「圓」的概念。自古以來周天３６０度即是一個「圓」的結構，八卦二十四山「方位」確立，吉凶才有依據，此皆必賴太極中心點以爲據，即「圓心」是也。中宮之說概無必要，強調中宮之後，反易導一般風水師在陽佈局及堪宅上犯錯，在堪宅或佈局時將全宅劃爲九宮，以定其八卦方位，此即爲大謬，八卦方位殆爲「圓」之觀念，乃由羅盤放射量出，怎會劃分作「九宮格」呢？是故，紫中白飛星流派若捨棄飛佈的九星花招，單以生殺五氣與三元九運來論吉凶，還稍微有點說服力。

(五)紫白法以九星佈九宮，理出於洛書數，本無所差。但由於誤認中宮的結果，使屋宅中心區域的佈局易陷於錯誤，例如巽宅四綠文昌星入中宮後，文昌位變爲全宅之正中心區塊，使得巽宅失去文昌位，難道宅坐巽卦(東南)的人家，子弟就必無功名可言嗎？要不要全台灣調查一下呢？又如陽宅的宅星本屬全宅所有，理應爲全宅的宅星，如宅星入中，則宅星不見，亦無方位可言，豈有是理哉？例如震宅（坐東），震入中宮，豈有中宮變爲震卦（東方）之理？年星亦同此論，蓋不論宅星或年星其作用皆在於作爲飛佈九星的依據或起點，所謂入中宮，只是理念上易於使習者明瞭九星飛佈的軌跡而已。

(六)最後這一點，是筆者對紫白、玄空法最詬病的地方。何以如此說呢？紫白、玄空法以洛書爲據，依洛書數字的軌跡，把八卦化爲九星，一一飛佈其中，並認爲這就主導了陽宅吉凶，這樣的假設真的合理嗎？事實真的是這樣嗎？(事實上有太多的實例證明根本不是如此，陽宅那麼多，找幾間興旺的宅邸用紫白、玄空的學理套一下，自然就明白對錯，一點都不費力。)除了依洛書數字軌佈八宮的理由之外，它的根據是什麼？憑什麼認爲陽宅內會有九星的吉凶能量在室內依九宮格扭來扭去的運動呢？而且不論是什麼型態的陽宅，不論是什麼坐向，一律就是九宮格解決，道理是什麼？如果，九宮格的道理是對的，又何以郭璞、楊筠松祖師活在沒有羅盤的朝代，不用洛書九宮法一樣能創造那麼多神蹟呢？

(七) 其次，太多風水學人把洛書神化了，洛書變成一台萬能絞肉機一樣，什麼都可以丟進去，60甲子、姓名、八卦、九星…都可丟進去，都可以自成一派，實在看不出什麼道理。

其實，洛書九宮格的數字1~9的變化原理，這在數學上是有名詞的，叫做「三階方」，洛書九宮格對宮相加必合10，直橫斜數字相加必合15，其實是三階方的必然結果，沒什麼了不起。當然，因此就把這個九宮格神化認爲它就代表了宇宙一切，那若非別有居心，就是搞不清楚狀況。何以林老師敢如此說？很簡單，因爲數學既然有「三階方」，當然也有「四階方」「五階方」「六階方」………，不知這些崇拜洛書九宮格的地師們是否又要創出什麼令人驚奇的流派了。有興趣的話，讀者可以

上網搜尋一下各個「N階方」，就明白了，限於篇幅不再贅述。

二、遺漏「八卦」「五行」原則的八宅法與紫白法

（一）八宅法理論的缺角----「八卦五行」

八宅法的理論與應用，已於第三章中作了完整的敍述，此節不再贅述。八宅法以游年八星（伏位、生氣、五鬼、延年、禍害、絕命、天醫、六煞）論定吉凶，游年八星在八宅法中除了吉凶屬性外，尙被賦予八卦五行屬行，即伏位輔弼木星、生氣貪狼木星、五鬼廉貞火星、延年武曲金星、禍害祿存土星、六煞文曲水星、天醫巨門土星、絕命破運金星。但在《八宅明鏡》理論中，各星徒有八卦五行之名，卻無八卦五行之實，怎麼說呢？在《八宅明鏡· 卷上》論星煞吉凶時云：

生氣貪狼星屬木上吉	延年武曲星屬金上吉
天醫巨門星屬土中吉	伏位輔弼星屬木小吉
絕命破軍星屬金大凶	五鬼廉貞星屬火大凶
禍害祿存星屬土次凶	六煞文曲星屬水次凶

此文敍述不合基礎風水學理中關於八卦理論的基本假設，這些游年星不管飛到那個宮位，五行都不會變的，八宮走一遍還是那個絕命破運金星，合理嗎？蓋八卦屬性爲風水學理的大根大本，第二章中已述及，有八卦才有吉凶、方位、時間與空間等的判斷。但八宅法吉凶結果的論斷，主要在於游年「星」本身的吉凶，而非其八卦屬性生剋變化的結果，此點甚不合理，豈風水學理可棄八卦五行的生剋互動不論，而單論星性吉凶乎？

要知五行生剋是五術的最高指導原則，於八宅法亦不例外。八卦又稱八宮，八宮有五行，若再配九星，九星亦也有五行，宮與宮、星與星之間自然會出現相生相剋的情形，方屬合理，其中宮生星、星生宮或宮剋星、星剋宮等系統不同當然不可混為一談。

（二）紫白法理論的缺角----「八卦五行」

紫白法以九星為論斷陽宅吉凶的標準，根據紫白法經典《紫白訣》記載，主要係以陽宅坐山的宅星入中飛佈九星，及值年紫白九星入中飛佈九星，以二者飛佈出的九星方陣佈局互相較量，以宅星、年星同宮的紫白星互論五行生剋以定吉凶，如前節雙星加會吉凶表（表4-9）之敍述，此紫白訣要法也。

以宅星、年星「**四一同宮，準發科甲之名**」為例，此紫白斷事中的大吉者，如年月吉凶神煞如都天、血刃、五黃……等暫置不論，紫白法認為凡「四一同宮」之雙星加會組合出現則一律為吉，似嫌牽強，為什麼呢？蓋五行生剋原則是風水學的總綱領，紫白法亦完全適用五行生剋法則，任何法則都離不開五行屬性。八卦又稱八宮，八宮有五行，九星亦有五行，宮與宮、星與星之間產生相生相剋，理屬必然，其中生剋的內涵自然產生吉凶。以「四一同宮」組合為例，有可能出現在八方任一宮位，而「八卦」乾、兌、離、震、巽、坎、艮、坤各卦之原體五行屬性不同，這些宮位的五行，豈能置之不論？此皆不合風水學「八卦理論」的根本原理。

第二節 『八宅法』與『紫白飛星』應期理論差異的分析與整合

八宅法論斷吉凶應期理論記載在《八宅明鏡· 卷上》論星煞章：

生氣輔弼亥卯未，延年絕命巳酉丑，天醫祿存四土宮，五鬼凶年寅午戌，六煞應在申子辰。

而紫白法論斷吉凶應期理論則記載在姚廷鑾《陽宅集成· 卷六· 第十四看· 內六事》坑廁章：

廁對灶門，年年牛病損，左邊亥卯未，右邊巳酉丑，前頭寅午戌，後邊申子辰，逐年斷又準。[195]

及《陽宅集成· 卷六· 第十六看· 應犯病症法》：

碧綠加坤艮而病脾胃，六七遇九紫而肺傷，九紫遇一白而害心目，碧綠得六七而筋骨當，二八臨一白而病在腎，五黃遇碧綠而肚腹臟……………金弱遇火炎之地，血疾無疑，寅午戌年應。土虛逢木旺之鄉，脾傷定論，寅卯甲乙年應。筋疼骨痛，蓋因木被金損，庚酉辛年應。眼暗目昏，必是火遭水剋，申子辰年應。下元冷疾，只因水值土傷，辰戌丑未年應。

以上八宅法與紫白法的論應期理論不免令習者眼花瞭亂，不明其所指爲何，更談不上應用在實務堪宅上，更有甚者，這樣模糊的理論當中，夾藏著很大的陷阱及不合邏輯之處，由此處也可以看出，整個八宅與紫白法的技法學理，根本是粗製濫造出來的，連邏輯都欠。

---

[195]此為斷流年剋應之法訣也。風水學上斷驗流年最常用者為地支三合法，如煞犯在某地支方位，則將此地支起三合局，該三合局之三支地支即是可能發生剋應事端之流年。

筆者首先以下表區分兩個門派的理論特點：（表5-2）

表5-2：八宅法與紫白法應期理論差異分析表

論應期方法	八宅法應期理論	紫白法應期理論
以**星性五行**結合**地支三合**關係論之。	生氣輔弼亥卯未，延年絕命巳酉丑，天醫祿存四土宮，五鬼凶年寅午戌，六煞應在申子辰。(星性的五行，與方位的正體三合五行，性質其實不同，這樣把兩者搭在一起，未必合理。何況，這個口訣本身邏輯就大大的行不通，以下會詳細說明。)	金弱遇火炎之地，血疾無疑，寅午戌年應。 土虛逢木旺之鄉，脾傷定論，寅卯甲乙年應。 筋疼骨痛，蓋因木被金損，庚酉辛年應。 眼暗目昏，必是火遭水剋，申子辰年應。 下元冷疾，只因水値土傷，辰戌丑未年應。 **（以上皆以宅星與年星相較量而言）** (以上這段文字，精通八字命理的同好，應可得知此段文字出自八字經典：淵海子平.繼善編。但繼善編用的是正體五行，而不是宅星、年星等的星性五行，這兩者完全不同，怎能混爲一談。)
以**地支三合五行**局關係論之		左邊亥卯未，右邊巳酉丑，前頭寅午戌，後邊申子辰，逐年斷又準。 **（以二十四山方位論剋應）**

一、八宅法應期理論的盲點

八宅法應期理論的觀點乃是將游年星的星性五行與十二地支的三合局作聯結，如生氣貪狼五行屬木，而地支中亥卯未三合木局，因同屬木而產生五行的交感，故凡因生氣貪狼吉星所引動之吉事，必發生於亥、卯、未的流年；同理，其它三吉星中延年武曲金星必應在巳、酉、丑年；天醫巨門土星所引動之吉事，必將發生在辰、戌、丑、未年；伏位輔弼木星所引之吉事，必將發生在亥、卯、未年。此一理論之

盲點即在於：何以寅、午、戌、申、子、辰流年不會有吉事之應呢？必要木、土、金局三合地支的流年才會有喜事發生嗎？與事實常理與邏輯根本不相符，智商要降到很低才聽得下去！

再論其餘四凶星的剋應流年，絕命破軍星五行屬金，故凡因絕命破軍星所引動之凶事，將發生在巳、酉、丑金局之流年；禍害祿存土星，所引動凶事，將發生在辰、戌、丑、未等屬土的地支流年；五鬼廉貞火星，所引動之凶事，必將發生在寅、午、戌火局的流年；六煞文曲水星，所引動之凶事，必將發生在申、子、辰水局的流年。同樣的，這裡產生一個很大的疑惑，即是：何以凶事不會發生在亥、卯木局的流年呢？意思是亥卯流年只吉不凶是嗎？哈！

其次，星的五行是星的五行，八卦宮位的五行是其原屬性正體五行，這兩者系統不同本就不可混為一談，難不成用籃球規則去吹足球隊員犯規嗎？荒唐至極。反過來說，如果地支的正體五行真的能跟星性五行相連結，那麼何以大游年星五行在各宮時，又不與八宮正體五行論生剋呢？例如延年武金星若落在離宮，離為火要不要也論一下生剋呢？為什麼一下論又一下不論？這種邏輯與道理還能掰得出來，而且還有人信，更拿來用，只能感嘆風水師這個行業真的是層次低到難以想像。

這樣離譜到不知所云，完全不合邏輯與常理的應期理論，真虧這些前賢們編得出來，也真想不明白學八宅的人那麼多，怎麼就沒人發現呢？到底發生了什麼事？唉！

表5-3：八宅法應期理論缺失表

	游年八星	應期流年（對應三合局）	不會發生之流年
四吉星	生氣貪狼木	亥、卯、未年	吉事不會發生在寅、午、申、子年
	延年武曲金	巳、酉、丑年	
	天醫巨門土	辰、戌、丑、未年	
	伏位輔弼木	亥、卯、未年	
四凶星	絕命破軍金	巳、酉、丑年	凶事不會發生在亥、卯年
	禍害祿存土	辰、戌、丑、未年	
	五鬼廉貞火	寅、午、戌年	
	六煞文曲水	申、子、辰年	

由上表分析得知，八宅法論應期之理論系統殊非合理，顯非合乎干支五行正理，是把錯誤的星性五行與正體五行的三合理論強拉一起，應予棄用，另以真正的正體五行剋應論流年。根本上來說，大游年星星性的論法根本是錯的，早該丟到大海裏去了。

二、紫白法應期理論的盲點

八宅法應期理論的盲點是遺漏不全，而紫白法恰反是，有點「亂槍打鳥」的感覺，總之，很容易就矇對。為什麼呢？紫白論應期理論有二套系統已如上述，其一是「金弱遇火炎之地，血疾無疑，寅午戌年應。土虛逢木旺之鄉，脾傷定論，寅卯甲乙年應。筋疼骨痛，蓋因木被金損，庚酉辛年應。眼暗目昏，必是火遭水剋，申子辰年應。下元冷疾，只因水值土傷，辰戌丑未年應。」

（以上皆以宅星與年星相較量而言）

以上文字，精通八字命理的同好，應可得知此段文字出自八字經典：《淵海子平》繼善編。但繼善編用的是正體五

行，而不是宅星、年星等的星性五行，這兩者完全不同，怎能混為一談。

此理論實質上類同於八宅法的應期理論，都是以星性五行來對應地支的三合五行局，以宅星和年星相較，如火來剋金，其病因在火，故應在寅、午、戌火局的流年；木來剋土，其病因在木，故應在亥、卯、未木局的流年；金來剋木，其病因在金，故應在巳、酉、丑金局的流年；水來剋火，其病因在水，故應在申、子、辰水局的流年；土來剋水，其病因在土，故應在辰、戌、丑、未四庫土的流年。

此一理論證諸風水學的基礎邏輯而言，頗有牽強附會之處，其學理上的謬誤情形與八宅法的狀況實在如同出一轍！正體五行與九星星性五行之間鬼打架，而且也是一下論，一下不論，創出此法的前輩遺誤後人不小，而後學之人也該張大眼睛，不要不究是非對錯的照單全收。

紫白法另一個應期理論，「**左邊亥卯未，右邊巳酉丑，前頭寅午戌，後邊申子辰，逐年斷又準。**」這是以坐北朝南的坎局來推論出，把陽宅的四勢化為五行，即左青龍（木）、右白虎（金）、前朱雀（火）、後玄武（水）的形勢，意思是不論您陽宅是何坐向，當左青龍方犯煞時，一律應在亥卯未三合木局的流年；當右白虎方犯煞時，一律應在巳酉丑三合金局的流年；當前朱雀方犯煞時，一律應在寅午戌三合火局的流年；當後玄武方犯煞時，一律應在申子辰三合水局的流年。

這樣強拉牽扯的結果，沒有比八宅的應期理論高明多

少，何以說呢？前後左右四勢的四個邊角，同時具有兩種特質，又要算誰的呢？例如陽宅的右前方，它算是前方？還是右方？而且，如果陽宅不是坐北朝南的話呢？如坐西朝東的宅，左方爲坎卦屬水，怎麼又變成東方亥卯未木呢？那麼坎卦的水要不要論？除坎宅外其它各宅都有如此狀況，錯得如此離譜，創此流派的先賢也真的太把玄學五術不當一回事了，感覺像是純當好玩的胡編亂造。

因爲白痴的太明顯了，於是後來又修正成另一種用法…，二十四山中當某山犯煞，則該山之三合地支皆爲可能發生剋應的流年。如亥山犯煞，則亥、卯、未、甲、乙流年皆可能爲發生之應期；如午山犯煞，則寅、午、戌、丙、丁流年皆可能爲發生之應期；如丑山犯煞則巳、酉、丑、庚、辛流年皆爲可能發生之應期；如申山犯煞，則申、子、辰、壬、癸流年皆爲可能發生剋應之流年，餘同此理。這樣顯然周延得多，但問題來了，首先是這與典籍的記載是不符的。

另外，二十四山中有四個四維山與八個天干山，地支山只有十二個，如犯煞在干與維的方位，該如何界定呢？這時候又把三合派的「兼山」的理論拿出來用，如犯煞在坤山，但方位偏申[196]，則該犯煞方位爲「坤兼申」山，剋應流年即以申、子、辰、壬、癸論之。只是，沖煞難道不可能剛好落在天干山或四維山的正中位置嗎？這時該怎麼辦呢？更何況「兼山」理論根本是羅盤派發展出來的東西，沒有羅盤誰有辦法光靠眼睛看得出來只有幾度大小的「兼山」方位呢？風

[196]《坤卦有三山，為未、坤、申三山，此處在風水學上即稱之為「坤兼申」山，則剋應即以申山論之。

水祖師們可沒有傳下這些怪招，而且又是同樣的老問題~~~典籍上不是這樣說的！可見，又是自創的歪招。

三、八宅法與紫白法應期理論應該修正

由以上之敍述，應期理論計有三種方式，以星性五行爲推論流年應期之依據者，其理論與方法皆有缺失已如前述。唯一可用者，殆爲紫白法地支三合理論，略予修正，回歸正體五行的論法，即可適用於紫白法與八宅法，用以推論流年應期。理由如下：

（一） 以星性五行配合地支三合局之理論，不論八宅法或紫白法皆有盲點，既已違反風水學的基礎原理，當然應予放棄不用。

（二） 以星性五行來論剋應流年，各派易有爭議。雖然各派皆取九星之名爲用[197]，但挨星或排列的方式各派皆有其獨特的道理，使得同一宮位（或同一方位）犯煞，因爲各派的立論的不同，挨排的星不同，星性五行亦不相同，故推論流年亦不相同。

以坎宅一白值年爲例（如圖）：就八宅法而言坤方爲坎宅之絕命破軍金方，乃大凶之方位；但以紫白法而言坤宮爲坎宅之生氣方，乃大吉之方位，同一位置卻一爲大吉一爲大凶，寧勿怪乎？

[197]風水上九星之名，來自於北斗七星，西洋稱之為大熊星座，北斗七星只有七顆，多出來的兩顆是在斗柄左右的左輔與右弼。九星為各派風水理論所取用，用法與名稱大同小異，矛盾多有，如紫白九星、游年九星、元運九星、奇門九星、山法九星、水法九星、卦運九星，名稱雖大同小異，但用法大不相同，以之斷流年實不合理。

再以離宮而言，八宅法離宮爲延年武曲金方，大吉，應期在巳酉丑年；但紫白法離宮爲五黃到向，大凶，應期在辰、戌、丑、未年。

面對如此南轅北轍的結果，著實令人惶惑，不但吉凶不一，連應期亦不同，真不知如何去應用。

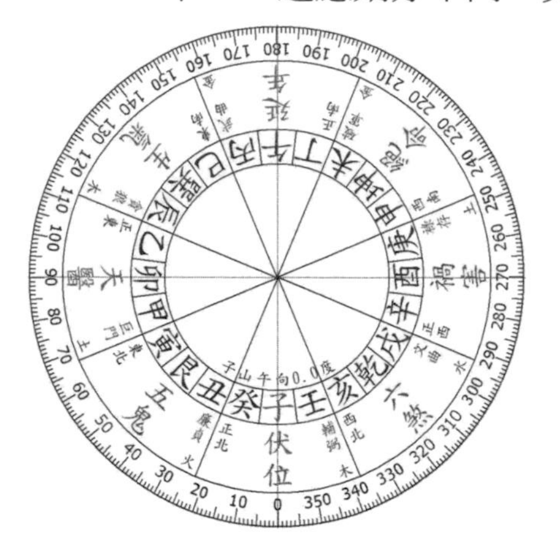

圖5-3：八宅坎局

巽	巳	丙 午 丁	未	坤
辰	巽東南 九 日7 死 月3 年8	午向 離正南 五 日3 關 月8 年4	坤西南 七 日5 生 月1 年6	申
乙 卯 甲	震正東 八 日6 煞 月2 年7	中中宮 一 日8 旺 月4 年9	兌正西 三 日1 退 月6 年2	庚 酉 辛
寅	艮東北 四 日2 退 月7 年3	子山 坎正北 六 日4 生 月9 年5	乾西北 二 日9 煞 月5 年1	戌
艮	丑	癸 子 壬	亥	乾

圖5-4：紫白坎局

（三）羅盤方位共有二十四山，而八卦僅有八方，以二十四山來論流年剋應，自然比單以八卦方位之星性論應期來得精細。

（四）羅盤之二十四山方位不管各家各派皆宗之，方位皆由此而確立，此爲風水門派各技法之大根本，以方位二十四山正體五行所產生之吉凶剋應，可完全符合風水學之各項基礎學理，各派理法皆不能否定之，以之爲應期理論最爲適切。

（五）現今陰陽宅各流派皆遠宗唐朝楊筠松之法，皆謂法由

楊氏所真傳，各派爭論不休，以己派爲風水學之正宗，至今而然。理智來看，楊氏一人若非精神分裂何以創出這許多「互相打架」、「相互矛盾」甚至「毫無交集」的諸多風水技法、派別呢？在楊氏之前「理家法」僅有雛形，流派猶未分歧，其時風水學剋應流年之論斷就是方位五行學說（見第二章風水之演進及風水學理之五行學說），五行就代表了五方、五季、五官、五志、五臟…………等，從方位五行二十四山論應期最合乎原始的風水面貌。

第三節 『八宅法』與『紫白飛星』門戶理論的探析與結合

一、八宅法門戶理論之修正

就八卦易理及陰陽五行學說來檢視八宅法的門戶理論（參第三章第二節八宅明鏡理論系統建構及分析），八宅法是大有問題的。也由於對於人命、宅命的東四、西四二分法，使得在實際佈局或堪宅上不免有粗糙之感。唯一解法可能只有將「宮位五行」與「游年八星」生剋理論結合，可提高其理論之嚴謹度與合理性，但學理上卻很難說得通。

就門戶理論而言，八宅門戶總訣就是論宅舍大門所云：

…大門宜安於本命之四吉方，不可安於本命之四凶方，又須合青龍坐山之吉方以開門，又宜迎來水之吉以立門，三者俱全，則得福而亦葉流光矣。……若專論山向而不論命者大凶，論命而不論山向者小凶，合命又合坐向者則永福。」

另《八宅明鏡· 卷上》門路章云：

「大門者，合宅之外大門也，最為緊要，宜開本宅上吉方。……………宅無吉凶，以門路為吉凶，蓋在座山及宅主本命之生、天、延三吉方，則吉氣入宅，而人之出入，步步去路，自然獲福矣！

此理論檢視之，矛盾的地方不小應予修正，庶免因小失大，在佈局上造成重大的錯誤。針對此論筆者作以下四點的補正：

（一）應增添「門宮生剋」的理論[198]。大門開在「宅」、

---

[198]「星宮生剋」之理論，在《八宅明鏡》中僅為一模糊帶過之理念，未有詳實系統之論述。但在《陽宅十書》《八宅周書》《陽宅集成》等八宅法學理書中皆有提到到宮星生剋之理論，甚至宋朝堪輿名著《入地眼·卷十》中亦有宮星相生剋之說法。《陽宅三要·卷一》更有<宮星相剋斷>之專章討論，由是可得而知，宮星生剋理論之可行，且合乎風水學之原理。

「命」之四吉方，是正確的看法，但尚有不足。若將八宅法「游年八星」理論與「宮位五行」結合，提高八宅理論之嚴謹度，此理適用開門。即門戶雖在宅命四吉方，仍應與與宮位五行再論生剋以定吉凶。

《陽宅集成· 八宅開門吉凶斷》云：

「宅之吉凶，全在大門，大門之極吉者，坎宅巽門，巽宅坎門，乾宅坤門，坤宅乾門，震宅離門，離宅震門，艮宅兌門，離宅震門，艮宅兌門，兌宅艮門。」

姚廷鑾在《陽宅集成》中的此段敍述，實在是對《八宅明鏡》中開大門法的總結，可惜姚氏只道出結論，並未明言是何道理，故八宅法之習者，於大門之佈局往往未得上選，其理何在呢？筆者以下表分析之。

表5-4：八宅上吉門之「門宮生剋」分析表

	宅／命	大門宮位	游年星	門宮關係	大門宮位	游年星	門宮關係
東四命	坎命	巽	生氣貪狼木星	相生			
	離命	震		相生			
	震命	離		相生			
	巽命	坎		相生			
西四命	乾命	坤	延年武曲金星	相生	兌	生氣貪狼木星	宮剋星
	坤命	乾		相生	艮		星剋宮
	艮命	兌		相生	坤		星剋宮
	兌命	艮		相生	乾		宮剋星

生氣貪狼木星爲八宅法之第一大吉星，何以西四命人大門不開在生氣方而開在延年方呢？同樣皆符合「陰陽相配」的基礎理論，但西四命人若開大門在生氣方者，由上表可知其宮、星之關係是相剋而非相生。是故**「門宮生剋」之理論**

無差，本為八宅法之一環，惟古人未予明言而已。當然這樣的做法也是學理邏輯上說不通的，姑勉強修正而已，至少稍微可以看。

（二）門戶「坐吉」更要「向吉」，方稱周全。這是八宅法中很少人會注意到的問題，就是門向納吉的訣竅。其實大門不單要安在四吉方，而且門向更要向四吉方才算全吉。《陽宅集成》引《歸厚錄》云：

「地衰門旺，地旺門衰，吉凶參半，須門地並旺，甚吉。地乃一定之物，不能更移，門則可隨方而改。儘有先天之地，改一旺門，便能起衰；得元之地，改一衰門，便至減福，尺寸之間，榮枯頓異。」又云：「宅氣以門，一門易向，榮落轉輪。」

古人傳法往往須迂迴以求，此段概為明證，明明只要一句門亦要「坐吉向吉」便可解釋清楚的訣竅，偏偏繞了一大圈，還是讓人不明所以，這是風水至今日猶不登大雅之堂、為人垢病的主因之一。

（三）迎來水之吉，語意含混。此句「迎來水之吉以立門」，以八宅法之理論而言，應即指大門除要在四吉方之外，更要「向吉」，理同前條。但水法為風水學中相當艱深的一部份，不可能如此簡單。以形家而言，來水要屈曲彎抱、眷戀有情，不能直射，不能反弓；以理家而言，亦必須擇一妥當法門以納吉方水，方竟開門之全功。

二、紫白法門戶理論的缺漏

《陽宅集成· 卷六· 九局開門秘訣》云：

紫白九星論開門，與游年有同有異，專取生旺方也。

其實紫白法開大門的基本原則皆以安置於生氣方、旺氣方，以及為死氣方或退氣方而同時飛到一、六、八白吉星。此外，大門亦可安置於五黃“關沖方”，唯該方位不可有路沖，亦不可大門外有高牆巨石擋住而致返煞。這樣的開大門原則，基本上是符合第二章所探討之洛書九宮及五行生尅的理氣派風水基礎學理，應用上也相當的簡單。但如果仔細思考的話，會發現有很大的漏洞。蓋紫白法所謂的「生旺方」、「一白」、「六白」、「八白」等的名詞，指的是一個卦位（宮位），就陽宅結構而言，它是一個「面」，而不是一個「點」。如圖：

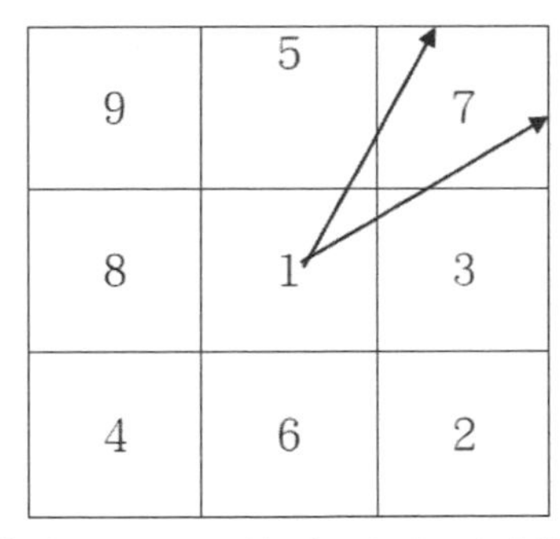

圖5-5： 紫白八宮示意圖（坎）

既然是一個面，就可以有許多不同的面向，同在一生旺方，如在四隅卦位(如圖的7赤兌金宮位)，開門可以有兩個方向可選擇(如圖)，納氣方向不同自然導致吉凶剋應的不同，這是不難得到的推論，也是常理，但卻屬同一宮位不免矛盾。以此而言，足見紫白法的開門的學理與實務都有缺失。以筆者經驗來看，都是沒有足夠實務經驗的地師在書房內閉門造車玩理氣九宮的產物。此論即另補以神煞星宿或宅體旺衰的理論，皆不足以使其開門理論合乎本研究第二章所探究的風水基礎學理，徒然使得原本簡易的法訣變得複雜、牽強與不可理解，甚至無門可開的荒謬窘境而已。

三、紫白、八宅門戶法訣合運

《陽宅集成‧九局開門秘訣》曰：

餐霞道人曰：

游年與紫白，開門吉凶恒有異同，或游年吉而紫白凶，或游年凶而紫白吉，是以術家遵游年者，詆紫白為不足憑；守紫白者，毀游年為無足據，二者遂目為兩歧，不知游年本河圖八卦，取陰陽夫婦之配合；紫白即洛書九宮，論五行生剋之各異。蓋游年是論其體，而紫白是論其用，前人立法，確有至理，不可偏廢也。

要之**門戶之吉凶，不可執一例以論斷，當合觀龍局之向背，審宅主之年命，察三元之氣運，先後天之方位，與夫來水之吉凶，外六事之宜忌，黃泉殺曜之應避，合於何法則以何法用之，自然獲吉**。至若抽爻換象、貫井翻錯，吉或反變為凶，凶或反變為吉，俱宜細心體會，自有精理，烏可執定一端，而曰道在是哉。

更如流年紫白、月建九星、年神月殺，旋轉不窮，是即**歲君月將加臨，應驗禍福尤速**。故雖或吉門而凶星疊至，動則招殃；雖或凶門而吉宿駢臻，亦可迓福，此中之活潑變化，是在悟者，乃能窺甚蘊奧也。

由於八宅法與紫白這二大宗派的開門理論恆有許多吉凶互異之處，使人不知何所適從。這一段文字中姚廷鑾提出他的解決之道，姚氏本身是八宅派的大師，亦是第一位將紫白法形諸於完整文字理論的先驅[199]，姚氏認爲八宅之理爲先天之體，而紫白之理爲後天洛書之用，二者可以合參，並說出他個人之做法，他的步驟大略分析如下：

（一）「**觀龍局之向背，審宅主之年命**」：此爲八宅定宅卦及年命卦以起游年八星的觀念，亦即首以八宅法爲本，同時又要符合龍脈水局的向背。

（二）「**察三元之氣運**」：紫白法講求「三元九運」，故知姚氏此段敍述的是紫白法的元運理論，即門固然開在生旺方，但也要符合元運才能稱吉。

（三）「**先後天之方位，與夫來水之吉凶**」；此處所謂先後天位與來水吉凶者，爲風水學上「乾坤國寶」之理論，意即大門之朝向應收先後天水以旺財丁，而不可以流破先後天方位，敗財損人丁。[200]

（四）「**外六事之宜忌**」：尙要參酌戶外之形勢，有無形煞沖射，若然應予避之。如直路沖射、屋脊朝門………，此項禁忌尤先於「理氣」之吉凶。

（五）「**黃泉殺曜之應避**」：此句分兩個意思說明，黃泉者，三合派之「黃泉八煞」也，即黃泉八煞方不可開

[199]姚廷鑾所著之《陽宅集成·卷三》<陽宅全秘>是首先將紫白法整理成完整文字理論者，姚氏且在文中批註其見解，方有後世紫白法之流傳。。

[200]乾坤國寶之水法理論稱為「龍門八大局」，該法以先天八卦與後天八卦之卦位作比對及置換，認為每一卦位（陰陽宅坐山屬卦）皆有其專屬之先後天方位，先天位主人丁，後天位主財富，收則得福，流破則招災。該派非本論文之研究範圍，故不贅敍。

門或出水；殺曜者，三元派之「曜殺方」也，即八卦之八個曜殺位亦不可開門。

（六）「**合於何法則以何法用之，自然獲吉**」：意即何法可用則用其法可也，皆可獲吉。簡言之，有標準變成沒標準，大家開心就好。難怪姚氏此書會流傳久遠，各門派的學人都可以在此找到開心。

（七）「**更如流年紫白、月建九星、年神月殺，旋轉不窮，是即歲君月將加臨，應驗禍福尤速**」：意即還須將流年月紫吉凶星、日家的神煞考慮進來，如此方稱周全。

以上即是姚氏對門戶理論之總看法，也是總結論，整個荒謬到不行，有說跟沒說一樣。其看法可說是十足的騎牆派，每一門派的技法皆結合進來，矛盾抵觸之處以「**合於何法則以何法用之，自然獲吉**」解決。若以此說成立，則處處皆可開門，因爲總可找到一法適用，也處處不可開門，因爲不可能符合所有的要求。如此則門戶理論有若於無，想要照顧周全，實無可能。

以筆者之淺見，八宅法與紫白法確是可以結合，但不是如姚氏的漫無標準，一團雜燴。真要結合的話，應以「八宅法」門戶理論爲本，結合紫白法之「元運」理論，如此便能能結合八宅法理論的「空間」優勢，及紫白法的元運「時間」特色，爲陽宅大門作出佈局，不必強就。

例如：吳先生男1959年次，佈局何陽宅大門爲吉？（如圖5-6）

▲吳先生1959年次，爲西四命之坤命人。（查表3-6）

起大游年歌訣爲：「坤天延絕生禍五六」。（查表3-8）

因爲生氣貪狼木星在兌有「宮剋星」（金剋木）的問題，是知其最佳開門方位爲乾宮延年方（金與金比旺）。

又2004年至2023年屬八白艮運（查表3-3），艮運爲土，土生金，故知吳先生在八運時住坤宅，開乾門，大吉大利。

開艮門亦吉，因艮門爲生氣貪狼木星，雖「宮剋星」，但得八艮旺運，亦上吉。

開兌門亦吉，因兌門爲天醫巨門土星，「星生宮」，土生金，又得八運之生，大吉。

圖5-6：坤命人八運開門示意圖

這樣的結合，可以合理的結合八字與紫白飛星的開門理論，但是，當然也會因此增加開門的限制，讓開門一事變得困難，開不到最理想的門，甚至會奇怪的位置開門。只是巧婦難爲無米之炊，此兩個畸形門派先天如此，也是莫可奈何的事。

第四節 『八宅法』與『紫白飛星』臥房理論之檢視與結合

一、八宅法穴床理論之矛盾與再認定

八宅法安床理論如《八宅明鏡·卷上》床章云：

> 安床總以房門為主，坐煞向生，自然發財生子。背凶迎吉，自然化難生恩…………陽宅諸事，惟床最易，宜合命之吉方，宜合分房之吉方，宜合坐山之吉方，則生子發財易如反掌。」

另《八宅明鏡·卷上》論床座亦云：

> 「陽宅諸事，惟床易為，其立法有四：宜合命之吉方為最，又宜合分房之吉，又宜合坐山之吉，又宜合《照水經》以門論房之吉。

以上兩段之敍述乃是八宅法安床之總訣，但細審之，其中便有矛盾之處，使人惶惑。原因主要來自兩個互相抵觸的觀念：

（一）「安床總以房門為主」：床究竟要放在何方位爲吉？這是首要考慮的重點。按照八宅法的基本精神來看，安床當然要在本命之四吉方，其次是分房之四吉方與坐山之四吉方，最後才是與房門相配合。因此，所謂安床以房門爲主，並非正確之論，房門殆爲諸多考慮因素之一而已。

（二）「坐煞向生，自然發財生子。背凶迎吉，自然化難生恩」：此處言八宅安床要「坐煞向生」「背凶迎吉」，此論與八宅法之基本精神有違。何謂坐煞？在游年八星中，狹義來解釋就是坐六煞星；何謂向

生？生，在游年八星中狹義來解釋就是朝向生氣星。以最嚴謹狹義的角度來解釋坐煞向生應爲「床要坐六煞方又朝向生氣方」。

但在八宅之中，能坐六煞又向生氣之方位，只有兌宅中的坐巽向坤而已，即所有床位都應選兌宅且坐巽向坤方可爲吉，此論有違常情之甚，故所謂坐煞向生者，應廣義解釋爲「床頭要坐凶星而迎向吉星」。但即便如此，也與八宅法的根本原理相衝突，所以坐煞向生應爲一種傳承、謄抄或印刷中所生的錯誤，更何況在同一段論述中箬冠道人在安床論中有「**宜合命之吉方，宜合分房之吉方，宜合坐山之吉方，則生子發財易如反掌。**」的理論，故殆可認定無誤。

綜合前述八宅法安床理論，可歸納爲安床要在「**命之吉方、分房之吉方、床坐山之吉方**」，但就八宅法而言，如此結論似是意有未盡，何故？箬冠道人在論安床的兩段主要論述中皆提及「房門」的重要性：「**安床總以房門為主**」及「**又宜合《照水經》以門論房之吉。**」

另在論門路時亦云：「**門吉，合宅皆吉矣。總門吉，則此一棟吉矣；房門吉，則此一屋皆吉矣！**」故在歸納之結論中宜在加入一條，即安床要在「**命之吉方、分房之吉方、床坐山之吉方**」外，還要「門位要在床的四吉方」及「房主人命卦的四吉方」才較周全，也合乎八宅法的精神。只是如此一來，要佈置一個上吉的床位，幾乎是難上加難。也不知當初箬冠道人在寫此書的時候，頭腦是否不夠清醒。或者，反正編出來就算成功了，管它可不可行。

二、紫白法安床二法理論的整合與取捨

紫白法安床主要有二法，一爲「九星安床法」，一爲生旺方安床法，其法詳述在第四章中，其理論皆有所本，符合八卦、五行、河圖洛書之理，但可行否是另一回事。以上二法姚廷鑾在《陽宅集成·房床》中針對該二法有進一步的敍述及分析：

> **一以床之坐向配房門方位九星，論夫妻之生剋；一以間星入中，配門上九星之生剋，二者一法也，愚意二者當合論焉。**如房門既得間星之生旺，而床之坐北坐南，自我主之，將所開合間星生旺之門，以床之坐向與此門又合著夫妻生旺，則盡善矣，是以二法可兼論也。

如一白間做房，申方飛七赤生方，床坐坎，開申門，七赤是少女，妻生夫，則間星與床坐俱合矣。又如四綠間做房，巽飛三碧旺方，床坐離，開巽門八白是少男，離之妻能生夫，亦間星與床坐俱合矣。倘二者不可得兼，擇其與東西主命合生旺者開之亦吉。若命又不合，則有凶無吉矣！

所以，依所言紫白安床二法本可合而運用，並無相妨，理自明矣！其實，二者合運之法亦甚簡易，就是「找一個生旺方（生旺方安床法），使門床相生（九星安床法）」即兩美偕俱矣！姚氏之說諸多繁贅，反增理解及應用之困難。

又因八宅法與紫白法之安床理論，各自理度謹嚴，不合運亦無妨。故姚氏云：「**倘二者不可得兼，擇其與東西主命合生旺者開之亦吉**」，即可以用八宅法結合紫白生旺方理論應用亦可，這跟前面開大門理論類似，有標準但有沒有標準，典型理氣派閉門造車自圓其說的做法，玄學嘛就是要讓你感覺到「很玄」。

三、以「二十四山正五行理論」結合八宅、紫白安床法

此外，《陽宅集成· 卷六》第十四看：房床章，其中一段云：

> 每卦三向，斷法三條。若開坤未門，屬土，土能剋水，主傷夫，開申門，水長生于申，又飛宮七赤金能生坎水，是妻生夫吉。…………如床坐南向北，作離床論，在艮上開房，則飛宮三碧為木生火，離為中女為妻，三碧為長男為夫，夫生妻，妻得夫蔭而獲福。若寅字門，又火之長生位，吉可知矣，丑字不用。

文意凸顯出門位所在的「二十四山方位」極關緊要，應以之與床坐山屬卦論生剋，床位屬卦五行得門位二十四山五行相生爲吉，相剋爲凶，再以其中生剋之五行對應，論所應之病。此法不論八宅或紫白皆可結合其原本之理論而應用之，只是如此疊床架屋的理論，一會兒要看卦位，一會兒又要配合廿四山，自相打架的作法想要運用週全，很難的。

第五節『八宅法』與『紫白飛星』安灶理論合理性的探討

一、八宅法安灶理論之檢討及調整補強

八宅法安灶理論在第三章第三節安灶一段，已就其理論謬誤部份作了文字的修正，本節將再針對其理論作更深入的探討。八宅法安灶之法有二：其一在《八宅明鏡》宅舍大門云：

……若灶座……以壓其凶。而灶之火門，又宜向四吉方，煙道宜出四凶方，以熏凶神。

另又在作灶章<安灶歌>云：

灶入乾宮號滅門，亥壬二位損兒郎，寅甲得財辰卯富，艮宮遭火巽災瘟，子癸坤方皆困苦，丑傷六畜福難存，巳丙益蠶庚大吉，若逢午位旺兒孫，辛酉丁方多疾病，申宮小吉戌難分。

此二種不同系統之八宅安床法，就八卦及干支學理而言，俱皆無差，但稍有不足，筆者試以下列數點分析之。

（一）八宅安灶二法應合參為吉。此二法皆為八宅法安灶之實務理論，一般習者，於八宅法之安灶多只知「壓凶向吉」，而不知<安灶歌>二十四山正五行生剋之妙用，皆因《八宅明鏡》書中未予明言也。此二法乍看之下彷彿扞格不入，實則二者應融通並用，蓋其本不相妨，自可兼而用之，以求吉上加吉也。如東四坎命人，灶壓庚申二山絕命、禍害方，火口朝向離卦延年方，則既合「壓凶向吉」之法，亦符合廿四山中庚、申之吉。

（二）火門之說應序調整。蓋火門之說係因古代之時，灶之燃燒是以木材為主，須要大量之空氣流通來助燃，故有必要將火門朝向四吉方以納吉氣。但現代的瓦斯爐只要適量之空氣即可，而且爐火助燃進氣之處並無特定方向，「坐凶」尤可，沒有火門如何「向吉」呢？故火門之說應予廢棄，而改以瓦斯爐本身之坐向論之，即瓦斯爐安放之「向吉」，應以瓦斯爐之正面為準據。

（三）排油煙機之排氣孔所應視同古代煙囪。蓋排油煙機所排者為有害之廢氣，於人體或居宅皆不利，適用《八宅明鏡》坑廁章所云：「**凡出穢之所，壓於本命凶方，鎮住凶神，反發大福。**」

（四）火門「向吉」須注意與宅主命卦陰陽配合。絕大多數八宅法風水師但知東四命作東四向之灶，西四命作西四向之灶，卻不知所朝向之四吉方中，亦有未盡合者。如坎命人，東四命也，火門向巽向離，俱屬東四吉向，陰陽配合本吉；如火門向震，震卦亦屬東四向也，然而坎為中男，震為長男，俱屬陽卦，乃為「孤陽不長」；如巽命人，灶作離向，巽為長女，離為中女，乃為「孤陰不生」，皆吉而不吉。

（五）作灶時應男女命卦合看，免鑄大錯。作灶時如宅主人夫妻東西異命，應予妥善安排，不可草率。例如男命屬坎，則向巽、離二方為美，而妻命屬乾，卻以離為絕命大凶方，則寧向巽而不向離也。又如女命屬艮，則以坤、兌二方爲善，而男命屬震，又以兌爲絕命大凶方，則寧可捨兌而向坤也。八宅的這個學理，其實背乎人情倫理，又違背實務的操作可行性，家庭中如果成員多一些的話，根本照顧不來，不免要紛爭口角了。

（六）廚房開門應在灶座之四吉方，把廚房門視爲進氣口。

尤其廚房門之宮位不可剋灶位之屬卦五行，相生爲吉，相剋則凶，此乃就八卦易理而作之推論。門路對吉凶之影響頗重，前已述及，對廚房而言，如只著重「坐煞向吉」等事，而忽略門路納氣之吉凶，似未盡八宅法佈局之精奧。

二、紫白法安灶的思考

《玄空紫白訣精解》：「故九星之用法，取其生旺，避其衰死，一定不易之道。[201]」

《陽宅集成》廚灶章云：

灶為五事之尊，乃六事之首，所關最重，……凡灶喜作生旺之方……廚灶關方與殺方，害目心疼人殀亡；口舌遭官奴悖逆，雷傷虎咬禍非常。

---

[201] 白鶴鳴著，《玄空紫白訣精解》，香港：聚賢館，2007，頁248。此句取其生旺者，有二意焉，一為合三元九運之生旺，一為宅星及年星之生旺也。紫白法陽宅佈局，總不能離此總訣，尤其元運之說為紫白最大特色，實可與八宅法結合而互不悖也。

廚房、瓦斯爐宜安置於生氣方、旺氣方忌安置於關沖方、煞氣方，或紫白飛星中六白金及七赤金所飛到之處亦忌[202]，若生旺氣方爲六白金及七赤金，無方位可安置廚房、瓦斯爐時，洩氣方亦可利用。例如坎宅六白金及七赤金飛到宅之北方及西南方，雖該二方雖爲生氣，卻不宜安置廚灶，而坎宅又無旺氣方，故僅能安置在東北方及西方兩處洩氣方，其中又以西方兌宮爲吉，金生水故也。

紫白法安灶理論就理氣上可稱允當，但紫白法在陽宅佈局上，廚灶純就生旺方作佈局，也有問題存在。怎麼說呢？紫白法宅分八種：乾、兌、離、震、巽、坎、艮、坤是也。各宅之生旺方概爲少數，圖示如下：

圖5-7：乾宅生殺五氣圖

卯	乙　辰	巽	巳　丙	午
甲 寅	震正東 四 日6　死　月2　年7	巽向　巽東南 五 日7　關　月3　年8	離正南 一 日3　退　月8　年4	丁 未
艮 丑	艮東北 九 日2　煞　月7　年3	中中宮 六 日8　旺　月4　年9	坤西南 三 日5　死　月1　年6	坤 申
癸	坎正北 二 日4　生　月9　年5	乾山　乾西北 七 日9　旺　月5　年1	兌正西 八 日1　生　月6　年2	庚
子	壬　亥	乾	戌　辛	酉

圖5-8：兌宅生殺五氣圖

艮	寅　甲	卯	乙　辰	巽
丑	艮東北 一 日2　退　月7　年3	卯向　震正東 五 日6　關　月2　年7	巽東南 六 日7　旺　月3　年8	巳
癸 子 壬	坎正北 三 日4　死　月9　年5	中中宮 七 日8　旺　月4　年9	離正南 二 日3　生　月8　年4	丙 午 丁
亥	乾西北 八 日9　生　月5　年1	酉山　兌正西 九 日1　煞　月6　年2	坤西南 四 日5　死　月1　年6	未
乾	戌　辛	酉	庚　申	坤

[202]以紫白法之精神論，宮與星之重要性並不相等，此由紫白訣全文中所強調者可知，紫白之運用恆有不能兩全其美之時，則應以星性五行為重，以宮位五行為次，此紫白運用之要也。此句之意即在於灶火之五行剋制了星性之五行，故為凶也。但深入而言，如灶火在乾兌二宮卦亦忌，但二卦有六山，各山正體五行皆異，吉凶亦另有差異，這是紫白法中相當困難的問題，亦是星重於宮之原由之一，蓋星性之五行純而宮卦之五行駁雜也。

圖5-9：離宅生殺五氣圖

乾	亥	壬 子 癸	丑	艮
戌	乾西北 一 日9 煞 月5 年1	子向 坎正北 五 日4 關 月9 年5	艮東北 三 日2 生 月7 年3	寅
辛 酉 庚	兌正西 二 日1 退 月6 年2	中中宮 九 日8 旺 月4 年9	震正東 七 日6 死 月2 年7	甲 卯 乙
申	坤西南 六 日5 死 月1 年6	午山 離正南 四 日3 生 月8 年4	巽東南 八 日7 退 月3 年8	辰
坤	未	丁 午 丙	巳	巽

圖5-10：震宅生殺五氣圖

坤	申	庚 酉 辛	戌	乾
未	坤西南 九 日5 退 月1 年6	酉向 兌正西 五 日1 關 月6 年2	乾西北 四 日9 旺 月5 年1	亥
丁 午 丙	離正南 七 日3 煞 月8 年4	中中宮 三 日8 旺 月4 年9	坎正北 八 日4 死 月9 年5	壬 子 癸
巳	巽東南 二 日7 死 月3 年8	卯山 震正東 一 日6 生 月2 年7	艮東北 六 日2 煞 月7 年3	丑
巽	辰	乙 卯 甲	寅	艮

圖5-11：巽宅生殺五氣圖

酉	辛	戌 乾 亥	壬	子
庚	兌正西 六 日1 煞 月6 年2	乾向 乾西北 五 日9 關 月5 年1	坎正北 九 日4 退 月9 年5	癸
申 坤 未	坤西南 一 日5 生 月1 年6	中中宮 四 日8 旺 月4 年9	艮東北 七 日2 煞 月7 年3	丑 艮 寅
丁	離正南 八 日3 死 月8 年4	巽山 巽東南 三 日7 旺 月3 年8	震正東 二 日6 死 月2 年7	甲
午	丙	巳 巽 辰	乙	卯

圖5-12：坎宅生殺五氣圖

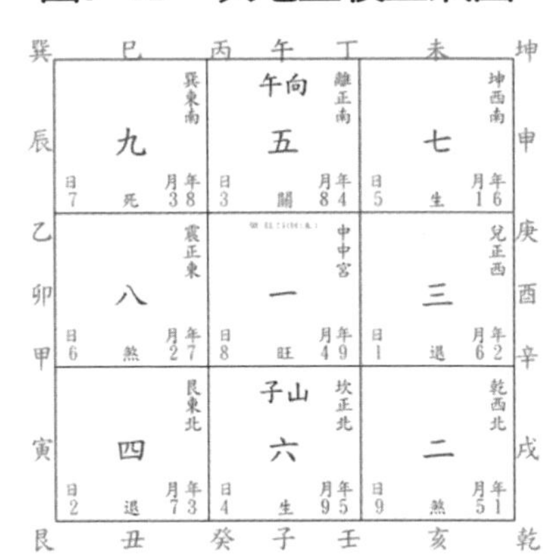

巽	巳	丙 午 丁	未	坤
辰	巽東南 九 日7 死 月3 年8	午向 離正南 五 日3 關 月8 年4	坤西南 七 日5 生 月1 年6	申
乙 卯 甲	震正東 八 日6 煞 月2 年7	中中宮 一 日8 旺 月4 年9	兌正西 三 日1 退 月6 年2	庚 酉 辛
寅	艮東北 四 日2 退 月7 年3	子山 坎正北 六 日4 生 月9 年5	乾西北 二 日9 煞 月5 年1	戌
艮	丑	癸 子 壬	亥	乾

圖5-13：艮宅生殺五氣圖

午	丁	未 坤 申	庚	酉
丙	離正南 三 日3 煞 月8 年4	坤向 坤西南 五 日5 關 月1 年6	兌正西 一 日1 死 月6 年2	辛
巳 巽 辰	巽東南 七 日7 退 月3 年8	中中宮 八 日8 旺 月4 年9	乾西北 九 日9 生 月5 年1	戌 乾 亥
乙	震正東 六 日6 退 月2 年7	艮山 艮東北 二 日2 旺 月7 年3	坎正北 四 日4 煞 月9 年5	壬
卯	甲	寅 艮 丑	癸	子

圖5-14：坤宅生殺五氣圖

子	癸	丑 艮 寅	甲	卯
壬	坎正北 七 日4 退 月9 年5	艮向 艮東北 五 日2 關 月7 年3	震正東 九 日6 生 月2 年7	乙
亥 乾 戌	乾西北 三 日9 煞 月5 年1	中中宮 二 日8 旺 月4 年9	巽東南 一 日7 死 月3 年8	辰 巽 巳
辛	兌正西 四 日1 煞 月6 年2	坤山 坤西南 八 日5 旺 月1 年6	離正南 六 日3 退 月8 年4	丙
酉	庚	申 坤 未	丁	午

紫白理論宅皆有九宮，乾宅、兌宅九宮中生旺方僅佔其三，其餘各宅生旺方僅佔其二。然則紫白法安大門、主臥、灶位、神位等俱喜安在生旺方，如再考慮九星與宮位生剋吉凶問題、元運問題、形煞禁忌問題、外局水法問題等，幾無可能作出周全的陽宅佈局，此點殆為紫白法陽宅理論的一大盲點。如果衡局度勢只要不犯殺方、關煞方則吉，餘皆酌取，輕重取用，則紫白法之應用庶可靈活務實也。

第六節 『八宅法』與『紫白飛星』坑廁理論的檢討分析

一、八宅法坑廁理論的不合理性

八宅法坑廁理論主要記載在《八宅明鏡· 卷上》坑廁章及坑章，在第三章中已予詳述。現代廁所多在室內，與古代坑廁在戶外不同，且現今廁所的衛生條件亦遠勝昔時，是否可以沿用古法，值得懷疑。但由於一般習者於風水學理深入者不多見，照抄照用者居多，故現今安置坑廁法，尤多宗古法者，針對八宅法安廁理論（見第三章第三節坑廁段），筆者做成下表以分析之，可以清楚的發現該理論在邏輯上產生嚴重的問題，幾乎無法運用。

表5-5：八宅法安坑廁理論分析表（本研究製）

安坑理論與所忌卦位	吉凶事應
凡出穢之所用，壓於本命之凶方	鎮住凶神，反發大福，其驗。
其方皆與灶屋、煙囪相對，用以壓之	則吉矣！
於來龍之要處開坑 艮坑	則傷宅主，小則官非人命。 不發文才、痢疾病瘟。
坤坑	老母多病、損丁傷妻。
兌坑	幼女多病、無財氣、貧窮到底。
酉坑	主孤寡。
坎坑	主壞目、夭亡子孫。
離坑	主壞目、損丁傷妻。
卯坑	主孤寡。
乾坑	主老翁災、目疾頭暈。

如表5-5所示，在八宅風水的陽宅佈局上，坑廁、馬桶、化糞池的最主要安置原則為「坐凶壓煞」，在此規範下，可以安坑廁之陽宅八卦方位已去其四（四吉方不可安廁）。此外，其它不可安坑廁之方位計有乾、坤、坎、離、艮、兌及震卦中之卯山，餘下可安坑廁者僅巽卦及震卦之甲、乙二

山。若以此原則作為設坑廁之依據，將產生如下之結果：

（一）<u>陽宅八卦方位中已去六卦又一山，若再加上諸多禁忌，則幾無安坑廁之空間，其不合理之甚，明矣！</u>

（二）餘下可安坑廁之方位，唯在震卦及巽卦，如宅主為東四命人，則四凶方全然不可安坑廁，寧不怪哉！而西四命人亦僅有震巽二卦可安坑廁，則兌宅者豈非坑廁必要作在屋宇前方，亦不合理。

（三）「**其方皆與灶屋、煙囪相對，用以壓之**」一句，亦大有問題。坑廁要壓本命凶方，問題不小，但坑廁之方位要與灶座、煙囪相對，這就更麻煩了。以乾命人為例，四凶方只有坎離是相對的，難道唯有把灶、廁分別安在坎、離二方不可嗎？<u>或許前賢用意在把飲食烹飪所在與穢氣深重的坑廁遠離，但如此佈局顯非合理。這就是典型以卦理取代地理的流弊，理氣說得通了，但實務上行不通，高大賓氏之所以要力聲疾呼，去除理氣流派的用心，以他的高度與地位來發聲，後學之人又怎能置若不聞呢！</u>

（四）以八宅法風水學理的精神而言，灶壓凶方，有其道理，但其餘卦位中除「乾」為天門尊位及「艮寅、坤申」四山為「鬼門」之外，因現代衛浴穢氣輕微，實不必太過忌諱。

以下用實際案例說明之：

▲實例一：王先生，1951年次，現住坐北向南的透天厝，灶應安何處？

先依數學公式法計算年命：巽命／東四命

起大游年星：（查大游年歌訣）由巽宮順時針起大游年星

巽（伏位）：天、五、六、禍、生、絕、延。

知王先生四吉方在：震、巽、離、坎四卦方，此四方不可安坑廁。

四凶方在乾、坤、艮、兌四卦方，爲可安廁之卦位。

由於王先生住坎宅（坐北向南），灶位安置原則爲「坐煞壓凶」故灶位可開在艮卦卦（絕命方）、乾卦（禍害方）、兌卦（六煞方）、坤卦（五鬼方），坐煞壓凶得福。

但此四方乾、艮、坤、兌依上述學理，皆不可安坑廁，羅盤二十四山中竟無東四命人可安坑廁之地，豈有是理？不知這一大票玩八宅法的水家們，知道這件事沒有。

圖 5-15：巽命坎宅坑廁佈局圖（本研究製）

二、紫白法坑廁理論的荒謬

紫白法認爲廁所最宜安置於洩氣方、死氣方爲吉。不可安置於生氣方、旺氣方、殺氣方、關沖方及四綠「文昌方」，這說來也算合理。此外，《陽宅集成》尚提到了紫白法其它的安坑廁理論，如<安廁歌>及其它相關方位禁忌。筆者將之歸納整理如下表：

八卦及24山	吉凶事應	原因（陽宅集成記載者）
戌山	損兒郎，亦主雙眸白渺茫。	坑忌寅、午、戌山。
乾山	有人犯著破門牆。	天門莫作坑。
亥山	損兒郎，亦主雙眸白渺茫。	
壬山	損兒郎，亦主雙眸白渺茫。	
子山	損蠶桑	如宅坐山為申子辰山，子為將星所居之位，不可作廁。
癸山	多吉利	
（癸山）	忌之	廁忌亥壬子癸方。
丑山	吉	
艮山	多吉利	鬼門?
寅山	損宅母、兒郎。	坑忌寅、午、戌山。
甲山	吉	
卯山	損宅母	如宅坐山為亥卯未山，卯為將星所居之位，不可作廁。
乙山	吉	
辰山	損婦反遭殃	
巽山	損婦反遭殃	
離卦位		廁屬金，不宜火方。
巳山	損兒郎	
丙山	吉	
午山	旺田莊	如宅坐山為寅午戌山，午為將星所居之位，不可作廁。

八卦及２４山	吉凶事應	原因（陽宅集成記載者）
（午山）	不利	坑忌寅、午、戌山。
丁山	吉	
未山	損宅母	
坤山	損宅母	
申山	損兒郎	
庚山	多吉利	
酉山	多吉利	
（酉山）	休冒犯	如宅坐山為巳酉丑山，酉為將星所居之位，不可作廁。
辛山	吉	
宜八白、二黑、七赤方	吉	廁屬金，與八白、二黑、七赤相生或比旺。 廁所要在本命休囚之位。
各宅黃泉煞方	皆忌	
宅坐山相生之吉方	皆忌	二十四山正體五行相生之坑廁坐山。
坐山所剋之方	吉	該方為休囚

由這幾段文字的敍述，可以明顯的看出古人對坑廁的重視及忌諱，這當然是因爲坑廁具凶惡穢氣本質的關係。在上列表中，可以查知有如下之情形：

（一）癸山、午山、酉山等三山，在紫白法安廁的同一章記載中，多次重覆提及，但吉凶迴異，令人離奇。不知此三山到底應論爲凶，或論爲吉。真的很想問姚廷鑾氏：你累了嗎？

（二）在離卦方位亦是吉凶混淆不清，同一章節提到離卦不宜，但同時又敍述丙、丁山多吉利，誠使人費解。

（三）羅盤上只有八卦二十四山，依上表分析結果，無爭議而可以安廁者，只有甲、乙、庚、辛、丑共計５山之方位，其它１９山皆不宜安廁或有爭議。若再考慮禁忌的問題、黃泉煞方、與坐山生剋問題，並且在生氣方、旺氣方、關沖方、文昌方及殺氣方計有五個卦位亦不可安坑廁，則紫白法竟然沒有任何方位可置坑廁，這到底怎麼回事。風水師這個行業充斥著無厘頭的騙術，各位看官要走入這個行業，或者要請風水師來佈局催吉催旺，真的要事先打探瞭解清楚。唉！其實在現今環境之下，真的真的很難很難。

三、八宅法與紫白法安廁理論結合之我見

由前面八宅法及紫白法安廁理論分析，得到一個結論：其法不能用。然則廁所究竟將佈局於處呢？就風水學理探討，應用的方法何在？其實八宅法與紫白法安廁理論，原本的理路是清晰而單純的，之所以演變至矛盾、複雜不可用者，乃在於後來衍生出的多項單行法規，有如禁忌的性質，雖無道理可言，但書載的凶禍卻頗令人心驚，不知信好還是不信好。

考《八宅明鏡》記載諸多安廁禁忌，乃箬冠道人引用前人之口訣，故在書中引用時以皆以「訣云」作始，未必是箬冠道人的定論。[203]而《陽宅集成》中紫白法安廁理論，亦多是記載前賢遺留的訣竅，姚氏收錄於其書[204]，於此等見解的原理亦少見姚氏作詳細闡明，故致紫白法安廁理論之紛雜難解。也由此可見，這兩位後人所謂的大師，也是不求甚解照搬照套的老江湖而已，整理出來的書訣害人不淺。

以筆者之管見，八宅、紫白二法之論坑廁，其最核心

---

[203]風水術為玄學的領域，抽象而不易令人瞭解，古人著風水書時常見對古法之真偽無法辨明，只能將其記載入書中，以免其失傳，至若真偽之辨，則留待後日。故常見一書中同一事而理法多端，甚至矛盾，蓋多由此也。

[204]姚氏收錄前人要訣，皆會於書中註明條目，說明著作者或書名之來處。

的學理「坐山壓煞」及「安置洩、死氣方」，於依該派理氣學理也算說得通，若要運用於陽宅的佈局，修正一下或者可行。茲以下表顯示之。

表5-7：八宅法暨紫白法基本安廁理論分析表

	紫白法	八宅法
總訣	認為廁所最宜安置於洩氣方、死氣方。不可安置於生氣方、旺氣方、殺氣方、關沖方及四綠「文昌方」。	坑廁、馬桶、化糞池的最主要安置原則為「坐凶壓煞」，安四凶方，不可安置四吉方。
主要及共同禁忌方	乾卦、坤卦	乾卦、坤卦

由此表看出，八宅法及紫白法安廁理論的核心架構其實是單純的，甚至二者還可以互相參照。例如以八宅法為人安廁者，廁所固然必壓於四凶方，然四個卦位中，佈局的風水師仍有選擇的餘裕，此時自然可以參酌紫白法的理路，於四凶方中取紫白法之洩、死氣方為安廁之地，或避開紫白法生、旺、殺、文昌、關殺之方；同理，以紫白法為人佈局廁所位置時，固然必壓於洩、死氣方，且避開生、旺、殺、文昌、關殺之卦位，但因洩死氣方於紫白法八宮中，僅有二至三個卦位可選擇（詳圖5-7~圖5-14），此時亦可配合查看八宅法四凶方何在，以之為參酌，自可佈局出吉利方位。如因受限於陽宅內外的情勢，洩、死氣方根本無法安廁時，則可轉換以八宅法之四凶方來安廁，亦不失為權宜之計。

第七節 『八宅法』與『紫白飛星』合參之堪宅實務流程圖

經過第三章、第四章、第五章對八宅法與紫白飛星法的探討，筆者對八宅、紫白二法之重要理論架構，其主要差異及合運之方法試作分析如下表：

表5-8：八宅、紫白二法於陽宅內局之重要理論架構及二法合運總整理

	八宅法理論特點	紫白法理論特點	二法合參
基礎理論	1.以「大游年星」判斷吉凶，分四吉星與四凶星。 2.重視「福元」命卦與陽宅八卦空間之關係論吉凶。 3.僅適用陽宅內局。	1.以「紫白九星」為判斷吉凶準據，以一白、六白、八白、九紫四星為吉星，餘為凶。 2.不論宅主年命。 3.適用陽宅之內局、外局。 4.將陽宅內局劃分成九宮格之區塊論。	1.外局之判斷以紫白法為用。 2.陽宅內局以八宅法為主，搭配紫白法應用。
應期理論	1.以游年星之星性五行結合地支三合理論論剋應之流年。 2.生氣輔弼亥卯未，延年絕命巳酉丑，天醫祿存四土宮，五鬼凶年寅午戌，六煞應在申子辰。 3.只論及地支	1.以紫白九星之星性五行生剋及二十四山方位五行論之。 2.金弱遇火炎之地，血疾無疑，寅午戌年應。土虛逢木旺之鄉，脾傷定論，寅卯甲乙年應。筋疼骨痛，蓋因木被金損，庚酉辛年應。眼暗目昏，必是火遭水剋，申子辰年應。下元冷疾，只因水值土傷，辰戌丑未年應。**（以宅星與年星相較量而言）** 3.流年論及天干及地支年。	1.八宅法違背風水之基本原理，不予運用。 2.以紫白法之應期理論修正看流年。 3.但依然是有破綻與不合理之處。

	八宅法理論特點	紫白法理論特點	二法合參
門戶理論	1.大門宜安於本命之四吉，不可安於本命之四凶方，又須合青龍坐山之吉方以開門，又宜迎來水之吉以立門，三者俱全，則得福而奕葉流光矣。 2.屋有坐有向，命有東有西，若專論山向而不論命者大凶，論命而不論山向者小凶，合命又合坐向者則永福。 3.如東、西之宅難改，當於大門改之。如大門難改，當權其房之吉以位之。如房不可易，當移其床以就其吉，則雖無力貧家，亦可邀福也。	1.紫白九星論開門………專取生旺方也。 2.尤重三門八卦排，只取三元生旺氣。 3.紫白法開大門總訣：不論前門、後戶或便門皆以安置於生氣方、旺氣方及爲死氣方或退氣方而同時飛到一、六、八白吉星者。 4.外大門亦可安置於五黃“關沖方”，唯該方位不可有路沖，亦不可大門外有高牆巨石擋住。	針對陽宅內局之吉凶操作，八宅法理論更具穩定性及完整性，故以八宅法爲主要操作方式。當八宅法之開門有兩個以上選擇時，則另參紫白法之開門法，尤其是「元運」理論。（1.紫白法即使門戶開在生旺方，但元運、流年之變化皆可使吉者不吉，或吉者反爲凶禍，無長效性，一般人家實無能力、亦無必要將大門改來改去。是故，門戶之操作，**筆者認爲應以八宅法配合**元運來操作。 2.八宅法爲專攻陽宅內局之風水術，內局之理論實較紫白法更爲周延與彈性。
臥房理論	1.分房者，祖孫、父子、伯叔、兄弟、分居所宜之房位也。故東命弟居東，西命兄居四，無不福壽，……樓上下相同。 2.西命宜在父母床身之西安床吉，東則凶。此法不論樓之上下，……有福壽也。	紫白法無特別提臥房，但以紫白精神而言，亦宜安生旺方，或一白、六白、八白、九紫之吉星坐宮。	以八宅法理論操作爲主，理同上述，當八宅法之開門有兩個以上之選擇時，則另參尋紫白之生旺方，或一白、六白、八白、九紫之吉星坐宮之方位。 但實際上效果如何，只有天知道。

	八宅法理論特點	紫白法理論特點	二法合參
安床理論	1.陽宅諸事，惟床易爲，其立法有四：宜合命之吉方爲最，又宜合分房之吉，又宜合坐山之吉，又宜合《照水經》以門論房之吉。 2.安床在生氣方，不可稍偏。 3.門位要在床頭之四吉方及房主人全房太極之命卦四吉方。	1.九星床法：凡看床，於房正樑下格之，以床坐山星入中宮，飛佈八方，論八卦陰陽，以配夫妻，相生爲吉，相剋爲凶。 2.生旺方安床：床頭宜放在生旺方，枕頭亦宜放生旺方也。床頭宜枕生避殺………此要訣。 3.紫白安床二法並不相背，可結合操作爲佳。	1.八宅及紫白之安床法二者合參時筆者認爲，安床法宜以八宅法爲主，但床頭與房門亦應合紫白法之「八卦陰陽相合相生」。 2.如因房間隔局或設施八宅法無法適用者，可以紫白法安之。
安灶理論	1.坐凶向吉法：若灶座、坑廁、碓磨，則宜安西四宅之四凶方，以壓其凶。而灶之火門，又宜向四吉方，煙道宜出四凶方，以熏凶神。 2.特殊方位法：灶入乾宮號滅門，亥壬二位損兒郎，寅申得財辰卯富，艮宮遭火巽災瘟，子癸坤方皆困苦，丑傷六畜福難存，乙丙盆蠶庚大吉，若逢午位旺兒孫，申酉丁方多疾病，辛宮小吉戌難分。（部份內容有誤，參前節。） 3.二法互不相悖，宜二法結合運用佳，	1.凡灶喜作生旺…………廚灶關方與殺方，害目心疼人殀亡。 2.廚房、瓦斯爐宜安置於生氣方、旺氣方忌安置於關沖方、煞氣方或紫白飛星中六白金及七赤金所飛到之處。 3.若生旺氣方爲六白金及七赤金，無方位可安置廚房、瓦斯爐時，洩氣方亦可利用。	1.八宅法於安灶之重視遠過於紫白，理論亦較勝。 2.相較而論，仍以八宅法較爲妥切且具穩定性。蓋紫白年星及元運吉凶俱無定，今年之生旺方可能明年爲凶方，則又須改置因應，以現今之住宅而言實無可能。 3.二者合參筆者認爲應以八宅法爲用，紫白法可以不論。

	八宅法理論特點	紫白法理論特點	二法合參
坑廁理論	1.凡出穢之所用，壓於本命之凶方，鎮住凶神，反發大福。 2.艮坑不發文才，坤、兌坑老母、幼女多病，坎、離坑主壞目，卯、酉坑主孤寡，乾坑主老翁災。 3.坑作坤離，損丁傷妻，兌無財氣，貧窮到底。乾犯祿存，目疾頭暈，坎上開坑，夭亡子孫，若開艮位，痢疾病瘟。 **4.八宅法之安廁理論，甚不合理。**	1.安廁須將坐局推，本山洩氣最相宜………休犯關沖並殺位，文昌華蓋將星基。 2.紫白法認爲廁所最宜安置於洩氣方、死氣方，不可安置於生氣方、旺氣方、殺氣方及關沖方。 3.四綠爲「文昌方」亦不可安坑廁。 4.「乾是天門莫作坑，有人犯著破門牆；亥壬戌位損兒郎。亦主雙眸白渺茫。甲乙丙丁辛丑吉，若安子位損蠶桑；癸艮酉庚多吉利，巽辰損婦反遭殃。寅卯未坤損宅母，若居午位旺田莊；申酉火兌休昌犯，寅申巳亥損兒郎。」必須注意，此訣是以古代坑廁在戶外的狀況而設，非如今日廁所多在室內，是否堪用尙待驗證。以下諸訣亦同此狀況。 5.「子午卯酉方，爲將星所居之位，不可作廁。申子辰山，忌子方；寅午戌山，忌午方；巳酉丑山，忌酉方；亥卯未山，忌卯方。……」「四邊坑廁甚堪安，只忌乾方卦屬	1.八宅及紫白之安廁理論乃古代用於外局者，與今日之衛浴不同。 2.八宅及紫白之理論俱不合理，實務上幾無法應用，應調整。 3.以二者論，應將諸多方位之單行禁忌捨棄，而結合八宅及紫白二法之基本理論應用。 4.實務上作法筆者認爲應以八宅法爲主爲人安坑廁，廁所固然必壓於四凶方，然四個卦位中，佈局的風水師仍有選擇的餘裕，此時自然可以參酌紫白法的理路，於四凶方中取紫白法之洩、死氣方爲安廁之地，或避開紫白法生、旺、殺、文昌、關殺之方；同理，以紫白法爲人佈局廁所位置時，固然必壓於洩、死氣方，且避開生、旺、殺、文昌、關殺之卦位，但因洩死氣方於紫白法八宮中有二至三個卦位可選擇，此時亦可配合查看八宅法之四凶方何在，以之爲參酌。

	八宅法理論特點	紫白法理論特點	二法合參
		天。……」「廁屬金，不宜火方，宜八白二黑七赤方，但要在本命休囚之位。」「廁忌乾亥壬子癸方，並忌在宅基來脈處，及正堂後，此二十四山向所同者，至於各宅黃泉煞方，並本宅坐山相生之吉方，皆忌，惟坐山所剋之方爲休囚，可置廁，亦宜安在天干，勿安地支，死犯太歲，其年不利。」「坑忌寅午戌方，及本年都天方。 **6.紫白安廁，不可行。**	
文昌	似生氣貪狼木之功能。	1.凡作書房，宜在本宅一白、四綠上。 2.一白、四綠間內，又宜開一白、四綠方門路 3.流年月建得一白、四綠星，飛到此方此間此門，或是四一同宮或是還宮復位，必主發秀。	由於八宅法並無文昌位之理論，故應以紫白法爲主論文昌房、文昌位、文昌星，並宜開文昌門。 但即使如此，也不保證小孩比較會讀書，實務一探便知。
神明廳	土地神祇、祖先祠堂，皆香火也。安本命之吉方則得福，凶方必有咎。	香火關方與殺方，兒孫不孝女孤孀。	可依八宅法安宅主本命吉方，又避開紫白法之關方及殺方。 勉合二派之學理。

以上將紫白及八宅法相關理論結合運用後，本研究再將八宅法及紫白飛星法理論合運以流程圖表示，作爲此二法堪輿實務的整合操作流程模式（圖5-16）

圖5-16：八宅法與紫白法理論合運之堪宅實務流程圖

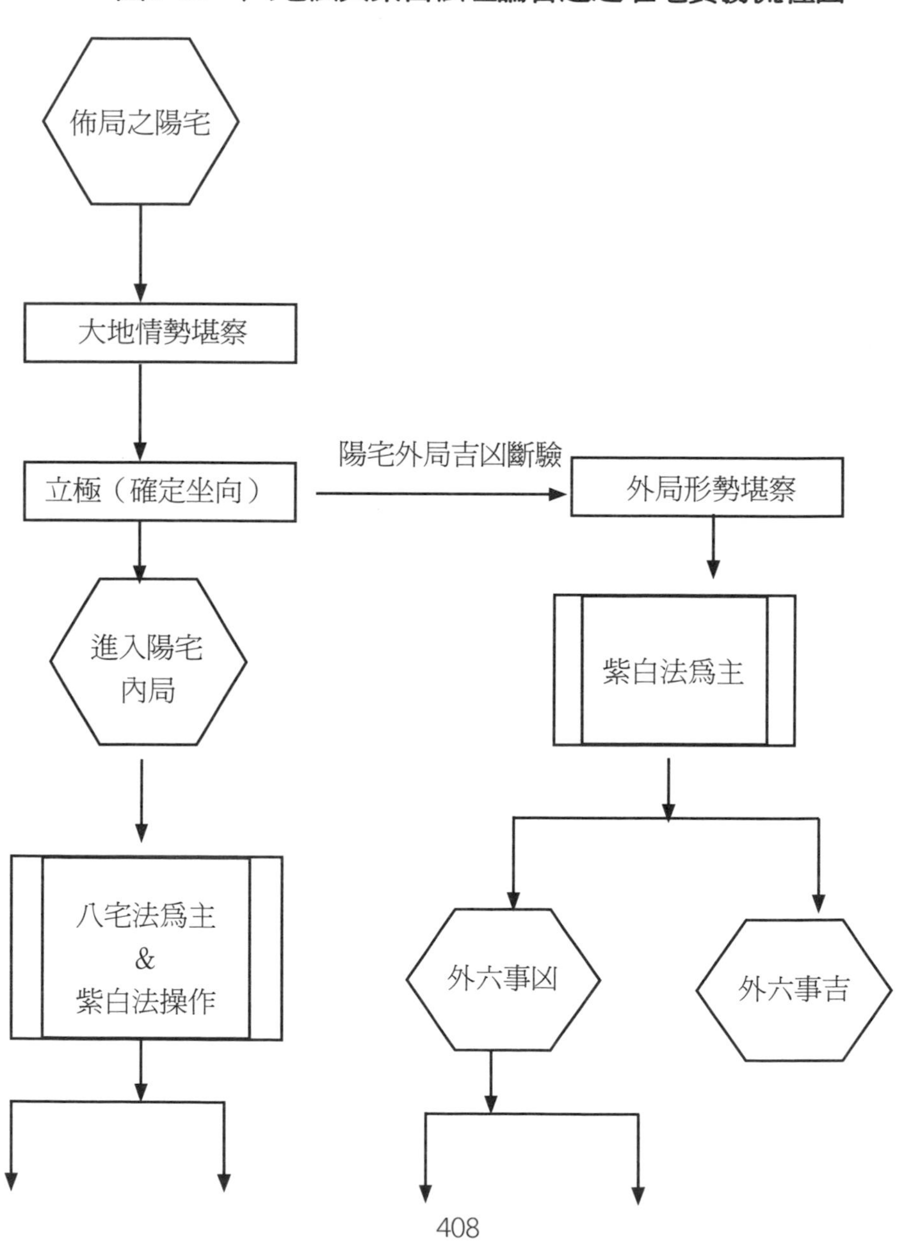

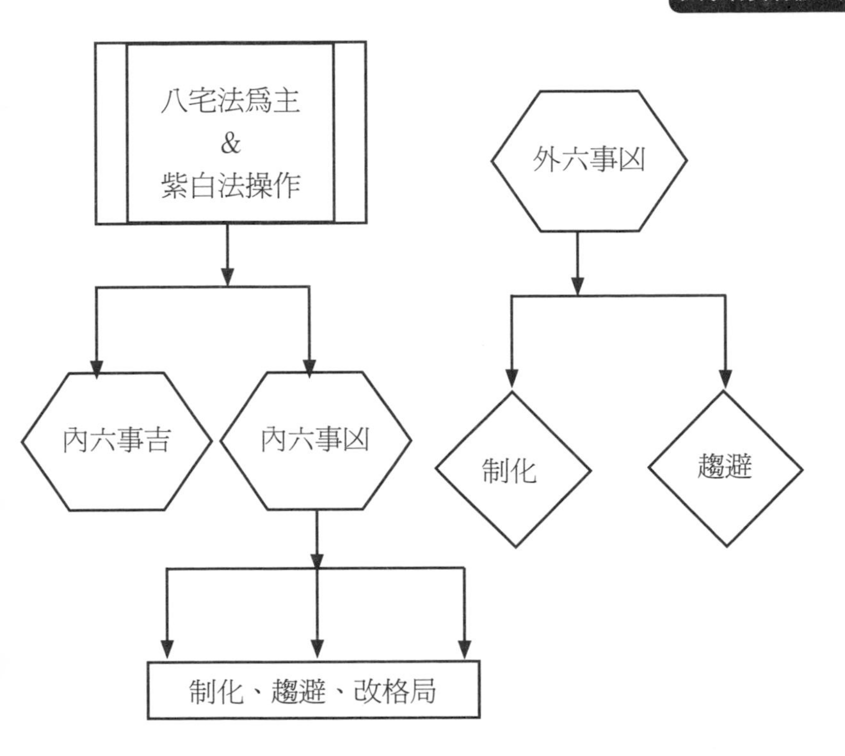

八宅及紫白法合運流程圖的操作步驟說明如下：

1、大地情勢堪察：觀察附近巒頭、水局、地勢高低之情況，作爲立極條件的輔助，及水法來去的情勢。應該對形家的巒頭水法有一定的認識，在這個基礎上再來做理氣相關的佈局，就不致於有太大的差誤。

2、立極：依據建物內外部的道路、溪河、巒頭、大門…等定局，以羅盤定出建物的坐向（即陽宅中軸線），測量外六事所在的方位。

3、外局形勢堪察：堪察外六事吉凶狀況及方位。由於八宅法係針對陽宅內局的派法，不涉及外局，故外局應以紫白法來作吉凶推斷。

（1）依建物測繪建物平面圖並以方位區分原則劃分九宮，以坐山星入中宮飛佈求出生、旺、退、死、煞氣方，決定外六事的吉凶。

（2）檢討外六事的使用是否與紫白飛星生、旺、退、死、煞結果相符，相符者爲吉，違背者爲凶。

（3）外六事爲凶時選擇厭勝制煞或搬遷趨避。

（4）依元運法則判定方位氣運的吉凶。

（5）外六事判定爲凶時，則以厭勝、變更格局、變更用途及搬遷來解決。

4、進入陽宅之內局：陽宅內局以八宅法爲主，再參酌配合紫白法理論操作。

（1）以陽宅太極中心區分八卦方位，配合大游年星分配四吉方及四凶方。

（2）檢討內六事的使用是否與大游年星四吉方及四凶方結果相符，相符者爲吉，違背者爲凶。

（3）檢視內六事是否違反風水禁忌規範。

（4）檢討內六事的使用是否與紫白飛星生、旺、退、死、煞結果相符，符者爲吉，違背者爲凶。

（5）內六事的使用判定爲凶時，則以厭勝、變更格局、變更使用用途來解決。

5、八宅法及紫白法的結合運用，應以合乎基本學理的風水理論爲依據，視實際陽宅內外局情勢靈活運用之。

八宅與紫白的理論結合，僅作爲參考之用，並不不是要另創一個門派，而是給理氣風水家們參考，客觀的試著

思考自己所使用的門派技法是否合理，是否合乎風水的基礎元素，若否，該棄用就棄用，若有可改善的地方，可以結合其他門派靈驗實證的技法，爲人爲己來造福。

本文的研作爲拋磚引玉之示範，期望後來者能本乎求真求實的精神，不要在名利之下失去良知，時時刻刻想起一個執業風水師的責任，千萬不要害到人，賺不吉之財，必有後報。

第六章

第六章　結論與後續研究

第一節　本文回顧

人的生活、生存離不開住宅，人一生中有二分之一以上的時間在住宅中渡過。基於此，如何選擇居住的空間環境，以趨吉避凶、安居樂業、永續發展，乃為重要的課題。風水為中國文化獨特的代表，陽宅風水乃中華先民累積長期生活經驗所發展而成的一套居住法則，這種經驗是非常直觀有效的，而不是還要如理氣流派一般弄個九宮格，把卦理當地理，實務上行不通，學理上講不通的東西，竟然一代又一代的傳承下來，遺害無數人，也遺笑世人。

面對今日的時空環境，這一系統化的居住法則，有無重新詮釋的價值？其理論是否合乎風水的基礎學理？其操作應用是否合乎建築形態？其核心理念與目前的環保生態有無扞格之處？是否風水學術真的能夠為人造福？這是本書研究的重點所在，以下對於全文的探討予以回顧總結。

一、本研究是以中國傳統陽宅風水術中「理氣」理論的研究作為探討的主題，主要以八宅法及紫白法兩大流派為研究對象，並同時對目前華人社會流行的其它門派作一個清楚的分析與介紹。對此二派技法的研究則以【清】初箬冠道人所著《八宅明鏡》及【清】姚廷鑾所著《陽宅集成》兩大陽宅經典名著為比較研究的對象。

二、本研究的動機，主要是對傳統陽宅學的省思，看傳統陽宅學理論在歷史的演進中，其理論的真偽、邏輯的合理與否、操作的可行性及諸多荒誕迷信的成份多寡等提出

比較、辨證的思考及批判，目的則是期望能讓古老的中華文化在新世紀展現盎然生意，真正能爲世人的居宅品質作出貢獻。

三、爲確實了解傳統陽宅理氣理論精蘊，筆者利用第二章的篇幅對於傳統陽宅風水的發展源流及演進作一番探討。繼之，進一步系統性地整理出傳統陽宅風水的建構核心要素。這些原則主要包括：（一）風水術的精髓---氣。（二）作爲結構原理的陰陽、五行說。（三）風水學理來源的河圖洛書、易經八卦。（四）風水學的哲學根源--------天人合一思想。（五）天干地支在風水學中的意義與應用。

五、在系統探討傳統陽宅風水的根本原則後，筆者逐一針對八宅法及紫白法理論及實務操作上門、臥房、床、灶、廁、書房、神位等佈局原則作深入探討，尤其針對理氣理論的真僞、邏輯與可行性作系統性的分析。

六、最後總結時，筆者將八宅法與紫白法兩大流派技法理論的特色、架構作列表式的歸納分析，並將二法合運的流程及方式作流程分析及說明，便於閱者能系統性的掌握全篇論文的脈絡及精神。

七、衷心期望本研究的發表能爲現今一團亂粥般的風水現象，爲更多後起的學人與潛在的消費者，指出一條正確光明的道路，讓風水學術有朝一日揚威世界，發揚中華固有的燦爛文化，爲世人的平安幸福作出貢獻，這是筆者作此研究寫下此書最大的心願。

第二節　本論文的價值與檢討

一、本文達成之目標

本研究的重點前已言之，即以傳統風水學的建構觀點詮釋、辨證現代陽宅風水學應用的盲點與荒誕迷信之處，揭舉其基本原則，以之檢視八宅法與紫白法二派技法理論的真僞與實用性。以是，本論文做到下列幾點：

（一）提煉出風水宅法之基礎理論知識庫

風水學向被認爲是艱難複雜的一門學問，非一般人所能瞭解，甚至須有所謂的「慧根」、「天命」才能得窺門徑。其實，風水學是中國傳統文化與哲學思維的延伸產物，只是幾個簡單的、基礎的理論如陰陽、五行、八卦、氣、天人合一、河圖洛書等，彼此交互應用在「空間」、「時間」及「吉凶」事項的推斷而已，並無任何神奇詭怪之處，只要掌握幾個關鍵的理論，欲求深入各家各派令人目不遐給的風水理論，皆可以事半功倍，再應用一些實務的技巧，任何人皆可以爲自己的宅居環境做佈局，爲自己的生活趨吉納福、避凶去災。

本研究逐一列舉建構風水學理的核心理論，並闡明其與風水學理千絲萬縷的關聯，與其應用在風水理論的面向，將風水學的面貌清晰的呈現出來，沒有任何詭奇玄秘的裝飾與虛矯，可使任何欲一窺中國獨特風水文化的學者，能撥開迷霧直指核心，見識到真正的風水。

（二）闡明風水流派的紛歧只是基礎理論的應用不同

風水學最令人望而生畏不敢輕言涉入的原因，即在於風水學流派太多，學者立場門派既異，彼此相互攻訐，反使

人誤認為風水吉凶沒有標準，是非無法辨明，甚至是一種騙術。即使想要自己親身弄個清楚明白，亦不知從何著手，更不可能去辨別各風水門派技法中何者為是、何者為偽。許多學者在習風水多年後最終仍不知如何應用，究其原因，即在於不知如何於諸多流派的矛盾理論中做出取捨。本研究舉目前華人社會最廣為人所應用之八宅及紫白二大流派理論及應用技法為例，發現只要應用風水學的基礎學理邏輯，即可以將複雜的各派風水理論提綱挈領的做出合理與否的分析，辨明其派法的優劣真偽。實則此舉亦明示了風水學者，可以不懼各派風水理論之紛歧若何，只要對建構風水學理的核心理論下些功夫去理解，即可有系統的掌握各派風水學的理路。

（三）比較出不合風水學理之「偽風水」的部份

任何學問的形成必然有其完整建構的理論體系，方能成為一套學問。風水學本於中國傳統文化與哲學，這是風水學理的建構骨幹，任何流派技法理論的建構，皆不能出其外。且世間凡多事物，皆必有其屬性與合乎常情的邏輯，凡違常情者，自不能謂其為善，此常理也。

是故，不論各流派風水說如何惑人心目，如何的神奇高妙，若其違反了風水學建構的基本原則與常理，則其屬於「偽風水」的性質，自是昭明。風水學產生與流傳於科學技術並不發達的古代，其中諸多合乎科學原理的風水法則，也被蒙上玄秘的色彩，更由於其被歸類於玄學一派，學者儒林多視其為不登大雅之堂的民俗小技，使得風水學在歷史發展中不受規範與檢視，致衍生出相當多不合理的枝節，成為風水學者入門的障礙，及一般人對風水的誤解，致文化的寶藏一變而成爲糟粕。

本研究透過完整的理論比對與分析，與實務應用的合理性評估，將一般情況下學者無法辨別真僞的風水技法詳細論述，真昭其真，僞明其僞，對風水學說之流傳及導正起著正面積極的作用，使我中華文化的瑰寶能顯現其原有光華，爲後世子孫所樂於傳承並發揚。

（四）融通八宅、紫白法理論，重塑出周延合理的陽宅風水術

八宅法與紫白飛星派兩大風水理論技法，爲當今論陽宅者之大宗，然而因爲彼此間的理論並不一致，實務應用技巧亦不相同，使得兩派理論的擁護者彼此攻訐不斷，談理說事以指證對方爲僞法僞訣，其於風水學的闡明與發揚有大不利的影響。

本研究由風水的發源及根本原理說起，剖析風水學理論的面貌及核心元素，以前述的基礎爲師，逐一列舉比對八宅法與紫白法的各個細節，如基礎原理、時空觀念、門戶、臥房、安床、安灶、書房、神位、坑廁等，重新將繁蕪雜亂的八宅法、紫白法理論與實務技巧去僞存精，並進一步嘗試結合二者的優點與特色，建構出八宅、紫白二法合運的理論與實務應用流程，作一個示範作用，使陽宅風水技法經過深入思辨而更臻圓熟與周延，庶免諸多荒誕不經的僞風水遺笑國際，危害世人。

（五）以風水的根本學理爲據，重構適合都會建築的風水技法

二十一世紀-----一個網際網路的商業與科技時代，建築

科技的日新月異，建築風格與建材的奇幻多變，都市人口的高度集中傾向，建築功能性、方便性與個人化的趨勢，使得今日住宅景觀與過往廻異。古代所流傳下來的相關陽宅理論已不能盡適用於今日建築型態，如古代的多進院落式建築、三合院、傳統廚灶、傳統茅坑等與今日現況實是大相逕庭。本研究在檢視八宅、紫白二法時，於其中建築型態及內部設施的差異部份，以傳統風水術的基礎理論爲依據，以現代住宅建築特性爲考量，重新規範陽宅室內佈局的法則，使合於今日住宅實際情況，建立都市風水佈局的操作模型，爲後習者留下一可供參考學習的借鏡。

二、本論文之檢討

本論文在研究進行時，有下列幾項值得檢討的地方：

（一）《八宅明鏡》及《陽宅集成》原文的理解不易

由於目前對於《八宅明鏡》與《陽宅集成》中<紫白飛星>研究並不完備，以研究角度出發者少。雖前人亦不乏論述者，但多爲斷簡殘編或隨附提起，少有專論，且論者多各持己見與立場，於風水學理的彰明助益甚小。此外，古風水學者向有「傳訣不傳書」、「傳書不傳訣」[205]、「秘技自珍」的陋習，因此在對文獻的閱讀及搜集上，耗費了頗多的時日，又恐有誤解之處。

---

[205] 於風水領域上，常見古人著書隱晦其辭，不肯直言其法，而每多曲折，美其名為「有緣者自悟」。如傳承弟子者，則多不予著書流傳。

（二）古書印刷粗糙或排版錯誤多有

風水學理的相關著作，向在學者儒林之中不受重視，所謂「秘本」「珍本」「手抄本」「傳徒本」「傳子本」「僞本」，令人眼花瞭亂，其有重視者又唯恐人知而不予流傳，間有印刷成書者，其書中內容正確性實值得多方考較。因古代印書排版不易，每多見書中文句錯漏至不可卒讀者，在在皆使得本研究在進行「理氣」理論比較研究時，要耗費更多的時間去探討書中字句有否謬誤。當然，在研究進行中，亦可能因筆者學力不及未能發現其謬，而誤以爲真者，此則有待日後筆者有更多信實之資料或學力提升時，再予以辨正改錯。

（三）筆者身爲執業風水師個人偏好的盲點

每一位執業的風水師，皆有其較擅長的領域與習慣使用的門派技法，即使博通諸門派技法，但總不免有其個人偏好與慣性的盲點，筆者亦不能例外。因此在針對諸多門派理論技法進行比對分析時，有可能因筆者實務上的習慣偏好而未能發現此二派理論的優點或缺失。但筆者已然盡量保持客觀的立場，以風水學基礎理論及歷史真象爲檢視及分析的依據，以常理的判斷爲考量重點，期能避免此一盲點。

第三節　後續的研究

本「理氣理論」研究係站在風水學理本身爲出發點，研究現今風水理論是否合乎風水學根本假設，而不以科學角度來檢視風水學理之真僞、良窳，概因風水學體系來自中華文化本體，與西方科學思維本爲兩個截然不同的系統，固然以科學角度來研究風水亦有其價值，但總是以自身理論體系來檢視，更能看出其真僞，以「自己之足」來適「他人之鞋」的作法未必盡適宜。

在本研究告一段落之際，亦啓示筆者在風水領域的探索仍有以下的研究工作是較爲迫切的，且於傳統風水文化的發揚最爲相關。

一、統計大量陰陽宅個案，求取統計數據上的相關性以驗證各流派理論。

歷代以來風水術從業人員多素質不高，加以風水學理抽象難以驗證，故每見許多江湖術士以之矇騙、取財，造成社會觀感不佳，古來知識份子亦多大加撻伐者，故風水術在多數人心中總是半信半疑，不能取信於大眾。如果僅以現代科技的輔助，證明風水理論有其根據，或符合科學之原理，於風水學的發揚助益仍屬有限。

以筆者管見，最理想的方式是進行大規模的個案調查及統計，求取統計係數的相關，如此既符合科學的精神，又能證明風水學之實用性或真實性究竟如何。而此一統計工作之進行，如能結合有公信力的學術單位及政府研究單位之經費補助，共同來進行，其得出的結果，相信更能有助於世人釐淸風水術的本質與文化意涵。

二、釐清風水理論中迫切的難題

在目前實務的風水術中有許多難以解決的困難問題，應予深入研究及統計，以確定其標準爲何，方有助於傳統風水文化的推廣，庶免治絲益棼。

（一）立極的問題

公寓大樓立極的問題究竟應以大門爲向、或以陽台爲向、或以社區大門爲向、又或者以各棟之總門爲向、或以路爲向、或以窗爲向，甚至以住宅門牌爲向者，皆應依據學理予以統一。蓋此間絕不能容許模糊空間存在，因爲同一棟陽宅不可能同時在兩個不同的坐向，且陽宅的坐向一錯，則一切佈局隨之改易，吉凶推斷全然不同。但目前實際狀況是中、港、台及僑界之認定各有不同，即在台灣內部見解亦極爲紛歧，亟須速予釐清統一，方有利風水文化之對世界的傳播發揚。

（二）太極點認定的問題

太極點定位問題是古今風水理論少有探討的一個領域，在諸多風水典籍中，總不乏長篇大論探討諸門派學理者，卻少見探索太極點認定的文獻。太極點界定的重要性不亞於立極，因爲太極點定位不淸，則陽宅局中內六事、外六事的方位一概無由界定，此可見太極點界定之重要性。但目前風水學界對太極點之認定人言人殊，就內六事言，陽宅型態複雜多端，有圓、有方、有斜、有曲、有多角型、有L型、ㄇ型、橫長形、縱長形、有不規則形、有多層、有單層、有高有

低、大樓有共地下室者、有不共地下室者、宅有圍牆者、無圍牆者、半圍牆者………．，其太極中心點如何界定的問題，向來就缺乏有力的研究探討，風水從業人員於此亦多不明究裡，憑感覺定太極點，造成諸多堪宅及佈局上的錯著，世人每怪風水無用，實則是多數風水從業人員學藝不精也；就外六事言，有謂太極點應在室內之太極中心者、在大門中心點者、在屋宅正面之中心點者、在屋宅正面中心點前三步距離者、屋後外六事以後門爲太極點者。

另外，因風水師的羅盤極易受外在金屬、電器、電磁波….等的干擾而致失準，有一派風水師認爲羅盤不可受到環境干擾，才能量出真正的坐向及方位，故排除干擾後量出之結果方爲正確；一派則認爲羅盤所欲量者即爲環境干擾後所產生之新磁場，故不必排除干擾因素。究竟何者爲是？何者爲非？亟應有一個統一的做法，方可免於大眾之垢病，並有利於傳統陽宅風水文化推廣。

走筆至此，筆者人生中第一本正式的風水研究書籍終告完成，筆者自忖學力未及，經驗與能力亦有不逮之處，加以風水論文的研究實有其與眾不同的艱難，故雖勉力完成，但對於許多議題尚無能深入，不免有些許未竟的遺憾，筆者期待在來日諸多有形無形條件俱足之後，會有更精彩的成果展現，爲風水學術的提昇盡個人小小的心力。

祝福每一位有緣的讀者，能因爲本書而受益，成爲一位實力派的風水明師，爲廣大的有緣人造福，也爲自己積德，祝福有緣人！

附录

※ 附錄一：表目及圖目

◎表目：

◎圖目：

※ 附錄二：參考文獻

所列參考書目爲本論文直接或間接引用爲主，與論文題旨有關者爲輔，共分八類，依序爲古代典籍及相關譯注、風水典籍暨相關譯注、研究論文、大陸出版專著、香港出版專著、台灣出版專著、期刊論文及國外論文。

◎古代典籍暨相關譯注（依姓氏或書名字首筆劃排列）

王充，《論衡》，東漢，臺北：台灣商務，1981。

王溥，《唐會要》，唐，台北：鼎文，19789。

中村璋八（注），《五行大義》，東京：汲古書院，1985。

司馬光，《太玄經集注》，宋，台北：中華書局，1981。

朱石曾，《逸周書集訓校釋》，清，台北：世界書局，1967。

朱震，《漢上易集傳》，宋，台北：新文豐，1989。

朱熹，《周易本義》，宋，宋北京：北京大學，1992。

朱熹，《易學啓蒙》，宋，台北：武陵，1998。

朱熹，《朱子語類》，宋，台北：正中，1962。

呂祖謙，《東萊集》，宋，舊鈔本，國家圖書館善本室。

李勉，《管子今註今譯》，台灣：台灣商，1988。

李學勤，《十三經注疏整理本》，台北：台灣古籍，2001。

杜寶元注，《晉書》，台中：暢談文化，2004。

宋光宇，《論語心解》，台北：萬卷樓，2002。

余培林，《老子讀本》，台北：三民，1975

來知德，《來註易經圖解》，明，台北：武陵，1997。

屈大均，《廣東新語》，清，台北：中華，1985。

紀昀等編，《欽定四庫全書總目》，清，台北：台灣商務，1983。
柯劭忞，《新元史》，清，台北：藝文，1982。
段玉裁，《說文解字注》，台北：黎明，1974。
馬端臨，《新校本文獻通考》，元，台北：新文豐，1986。
袁珂，《山海經校注》，上海：古籍出版社，1983。
高亨，《詩經今注》，台北：里仁，1981。
高明，《大戴禮記今註今譯》，臺北：台灣商務，1975。
孫振聲，《白話易經》，台北：國家，1995。
淮沛注，《宋史》，台中：暢談文化，2004。
張華，《博物志》，晉，台北：藝文，1968。
張兵，《洪範詮譯研究》，濟南：齊魯，2007。
張君房，《雲笈七籤》，清文瀾閣本《四庫全書》。
張登本，《全註全譯黃帝內經》，北京：新世界，2008。
湯孝純，《新譯管子讀本》，台北：三民，2006。
黃元炳，《易學探源河圖象說》，台北：集文，1992。
黃宗羲，《宋元學案》，明，台北：世界，1961。
黃暉，《論衡校譯》，北京：中華書局，1990。
黃錦鋐，《莊子讀本》，台北：三民，1974。
楊昶注，《明史》，台中：暢談文化，2004。
裴駰，《史記集解》，南朝劉宋，北京：中華書局，1987。
葛洪，《抱朴子》，晉，台北：世界，1987。
趙彥衛，《雲麓漫鈔》，宋，台北：中華，1996。
趙翼，《陔餘叢考》，清，台北：世界，1990。

劉安，《淮南子》，漢，台北：華聯，1968。
劉昫，《舊唐書》，五代，台中：暢談文化，2004。
劉琳（譯），《三國志》，台北：暢談文化，2003。
鄭玄，《易緯》，漢，台北：新文豐，1985。
樂史，《太平寰宇記》，宋，台北：新文豐，1985。
歐陽修，《新唐書》，宋，台北：台灣商務，1988台六版。
謝肇淛，《五雜俎》，明萬曆刊本，國家圖書館善本室。
顏師古注，《漢書》，唐，北京：中華書局，1987。

◎風水典籍暨相關譯注（依姓氏筆劃排列）

丁芮樸，《風水袪惑》，清，台北：新文豐 ， 1989。
王君榮，《陽宅十書》，明，台南：大山，2006。
朱震亨，《風水問答》，元，明萬曆胡文煥刊本，國家圖書館善本微縮 。
江慎修，《河洛精蘊》，清，台北：武陵，1992。
何聰明，《新註雪心賦》，台北：武陵，1998。
吳霖，《冰海徵微》，台北：宋林，1995。
吳鼐，《陽宅撮要》，清，台中：如意堂，1999。
吳元音，《葬經箋注》，清，台北：藝文 ，1968。
吳師青，《樓宇寶鑑》，台中：瑞成，1999。
李國木，《地理大全》，清，台南：莊嚴文化，1995。
李峰注，《新鐫工師雕斲正式魯班木經匠家鏡》，海南：海南，2002。
姚廷鑾，《陽宅集成》，清，台北：武陵，1999。

徐宇蕽，《術數藏珍》，台北：宋林，1995。

徐芹庭，《中國堪輿學》，台北：普賢王如來佛教會，1992。

梅漪老人，《陽宅闢謬》，清，台北：新文豐，1985。

陳夢和，《陽宅本旨圖解集成》，明，台北：翔大，1995。

陳明，《中國古代術數滙要---堪輿大全》，北京：中國廣播，2006。

張心言，《地理辨正疏》，清，台北：武陵，2000。

張覺正，《新編陽宅愛眾篇》，清，台北：大冠，2003。

黃一鳳，《八宅造福周書》，明，台北：育林，1998。

黃榮泰，《疑龍經撼龍經發揮》台北：進源，2006。

甄鸞注，《數術記遺》，北宋，台北：藝文，1966。

新文豐出版公司編輯部，《珍本術數叢書》，台北：新文豐，1995。

楊筠松，《葬法十二杖》，宋，舊鈔本，國家圖書館善本室。

葉九升，《山法全書》，清，台南縣永康：莊嚴文化，1995。

葉九升，《地理大成山法全書》，清，台北：武陵，2001。

趙九峰，《陽宅三要》，清，台南：世一，1991。

趙九峰，《地理五訣》，清，台北：武陵，1998。

鄭同，《古今圖書集成數術叢刊---堪輿》，北京:華齡，2006。

劉秉忠，《新刻石函平砂玉尺經》，元，海南：海南，2001。

箬冠道人，《八宅明鏡》，清，台北：武陵，1996。

蔣大鴻，《水龍經》，清，台北：武陵，2008。

談養吾，《玄空本義談養吾全集》，台北：育林， 2001。

謝明瑞，《葬經 白話新解》，台北：新潮社， 2001。

謝明瑞，《博山篇 風水術注評》，台北：新潮社，2002。

魏青江，《陽宅大成》，清，海南：海南， 2001。

◎研究論文（依姓氏筆劃排列）

王復昆，〈風水理論的傳統哲學框架〉。（收錄於王其亨主編之《風水理論研究》，台北：地景，1993。

王參賢，《中國傳統陽宅風水思想初探》，南華大學：哲學研究所，碩士論文，2002。

邱上嘉，〈台灣傳統民宅的基本構成觀念〉，亞太科學技術協會科技教育委員會：《中日住宅空間計劃教育研討會論文集》，1998。

李楊勝，<尋找失落的中國傳統模矩系統---從閩南傳統建築之度量單位與吉凶原則中找尋模矩系統之初探>，《墨拉法集》NO.4，台中：東海大學建築研究所建築型態研究室，1996。

李琦華，《利用運算觀念對風水宅法的初步研究—以《陽宅十書》爲例》，碩士論文，斗六：國立雲林科技大學工業設計研究所，1998。

呂應鐘，<由風水源流發展批判後世風水術之迷信>，中央研究院科技史委員會：《第五屆中國科技史研討會論文》，1999。

林敏勝，《風水與環境--郭璞《葬書》的理論與傳承》清華大學歷史研究所：博士論文，2007。

林瓊婉，《陽宅天醫方與人體之互動關係》，南華大學：環境與藝術研究所，碩士論文，2002。

吳延川，《風水理氣方法用於建築設計之研究---以紫白飛星

爲例》，逢甲大學：建築所碩士論文，2003。

施邦興，《「葬書」中的風水理論—環境規劃體系之研究》，碩士論文，台南：成功大學建築及都市設計研究所，1988。

胡肇台，《中國風水在建築選址定向之應用》，碩士論文，高雄：國立高雄第一科技大學，2003。

黃仲淇，《風水場域之意象性研究-----以三元理氣爲例》，南華大學：環境與藝術研究所，碩士論文，2001。

曹羅羿，《風水：傳統環境論述與空間實踐的認識與批判—以相宅術中八宅法的論述分析爲例》，碩士論文，台北：台灣大學建築與城鄉研究所，1995。

曹志明，＜《魯班經》源流與文化意涵初探＞，2005年設計與文化學術研討會，雲林：雲林科技大學視傳設計研究所，2005。

閻亞寧、林慶元、李盛沐，《傳統建築的民俗觀念》，台北：文化資產維護協會，1995。

◎大陸出版專著（依姓氏筆劃排列）

于希賢，《中國古代風水理論與實踐》上冊，北京：光明日報，2005。

王育武，《中國風水文化源流》，湖北：湖北教育，2008。

王其亨，《風水理論研究》，台北：地景，1993。

王玉德，《風水術注評》，台北市：雲龍，1994。

王玉德，《尋龍點穴：中國古代堪輿術》，北京：中國電影，2006。

王玉德，《神祕的風水：傳統相地術研究》，南寧：廣西人民出版社，2003。

亢亮、亢羽，《風水與城市》，天津：百花文藝出版社，1999。

亢亮、亢羽，《風水與建築》，天津：百花文藝，1999。

毛上文、溫芳，《陰陽宅風水文化談》，北京：團結出版社，2008。

何曉昕，《中國風水史》，卝京：九州出版社，2007。

李山玉、李建民，《中國八卦象數療法》，北京：學苑，1994。

李定信，《四庫全書堪輿類典籍研究》，上海：古籍研究，2007。

俞孔堅，《理想景觀探源---風水的文化意義》，北京：北京商務印書館，1998。

洪丕謨、姜玉珍，《中國古代風水術》，上海：上海古籍出版社，2008。

孫景浩、孫元德，《中國民居風水》，上海：上海三聯書店，2005。

高友廉，《中國風水文化》，北京：團結，2004。

張茗陽，《生存風水學》，上海：學林，2005。

陳明，《堪輿大全》，北京：中國廣播電視，2006。

楊文衡，《中國風水十講》，北京：華夏出版，2007。

睡虎地秦墓竹簡整理小組編，《睡虎地秦墓竹簡· 日書》，北京：文物出版社，1990。

劉沛林，《風水· 中國人的環境觀》，上海：三聯書店，1995。
何曉昕，《風水探源》，台北：博遠出版社，1995。
韓金英，《住宅健康場》，北京：團結，2005。

◎香港出版專著（依姓氏筆劃排列）

林健強，<玄空風水的科學鑑證>，香港：聚賢館，2002。
白鶴鳴，《易學易用八宅風水》，香港：聚賢館，1996。
白鶴鳴，《玄空紫白訣精解》，香港：聚賢館，1993。
李允和，《華夏意匠：中國古典建築設計原理分析》，香港：廣角鏡，1982。
謝天詮，《八宅風水十日通》，香港新界：也文堂，2002。

◎台灣出版專著（依姓氏筆劃排列）

一丁、雨露、洪涌，《中國風水與建築選址》，台北市：藝術家，1999。
王振復，《風水聖經：宅經‧葬書》，台北：恩楷公司，2003　。
印會河，《中醫基礎理論》，台北市：知音，2004。
朱振藩，《看風水》，台北：時報文化，2001。
呂士灃，《風水景觀設計與人生突破》，台北：世界民俗出版，2006。
李亦園，《文化的圖像》，台北：允晨文化，1982。
林信銘，《八宅明鏡白話註解》，台北：大冠，2005。

周建男，《陽宅科學論》，台北：國家出版社，2000。
陳澤真，《八宅明鏡詳解》，台北：武陵，2003。
張覺明，《江南的風水流派》，台北：牧村，2006。
張覺明，《八宅明鏡精解》，台北：牧村，1998。
張覺明，《紫白訣精解》，台北：牧村，1998。
鄒明揚，《陽宅天數富貴興旺法》，台北：凱信， 2002。
黃榮泰，《撼龍經疑龍經發揮》，台北：進源，2006。
楊藏華，《地理乾坤國寶》，台北：武陵，1998。
漢寶德，《風水與環境》，台北：聯經圖書，1998。
關華山，《民居與社會、文化》，台北：明文，1989。

◎期刊論文（依姓氏筆劃排列）（依姓氏筆劃排列）

王健民、梁柱、王勝利，〈曾侯乙墓出土的二十八宿青龍白虎圖〉，《文物》：1979年第7期（總278期）。
江達智，〈由《睡虎地秦墓竹簡・日書》論中國古代風水術的形成〉，成功大學歷史學系：《國立成功大學歷史學報》第二十三號，1997.12，頁349~376。
申小紅，〈宋代宗族風水觀念與現代環境保護芻議〉，《綏化師專學報》2004年第4期。
侯宏堂，〈陰陽學說與中國人的宇宙觀〉，《中國文化月刊》第275期 ，2003.11，頁1~26。
陳政揚，〈論莊子與張載的《氣》概念〉，《東吳哲學學報》第12號，2005.8，頁127-166。
陳夢家，〈五行之起源〉，燕京學報：第二十四期，1938。

漢寶德，〈風水宅法中禁忌的研究〉。《台灣大學建築與城鄉研究學報》，1969，（第三卷第一期），頁5~55。
漢寶德，〈風水----中國人環境的架構觀念〉，《台灣大學建築與城鄉研究學報》，1983，（第二卷第一期），頁128~129。
濮陽市文物管理委員會等，〈河南濮陽西水坡遺址發掘簡報〉，《文物》：1988年第3期，頁1~6。
黃偉倫，〈工夫、境界與自然之道—阮籍〈達莊論〉的理論思維〉，《政大中文學報》2004/06第一期，頁49~74。

◎國外論文

Chen Bi Xia, Yuei Nakama，〈A summary of research history on Chinese Feng-shui and application of Feng-shui principles to environmental issues〉，Japan：Kyushu Journal of Forest Research，57，2004.
Chiou,Shang-Chia and Ramesh R Krishnamurti， <Unraveling Feng-shui>.Environment and Planning B：Planning and Design，(Vol.24, No.4；July. 1997)。
Yoon Hong-Key，（The image of Nature in Geomancy）, Geojournal（Vol.4, No.4；July. 1980）。

國家圖書館出版品預行編目(CIP)資料

風水有真有假,你知道嗎?
/林明璽作--修訂一版.--臺北市: 速熊文化有限公司,
2023.05
448 面 ; 14.8 x 21 公分
ISBN 978-626-95037-7-3(平裝)

1.CST: 堪輿 2. CST: 相宅

294.1 112006931

書名：風水有真有假,你知道嗎?
著者：林明璽
出版者: 速熊文化有限公司
地址：臺北市中正區忠孝東路一段49 巷17號3 樓
電話：(02)3393-2500
出版年月：2021年10月初版
2023年5月 修訂一版
版次：修訂一版
定價：台幣980
ISBN：978-626-95037-7-3
代理經銷: 白象文化事業有限公司
401 台中市東區和平街228 巷44 號
電話：(04)2220-8589 傳真：(04)2220-8505